校注本

王氏仁蔭堂全集

（清）王汝梅 （清）王宪曾 著

王馨 校注

陕西师范大学出版总社

图书代号　WX23N1358

图书在版编目（CIP）数据

王氏仁荫堂全集：校注本/（清）王汝梅，（清）王宪曾著；王馨校注. —西安：陕西师范大学出版总社有限公司，2023.9
ISBN 978-7-5695-3543-3

Ⅰ．①王… Ⅱ．①王… ②王… ③王… Ⅲ．①古籍—中国—清代　Ⅳ．①Z424.9

中国国家版本馆CIP数据核字（2023）第014560号

王氏仁荫堂全集·校注本
WANGSHI RENYINTANG QUANJI · JIAOZHUBEN

（清）王汝梅　（清）王宪曾　著
王　馨　校注

出 版 人	刘东风
责任编辑	杨　杰
责任校对	王文翠
封面设计	锦　册
出版发行	陕西师范大学出版总社
	（西安市长安南路199号　邮编710062）
网　　址	http://www.snupg.com
印　　刷	西安国彩印刷有限公司
开　　本	710 mm×1000 mm　1/16
印　　张	33
字　　数	360千
版　　次	2023年9月第1版
印　　次	2023年9月第1次印刷
书　　号	ISBN 978-7-5695-3543-3
定　　价	198.00元

读者购书、书店添货或发现印装质量问题，请与本公司营销部联系、调换。
电话：（029）85307864　85303629　　传真：（029）85303879

《王氏仁荫堂全集》简介

《王氏仁荫堂全集》是清代著名家族文集之一，也是迄今为止发现的唯一一部陕北古代家集。全书分6卷，共8册，光绪三十年（1904）出版。目前所知，原石印本分别收藏于北京大学图书馆和山东省图书馆，王氏家族存两部（不全）。尚没有点校、校注本出版。

作者王汝梅、王宪曾父子，生活于清代中末期的陕西清涧县城，成年后经科举入仕，离开家乡在外地做官。王氏父子家学渊源，治学严谨，儒学功底深厚。他们青壮年时期羁旅异乡，忙于政务，到晚年客居官衙，思乡情切，才开始集平生所学撰文著书。王宪曾去世之后，文集由王汝梅之孙、王宪曾之子王翰琛等主持刻印。

其中第一卷《游思泛言》是作者王汝梅在外任训导时，为教育留在家乡的子弟撰写的家训，书成之后第二年病逝于任上。原文由其子王宪曾小楷誊写。《游思泛言》是清代著名家训之一，已收入《中国历代家训集成》（浙江古籍出版社2017年11月出版）。另外，《游思泛言》曾被民国时期重要丛书《晚清四部丛刊》（商务印书馆1919—1936年出版）收入，但改书名为《王氏家训》，删掉了序跋和正文第一条，且次序和文字略有差异。

第二卷至第六卷作者王宪曾，是王汝梅第四子。内容包括《思过阁笔记》《兼山草堂诗集》《兼山草堂文集》《妙香吟馆词钞》《心乡录》五部分。王宪曾曾长期担任皇家史官，有从中央到地方的从政经历，人称"处为名儒，出为良吏"。他的文集深具哲学、历史、政治、文学方面的研究价值。内容包括对经史子集的研究心得、部分奏章和诗词赋序，其中涉及大量历史典故和清末的人物事件，对当时皇权更替、宫廷政治、士大夫阶层的家国情怀都有所反映，也展示了作者自身的学养、操守和鲜明的个性。他的诗人抒发了对千里之外的家乡的思念，描述了记忆中的塞上风貌，同时也记载了贵州少数民族地区的经济、民生状况和别具特色的风土人情。

本书叙、跋等均由清末名臣撰写。其中撰写作者生平的崇绮，是清代唯一的旗人状元，同治皇帝的皇后之父。叙作者胡廷干是清末名臣，曾任山东、江西巡抚。跋作者林肇元，曾任贵州巡抚。原书正文由王宪曾、王翰琛父子小楷誊写，生平及叙由撰文者本人书写。

《王氏仁荫堂全集》因其不可忽视的研究和鉴赏价值，引起国内外史学界的高度重视。王汝梅的家训、王宪曾关于儒学理学的研究心得和叙事抒怀的诗词，即使在百年之后的今天，依然闪耀着睿智的光芒，给人以启迪。2010年，全书被《清代诗文集汇编》（国家清史编纂委员会选编，上海古籍出版社出版）收录。2015年，被《清代家集丛刊》（国家图书馆出版社出版）收录。

作者简介

王汝梅（？—约1828）

字调若,号树三,一号味堂,陕西省清涧县城人,清代廪贡生。王家人称"科第世家,宽州望族",王汝梅历任甘肃兰州府、陕西凤翔县训导、泾阳县教谕,赠资政大夫,崇祀乡贤祠。"监散靖远账粮,按名清给,不假丁胥手,遇孤贫残废者,捐俸,恤之,活人无算,历任凤翔训导,泾阳教谕,敦品励学,本平生阅历心得者,著《游思泛言》以训家。又乐称人,善栽培寒士,所至皆有声。"

（参见《陕西通志稿·卷八十三·人物十》）

王宪曾（1827—1888）

王汝梅第四子,原名允谦,字立生,一字冲甫,号益轩,陕西省清涧县城人。同治壬戌年（1862）二甲第四十九名进士,钦点翰林院庶吉士,历任浙江秀水知县、内阁中书、方略馆校对、钦点文渊阁检阅、记名御史、贵州铜仁府知府等职,二品衔。王宪曾自幼熟读经史子集,少有才名,二十岁以后在清涧开馆讲学,栽培了一批家乡学子,学生中经科举入仕者不胜枚举。曾任河南副主考,光绪皇帝侍读,在同治、光绪两朝皇帝身边任职长达十八年，为两帝起草重要文牍，担任《清朝实录》穆宗实录的校勘。后任铜仁知府八年，在主政一方期间，勤政廉洁，百姓称颂，被朝廷巡查评为"治行第一"，加二品衔。

（参见《陕西通志稿》《清涧县志》《故资政大夫贵州补用道王公事状》）

校注者简介

王馨，1966年秋出生于陕西清涧县城，榆林学院中文系毕业，榆林市政协工作，从事文史资料工作十五年，主编《榆林纪事》等文史资料二十余辑。出版散文集《秋在室杂记》、《故城故人——一个陕北县城里的家族记忆》（获冰心散文奖）。

清涧县城寨山王氏祖宅，大门高悬四字匾额"王国储英"。至今有王氏后人居住于此

王保平摄于2022年秋

匾额文字为:"特授清涧县儒学正堂杨俊　荐　王国储英　太学生王耀祖　立大清乾隆叁拾贰年岁次丁亥仲夏谷旦。"

注:王耀祖系王汝梅之父,王宪曾之祖父

王保平摄于2022年秋

《王氏仁荫堂全集》（光绪三十年刻本）

《王氏仁荫堂全集》被《清代家集丛刊》（国家图书馆出版社出版，北京大学图书馆藏本影印）全书收入

王氏仁蔭堂全集

王氏仁蔭堂全集目錄

卷一
　游思泛言上
　游思泛言下
卷二
　思過閣筆記
卷三
　目錄

游思泛言序

余年力就衰壯志未已終日兀坐閒情縈繞於懷每有心得遂書於紙曰命游思泛言夫曰游思者何意無專主興之所至思以起焉其曰泛言者何語無論此機之所動言以出焉顧思不越心世故之理雖游而不離正言於不外日用行習之恆故雖泛而不失其常較之飽食終日無所用心者正自有閒但思凡

序

游思泛言上

上郡王汝梅調若甫撰

余最愛聚書每見好書必須購置既得輒為珍祕閟以語人人曰若等書家皆有之察其意若不甚愛惜者然則世之有書而沈閣無用不知所存之為好書者多矣藏書何貴乎多雖然藏書未必能讀積財豈遂能守乎書究可藏也

思過閣筆記

大道在世如日月在天雖有雲霧無損於日月之明聖人言道祇為人指示日月之所以明未嘗理會雲霧也後世講學家專以埽雲霧為事毋論其力之能埽與否而㡬此一番矯揉不又添一層蔽障乎然且詡為非埽不明毋乃貪天之功歟

孔孟之講學不得已而不已者也後儒之講學可已

卷二 筆記 一

兼山草堂詩草

清澗王憲曾省吾

東溝水

千里有涇渭萬里有洪河上流清不極下流濁已多清濁無兩立平地生風波太息東溝水渾渾奈爾何

昭君

白登城下重圍解何物閼氏妒美人一紙強於兵十

序

王 馨

清涧县城位于陕西北部，黄土高原的腹地，我的祖先在此繁衍生息，已经有十七八代了。因为祖宅在城东寨山，人称"寨山王家"。

寨山王家奉"忠厚传家久，诗书继世长"为座右铭，有祖训"无功名者不得入家谱"。资料记载，至少从十五世祖王钦开始，族内子弟人人读书，大多以科举出身走上仕途，其中以八世祖一辈最为集中。

这辈人里，出了王之导（雍正庚戌进士，直隶永年知县）、王之羲（雍正丙午举人，中卫教谕）兄弟，王昊（康熙己卯举人，山西襄阳县知县）、王旭（雍正癸卯举人，宁夏教授）、王晛（岁进士，庆阳府训导）、王暹（岁进士）兄弟。其余兄弟也都是监生、贡生、增生，大多出任各地的教授、教谕、训导类职务。

即便到了科举废除之后的过渡时期,在清政府为缓解社会影响、给旧学读书人以出路而举行的宣统元年选优拔考试中,高祖堂弟王瀚墀仍然以"陕西己酉科选拔第二名,会考一等第四十七名"的成绩中榜。

文献记载,清代以来,寨山王氏家族十余代包括幼童在内400余人中,249人有科举功名,其中进士2人,举人9人,9位举人中有亚魁3人。另有拔贡、廪贡生、贡生、廪生、庠生等238人。史料称之为"科第名家,宽州望族"。

这样的情况在陕北士绅家族中,并不多见。

数十代人的积累续成文脉,惠及子孙。清代中末期,出现了王氏子弟的著述高峰期,《王氏仁荫堂全集》便是这一时期最丰硕的成果。

我的八世祖王耀祖治家严谨,终生手不释卷,据道光《清涧县志》记载,他"训诸子侄,首以诗书为念,尝相诫曰:'功名不由汝辈得,书岂不由汝辈读耶?'"

他的三个儿子分工明确,长子王汝梅做官,次子王汝和持家,三子王汝翼办私塾教育子弟。当时人们赞美三兄弟"王氏三槐,缺一不可"。

七世祖王汝翼是清代癸酉科举人,六次会试不中后,淡薄了功名之心,设"槐荫书屋"授徒。长兄王汝梅早逝后,他奉养高堂,训导子侄,培养寒门子弟,参订家乡县志,在民间颇有声望,逝后入祀乡贤祠,《陕西通志稿》有记载。他著有四部书稿,存于家祠,因没有刻印,最终散佚。

祖先的著述,只在幼时听长辈们说起过,却无缘拜读。在我出生后数月,家里的藏书同藏书楼一同焚毁于一场浩劫。后来曾把长辈口传的故事,写在了散文集《故城故人——一个陕北县城里的家族记忆》之中。

不止我家,经历了"文革"抄没焚烧之后,王家各个门头收藏的祖先著作包括家谱都已不存。幸存的只有当年十二岁的王氏子弟王栋在灰烬中捡拾的两册残本。

庆幸的是,王汝梅与其子王宪曾的著述,早在光绪年间就已经由王宪曾之子王翰琛收集整理为《王氏仁荫堂全集》,才使这一脉的著述最终得以传世。

在四处查找搜寻《王氏仁荫堂全集》全本的过程中,我发现从民国到近年,此书影印本数次被多部全国大型丛书收录。欣喜之余,更加坚定了找到全本的信心。

最初的想法,是希望看到祖先留下的文字,通过祖先的文字,了解家族历史,怀想生活在那个年代的人们。在今后的写作中,不再只凭借口述资料,而是有真切详实的文字记载来奠定基础。

两年多前,终于找到一套《清代家集丛刊》,其中第二十五、二十六卷为《王氏仁荫堂全集》影印本(北京大学藏本)。

《王氏仁荫堂全集》全书约12万字,是一部集儒学、史学、家训、随笔、诗文于一体的著作。

为了通读全书,我购买了有关书籍,查阅了大量资料,包括老家的地方志和《铜仁府志》等地方志书。还曾到中国第一历史档案馆、国家图书馆查找人物和史料线索。

每天沐手恭读,时常喜不自禁,每每沉浸在与先辈对话的幻觉中。对于贯穿其中的儒学传承根脉的敬畏，对于祖先深厚学养的叹服，令我产生了深读、精读的冲动。

在阅读过程中，对于两位作者的品格和学养有了更多的了解。

王汝梅在担任基层官员时，凡经手发放钱粮，从不指令办事人员去做，而是对照名册把每一笔钱粮亲自发放到百姓手中。任主管官学的训导时，常用俸禄资助寒门学子。他撰写的家训《游思泛言》，对后世子弟影响甚大，完成书稿一年后病逝于任上。

儿子王宪曾进士出身，有近三十年的官场经历。他忠君且刚直，曾为同治身后"大统之归"的争议，甘冒风险拟书上呈慈安慈禧。年幼的光绪继位，"宫廷严肃，情知睽违。而言念黄昏，能无依恋？"他又上书请求让幼主定期与生身父母相见。即便赴任偏远穷苦之地，也常在诗文中回忆光绪临别嘱托，提醒自己不负圣恩。他有古君子之风，闻听老师在家乡穷病而死，他怀揣老师遗作辗转千里，终于筹措资金为之刻印行世，而他自己和生父的书稿却一直搁置案头，死后才由儿子筹资刻印。他体贴爱护百姓，曾一针见血地指出，历代统治者为掠夺物产而开疆拓土，是边远地区人民的灾难。他采用温和的方法，一次性解决了铜仁地区插花地难题。他不考虑个人政绩，为政以宽，经常自嘲"催科考下下"。因与铜仁士绅百姓感情深厚，他辞谢了调任条件较好的遵义任职。就在任满调迁之际，仍然抱病奉命赴常德提取铁厂设备，最后病死途中。

一个典型的忠君爱民勤政清正的封建士大夫形象。

读完文集，不禁掩卷长叹，点校全书的狂想涌上心来。

从那一天开始，我给自己制定了一个苛刻的计划，每天读多少页码，查多少章句，做多少笔记，不完成任务不吃饭。

虽然经历了20世纪80年代的高考，但我从来没有像现在一样，能够沉浸在书中，不知饥渴，不眠不休。

那是一段既艰难又快乐的日子。艰难，是因为书中涉及大量春秋以来历代先贤名宦的不同名、字、号以及著述、名言、典故，等等，需要不断查找资料才可以读通读懂。快乐，是因为在这个过程中不仅仅获取了大量的知识和信息，使自己浅薄的历史和儒学知识得以稍稍弥补。更重要的是，常常会在读到某一节某一句时，豁然开朗且会心大笑，那一刻，似乎与老祖宗对面而坐，朝着他炫耀着孩童似的小得意：看！我明白您的意思了！

点校完成后，居然再生痴念，回过头来，整理笔记，对全书做了一番注解。

我自知浅陋，对先祖之学养望尘莫及，之所以斗胆点校，是因为痛惜先祖之著述在家乡籍籍无名，先祖之思想如明珠蒙尘。我只想把这部书从国家的文献典籍馆藏里挖掘出来，让今后的人们能读到它，或者因为我的断句和注释，能为想了解这部书的人节省时间。

列于文集之后的两份科考硃卷，虽然只有薄薄几页，却承载着数百年的历史，其文献价值绝不亚于家谱。其中不止蕴含着跋涉在科举之路上的王氏子弟个人成长发展的信息，也可以借此管窥古代科举文化和家族教育的传承脉络。

有感于一直以来对陕北古代士人群体的忽视，借整理文集之机，将所收集的有关家族史料皆附于文集之后，希望能做一点抢救性工作，又或者会有益于学者对于陕北历史文化的研究。

在断断续续校注这部书的近三年时间里，我的亲朋好友时时在鼓励我。

担心我天天校书不按时吃饭，年届八旬的父母经常做好了晚饭等待着迟迟不归的女儿。妹妹王慧在繁重的工作和家务的间隙，承担了全书的录入工作，把底本录成简体横排电子版。儿子和外甥女会把各种补充体力的小点心放在我随手可取的案头。

祖父的堂弟王健松托人将其珍藏的王宪曾的砾卷刻印本从北京捎回，交予我保存。族侄王保平、王海平专门拍摄了祖宅照片供出书选用。

族叔王磊是王汝梅的直系后人，与我父亲是族兄弟，也是姨表兄弟。他在高校任教多年，有深厚的古文字功底。我在校注过程中遇到疑难问题，都是第一时间请教于他。

延安的曹树蓬先生提供了《续陕西通志稿》等珍贵的历史文献资料。旅居上海的张泊先生，历时两年，想方设法为我寻到光绪年间原版《王氏仁荫堂全集》六册。

祖先在笔记中有多处对于前人甚至圣人之注的质疑，由此深知注书之难，绝非我的功力可为。为鞭策后辈，王磊叔曾对我说："《王氏仁荫堂全集》刻印至今已历百载，如果你也不做，会不会再等一百年？"

是无可推卸的使命感迫我坚持下来，做了一件明知不可为而为之的事。

本书点校参照的底本是《清代家集丛刊》中北京大学藏本影印本和我个人的藏本，经对照比较，两套书同属光绪三十年刻本。正文部分除加标点外，遵照原著录入，字迹难辨之处，都已在注释中做了说明。

书稿完成后,特请榆林学院马少府先生审读,根据他的意见,对注释部分重新校订并做了删补。

奔流的历史长河里,广袤的陕北大地上,还有多少被湮没被忽视的历史文化典籍,等待着我们去发掘去研究去学习?

而我能做的仅止于此。

限于学识功力不足,即使用了数倍于人的功夫,每校订一遍还是会发现令自己汗涔涔的错误。临近付印,愈感自不量力,甚至产生过彻底放弃的想法。未能避免的谬误,只能寄望于后来者修正。在此致歉!致谢!

希望这部书会遇到有缘的人,不管是阅读、研究、通译或者重新校注,不管是在什么时候,这个人是谁,我都想说一声:

还好有你,谢谢!

目录

第一卷　游思泛言 / 001

第二卷　思过阁笔记 / 019

第三卷　萧山草堂诗集 / 159

第四卷　萧山草堂文集 / 277

第五卷　妙香吟馆词钞 / 355

第六卷　心乡录 / 373

附　录 / 433

　　王汝翼诗文 / 435
　　王宪曾年谱 / 439
　　地方志书中有关清涧县城寨山王家部分成员的文字记载 / 445
　　陕西乡试硃卷影印本 / 457
　　陕西选拔贡卷影印本 / 483

第一卷

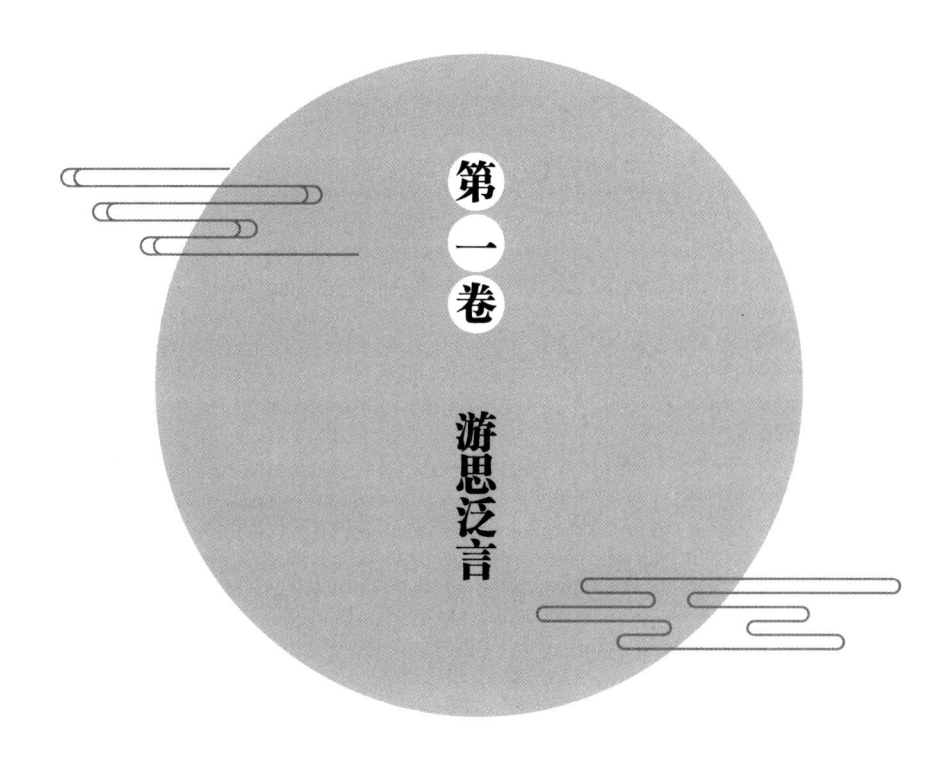

游思泛言

上郡王汝梅调若甫　　撰

男　宪曾　　　　敬书
　　宪椿　　　　校刊

孙　勋臣　勋功　翰彬
　　翰琛　翰衔　翰墀

曾孙　彭年　广年　熙年
　　　丰年　耆年　颐年
　　　寿蘅　寿贞　　　同校

游思泛言　序

　　余年力就衰,壮志未已,终日兀坐,闲情萦绕于怀,每有心得,遂书于纸,曰命"游思泛言"。夫曰游思者何?意无专主,兴之所至,思以起焉。其曰泛言者何?语无论此,机之所动,言以出焉。顾思不越人心世故之理,虽游而不离正;言不外于日用行习之恒,故虽泛而不失其常。较之饱食终日、无所用心者,正自有间。但思凡人有过,局中昧而局外明,必经他人之攻发,其过乃著。当余思之言之之时,初不自知其非,人亦无从鉴其失。俟阅时既久,而入人之目,公道自在,孰肯为我护其短?苟有过焉,能勿改乎?此则余书而存之之意也夫。

　　道光丙戌夏五月[1],清涧王汝梅调若甫谨识于凤翔儒学官舍。

---

[1] 道光丙戌夏五月:1826年农历五月。

游思泛言　上

　　余最爱聚书，每见好书，必须购置。既得，辄为珍秘。间以语人，人曰："若等书，家皆有之。"察其意，若不甚爱惜者。然则世之有书而沉阁无用，不知所存之为好书者，多矣。藏书何贵乎多？虽然藏书未必能读，积财岂遂能守乎？书究可藏也。

　　今人读书，大概止从功名上起见。塾师如此教，诸生如此学，一不就身心事为上指点，一不就身心事为上体贴，所以读书与做人竟成两道。虽读过万卷，终不能受书之益。且有书愚、书呆之说，岂真书之愚人、呆人哉？乃人之自愚、自呆耳。若起孔子于今日，依然不失为圣之时。

　　事在家庭，是非曲直，丈夫犹少公论，何况女流。所以妇人之言，多不可听。前人戒之屡矣。若男子性情刚愎，一时暴发，妇人劝救沮止，此等言语却不可不听。但如此妇人甚少耳。

　　为人设谋，事属常有，但须准情酌理，秉公持平，方能两益。如彼本偏执，我出一二言箴劝挽回，此即是良谋。若随其偏而益助之，不几代人为恶乎？交情亲密、看事不明者，为人谋事，每蹈此失，不可不防。

"让"之一字，居家尤要。然惟知其让而交让焉，斯美已。乃有不知为让者，亦有明知为让而好讨便宜，竟视若常应当让，于是让者几不欲让。自我思之，终可让也。何以言之？同室聚处，所让者不过饮食服物之类，彼即独享肥美，我岂遂受饥寒？且甘苦虽有不同，而度量未免相越。让岂为呆？虽然，好讨便宜者固属多有，而不较短长者亦实罕见，其不至互相仇争而同归离析者几希。比户一辙，良可浩叹。是岂无法以处此乎？所难者，不能人人心头各安一"恕"字焉。

好一个干净心地，只被"欲"之一字污秽了。好一个清白世界，只被"利"之一字混溷了。此梦中偶觉语，既觉而又入于梦，其将何时可醒乎？于此想圣贤省身克己，终身不懈，为此二字做工夫时居多。

作事须以一"诚"立根脚，则功可成而事不败，未有不诚而能善事者。譬如筑室，必先实其基址，室成可期巩固。若基址未实，而徒饰外观，终归决裂。此理势之必然者。

读书之家，须将居家处世大义、长幼尊卑仪节凡切于日用常行者，时时讲明，俾肄业[①]子弟有所遵循。即不肄业者，习见习闻，耳濡目染，自能化去粗俗，并有一番儒雅气象。传习久之，于保身保家大有裨益。若止训以勤俭，未尝不是。但农夫家语，不过尔尔，读书人家教，岂仅止此？

---

① 肄业：修习课业。古人师授生称"授业"，生受之于师称"受业"，修习功课称"肄业"。

为人尊长者，语言举止，务求自重，方可以对卑幼。若己先轻佻，而徒责人不能恭逊于我，非惟不足以服其心，实自取侮也。可不慎欤！

人之地位不同，酬答各异，遇事须内审外度，自立主意为是。每见人于事务之来，互相观望，或至询之他人，摹仿其意旨而行之。此之谓囿于习俗，大属误事。譬如借人之衣而为衣，长短岂能称体？余生平最忌出此，是以颇少看人废事之失。

小诡诈机谋行径，我非不能，实不为也。非惟天不可欺，即人亦难瞒。我之视人，尚能窥见一斑，人之视我，岂有不如见肺肝者？言忠信而行笃敬，虽不能至，岂不可学乎？

创业之人尝辛吃苦，常怀一番忧勤心；守成之人思艰知难，常存一番矜持意。膏粱之子丰衣足食，常有一种惰逸情；破败之子弃货挥金，常带一种醉梦气。此皆自然之呈露，其贤者不教而能，其不肖者恐教亦难改也。分而著之，庶有心者知所法戒云。

少年子弟，华衣美服，妆饰外观，而不知读书力学。一近有道者前，语言羞涩，举动局促，反不如朴素安身者，意态尚堪自适。可见服以章①身，必待其人。若无学识而华美之，是为不称其服也。

富厚子弟初拥家赀，历练未深，非惟浪荡致败，即恂谨自守，而料事不确，处事乖方，驭人无术，交人失当，以及习惯奢华，用度无节，有一于此，皆足以倾家破产。推原其故，总因心

---

① 章：著，指穿衣。有显示、表明之意。

地不明白，若心地明白，自无数者之患矣。

妇人之职，惟在主中馈、治女红二者而已，一毫外事不可干预。敬听夫言，而惟命是从，是为家庭真祥瑞。每见妇人有因治具饮馔、料理针黹①而怨及其夫者，试问妇人所司何事？而敢出此。更有忝夫听己言，恨夫无主意，多方惑乱，百般搅调，窥其心曲，都在外事上参插，此正所谓妖孽，少不加察，遂隐受其害。为丈夫者，但能毋为妇人所愚，则过人远矣。

世上尽有好人，其识与不识，全在己耳。若见有益于己者而疏远之，有损于己者而亲近之，则损友实所自取，益友何由表见？要在心中先有判别，自不误于所交。佐益身心，磨炼世故，关系不浅。少年子弟不可无此权衡也。

丈夫在世，发奋自强，何事不可为？何地不可到？乃见人之才能而妒忌，见人之勤学而妒忌，见人之富贵而妒忌，一无振作，而徒怀此愤愤不平之心，以自隘其器量，究之无损于人，有害于己。长此悻悻以终身，岂不可哀也夫？

人有心计，发谋出虑，作有益于人之事，此即修善种德，久之自有好处。若恃此机智，搜间乘隙，专谋损人，且或勾结狐朋狗党，引为指臂②，暗害善良，人亦窥见隐曲，莫可如何，而彼反佯妆好人，以神其术。不知人既难欺，天已早鉴，大干造物之忌。若此之人，其害人何不自思？而吾独惜其不念父母、不念子孙，夫何愚之至于此极也。

---

① 黹（zhǐ）：特指简单缝纫之外的针线活，如刺绣等。
② 指臂：手指与臂膀，喻得力助手。

婚丧服食财用，在所必需。农工商贾取之，要各有道。非分强求，苟得惹祸，惜人之思议多不及此耳。

学问中事，以进心趋之，进乃有益。利欲上事，以退心处之，退始得安。至"退步"二字，尤为处世妙术，施之得当，其益甚便。有心世务者，不可不知。

人生心术行谊，但求不得罪于天地，衣服饮食，适可而止，便可无憾。此自待之道。至儿子欲申孝养，亦不仅在衣食，必欲尽心，自可稍从其愿。若不励心行，而专务衣食，自诩享福，盖棺论定，遗臭莫掩，生前虽有肉帛，未必真是享福也。

今人于亲殁时，衣衾棺殓附身等物，苟简将事，不致诚敬。葬则多置纸札，广待宾客，斋僧供佛，以张大其事。俭非所当俭，费非所当费，此谓轻重失宜。吾以为致饰外观，以求有当乎人意，不若郑重殡殓，以求无悔于己心。孝子仁人，亟当思所以挽回矣。

人自祖父而下，父行昆仲，是谓同胞，身行兄弟，兼有嫡堂，异父之子，无非一祖之孙。其间门户渐分，贫富不同，贤愚攸别。凡为尊长者，要各存关爱之心，时抒训迪之言，不可重富而轻贫，嘉贤而弃不肖。责成劝勉，维持调护，家道自不至大乱。倡行克久，便有九族敦睦之风。不行，其责惟在读书而为尊长者。

"骄奢淫佚"四字，是富贵家子弟雷同病。前车未远，而后辙复蹈，是失路病。明知而故犯之，是造死病。雷同病易治，所谓毋雷同是也。失路病可治，但改行易辙，则病自祛矣。惟造死病不治，然知其不治而怕死焉，则亦可治，痛改前非，是为续命汤。

男子识见要远，度量要宏。遇可较之人与可较之事，便生计较，猝然发见，此其器识与所较之人相去几何？要将彼之可较者看到愚处拙处，或无心，或少检点处，则我心自平宽，以留其挽回之路，不可迫以绝其转身之机，既免目前争端，亦全日后交情。率此以行，胸襟豁然矣。

今有数人论事，逞才恃智，互相争长。中有一人，缄默自处，闻数人之言，胸中了然，不一置喙。迨有要务及于其身，与为筹画剖析确当，开示无遗，聆其绪论，有非彼数人所能见及者。而此人厚重自若，毫无矜张意。此之谓深沉浑厚。世有多言之人，而口颊一动，才辩自负，旁若无人者，视此浅矣。

处有余之地，施于人无求，省俭受于人，勿望丰厚，方不失有余。名望若报施，必求相称，便是市利心。竟有所施于人者薄，而所望于人者厚，贫者努力于富，而富者菲薄乎贫，其存心皆不可问。厚德之人以厚待人，终未有损也。

应事接物，全恃乎心。心之所依，全在于理。理有浅而易见者，亦有深而难明者。深而难明，其事必难处，总须静心推寻，务求一是。是之所在，即理之所在。切不可浮躁，一涉浮躁，百事不济。自古圣贤未有以浮躁应事者。存此说于心头，遇事庶有一二分斟酌，不至任情偾①事矣。

视天下如一家，中国如一人，此是何等气象。今人于家庭骨肉间分许多畛域，窥其自私自利之心，曲为计谋，其子孙应必什倍于人，往往及身而不能收贤孝之益，偏爱徇私何为者？自古圣

---

① 偾（fèn）：毁坏，败坏。

贤建功立业，大抵皆裕胞与之量者①也。权谋术数，成何事功？以大例小，事异理同，人于家庭骨肉之间，当知所以自处矣。

财物济人，虽朝廷不可为常，如水旱灾患，有所拯救是也。若在民间，其何能给？然苟有力，亲族邻里饥寒疾苦，量力资助，亦可暂为。惟仁人之言，其利甚溥，此圣贤济人之法，古今通行。即如现在遇事遇人，但出有益于人与事之言，即是利也。俗语云："好言一句三冬暖，恶语伤人六月寒。"此最不可不省。

"贪"之一字，凡事皆忌，若读书，则惟恐不贪。贪多务得，学业乃进。人能以贪利欲之心易而贪书，未有不学成名立者。

事宜从俗，不必立异，然竟有不可落的俗圈套，所当详审。如既有浅近窄小路头，即有深远广大地步。两相对待，变通裁处，作事方可长人。善应事者，眼见不可不活也。

人不可自轻，自轻者无志。虽处寒微，循规蹈矩，品端行正，能令人望而起敬，其谁敢轻？即薄宦末秩，亦有自重之道。但知卑污苟贱为可耻，则立身行己自有节制，方不负兹一命之膺②。不可自高，自高③者招损。虽处通显，任大责重，报称不遑，受益以谦，其器乃大。又或一科一第，方思抱负未实，盛名难副，岂可借此为矜傲之具？寒微尚不可自轻，而通显无论矣。通

---

① 胞与之量：有视民众为同胞的度量。胞与：即"民胞物与"，指泛爱一切人与物。

② 一命之膺：膺，应。指受任一官的重任。

③ 自高：此处底本原阙，据文义补。

显尚不可自高，而寒微无论矣。

富贵功名，得一步还想进一步，推之凡事莫不皆然。不知足也，何以知之？求之不已，死而后已者，比比然也。至于为学，却易知足，老其身以从书者，曾见几人？只此用情一转移焉，各得其当。人未有不嘉知足之为是，而亦断无责不足知之为非者。此见到、说到，做不到的难事。

有载福之器，方可享自然之福。若器不足以载，其所有则溢。器小易盈，盈故溢也。然是器也，非若金土木石之寿，限于小受，乃合阴阳五行之秀气而为器，大用小用，惟视乎人。然则有自然之福，不能载而享之，直谓之不成器也可。

"中"之一字，圣人示人极妙的道理，随时随事而不可无。有中则凡事便有等量，即如居家自饮食、服物、宫室、器具，以及常变事宜，莫不有中。各视其家之丰约以定之，一食一衣，何为太过？何为不及？凡事莫不皆然，只是人不讲求惯了，说来反嫌迂阔。细心体察，须臾难离。譬如今有富家敝衣粝食，人必笑其啬。啬为不及，非中也。又有贫家锦衣肉食，人必讥其奢。奢为太过，非中也。又有不丰不约者，其服食器物、一切见诸行事者，适称其家，称即中也。据此看来，无中如何使得？且这"中"字极活变，亦极方便，用他惯了，随时随处是我师资，遇事遇人皆可裁处。本此处家，即不能得中，亦不至过偏矣。

俭费失中，各有流弊。费而无节，其弊为奢。俭不中礼，其弊为吝。奢之为害，显而易见。吝之贻祸，隐而难知。人第见奢之所费者可惜，而不知吝之所积，亦终归于不得用。厥弊惟均[1]，中道而已。

世上万般好事，都从忧勤惕厉中来。一切败事，多由逸豫安乐而致。处安乐之地，而不忘忧勤，其福更倍。故深心人时为凛然，卒能立业成务。而浮浅者反笑为何必自苦，因以取败而不悟。迹其昏蔽之甚，虽正言相告，如聋如哑，亦莫之应，非晨钟暮鼓所能警醒也。

学业人品，皆以有所畏惮而成。父兄师友，即其人也。知所畏惮，则放心可收，学日进而品日上。然父兄师友固有畏惮之道，而不能使之必于畏惮。又有说，盖畏惮乃羞恶之心，故知畏惮者有志，不知畏惮者无耻。有志事竟成，至于无耻，而学业人品于是乎不可问。

功名富贵，以学问之道载之，方能可大而可久。若以势利之心居之，则功名实为乱之阶，而富贵皆丧心之具，未有不速败暴亡者。此理显然，人多不悟。试静观焉，盖有历历不爽者。欲清其源，其惟息心利欲乎！

---

[1] 厥弊惟均：其弊端是一样的。厥：其。语出《尚书·泰誓》："商罪贯盈，天命诛之，予弗顺天，厥罪惟钧。"

游思泛言 下

家口虽众，主事惟一，择公正而能者。财物用度出入，必归一手，馀事分理。长幼贤愚，量材任事，如或读或耕或商之类。各司其事，而勉供厥务。饮食从同，家长与主事人不论。衣服分等差，家长与主事人不论，惟读书成名、已冠者酌示区别。内外大小一切经费，如服物针线之类，男女大小计口分授，亦须预定章程，俱经主事人手，毋得自私便。凡此者，皆以防乱也。妇人只供内职，其应办家事，或合作，或分治，亦须派有常业，不得互相推诿，年老及有疾者不论。凡有一言干预外事者，斥勿听，亦所以防乱也。有则不必隐讳，即当谕令速改。疾病医药、诸亲往来应酬，主事人料理安排，卑幼不得自专，主事皆当视如己事，体贴入微。此等事，馀人分办，而取给于主事人亦可，恐主事者不能兼及也，而所亲子弟供其使令。其在疾病，如子于母、夫于妻，其在诸亲，如子于母党、夫于妻党之类，皆谓之所亲。其布置差等，听主事人裁处，于不同中见大公之意。生熟远近，势雄从同，权宜应酬，不同而公。嫁娶丰啬视家业。势难限以一定章程，适可而止，毋过奢华。女申母命，嫁女则母告女为妇之道。男行父教，娶媳则父教子成人之礼。二者最重。不待宾客，本家内戚自宜聚会，外宾远客，不必招集。事无大小，秩然有序，人无长幼，翕然从令。处置者得宜，奉行者惟谨。二语有责成意。其家之兴盛可知也。其有反乎是者，试申言之。权不归一，事由各便。吃苦尝辛，一人出力，偷安享福，众人任情，加以妒忌妇人之用事，昏愦男子之听从，眼小见卑，只求快足乎己意，搬舌弄嘴，因以惑乱其夫心。于是操心费力之事不肯向前，争衣趋食之时惟恐落后，事皆照样，不知尊卑之有分；心自另存，那顾体面之当惜。时而妻疾子病，自导巫瞽以入门；亦或客至亲来，直供酒食于私室。嫁女谈妆奁之盛，孰知母命当先？娶媳侈彩章之隆，谁讲父教宜豫？借音乐以悦耳，滥酒筵以娱宾。不知甘苦者，胡为妄作；身受艰难者，气短心灰。一人之苦增，何能支众人之浪费？势若抱火，状同履冰。而老成情长，犹强作弥缝之计；少年智短，偏密为离间之谋。女生分炊之心，男怀析产之意，事未遂愿，耻供使令。于长尊门既分开，甘效奔走于妻子。种种情形，楮墨难罄。职思其故，大约半坏于谗妇妒妻之口，而软耳夫婿、无识男子之受其蒙蔽，亦实可耻。家道成败，在此两途，乃有身履败途而犹不知者，何醉梦中人多也耶！

家庭之间，孝友为重。培养根本，固结天性，全在于此。仪节亦不可缺，如出告反面，问寝视膳，日用常行，时时有应尽的道理，非仅逢时遇节，偶应虚文。此所以化其粗厉之气，养其恭顺之心。否则直往直来，尊卑上下，混无区别，便不成家风矣。

凡内外少长胥视此。男女仪节,容有不同,而率循惟谨则一也。父兄蔼然,而子弟肃然。蔼然者,亲爱而不流之意,非莅官临民,无故而严厉其容,非父兄所以待子弟。肃然者,恭敬而有礼之意,必震怒而后起敬,非子弟所以事父兄。蔼然肃然,是谓各尽其道。遇事任理不任气。遇事者,事不一也。每事据理开导,理无二是,理伸而心自服,若任气,则开口先不得平,气易穷,气穷而理不得伸,必至两相负气,而情意隔碍,其心终不服,此血气之所以误事也。恩义并行,责成教诲,凡大义所在,定当尽己心、行己志,不可将以姑息。疾痛讥寒,凡应加恩之处,亦当尽己心、行己志,不可失于刻薄,二者不可偏废。职业有常,而妇人不得预外事。有常,如男耕读、女织纫之类,各勤所业,毋侵厥职。若妇人参议,其家必乱,故宜严防。奉令承教,无敢慢也。仪型董率①,良非易也,知其不易而胥正己,知其无敢慢而胥致谨两相责成,交励互勉,其道乃尽。由是道也,家庭之间庶町观矣。

"教妇初来,教子婴孩。"诚哉是言!人于小儿甫言语、方行动时,便任意嬉戏,教以挞人骂人,其父母喜溢眉宇,视为奇异可夸。迨至长大,始思教以礼法,纳于规矩,而彼撑眉怒目,事既不娴,意亦羞为,坐此废坏者不少。此是第一恶俗,所宜痛戒。余于仕途所见士大夫之有家教者,小儿三四岁时,男作揖,女拱拜,无一不能。其尊长视为当然,亦不见异。八九岁以上者,衣冠聚会之地,揖让周旋,虽成人有不及。"教子婴孩",

---

① 董率:统率、领导。

岂不信然？至于新妇入门，始而问饥念寒，让食推衣，时当操劳，令其避重就轻。一片婆心，百般娇养，按以大义，全不相合。使尽浅爱俗慈，长起骄心惰志，不一年而新者不常新，旧者不照旧，然后欲任以妇职，责以妇道，而习惯自然，难消纵恣之气，狃于故辙，不改便安之常。言轻则置若罔闻，语重则怒形于色。教导不豫，是谁之咎？习俗蔽锢，牢不可破，非有识力者，其孰能挽回哉？

家之盛也，长幼内外，勤生俭用，众心如一。家之衰也，长幼内外，懒积侈费，众意佥同，亦有勤俭懒侈相半者，惟其志向攸分，是以甘苦不均。此即是析产分炊之兆。

治生非治家之谓也，今人多以能治生为善治家，其见谬矣。夫治生者尚积财，只在勤俭上用工夫。治家者贵平情，要在公私上着心思。是治家即齐家也，非公不可。然尊卑、贵贱、贤愚不同，饮食、服物、酬应各异，势难一致。这个公，并非印板文章，须随人随事，因时制宜，变通不拘，而处置有方。迹象虽殊，而分际恰合，调剂人心，胥得其平。此即谓公。此乃治家之事，虽然，难言之矣。

男宪曾敬书于铜江郡斋

游思泛言 跋

　　士范[1]弱年游泮[2]，我味堂师来为训导。时教谕汉南张彝叙先生工举业，范禀裁焉。尝呈课艺，师批抹之，彝叙以为时文不必如此苛也，师即复补改加圈，盖心虚受尽人言如此矣。范为人铭墓，有含讽语，师正色责之，以为不足其人谢勿为可也。业许铭矣，铭之义主美，愤时嫉俗胡为者。范于是惕然知悔，至今膺服，师训不忘也。府通判署，苏文忠遗迹也，以缺裁斥卖。或恐悉范买，邑之侯王松涛嘱师致意，师为范力辞，其待诸生以古谊相期许类然。然癸未哭彝叙矣，松涛嗣改蒲城，而师以松涛荐升任泾阳，旋捐馆。忽忽三十余年。追维今昔，老泪欲零。毅轩[3]世

---

[1] 士范（1795—1873）：郑士范，字冶亭，陕西凤翔高王寺人，清末绅士、经学家。历任贵州印江、安化、贵筑知县及平越知州。撰有印江、安化、贵筑、平越诸志及《春秋传注约编》《朱子年谱》等。

[2] 泮（pàn）：泮宫，古代学宫。

[3] 毅轩：王宪曾，号益轩，一作毅轩。

兄，凤翔生者也，以师所著《游思泛言》寄范读之。言言切实，亟录之为座右铭。适有贶①时斋②事实并置案头，因僭评之。时斋博学而文富，道脉通。微语闇修③，味堂师无愧也。窃谓此书亦当与时斋家训并传。

咸丰戊午重阳日受业郑士范谨跋

---

① 贶（kuàng）：赐予，赠给。
② 时斋（1769—1855）：李元春，字仲仁，号时斋，亦号桐阁，朝邑南留社（今陕西大荔）人，关学大儒。辞官回乡后主讲潼川、华原各书院。著有《救灾策》。
③ 闇（àn）修：暗自修行砥砺，不为人所知。

第二卷

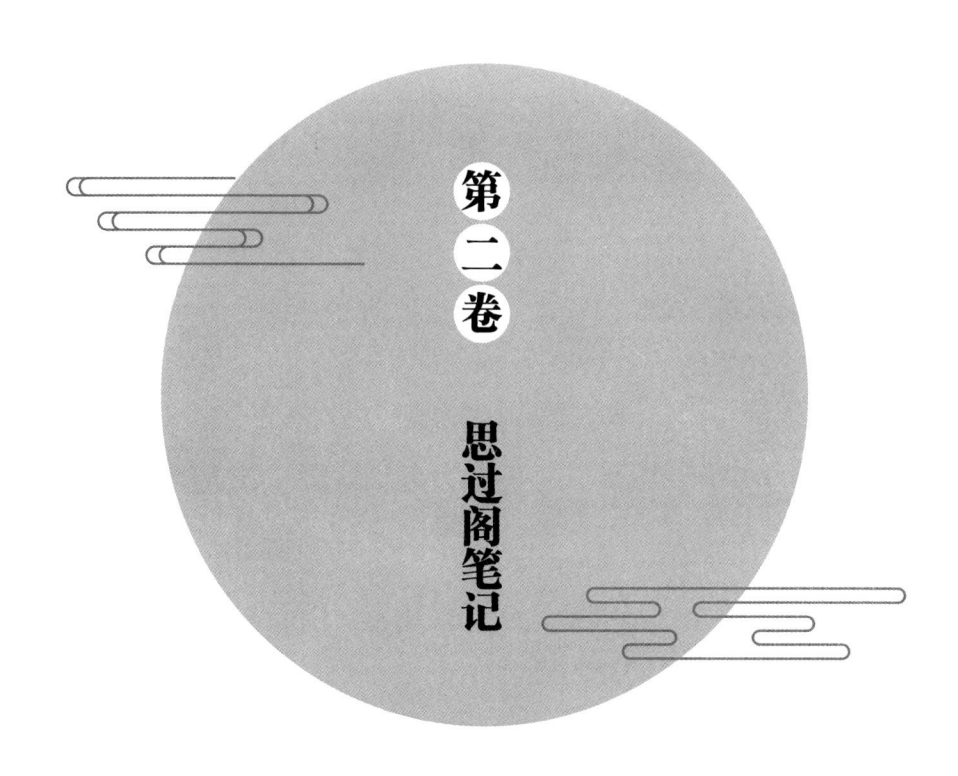

思过阁笔记

王宪曾

撰

故资政大夫贵州补用道王公事状

公讳宪曾，派名允谦，字立生，号益轩，陕西清涧人也。幼孤，事母以孝闻。性严正，好学，至老不倦。年十七八入泮，二十食饩①，六试未售②，遂就训导职，盖欲以明经举其弟子呼生也。辛酉举于乡，明年成进士。选庶吉士，癸亥散馆，授知县，改官内阁中书。庚午科与绮③同奉命典试河南。前之不愿举明经④就知县者，志在此耳。丁丑补侍读。己卯，值会议前御史

---

① 食饩（xì）：指明清时经考试取得廪生资格，成为享受廪膳补贴的生员。饩：给养、俸禄。

② 六试未售：先后参加六次乡试均落选。

③ 绮：崇绮自称。崇绮（1829—1900），字文山，阿鲁特氏，晚清大臣。军机大臣赛尚阿之子，同治帝孝哲毅皇后之父，清代唯一的旗人状元，历任吏部尚书、礼部尚书。八国联军攻陷北京时，随荣禄走保定，自缢死。谥文节。

④ 明经：明清两朝称贡士为明经。

吴可读①大统遗疏，命意主稿皆出公手，廷臣龃之，议遂定。文载公集中。是岁，考取御史。庚辰出守黔之铜仁郡。会穆宗实录告成，以公详校勤劳受赏，以道员升用，加盐运使衔。陛辞时，今上谕以"时事艰难，边防尤要，须尽心竭力为之"。而公报国之念由是愈切矣。秋七月，受铜郡篆。铜，苗疆也，俗犷悍，民健讼，最称难治，故谚有："官不猛，匪难靖；官不威，民即匪。"前官之有令闻者，率以严峻从事。而公不然也。尝云："鹰鹯不如鸾凤，舞干羽而有苗格②，古言岂我欺哉。"故为政务在德化。今黔民以铜为最良，则公之仁政可知矣。先是黔多插花地，即汉时之瓯脱③也，此疆花插彼界，远近不等，多少不齐，恒为逋逃薮④，莠民每恃，缉捕例应关提而协拿，仍可暂避。中丞李公用清厘⑤正之，属吏佥⑥以户口学额丁粮，案件纠结已多年矣，一旦变更，实非岁月事，抗言不能。时公适养疴省垣，李公默计非公莫能办，于斯登门敦请至

---

① 吴可读（1812—1879）：字柳堂，号冶樵，甘肃皋兰人，晚清大臣。先后主讲朱圉书院、兰山书院。后服毒自尽，以尸谏的形式，请求为同治帝立嗣。作品收入《携雪堂全集》。

② 鹰鹯不如鸾凤，舞干羽而有苗格：苛政不如德政，以文德教化才能使边民归顺。鹰鹯喻勇猛（凶残）之人，鸾凤喻贤德俊美之人；干羽指古代舞者所执的舞具，喻文德教化；苗格即格苗，指边民臣服。

③ 瓯脱：边境荒地。

④ 逋逃薮（sǒu）：藏纳逃亡者的地方。薮同"搜"。

⑤ 清厘：清查，清理。

⑥ 佥：皆，全部。

再，公遂慨然允之，力疾回郡，不两月而蒇①事。至今铜郡无插花地，公之绩也。嗟乎，化盗薮为乐土，举千钧如一毫，其才德为何如耶。会潘公霨②来抚黔，以公治行第一入告文信公。诏加公二品衔，戊子秋，奏派公赴湖南迎提铁厂机器，卒于常德旅次。年六十二也。绮与公通家子③也，交最久，知最深。今公殁数年矣，追忆生平，怆然心目，援笔而识，以示景仰云尔。

光绪十有九年秋七月，年愚侄崇绮谨识

---

① 蒇（chǎn）：完成，解决。

② 霨：潘霨（1826—1894），字伟如，号韡园，江苏吴县（今江苏苏州）人，清代医学家。光绪十年（1884）出任贵州巡抚，奏请开采贵州矿产，开启了贵州近代化之门。精通医术，做官期间经常为百姓义务诊病，有《韡园医学六种》传世。

③ 通家子：指彼此世代交谊深厚，如同一家。

弁　言

抵铜郡之次岁，行年五十有五矣。精力就衰，毫无裨益于时，且喜讼事渐稀，端居多暇。追维三十年前所欲有言者，随忆随笔，漫无伦次，亦犹先大夫游思泛言遗意焉。论语曰："先行其言，而后从之。"余之所病于人者，躬自蹈之。谓非可已而不已耶。夫可已而不已，良由学力未至。识量不足以已之，陈龙川[1]所谓"虚气不易平者此耳"[2]。顾安知今之不能已者，他年不且决然已之，而一字不容留乎，笔而存之，聊为晚年学识之验。

光绪辛巳大暑后二日，省吾居士[3]识于郡署[4]思过阁

---

[1]　陈龙川（1143—1194）：陈亮，字同甫，号龙川，浙江永康人，南宋思想家、文学家。创立永康学派，人称龙川先生。著有《龙川文集》《龙川词》。

[2]　虚气不易平者此耳：指因一时冲动而产生的一种精神力量。

[3]　省吾居士：作者自号。

[4]　郡署：清代知府衙门别称。此指铜仁府衙门。

思过阁笔记 一

大道在世，如日月在天，虽有云雾，无损于日月之明。圣人言道，只为人指示日月之所以明，未尝理会云雾也。后世讲学家专以扫云雾为事，毋论其力之能扫与否，而多此一番矫揉，不又添一层蔽障乎？然且诩为"非扫不明"，毋乃贪天之功欤。

孔孟之讲学，不得已而不已者也。后儒之讲学，可已而不已者也。何以言之？孔孟不作述，万世无学术矣。若夫作述，大备之后躬行而已，何烦更言哉。两汉去古未远，尚有知此义者。降及后世，士大夫言多于行，或且以言代行，甚至言饰其行，谓非可已而不已者耶。吁！此亦足觇世变矣。

尊德、性道、问学，语本平列，不容侧重一边，既各有所重，亦只等诸仁者谓仁、智者谓智之例，各行其是而已，不必互相非也。乃后儒为此聚讼不已，徒争门户耳，曾何与于学术之高下哉。

阳明之学，诚有偏处，舍短取长，存乎其人。必欲议之，指其偏以正其失，斯亦足矣。信口诋毁，岂后学所宜施于先达者哉。至谓"明之天下，不亡于流贼而亡于阳明之学"，深文①若此，岂君子之言乎？

有先入之言在耳，即后诉者听而不闻矣。好东者恶西，西岂可恶？好东使然也。以此知方隅之见、门户之私，贤者不免，而依草附木之徒更不胜数矣。

气节者，人伦之变，非国家之福。明末之讲气节，亡国之征也。比如孀妇守节，本是不幸之事。如其为处女而即以孀节自期，是利其夫之死以表己而已。魏征曰："使臣为良臣，毋为忠臣。"即此意也。后人嫌其过于分别，岂为知言。

今之为理学者，以为学孔孟须自程朱②入门，学程朱须由张

---

① 深文：此处指苛刻的文字。
② 程朱：指北宋的程颢、程颐兄弟与南宋的朱熹。

程颢（1032—1085）、程颐（1033—1107），河南洛阳人，北宋理学家、教育家，理学的奠基者。二人同学于周敦颐，共创洛学，世称"二程"。

程颢字伯淳，号明道，世称程子、明道先生，反对王安石新政，倡导"传心"说，撰有《定性书》《识仁篇》等，后人集其言论编成《遗书》《文集》等。程颐，程颢胞弟，字正叔，世称程子、伊川先生，著有《周易程氏传》等，被后人辑录为《程颐文集》。

朱熹（1130—1200），字元晦、仲晦，号晦庵、晦翁，祖籍徽州府婺源县（今江西婺源），南宋理学家、哲学家、教育家、诗人。是二程的三传弟子李侗的学生，与二程合称"程朱学派"。创办考亭书院、武夷精舍等，重建白鹿洞书院、岳麓书院。谥"文"。人称朱文公、朱子、考亭先生、紫阳先生。著有《四书章句集注》《周易读本》等。其中《四书章句集注》成为钦定的教科书和科举考试的标准。

陆①入门，方不错走路头。信是言也，则张扬园、陆稼书以前之大儒皆错矣。然则每下愈况，学张陆者又从何人入门乎？此等议论，本不足辨，聊记之，以为耳食②唾余者戒。

"性与天道，不可得而闻也③"。集注④云"夫子罕言之"，愚意《论语》《中庸》及《易经》《十翼》，性天⑤之言亦不少矣。盖学有浅深，深者闻而知之，即得闻也。浅者闻而不悟，闻如不闻，即不可得而闻也。若云教不躐等⑥，岂圣人择其可语者而背后私语哉？

"食不厌精"二句，集注大费周旋。愚意"厌"即餍足⑦之义，古字本不作"餍"，言不必精细而后厌也。以此为解，似较直捷了当。

"君子敬而无失"一节，子夏教司马⑧弭忧之道，仁至义尽，

---

① 张陆：指明末清初的张履祥与陆陇其。

张履祥（1611—1674），字考夫，又字渊甫，号念芝，明末清初著名理学家。世居桐乡杨园，人称杨园先生。

陆陇其（1630—1692），原名龙其（因讳改名陇其)，字稼书，浙江平湖（当湖）人，清代理学家。人称陆平湖、当湖先生。

② 耳食：指耳朵像嘴巴一样消化信息，不加省察，徒信传闻。

③ 不可得而闻也：从来没听到过。语出《论语·公冶长》："夫子之文章，可得而闻也。夫子之言性与天道，不可得而闻也。"

④ 集注：《朱子论语集注》。

⑤ 性天：人性与天命。

⑥ 躐等：超越等级，不按次序。

⑦ 餍足：吃饱，满足。

⑧ 司马：指司马牛，孔子七十二弟子之一。子夏曾以"生死由命，富贵在天"和"四海之内皆兄弟"安慰家族败落的司马牛。

真是圣贤作用。看似迂腐，其实消灾泯祸莫切于此。集注云为是"不得已"之词，毋乃未喻其旨乎。

"小德出入可也"①，是子夏晚年悟道语。吴氏②乃曰"不能无弊"，未为知言。

晋文公之于怀嬴③，一问子犯④，再问胥臣⑤、赵衰⑥，似犹有嫌意存焉。怀嬴乃云："何以卑我"，是直以嫡御自居矣，千古无耻妇人，莫此为甚。狐赵速⑦君之入，究不免陷君于恶，然犹知其不可而强颜为之者。胥臣妄引黄帝炎帝之姓，直等子圉于路人，曲词诬古，罪在狐赵上矣。善乎？褚遂良之言曰："武氏经事先帝，天下谓陛下何如主？"忠臣爱君不当如是耶？呜呼！胥臣能辨二十五宗，许敬宗⑧亦在十八学士之列，心术不正，学术反

---

① 小德出入可也：（君子应当顾全大局）不必执着于细节。语出《论语·子张》："大德不逾闲，小德出入可也。"

② 吴氏：指吴棫（约1100—1154），宋代古音韵学家、训诂学家。有《裨传》十三卷已佚，今传《韵补》五卷。

③ 怀嬴：秦穆公之女，嬴姓。先嫁晋怀公姬圉（子圉），后嫁姬圉的伯父晋文公重耳。

④ 子犯（约前715—前629）：狐偃，字子犯，晋国重臣。随重耳流亡并佐其即位成为霸主，曾与胥臣、赵衰三人力劝重耳娶怀嬴。

⑤ 胥臣（前697—前622）：司空季子，晋国政治家、教育家。封地于白，又称白季。追随重耳流亡并佐其称霸的重臣。

⑥ 赵衰（cuī）（？—前622）：赵成子，字子余，赵国君主的祖先，战略家、政治家。追随重耳流亡并佐其称霸的重臣。

⑦ 速：招致，邀请。

⑧ 许敬宗（592—672）：字延族，杭州新城（今浙江杭州）人，唐朝宰相。

足以长奸。王荆公①之辨博，少正卯之记丑，皆此类也。士大夫讲求学术，可勿先正其心哉。

两汉吏治之隆，有二道焉，曰"教"曰"法"。良吏任教，韩延寿②之属是。能吏任法，张敞之③属是。夫欲为良而无其德，欲为能而无其才，岂不终于庸吏也乎。

"众人贵苟得，欲语羞雷同。"④介之推所以不言禄也。汉唐以下，知此者少矣。呜呼！军功滥而武备驰，劳绩多而吏治坏，世道升降，岂细故哉？

绤⑤虽精，不能阻蚊虻者，其喙利也，恃其利喙，无不可入，遇蛛网而黏焉，卒饿以死，岂非忽于疏哉？钻营觅食，贪得无厌，未有不自投罗网者，君子可鉴矣。"三代下唯恐不好名"⑥，此不过激发末流之语，非笃论也。窃谓好名之害不减于好

---

① 王荆公（1021—1086）：王安石，字介甫，号半山，抚州临川人，北宋宰相、文学家、思想家。人称王荆公、王文公、临川先生。主持变法，潜心经学，创"荆公新学"。散文名列"唐宋八大家"，诗风自成一家，世称"王荆公体"。著有《临川集》。

② 韩延寿（？—前57）：字长公，燕国人，西汉汉宣帝时期著名士大夫。

③ 张敞（？—前48）：字子高，西汉茂陵人，汉宣帝时期任太中大夫。官终豫州刺史。

④ 众人贵苟得，欲语羞雷同：众人争相冒功求赏，我想报功却羞于与他们混同。语出杜甫《前出塞》："从军十年余，能无分寸功。众人贵苟得，欲语羞雷同。"

⑤ 绤（chī）葛：葛布。

⑥ 三代下唯恐不好名："三代"指"尧、舜、禹"三代。语出《四书解义》："盖三代而前，唯恐好名；三代而后，唯恐不好名。好名而后自修，人之常情也。"

利,好利真小人,好名伪君子。伪君子之害,岂在真小人下哉。

鹰犬之材,能逐狐兔,而不能靖鼠雀,岂鼠雀健于狐兔哉。用其长而舍其短,必有道以处。此若所能,在彼而所任,在此其偾事也必矣。是故郡县非酬劳之官,刀剑非善后之具。

古人文字,往往错落不齐,或有意或无意,未必皆亡失也。《论语·逸民》不论朱张①,《孝经·庶人章》不引《诗》②,贾谊《治安策·长太息》止五③是也。以此例推,则《大学》"格致传"可不必补④。《中庸》,小人之中庸也,不必添反字⑤,此类极多,阙之可也。

"观过,斯知仁矣⑥",此句所包甚广。汤武之征诛⑦,伊周

---

① 《论语·逸民》不论朱张:孔子对"逸民"九人的评价,唯独漏朱张一人。

② 《孝经·庶人章》不引《诗》:《孝经》从《天子章》以后各章,都引用两句诗经,唯独《庶人章》没有。

③ 贾谊《治安策·长太息》止五:《治安策·长太息》先写共有六项可"长太息",但后文却只有五项。

④ 《大学》"格致传"可不必补:《大学》中没有"格致传",朱熹后来专门补写了"格致传"。

⑤ 不必添反字:《中庸》中"君子中庸,小人反中庸,君子之中庸也,君子而时中。小人之反中庸也,小人而无忌惮也。"作者以为不必有"反"字。

⑥ 观过,斯知仁矣:见成语"观过知仁",指察看一个人所犯过错的性质,就可以了解他的为人。

⑦ 汤武之征诛:商汤和周武王对夏桀和商纣王的讨伐。

之放辟①，皆是也。下至申生②、匡章③之不孝，亦在可原之列，尹注④乃夹入不仁一层，毋乃失书旨乎。

士大夫不以敦行为事，终日附会程朱，攻评陆王，已属无谓。更有藉以盗窃名位者，则与撞骗何异。

道家逃名，儒家敬名，法家以名科人罪。盛名可畏，虚名可耻，君子何好名为。

事所当任不必推也，办所当速不可缓也。然而号为"晓事者"，往往反此，何耶？任事必招怨，速办不显功。故莫妙于且推且缓耳。譬如应酬书画者，迟迟而出之，则声价倍高，若一求即得，虽使书如右军、画如道子，一钱不值矣。古今"晓事人"，养望之诀多半如此，非粗浅直率人所能知也。虽然粗浅直率，亦其天性固然，不能强改。吁！此其所以常不晓事也欤。

沽名钓誉之害，甚于放辟邪侈者。真小人易知，伪君子难测也。然心劳日拙，岂有久而不漏之破屁哉？

受古人骂，不如受时人骂；受时人骂，不如受自己骂。圣贤

---

① 伊周之放辟：指商朝的伊尹和西周的周公旦，两人都曾摄政又还政。伊尹曾放逐太甲，后又还政太甲。周公曾因摄政招致非议，在成就王业后还政周成王。辟，指天子，君主。

② 申生：春秋时期晋国太子，晋献公嫡长子。才德兼备，愚孝，却死于不孝之罪名。

③ 匡章：战国时期齐国名将，人称章子或者匡子。因与父亲意见不合，"通国皆称不孝焉"，但孟子持不同意见。

④ 尹注：指尹知章注。尹知章（约669—约718），绛州翼城（今山西翼城）人，唐前期大臣。精通六经，曾注《孝经》《老子》《庄子》《韩子》《管子》《鬼谷子》。尹注是现存最早的《管子》注本，后世著述皆以尹注为基础。

嫉恶，往往目以小人，比以禽兽。我日读其书而躬自蹈之，盖不知其为骂我也。至于同时之人指名相斥，当知其为骂我矣。然或有闻有不闻，有当有不当，尚可谢焉。若夫以我骂我，自无不闻无不当矣。夫以无不闻无不当之骂，而犹惮改焉，是何异于禽兽小人乎？或问人有自骂者乎？曰：吴王使人立于庭，曰"夫差，尔忘越王之杀尔父乎？"宋赵清献①曰"赵抃不得无礼"，非自骂而何？吴王肯自骂，卒报大仇。清献肯自骂，卒为名臣。然则人何惮而不自骂者，故学者宜将自己病痛书于座右，庶几触目惊心，较之儒先格言，功加十倍。否则，唾面待干，甘受人骂而不耻，悲夫！

争名妒位，贤者不免。以右军之高致，乃云"吾不减怀祖②而位遇悬邈"；以子美③之达观，而云"严挺之④乃有此儿"。非以争妒故耶？"克、伐、怨、欲，不行⑤"，圣人亦以为难，吾辈可不戒诸。

"宁道孔圣误，讳言郑服⑥非"。唐人已有此风，无怪乎宋元

---

① 赵清献（1008—1084）：赵抃，字阅道，号知非子，衢州西安（今浙江衢州）人，北宋名臣。时称"铁面御史"，谥清献。著有《赵清献公集》。"赵抃不得无礼"是赵抃自警的故事。

② 怀祖（303—368）：王述，字怀祖，太原晋阳（今山西太原）人，东晋官员。

③ 子美（712—770）：杜甫，字子美，自号少陵野老，唐代诗人。

④ 严挺之：唐中书侍郎。子严武，字季鹰，唐中期名将、诗人。

⑤ 不行：避免。

⑥ 郑服：指郑玄和服虔。郑玄，字康成，东汉末年经学家。服虔，字子慎，初名重，后更名虔，东汉经学家。此句语出《旧唐书·元行冲传》。

以来之理学各丰于昵也。

"时无孔子，不当在弟子之列"①，何其大而夸欤。推原其故，言孟子之言则甚易，行颜子之行则甚难。避难就易，宜乎？道学自命之，实繁有徒也。

扬王②拟经，宋儒犹识其僭。然彼自作彼之经耳，并未羼入圣经也。然则擅更旧本者，不更僭乱之甚乎？非人而不肯自非，大儒固当如是耶？

《困学纪闻》③引《鬼谷子·午合篇》，伊尹五就汤、五就桀，以为其说诬古圣贤。阎伯诗④曰：王氏竟忘其出于孟子耶。予谓今世称博雅者，往往于目前习读之书反多遗忘，如"大下"⑤疑为"天下"之讹，"佛时"指为"释氏"，"贞观"二字，直以汉代年号目之，岂非务广而荒。

----

① 时无孔子，不当在弟子之列：如果世上没有孔子，就不应该处在学生行列之中（意即自己应该为师）。语出韩愈《答吕医山人书》："自度若世无孔子，不当在弟子之列。"

② 扬王：指扬雄和王通。扬雄（前53—18），字子云，蜀郡郫县（今四川成都）人，汉代辞赋家、思想家。撰《太玄经》。王通（584—617），字仲淹，河东郡龙门（今山西万荣）人，隋代教育家、思想家。又称文中子。有弟子所编《文中子说》传世。

③ 《困学纪闻》：南宋学者王应麟所撰札记考证类学术专著。

④ 阎伯诗：阎若璩（1636—1704），字百诗，号潜丘，山西太原人，有《尚书古文疏证》《四书释地》《潜邱札记》等著作。

⑤ 大下："大下"二字出自《尚书·周书·顾命》："临君周邦，率循大下。"作者疑为"天下"之讹。

人即好奇,然是非公论,何得大相反背?邱琼山①乃谓:"范文正生事""岳武穆未必能复中原""秦桧有再造功",此等骇人之语,近时亦有效之者。言为心声,不知其是何居心也。然则忠贤配享之事,使潘同时,当亦必以为然矣。

儒以辟佛、老为大题目,其实老不可非也。黄老之学,内而保身,外而治世。至于刑名兵法,阴阳医卜,皆经世所必用着,岂可辟哉。且孔孟以前,未有儒教、道教之分。问礼老聃,历历有据,何得以异端目之,且使老果当辟,孟子早为之矣,岂待昌黎②哉。宗孔孟而祧柱史③,谓非不祖其祖乎。

昌黎《原道》一篇,后世奉之如经。窃以博爱之谓仁,恐亦不能无弊,公盖以"博"字压老之"煦煦"④耳,不知爱是仁之一端,包不得仁之全体,以博爱为仁之大,毋亦道其所道欤。

朱子咏苏武娶胡妇,以为不能遏欲,此与题二乔观兵书图者,云"晚凉何不读关雎"同一,不伦不类,然不过诗之迂腐者而已。薛能咏卧龙岗,云"当时诸葛成何事,只合终身作卧龙",则狂妄甚矣。

---

① 邱琼山(1421—1495):丘濬,字仲深,也称丘文庄,琼山(今海南海口)人,明代中期政治家、文学家、理学名臣。

② 昌黎(768—824):韩愈,字退之,河南河阳(今河南孟州)人,唐中期官员,文学家、思想家、哲学家。自称"郡望昌黎",世称"韩昌黎""昌黎先生"。

③ 柱史:周朝官名柱下史的省称,因常侍立殿柱之下,故名。老子曾任周朝柱下史,故以代称老子。

④ 煦煦:惠爱貌。

吕叔简①云："慎密者无口过，未免厚貌深情之累。"此言良是，然似为慎密太过者戒耳，若率真人留心慎密，当不至是。

人臣公忠为国，事有不可止，当救正于未定之先，而不当翻案于久定之后。②至如庙统所关，何等重大，为台谏者不敢昌言于始，乃与异议于数年以后，且明知其必不可行，而以死要之，毋论其言滞碍不通，试问死之本心为国乎？为身乎？揆其时事，岂真有剖腹待鸣之冤哉？然而无识之徒，群相嗟羡，几欲奉以千古正气之目，举国若狂，殊堪浩叹。或曰人莫难于死，彼能死矣，似未可轻议。曰：平民轻生自尽，不议可也，若夫徇一时之名，而启后来盈庭之讼科以作俑，不且死有余责耶？呜呼！唐之朋党，明之气节，标榜虚名，驯至不救。程子论西汉安刘诸臣③曰："此属率为身谋④"。诛心之语，断倒一切矣。

安定皇甫规⑤，耻不得豫党锢，至上书请坐。人之好名，未有

---

① 吕叔简（1536—1618）：吕坤，字叔简，自号抱独居士，明归德府宁陵吕大庄（今河南商丘）人，明朝文学家、思想家。吕坤的思想对后世有很大影响。著有《实政录》《呻吟语》等。"慎密者无口过，未免厚貌深情之累。"出自《呻吟语》。

② 此句是作者久历朝堂的体验和心得，是他为臣的原则和对自己的要求。救正于未定之先，方能利国利民，不翻案于久定之后，方能维护国家和人心的稳定。

③ 安刘诸臣：指西汉吕后时期以周勃为首剪灭吕氏家族的大臣。

④ 率为身谋：都是为了自身的利益。

⑤ 皇甫规（104—174）：字威明，安定郡朝那县（今宁夏固原）人，东汉时期名将、学者。东汉末"党锢之禁"起，皇甫规以未被牵连为耻，上书请求"坐罪"。

甚于此者。范史①乃云：时人以规为贤，不中其计乎？按本传，规为人多意算，欲退身避第，数上病不见听。会友人上郡太守某②丧还，规缟素越界迎之。令客密告并州刺史胡芳，言规擅远军营，当急举。芳曰："威明欲避第，故激发我耳，吾安能中此子计耶？"是其阴谋诡算当时已有识者，乌在其能贤也。然沽名而至于自劾，用心亦苦矣。岂知千百年后，更有以死要名者③。城中好高髻，四方高一尺，殆亦堪笑堪怜。

汉之党锢，多至数百人，其流品亦杂矣，未必皆如李范④诸人也。明之东林，尤多附和，表表如朝宗晚节尚然，他何论乎。盖依草附木之徒，不得不假此为麒麟楦⑤，岂有真豪杰而甘入其数者。若如皇甫规以不入党祸为耻，然则曾子有子亦将以不与陈蔡之难为愧⑥乎？

古之忠谏，惟求实际耳，非以沽名也。一有沽名之念，虽其言可采，其心亦可诛矣。以予所见，某太史直谏敢言，声振朝野，会有上书论宗社大计者，太史闻而顿足曰："可惜此一篇好文字让他作了"。试思太史此言，为实乎？为名乎？然则前此之

---

① 范史：指范晔所著《后汉书》。

② 上郡太守某：指王旻。上郡，郡治在今陕西省绥德县。

③ 以死要名者：此处疑指吴可读。

④ 李范：指东汉党锢事件的代表人物李膺、范滂。

⑤ 麒麟楦：同麒麟楦，唐代称演戏时装假麒麟的驴子叫麒麟楦，比喻虚有其表没有真才实学的人物。

⑥ 曾子有子亦将以不与陈蔡之难为愧：指孔子在陈蔡被围困之时，曾子和有子不在身边。意思是如果皇甫规以不入党祸为耻，那曾子和有子也要因没有亲历陈蔡之难而惭愧。

直谏敢言，为国乎？为身乎？夫所恶于沽直者，不求其事之有济，而但求其名之可传，居心尚可问耶。

唐蒙、张骞之开滇黔，为蒟酱①邛竹②而来也，涂炭当时之生灵，罢敝后人之物力，二子诚千古罪人矣。然汉廷君相等，开边如儿戏，亦何为哉？以此知守在四夷，真不易之良法。惜乎！好大者不肯远虑耳。

李二曲③以"体用"二字出于释氏，朱子不当以之解经，虽顾亭林④之博雅亦为所屈，后人又力伸顾说而讥李之失考，此皆理学之魔道也。毋论此二字不始于释，即使果出于释，苟其理可取，即以之解经又何害焉。儒佛分界，未必在是。朱子注书，其可议者亦不在此二字，何必哓哓致辨哉。且孟子尚引阳虎⑤之言矣，后儒亦将妄议为失乎？

---

① 蒟酱：也称枸酱，植物名，可以作调味品。《史记·西南夷列传》载："唐蒙出使南越，食蜀枸酱，蒙问所从来。"唐蒙曾上书汉武帝建议开通夜郎道。

② 邛竹：邛，亦作筇，竹名。邛山所出，中实而节高，可作手杖，即邛竹杖。《史记·大宛列传》载："臣在大夏时，见邛竹杖、蜀布。"张骞曾说服汉武帝开辟西南路线。作者在西南任地方官长达八年，深刻体会到历代统治者对地方的征收掠夺给百姓带来的负担和痛苦，不赞同以攫取利益为目的的开疆拓土政策。

③ 李二曲（1627—1705）：李颙，字中孚，号二曲，陕西周至人，明清之际思想家、哲学家。主讲关中书院。与孙奇逢、黄宗羲并称三大儒。著有《四书反身录》《二曲集》等。

④ 顾亭林（1613—1682）：顾炎武，本名绛，字忠清，苏州府昆山（今江苏昆山）人，明末清初思想家、经学家、音韵学家。因故居旁有亭林湖，人称亭林先生。与黄宗羲、王夫之并称为明末清初"三大儒"。

⑤ 阳虎：姬姓，阳氏，名虎，春秋后期鲁国人，与孔子交恶。

南人轻北，北人轻南，此不过文人轻薄之陋习耳。顾亭林极笑北人不讲四声，又不工八股文。愚谓是未足为北人病，所病者荒经蔑古耳。平心而论，北人质胜，南人文胜。君子立言有则，岂可意为轩轾①哉。许丁卯②咸阳诗"蒹葭杨柳似汀洲"，沈归愚③评云："咸阳何地而有汀洲耶？"意谓必江南始有汀洲耳，不知本句原有"似"字，且"在河之洲"非秦地乎？其见殆与顾氏同。

张杨园遭家之惨，理不可解。葬亲致讼，两柩被焚，一惨也；女嫁尤介锡，为其所杀，二惨也；子死后孤孙亦相继夭殂，竟至绝嗣，三惨也。天之报善人如是乎？

粗浅直率，不过气质之偏，而最足误事。予生平正坐此病。昨作一聊自勖云："事机须慎密，心气要平和"。不知能学到否。

"智欲圆而行欲方，胆欲大而心欲小。"④孙真人⑤述古语也。予对以"正其谊不谋其利，明其道不计其功"。"重为轻根，静为躁君"，老子语也。予对以"方若行义，圆若用智"，

---

① 轩轾：高低、优劣、轻重之意。

② 许丁卯（约791—约858）：许浑，字用晦、仲晦，润州丹阳（今江苏丹阳）人，唐代诗人。因以丁卯名其诗集，人称"许丁卯"。后人拟之与诗圣杜甫齐名。代表作有《咸阳城东楼》。

③ 沈归愚（1673—1769）：沈德潜，字确（què）士，号归愚，苏州府长洲（今江苏苏州）人，清代大臣、诗人、学者。乾隆称之为"江南老名士"。谥文悫（què）。选有《古诗源》《唐诗别裁》等，著有《沈归愚诗文全集》。

④ 智欲圆而行欲方，胆欲大而心欲小：谚语。语出《旧唐书·孙思邈传》，意为智谋要周全，行为要端正；志向要远大，心思要缜密。

⑤ 孙真人（约541—约682）：孙思邈，京兆华原（今陕西铜川）人，唐代医药学家、道士。后人尊称为"药王"。

皆可作书斋楹帖铭。

《道德经》有可解有不可解，予谓不必强解也。尝录其浅显易知者，寻绎久之，自觉有益身心。或谓吾儒自有六经，何必藉此。曰："性之所好，为功自易"，譬如病人欲食之物，必能愈其所病。夫食期愈病而已，奚问其名哉？以此知耳食者不可与言治病也。

洪稚存[①]评蒋心余[②]诗"如剑侠入道，时带杀机"，此言煞有意味。以予观之，岂惟诗品为然，凡讲理学而好攻击前人，皆带杀机者也。

沉静寡言，大任之器，未有不沉静而能任事者。虽古亦有谈笑决事之才，然谈笑者其用，沉静者其体，所谓"夫人不言，言必有中"也。以此知遇事急言，其胸中之无物可知，安望其任天下事耶。

魏王昶[③]，名兄子曰"默"曰"沈"，名其子曰"浑"曰"深"，戒以顾名思义，有旨哉。或谓昶处司马同曹时，不得不如此。予谓即非司马时，训子不当然乎。

---

① 洪稚存（1746—1809）：洪亮吉，字君直，小字稚存，别号北江、更生居士，江苏阳湖（今江苏常州）人，清代大臣、经学家、文学家。近代人口学说之先驱，曾任贵州学政，参与编修《清高宗实录》。著有《卷施阁诗文集》《附鲒轩诗集》等。

② 蒋心余（1725—1785）：蒋士铨，字心余，号藏园、清容居士，祖籍浙江长兴，清代戏曲家、文学家。著有《忠雅堂诗集》《红雪楼九种曲》等。

③ 王昶（？—259）：字文舒，太原郡晋阳县（今山西太原）人，出身太原王氏，三国时期曹魏将领。著有《治论》《兵书》。

壬午初夏，翰彬、翰深^①两儿，一旋陕省视家兄，一赴湘谒其外舅。初秋偶忆及之，作二铭寄去，虑其久而遗弃也，附记于此。其一云："燮击于会，亦以逐丐。范氏家法，无独有对。童子何知，多言是戒。小儿之谣，大雅所怪。"其二云："王昶名子，曰浑曰深。元默冲虚，是为道心。守身则玉，缄口如金。岂惟家宝，乃亦国琛。"

何义门^②以子建^③《洛神赋》为思君之作，似也。乃谓朱子不附其赋于《楚辞》之末，抑何乖谬不伦至此耶。且又据《寿志》^④"黄初四年朝京师"之文，遂断以序首三年字，为子建不忍亟夺汉亡年之证，此不过意为之说耳，植岂忠于汉者哉。何氏生平最好讥人不学，其批《困学纪闻》尤多狂妄轻薄语，诋伯厚^⑤而祖子建，乖谬可知宜。阎伯诗、全谢山^⑥均斥为妄欤。

---

① 翰深：即翰琛。

② 何义门（1661—1722）：何焯，字润千、屺瞻，江苏长洲（今江苏苏州）人，清代学者、书法家。康熙年间"帖学四大家"之一，人称义门先生。长于考订，对坊间出版书籍的错误都一一订正。

③ 子建（192—232）：曹植，字子建，沛国谯县（今安徽亳州）人，曹操之子，三国时期文学家。建安文学的代表人物和集大成者，著有《洛神赋》《白马篇》《七哀诗》等。

④ 《寿志》：指《三国志》，因著者陈寿而称为《寿志》。

⑤ 伯厚（1223—1296）：王应麟，字伯厚，号深宁居士，庆元府鄞县（今浙江宁波）人，南宋学者、教育家、政治家。长于考证，人称厚斋先生。著有《玉海》《困学纪闻》《三字经》等。何焯、全祖望、阎若璩三人都曾注《困学纪闻》。

⑥ 全谢山（1705—1755）：全祖望，字绍衣，号谢山，浙江鄞县（今浙江宁波）人，清代史学家、文学家。浙东学派的代表人物，七校《水经注》，三笺《困学纪闻》。著有《鲒埼亭集》《汉书地理志稽疑》等。

《鬼谷子》本纵横家言，依附于老子耳。道教之宜辟者，应是此种。五千言岂可轻议乎？然其人自是隐君子，殆黄石①、河上②之流。予闻李丈翠亭云姓王名诩，世传其名"诩"名"禅"者，形音之讹也，惜未叩其所本。

文字不可亵弃，固也，然亦不过于其可收者焚之而已。今世士大夫之敬惜字纸者，搜检无所不至，甚至织绣之文、瓷瓦之字，无不设法去之，一若事更无重于此者。是则惑于科名③报应之说，邀福而已，曾何与于学业之毫末哉。

人之恶人，恶其心可也，恶其行可也，不必并其声与影亦恶之。今之攻讦先儒者，殆恶人而并及声影矣。

王导④云："元规⑤尘污人"，斯言也，为公乎？为私乎？

---

① 黄石（？—前195）：黄石公，别称圯上老人、下邳神人，下邳（今江苏邳州）人，秦汉时期思想家、军事家。后世流传《素书》和《黄石公三略》。

② 河上：河上公，亦称河上丈人、河上真人，汉朝人。其为老子作注的《河上公章句》成书最早、影响最大。

③ 科名：意为科举考中而取得的功名。

④ 王导（276—339）：字茂弘，小字赤龙，东晋开国元勋，政治家、书法家。与其从兄王敦一内一外，形成"王与马，共天下"的格局。

⑤ 元规（289—340）：庾亮，字元规，东晋时期名臣、名士，明穆皇后庾文君之兄。"元规尘"即元规的尘污，典出《世说新语》，"庾公权重，足倾王公。庾在石头，王在冶城坐。大风扬尘，王以扇拂尘曰：'元规尘污人。'"后以"元规尘""扇隔元规"喻权贵逼人的气焰。

宋子京①豪华奢侈，终日酣宴，兄郊②不以为然，使人谓之曰："还记得读书金山寺，夜半吃冷粥否？"子京答云："试问当年吃冷粥是为甚底？"噫！子京所志乃尔，何异苏季子③之流耶。王荆公与吕惠卿④论新法，安国⑤吹笛不止，公使谓之曰："请学士放郑声。"答云："请相公远佞人⑥！"夫吹笛未必即郑声，而不能知吕，兄愧乃弟矣。

陈平⑦不知钱谷决囚⑧之数，以为宰相佐人主燮理阴阳⑨。大言欺人，乃千古第一奸佞。后之儒者，于修齐治平之事全不身体力行，终日抄贩语录、谈论心学，皆陈平之燮理阴阳也。

或讥某大吏云："有善名却无善政，是好人不是好官"。吁！

---

① 宋子京（998—1061）：宋祁，字子京，北宋官员、文学家、史学家、词人。因有"红杏枝头春意闹"句，世称"红杏尚书"。与欧阳修等合修《新唐书》。

② 郊（996—1066）：宋庠，初名郊，字伯庠，入仕后改名庠，北宋大臣、文学家。与弟宋子京称"二宋"。

③ 苏季子（？—前284）：苏秦，字季，战国时期纵横家、外交家、谋略家。此处指苏秦读书志在六国封相、衣锦荣归，宋子京与之相同。

④ 吕惠卿（1032—1111）：字吉甫，号恩祖，北宋宰相，政治改革家。帮助王安石推动了青苗法、市易法等数项改革，后因事生恨。

⑤ 安国（1028—1076）：王安国，字平甫，抚州临川人，北宋诗人。王安石胞弟，"临川三王"之一。

⑥ 佞人：奸佞之人。此处引用了王安石和弟弟王安国颇为诙谐的对话，以此说明王安石识人不如其弟。

⑦ 陈平（？—前179）：西汉开国功臣。

⑧ 钱谷决囚：钱粮和断案。

⑨ 燮理阴阳：调和理顺，使各归其位。指大臣辅佐天子治理国事。语出《尚书·周官》："兹惟三公，论道经邦，燮理阴阳。"

今之好人所在多有，而好官能几见乎？郑子产①伍田畴②，宋子罕③朴筑者④，官则好矣，何尝肯为好人耶。

忍辱负重之人，若非大才，即是大奸。孟德、仲达⑤较伯言⑥似更过之，周公瑾不能也。然以公瑾较操、懿，犹有丈夫气。怒者常情，笑者不测，君子可以觇心术矣。

善善从长，无事苛求也，后人每好吹求前贤疵类，居心刻薄，已可概见。胡致堂⑦之评史，孙月峰⑧之批文，何屺瞻⑨之考订，几于无一满意，谓非好高自大乎？

郡县有志，所以备采择也，详略得宜者上也，其次则宁详毋略，庶使后来有所依据。韩五泉⑩朝邑志七篇，简则简矣，毋乃失

---

① 郑子产（？—前522）：名侨，字子产，春秋时期政治家、思想家。谥成。通称"子产"，亦称"公孙侨""公孙成子"等。

② 伍田畴：语出《子产诵》"取我田畴而伍之"，指民众开始不理解子产的治理方略，认为子产是为了收税而丈量土地。

③ 宋子罕：乐喜，字子罕，春秋时期宋国司空（司城），又称司城子罕。

④ 朴筑者："朴"通"扑"，意为击、打。指子罕曾经鞭打唱歌夸颂他但不用心干活的筑台者。

⑤ 仲达：司马懿。

⑥ 伯言（183—245）：陆逊，本名陆议，字伯言，三国时期吴国政治家、军事家。

⑦ 胡致堂（1098—1156）：胡寅，字明仲，宋建宁崇安（今福建武夷山）人，人称致堂先生。著有《读史管见》《论语详说》。

⑧ 孙月峰（1543—1613）：孙鑛，字文融，号月峰、湖上散人，浙江余姚人，明代大臣、学者。批注百家，自成一言。著有《孙月峰全集》。

⑨ 何屺瞻：见40页注②。

⑩ 韩五泉（1488—1523）：韩邦靖，字汝度，号五泉，朝邑（今陕西大荔）人，明代官员、方志编纂家。所编《朝邑县志》史称《韩志》。

之略乎。必欲以简为高，则孰有简于《禹贡》①者？使修一统志而效《禹贡》之简，其可乎？

子夏子张之论交，固已各行其是。朱子答陆子静②亦云："各尊所闻"，未尝强人就我也。后来讲学家依傍大儒门面，入主出奴③，其实不过附托权要耳，无怪理学皮毛之见讥也。

子贡方人④，子曰："夫我则不暇。"⑤世之舍其学而议人之学者，何其暇也。或曰："彼固道统⑥自任者，亦如孟子好辨，不得已耳"。是则予所不敢知矣。

治在得人，不在防弊，若不问其人之贤否，而一例任之，又一概防之，不惟贪者不能禁，即廉者不能保矣。舍本务末，治道所由非欤。

"日凿一窍，七日而混沌⑦死。"此虽庄生寓言，其实说尽

---

① 《禹贡》：《尚书》中的名篇。

② 陆子静（1139—1193）：陆九渊，字子静，抚州金溪人，南宋哲学家、教育家。书斋名"存"，人称存斋先生。因讲学于象山书院，人称"象山先生""陆象山"。与朱熹齐名，曾作学术论争。其学术思想为明王守仁所继承发展，成为陆王学派。著有《象山先生全集》，整理为《陆九渊集》。

③ 入主出奴：指先入为主。尊崇一种学说，必然排斥另外一种，奉先入者为主，以后者为奴。比喻学术思想领域的宗派主义。

④ 方人：有二解，一是郑注"言人之过恶"，即讥评别人；二是比，同别人比较短长。

⑤ 夫我则不暇：我就没有闲暇（去议论别人）。典出《论语·宪问篇》。

⑥ 道统：儒家传道系统的一种说法，指儒家传道的脉络和系统。由朱子首先提出。

⑦ 混沌：庄子寓言中的中央帝。参见《庄子·应帝王》。

后来流弊。今日立一法，明日又改一法。法愈多，弊愈甚，不得不别设救法之法。夫救法之法，其为法也，何如哉？譬如病人误药，势必投以解药之药，是药也，解前药之失耳，非其病之应用此药也，以非所应用之药，投诸被误之病人，能免于七日之死耶？

唐武氏之祸，李勣实成之。而敬业①以讨武死，能盖愆②矣。史家不予其讨，将毋成败论人欤。

好更成法，才人通病。然亦未可概论，露才扬己者，尚不至一败涂地，以其人自小有才也。若本无才而狭小前人，其所设施必有不可终日者，此之谓妄庸。

儒林外无道学，史家特创道学一门，私而不通矣。夫使判然为二，则言语、政事、诸贤不当与德行并列。或问人之多疑者，何也？曰："疑生于贰"，其人必不诚实者。物之腐也蠹乃生，情之乖也疑以起。心不诚则贰，因贰生疑，愈疑愈贰，此义也，睽卦上九爻辞，尽之。君子观象玩占，常存此爻于心，则光明正大，温厚和平，不待遇雨而群疑无，自生吉，何如之。

眊者多妄见，聋者多妄闻，耳目之过也。今有不眊聋而亦妄者，何哉？岂非心为之耶？渴则梦饮，饥则梦食，有是心即有是境，境随心生也。以此知心能造形，心能造声。心之眊聋，有甚

---

① 敬业（636—684）：李敬业，本名徐敬业（赐姓），唐朝大臣。其祖父李勣赞同立武则天为后，而敬业因讨武死。

② 盖愆：指修德行善以弥补过去之罪恶。

于耳目者，不治心而治耳目，吾知其不死不止①也。

陈同甫②霸才无主，有不可一世之概。乃其致书晦翁，乞怜摇尾，殊不类其为人，后人遂谓同甫欲依朱而不得。愚意不然。玩其前后各书，于哀求收录之中，隐然见得道学气焰方张，有不敢不从之势，所以寓刺者深矣。赵秋谷③之于渔洋④亦然。文人笔端可畏如此，然不过修私憾而已，何病于朱王哉。

六经惟《易》最难解，而讲《易》者偏多，何也？易道冒天下无所不包，一知半解皆可旁通，故人人得以伸其说。究之四圣⑤秘旨，恐非后人所能悬解，舍象数者，失之空泥象数，失之凿。善易者不言易，管辂⑥得之矣。

"不远复⑦"，颜子之易也，然颜子未尝言易也，可知"道"

---

① 不死不止：意指有圣人，就没有大盗。语出《庄子·外篇》："圣人不死，大盗不止。"庄子认为要顺应天道，容纳世间万物之间存在的差异，而不是人为制定规范和标榜楷模。

② 陈同甫（1143—1194）：陈亮，见24页注①。

③ 赵秋谷（1662—1744）：赵执信（shēn），字仲符，号秋谷，清代诗人、诗论家、书法家，王士祯甥婿。著有《谈龙录》《饴山堂文集》等。

④ 渔洋（1634—1711）：王士祯，原名王士禛，字子真、贻上，号渔洋山人，清初诗人、文学家、诗词理论家。人称王渔洋。著有《渔洋山人精华录》《蚕尾集》、杂俎类笔记《池北偶谈》《香祖笔记》等数十种。

⑤ 四圣：有二说。一说为伏羲、文王、周公、孔子，一说为孔孟曾颜。此处据文义应指前者。

⑥ 管辂（210—256）：字公明，三国时期曹魏术士，卜卦观相行业祖师。精通《周易》，精于卜筮、相术、算学。北宋时获封平原县子，世称"管平原"。著有《周易通灵诀》。

⑦ 不远复：走得不远（过一会），就应回头审视一下自己走过的路，反省一下做过的事。

贵行不贵言。以此推之，六经注解皆在可删之列。

怀道德者，不必以钻研故纸为功。三代以上，圣贤究竟读何人之书？孔子老于学，非老于书堆也。然则皓首穷经，仅贤于博弈者①耳。程子以看史书为玩物丧志，彼膏肓②经传者，相去能几何哉。

自古人才，未有盛于黄帝时者，风后③、容成④诸臣，于天道地理人事之奥，无所不精，殆天生神圣，开万世经邦之法，前后无其匹也。后世目星象医卜为方技，毋怪乎空谈经济，无裨实用⑤也欤。

或问"肉食者⑥何以未能远谋？"曰：食肉之人痰火必盛，浊气乱其神明，清机因而汩没，安能远谋哉？诸葛武侯智计绝人，由其淡泊明志也。斯义也，富厚者不可不知，而少壮者尤当自戒。古人教童子读书，不许其吃夜饭，亦是此意。好华衣者谓之纨绔子弟，好美食者谓之膏粱子弟，有一于此，已足丧性，况兼之乎？且其害不止丧性而已，有危身之道焉，可不戒哉！

---

① 博弈者：此指玩下棋者。语出《论语·阳货》："饱食终日，无所用心，难矣哉！不有博弈者乎？为之，犹贤乎已。"

② 膏肓：指东汉何休所著《左氏膏肓》。

③ 风后：上古神话传说人物。也称风伯，伏羲后裔，黄帝大臣、宰相、军事家、发明家。

④ 容成：上古神话传说人物。黄帝大臣，发明历法。

⑤ 无裨实用：无益于实用。指令人与先贤背道而驰，视实用学问为形而下的技艺，只崇尚形而上的大道，因而空谈治国，无真正济世本领。

⑥ 肉食者：对古代礼制规定的食肉的统治阶层的统称。语出《左传·曹刿论战》："肉食者鄙，未能远谋。"

唐太宗谓"英雄入吾彀中",真是笼络一世手段。即如八股取士,直使天下才不才之徒,莫不埋首其中,希得一第而心满意足,何暇远计哉。人第见贤良出其中,而不知不肖之徒亦皆隐消其中矣。

封建井田之不可复,固也。窃谓乡举里选①,亦属必不能行之事。后世人心不古,矫诬滋甚,使今日易科名为选举。吾知营求攻讦二者均不能免,而朝野之间,朋党雠仇,纷纷多事矣。迂儒动称复古,不过粉饰门面耳,究其实际,曾与画饼何殊。

以言事君者有矣,以人事君者谁乎?人才之众,岂得毫无见闻,而当国者不曾有所汲引,岂皆窃位者与抑别有顾忌也。呜呼!以卿相之尊,而不能为国用人,尚可望有司之乡举里选哉!

读书不可不疑,不疑不悟;处事不可过疑,过疑不成。坦白待人,究其失,止于自己吃亏而已,于物无害也,多疑则害物矣。

天本是光明底,不知人何故看到冥晦处去;地本是宽平底,不知人何故走向险隘处。究其所以,心底不清之病也。吾非和扁②,而其腹中之症结,约略可知。终日奔走势利,自以为莫大之要务,不值君子一笑也。譬如群蚁往来不息,自人观之,不知所为何事。奔走势利者,何异蚁之营营哉。

因果之说,吾儒不道。然福善祸淫,理自不诬。但涉于轮

---

① 乡举里选:古代官吏选拔制度。据《周礼·地官司徒》载,乡大夫秉承大司徒的政教禁令,令乡吏施教于乡民,三年进行"大比","考其德行道艺",将其中优秀者贡于周王。

② 和扁:古代名医秦和与扁鹊的合称。

回，反不足令人信矣，此劝善书之所以不可为训也。近人梁恭辰①撰《池上草堂笔记》，用意甚勤，惜其事多附会，体不醇正（如放生、惜字，果报之类），须分别观之。

《律例》②一书，精深微奥，耐人寻味。文中有义，文外有意。老于此事者，皆能知其义矣，未必皆通其意也。使能一一得其意，虽不用其文，而断制自无不明允者，"淑问如皋陶"③，岂拘牵文义者哉，然而谈何容易。

智者之失，往往更甚于愚。盖自矜明察，未必不径情直行，后悔无及，反不如安于愚者之不敢径行也。究其初，不过自以为是耳。夫自以为是之一念，误尽古今多少才人。故愚尝谓万病皆可医，惟有自以为是一病，乃是不治之症。

有一分宽厚，必有一分福泽，此义已落第二层，然正可为中人以下者劝。

无福之人，必不能为积福之事。凡存心刻舍、语言尖利者，固由天资薄弱，亦其福量有限也。虽有人劝以宽大者，彼昏不知。一似冥冥之中有阻挠之者。然此阻挠者，岂真有鬼神为祟

---

① 梁恭辰（1814—？）：福建福州人，清朝文学家、楹联学家，梁章钜三子。著有《池上草堂笔记》，有《楹联四话》等编入其父所著《楹联丛话全编》中。

② 《律例》：应指《大清律例》，清乾隆时官修，以《大明律》为蓝本，亦受唐律影响，是清前期具有代表性的法典。

③ 淑问如皋陶：意指像皋陶一样善于审判的文臣们。语出《诗经·鲁颂·泮水》。淑问：善于审判；皋陶，名繇，上古时期华夏部落首领，制法作狱，后世尊为"中国司法始祖"。

耶？私蔽之耳。苟能看破一切，则身外皆非吾有，况傥来之物[①]耶？孟子曰："祸福无不自己求之者。"[②]韩子云："其所凭依，乃其所自为也。"[③]然则福量仍由己为大小耳。所期刻者三思焉。

争知不足，让知有余，天下事莫不然也，而学问尤甚。凡以言论求胜，皆其理不足也。庄子云："辨生于末学"[④]，夫惟末学是以好辩。

古人之学，所该甚广，读书特其一端，然亦非本务也。今人以读书了学之事，所谓行有余力者安在乎？

孝廉起家者，多不满于进士；明经起家者，多不满于孝廉。然则博士出身，当亦不满于明经矣。以己之所未至，妒人之所已至，非惟量褊，其胸中无物可知。

律严嫡庶之分，防其小加大也。然以大虐小，"薄乎云尔，恶得无罪"[⑤]，且所贵乎大，宗者以其德可主器也，如使不务德，

[①] 傥来之物：此指富贵荣华。傥来，侥幸（偶然）得到。语出《新唐书·纪王慎传》："荣宠贵盛，傥来物也，可恃以凌人乎！"

[②] 祸福无不自己求之者：福祸无不是自己的所行而得来的。语出《孟子·公孙丑章句上》。

[③] 其所凭依，乃其所自为也：它（龙）所凭借依靠的，正是它自己所造就的（云）。语出韩愈《杂说·龙说》。

[④] 辨生于末学：指分立、分辨是学问之末的事情。《随园诗话》有"《庄子》曰：辨生于末学"句。今人认为"辨生于末学"出自韩愈《读〈墨子〉》一文。

[⑤] 薄乎云尔，恶得无罪：只是说罪不重罢了，怎么能说没有罪过。语出《孟子·离娄下》。

而徒恃大以凌小。是何异桓魋①盗跖②之行为乎？

令尹子文③不以母辱也；仲弓④叔度⑤不以父贱也；叔孙豹⑥不以兄废；羊舌肸⑦不以弟弃。考身家、论门第，井蛙之见耳，岂足知天下士耶。

妇人任事，败家之征也。予官京秩十八年，所见世家大族之老太太主家政者，几于无一不败。皆为学《红楼梦》而误者也。夫老太太且不可主家，则以下可知矣。呜呼！牝鸡之晨，惟家之索，岂但艳妻为祸哉。贤母如敬姜⑧，古今能有几人。夫死从子之

---

① 桓魋（tuí）：又称向魋，春秋时期宋国司马。曾率人去杀孔子，把孔子赶出宋国。后权势膨胀，祸及桓氏。

② 盗跖：展氏，又名柳下跖、柳展雄，春秋末鲁国人，民间传说中的大盗。在先秦古籍中被称为"盗跖""桀跖"。

③ 令尹子文：鬭穀於菟（前708—前626），字子文，春秋时期著名的贤相。令尹：楚国官职，相当于宰相。史称子文是其母与表兄的私生子，幼时被弃云梦泽北，由母虎乳育。

④ 仲弓（前531—？）：冉雍，字仲弓，春秋末期鲁国人，孔子弟子。出身微贱，品学兼优，度量宽宏。

⑤ 叔度（109—156）：黄宪，字叔度，号征君，东汉著名贤士。出生贫贱，父为牛医，以学问品行见重于时。

⑥ 叔孙豹（？—前537）：春秋时鲁国大夫，外交家。早年流亡齐国，后其兄叔孙侨如被放逐，鲁国执政官季孙氏召叔孙豹回国，成为叔孙氏的继承人，提出了"三不朽"的著名学说。

⑦ 羊舌肸（xī）：字叔向，又称叔肸，春秋时期晋国大夫、政治家。因食邑在杨，又称杨肸。与郑国的子产、齐国的晏婴齐名。为人正直，曾协助韩起裁断其弟羊舌鲋的贪墨案件，不偏袒其弟，被孔子称赞为"古之遗直"。

⑧ 敬姜：姜姓，名戴己，春秋时期齐国人，古代贤母。著有诫子家训《论劳逸》，是春秋战国时期家训的代表之作。谥号敬，和她风格相近的文章称敬姜遗风。

谓何？而乃妄预外事耶。大抵妇人识见猥琐，又爱听信婢仆之恐
恿，且性多执拗，以致甘心误事而不改。北李南卢，彼此摹放。
覆辙相寻，悔之无及，哀哉！

刻期自责，有恒之学也，然亦必躬行实践，方不虚此刻责。若
徒存此说，是不过博旁人之好看好听而已。即如陶太尉①之惜分阴，
已是刻责到家语，乃后人犹以为不足尽之，必也一转瞬一刹那之不可
不惜，毋论行之甚难，亦似不近人情矣。语录中此类最多，若非迂腐
不通，即是假托道学。昔有某公，每向人言："吾自问生平全无一点
是处。"闻者莫不佩服。予谓此非由衷之言。虽禽兽亦不至全无一点
是处，何况为人？过谦多诈，较之自以为是，相去几何？

八旗考生童，先试骑射一场，不中者不得录送文场，深得古
人文事武备之义。窃谓自州县府院以至乡会试，皆可踵此立制。
庶使人皆知勇，可免文官不会跨马、武将不能执笔之弊。

古之卿大夫，无事则镇抚，有事则捍卫，本非判然两途也。
秦汉以下，渐分为二。至有"挽两石不如识一丁"②之诞语，而文
遂右矣。窃以粗人固不可独任，然白面书生，经济安在？往往读
破万卷，于吏治仍不通达。况其下者乎？吕东莱③作《卫懿公好鹤

---

① 陶太尉（259—334）：陶侃，字士行，一作士衡，也称陶公，东晋时期名将。母亲湛氏，古代贤母，有教子惜阴的故事。

② 挽两石不识一丁：指重文轻武。语出《旧唐书·张弘靖传》："天下无事，汝辈挽得两石弓，不如识一丁字。"

③ 吕东莱（1137—1181）：吕祖谦，字伯恭，婺州（今浙江金华）人，南宋理学家、文学家。出身东莱吕氏，为东莱先生吕居仁之侄，人称"小东莱先生"。开"浙东学派"之先声，创立"婺学"，与朱熹合著《近思录》。著有《东莱集》《历代制度详说》等。

论》，曾切讥之。今之鹤而轩者，尤为指不胜屈，我辈能无愧死。

坦白人遇坦白人，情自易洽，即意见殊而终不至有心病，以其两率真也。客气人遇客气人，外似十分款洽，而貌合神离，以其两不真也。夫客气已难亲，加以深心，则更令人可畏矣。

圣贤之教慎言，为敏行地也，而保身之义寓焉。老子之教慎言，似专以保身为重，何哉？盖老之学主于退藏，必保身乃可修身。壹若逆知春秋之必为战国，横议之必至坑儒，故不惮谆谆告诫欤。呜呼！《道德》五千言，昌黎所斥为异端者，使其能虚心领悟，则生平干投时相之书①，应自悔言之不慎，而所谓起衰八代之文，皆可不存矣。

昌黎《答李翊书》，"谁不愿告以其道者，道德之归也有日矣"云云，意必将发明孔孟未发之理。及观下文，云"惟陈言之务去，戛戛乎其难哉"，又云"言之短长，声之高下皆宜"等语，不过论文耳，何谓道耶？窃以此等本领，只可与柳宗元②辈角胜争雄，游夏③且不屑为，而乃讥老子所见者小，毋乃不知量④乎！

---

① 投时相之书：指韩愈曾三次给当时的宰相上书自荐，即《上宰相书》《后十九日复上宰相书》《后廿九日复上宰相书》。

② 柳宗元（773—819）：字子厚，祖籍河东郡，唐代文学家、哲学家。人称"柳河东""河东先生"。因官终柳州刺史，又称"柳柳州"。与韩愈并称"韩柳"。著有《河东先生集》。

③ 游夏：孔子弟子子游、子夏的合称。

④ 不知量：犹不自量。过高地估计自己。

元复初[①]、虞伯生[②]，两不相下，若非董舜卿[③]善于调停，能免隙末乎？是故，处友朋者，当以董为法，而虞之忠告，元之虚心，亦自高不可及，此之谓三益。

以地名人，惟其便耳，无关褒扬也，乃世人重视此称，一若前人已称之名，后人不敢泛用者，是何见之陋欤。不知此等名称，本无一定，或以官地名（如颜平原[④]、张睢阳[⑤]之类），或以封爵名（如韩昌黎、宋广平[⑥]之类），至以籍寓名者尤多，更有一人兼二三地名者，非随其便乎。如谓人以地重，何以颜、曾不称鲁国？如谓非其人不得名其地，然则严分宁、马贵阳亦可称地，以名千古耶。

自断杯酌半年后，渐觉精神清爽，然病未全祛也，因思厚味亦易致疾。爰作小箴以自儆，云："曲蘖迷心，膏粱汩性。真阴既

---

① 元复初（1269—1322）：元明善，字复初，大名清河（今河北清河）人，元朝官员、学者。其祖先为北魏拓跋氏后代。先后修元成宗、顺宗、武宗、仁宗实录。谥文敏。

② 虞伯生（1272—1348）：虞集，字伯生，号道园，元朝官员、学者。世称邵庵先生、青城樵者、芝亭老人。著有《道园学古录》《道园遗稿》等。

③ 董舜卿（1253—1321）：董士选，字舜卿。为官清正，求贤纳士，与元明善、虞伯生为友。

④ 颜平原（709—784）：颜真卿，字清臣，唐朝名臣、书法家。曾被贬平原太守，人称"颜平原"。封鲁郡公，人称"颜鲁公"。谥文忠。著有《韵海镜源》《庐陵集》等。

⑤ 张睢阳（708—757）：张巡，字巡，蒲州河东（今山西永济）人，唐朝中期名臣。安史之乱时，张巡死守睢阳，阻遏了叛军南犯，终因粮草耗尽、士卒死伤殆尽而被俘遇害。

⑥ 宋广平（663—737）：宋璟，字广平，邢州南和（今河北邢台）人，唐朝名相，封广平郡公。

亏,浊火愈盛。小则成痌,大则伤命。君子淡泊,肉食是病。"

《六韬》①《三略》②,真伪虽不可知,然《国策》言苏秦得《太公阴符》③之谋,是太公自有书也,率旅若林,意当时必有一番大战,特《周史》不详耳。孟子不信"漂杵"④之事,殆恐启时君杀伐之渐,亦犹"诛一夫纣"⑤之意。如必谓仁人无敌,则周召⑥散宜⑦之臣足矣,何必以兵属太公乎。

《诗》称四始⑧,本无深义,郑康成以寅申己亥为解,穿凿甚矣。此与七十二候⑨之以"闭塞而成冬"为一候,同一可笑,勿以出自大儒展转附会也。

---

① 《六韬》:又称《太公六韬》《太公兵法》。先秦时期典籍,传说是姜太公吕望所著《太公》的兵法部分。

② 《三略》:《黄石公三略》,传说是汉初隐士黄石公所著,是一部糅合了诸子思想、专论战略的兵书。

③ 《太公阴符》:先秦时期典籍,传说是姜太公吕望所著《太公》的谋略部分。

④ 漂杵:浮起舂杵,形容恶战流血之多。语出《尚书·周书·武成》:"会于牧野,罔有敌于我师,前徒倒戈,攻于后以北,血流漂杵。"

⑤ 诛一夫纣:诛杀了一个叫纣的人。语出《孟子·梁惠王章句下》:"闻诛一夫纣矣,未闻弑君也。"

⑥ 周召:亦作周邵。周成王时共同辅政的周公旦和召公奭的并称。两人分陕而治,皆有美政。

⑦ 散宜:散宜生,西周开国功臣。"文王四友"之一,辅佐周文王、周武王的谋臣。

⑧ 《诗》称四始:诗经学术语,解说不一。郑玄认为,《风》《小雅》《大雅》《颂》四者为王道兴衰之所由始,因而称四始。

⑨ 七十二候:古代用来指导农事的历法补充。一年二十四节气共分为七十二候,其中小雪分为三候:"一候虹藏不见;二候天气上腾地气下降;三候闭塞而成冬。"

《洪范》①五事配五行，确有至理。此本岐黄②以来相传之法，京刘演之为传，虽未尽合，然的有传授，与剽窃者不同。

昨得汤潜庵③事状，读之，有云公尝论朱子之学，流为门户，其失也；支王子④之学，流为虚无，其失也。荡舍短取长，补偏救弊，要以躬行心得为本，若乃党同伐异，终日喧呶，自以为闲道，不知其去道也日远。此言盖为陆平湖发也，予窃幸愚见之与公偶合。

试听言动之非礼，孔子所戒也；浴风咏归之言志，亦孔子所与也。不知后世道学亦许其并行不悖否⑤？眉山⑥之学，未必全无可议。然其才识器量，近来实罕其伦。今之冒充洛党⑦者，仍若有鄙

---

① 《洪范》：《尚书》篇名，汉儒收集各地先秦著作汇篇。"《洪范》五事配五行"句，疑指西汉刘向所著《洪范五行传论》。

② 岐黄：岐伯和黄帝，相传为医家之祖。

③ 汤潜庵（1627—1687）：汤斌，字孔伯，号荆岘，晚号潜庵，河南睢州（今河南睢县）人，清朝政治家、书法家、理学名臣。著《洛学编》，修《明史》。有《潜庵语录》《潜庵文钞》等，门人整理为《汤子遗书》。

④ 王子（1472—1529）：王守仁，本名王云，字伯安，号阳明，浙江余姚人，明朝思想家、文学家、军事家、教育家。开创阳明学派。是明代凭借军功封爵的三位文臣之一。谥文成。著有《大学问》《传习录》等，有《王文成公全书》传世。

⑤ 知后世道学亦许其并行不悖否：指孔子所戒"试听言动"与孔子所与"浴风咏归"二者，在所谓道学看来是不可并行的。

⑥ 眉山（1037—1101）：苏轼，字子瞻，号东坡居士，眉州眉山（今四川眉山）人，北宋官员、文学家、书法家。世称苏东坡、苏仙、坡仙。

⑦ 洛党：宋哲宗元祐年间以程颐为首的反对王安石新法的朝臣三党之一，主要成员有朱光庭、贾易等。因程颐是洛阳人，故称洛党。

夷不屑之意，彼殆自居于伊川的派，而不知崇韬拜墓①之可羞也。

矫枉过正，既曰："矫"，焉得不过？治道去其太甚耳。有心于矫，弊即生于矫处，况又参以名誉之私，物理人情，何由平允乎？

非我族类，其心必异。然而无足怪者，缘彼亦视我为非其类也。忠良以奸臣为奸，奸臣亦目忠良为奸。官军以叛贼为贼，贼党亦指官兵为贼。不能化异为同，远之可也，必欲强之使同，斯害也已。

世未有甘为小人者，彼惟利欲熏心，不自知其为小人。故小人也，使其知之，当必有不肯为者。若夫明知而故为之，斯又小人之下者矣。

文人偏袒，贤者不免。朱子谓晋朝无人物，只一陶渊明。然则卞忠贞②、祖士稚③诸公，反在处士④下矣？此殆如读杜诗者，因其"许身稷契⑤"之句，遂以杜为三代人物⑥。杜不足论也，其视

---

① 崇韬拜墓：郭崇韬去祭拜唐代名将郭子仪之墓。郭崇韬是五代后唐庄宗时期的宦官，此意为攀附名人，乱了宗法。

② 卞忠贞（281—328）：卞壸，字望之，济阴郡冤句县（今山东菏泽）人，东晋时期名臣、书法家。卞壸带兵平定苏峻叛乱，与二子以身殉国。谥忠贞。

③ 祖士稚（266—321）：祖逖，字士稚，出身于范阳祖氏，东晋时期军事家。永嘉之乱后率部北伐，收复黄河以南大片领土。

④ 处士：善于自处、不求闻达于世的人。

⑤ 稷契：稷和契的合称，尧舜时代的贤臣。杜甫有诗《自京赴奉先县咏怀五百字》："许身一何愚，窃比稷与契"。

⑥ 三代人物：代指上古贤者。宋遗民刘辰翁曾以"三代人物"自号。

稷契为何等耶？文士左袒①之习，大儒亦可蹈之乎？且朱子尝以范文正②为宋代第一流人物，窃谓当时第一流不止文正一人，而独取文正者，亦以"先忧后乐"之语耳，与论陶之意略同。

伊川谓仲尼只说一个"仁"字，孟子开口便说"仁义"，其意似尊孟而短孔矣。但不知所云只说一个"仁"字者何据？殆以未尝并举少之耶？此等武断，竟敢施之至圣，而朱子复采之，岂非唐人所言："宁道孔圣误，讳言郑服非"者乎？

杨子之学，出于老子。老子慈俭为实，杨子俭而不慈③，此其所以失也。然《列子》④所引杨朱之言，颇有名理。不似墨子一味支离，毫无可采。道释优劣之分，即二子亦可略见。

今世讨便宜之人有四字秘诀，曰："莫说实话。"适东者言西，修怨者称德，巧滑万状，不知是何居心。然实有不如是而不可者，老实人在在吃亏，可危可叹。

"孝弟忠信礼义廉耻"，此八字中，每日有应为之事在，不

---

① 左袒：露出左臂。吕后死后，太尉周勃夺吕氏兵权，对军中众人说："拥护吕氏的右袒，拥护刘氏的左袒。"军中都左袒。后来把偏护一方叫左袒。

② 范文正（989—1052）：范仲淹，字希文，北宋时期政治家、文学家。谥文正。世称范文正公。

③ 杨子：杨朱，字子居，战国时期魏国人，先秦时期哲学家。道家杨朱学说派创始人，主张"重己"的思想。

④ 《列子》：又名《冲虚经》《冲虚真经》，郑人列御寇所著，是道家重要典籍。全书由寓言故事组成，寓道于事，兼具文学价值。列御寇（约前450—前375），世称列子，战国前期道家代表人物，创立了先秦哲学学派贵虚学派（列子学）。

此之务①，而谈心法、演性理，是何异老衲参禅、沙弥诵咒也哉？

驭下以宽，自系盛德之事要，不可意存见好②也。虐民酷吏，其人固不足齿。然市恩要誉③，其弊亦不胜言，真小人伪君子相去几何。

犬之吠非其主，倚主人之势也。使犬离主人之门，则亦不敢轻吠矣。世之倚傍大门，攻击异己者，即此意耳，殊不知所倚者，人也。所吠者，亦人也。而倚人、吠人者，终于犬而已。

才具者受之于天，不可勉强。可勉者，心力而已。若才具既庸，而又不肯尽其心力，则是酒囊饭袋而已。官箴曰："清慎勤"，何一非心力之可勉者哉。

真正为好官者，或由天资之厚，或由学力之纯，然莫不本其祖宗盛德之所致。反是，而其先之不德可知。即或孽由自作，非其祖父所致，而被害者亦必首詈及之。然则，居官者何苦自作孽以诬辱其先哉。

圣贤立言，各有宗旨，无俟后儒弥缝其间也。宋人学问，务在圆通，往往多方回护，不惟浅视圣人，而本旨亦终不明矣。夫不得其旨，何必以意妄为。元明以来，阿朱注者④，谓其无一字不当圣心。近人驳注，又复吹毛求疵，皆非公论也。平心别择，是在能自得师者。

习气染人，甚于朱墨。居城市者，往往伶俐有余，朴诚不

---

① 不此之务：不务此，不去做这个事。
② 意存见好：有意讨好，有意为名。
③ 市恩要誉：给予他人恩惠来索取名声和报答。
④ 阿朱注者：指迎合、偏袒朱子之注者。

足，而士大夫尤甚。孔子曰："观于乡[①]，而知王道之易易[②]"，有志之士其可随俗波靡乎。

邹鲁[③]以来，大道昌明，君子躬行之不暇，何暇议论？以此知笺注家已属末学，况其他著作耶！

颜、曾、思、孟，自有真正本领，不在言论也。世儒乃以肤泛语录，攘臂争雄，以之成名则得矣，若云即此便是圣贤，吾未敢信。

是非之显然相反者，人皆见之。至于是不全是，非不全非，或似是而非，似非而是，则辨之尤难矣。贤智有过当之事，愚顽有偶中之言，此是不全是、非不全非者也。谨厚流为乡愿[④]，狂直出于忠爱，此似是而非、似非而是者也。知此者，可以处家，可以理民，可以化朝臣之党，可以息道学之争。

张杨园戒制举之学，以其为功利起见也。姚攻玉问"学问之于举业固并行而不妨耶，抑必屏去而后可从事耶？"则答云："荼蓼朽止，黍稷茂止。"[⑤]愚意窃不谓然。学问之为己为人，初不系乎举业也。春秋列国以来，功利之徒比比皆是，岂亦举业为之耶。自制艺设科，伟人出其中者，指不胜屈，张氏岂不知之，

---

① 乡：乡饮酒礼的略称。
② 易易：容易。
③ 邹鲁：邹，孟子故乡；鲁，孔子故乡。后用邹鲁遗风指代孔孟遗留的儒学风气。
④ 乡愿：指貌似谨厚而实与流俗合污者，伪君子之意。
⑤ 荼蓼朽止，黍稷茂止：野草腐烂了，庄稼才能长得茂盛。张杨园反对为科举而学，认为只有放弃追求功名，才能做好学问。为此作《答姚攻玉》，引用《诗经·良耜》中的诗句回答姚的提问。

而必为此说者，不过矫异鸣高，以耸动一时耳。其徒不察，为之编入年谱，传为美谈，堕其术中矣。

"为治不在多言，顾力行何如耳。"①今之讲求吏治者，设章程、悬告示，多言而已，力行者无有也。申公②此言，深得体要。噫！岂独为治不在多言哉。

今不患无好人，患在人太好。"善善从长"③，好人也，今则伪善亦标榜矣。"恶恶从短"④，好人也，今则大恶亦徇隐矣。好归于其人，而弊流于所事，非可患者哉。

丈夫立身，必须有咬折铁钉之志，方能于一切邪僻绝其沾染。即如近来鸦片一物，最易溺人，而中其毒者，每好诱人吸食，几如缢鬼之觅替身者。然少年子弟稍无主意，鲜不堕入其中。初以为略尝而已，久而成病，百中无一能戒者。所以入此等场中，必须预先立定主意。吾有三字诀，曰："不开端。"呜呼！岂惟鸦片之不可开端也哉。

能骄人者即能谄人，自是不刊之论。愚尝默验身心，得一解焉，曰："不愧己者，自不畏人"。凡世之惴惴怕人者，皆其心事不可问己者也。

---

① 为治不在多言，顾力行何如耳：施政的人不在于多说话，只看你实际干得怎样。语出《史记·儒林列传》。

② 申公（约前219—前135）：申培，亦称申培公，西汉时鲁人，儒家学者，经学家。西汉今文诗学中"鲁诗学"之开创者。

③ 善善从长：对他人的美德褒扬光大。语出《公羊传·昭公二十年》。

④ 恶恶从短：对他人的恶行不十分苛责。语出《公羊传·昭公二十年》。

张公艺①书百忍，后人谓其讽高宗者，不切。殊不知，渠自道所以同居九世耳，未必意存讽主也。或问忍字亦有弊乎？予曰"有"，然较之不忍者不犹愈乎。

"躬自厚而薄责于人"②，以之处世不难矣。岂惟处世不难，大学修齐治平之道，究亦不过如是耳，识得此理，无论为士为官，处处受用不尽。

"治道去其太甚者耳"③，医之攻疾，亦曰衰其大半而止，过剂则死。今之求治太急者，时时务在绝弊，殊不知弊之生也，由于人之不正。亦犹疾之生也，本于中之不足。逐邪养正，疾渐去矣。不此之务，而一力除弊，其不至过剂以死者几希。

苗人性梗难化，计惟随俗变通，可以与之更始。若一一律以法令，势必扞格④难行。抑不止苗疆然也，五方风气不同，皆有应当随俗变通，徐俟其化者。圣人尚曰："无欲速"⑤，况下此者乎。

《泷冈阡表》⑥有云：此死囚也，吾求其生而不得耳。夫谓

---

① 张公艺（577—676），郓州寿张（今河南台前）人，中国古代寿星，治家有方的典范，家族九代同居，合家九百余人和睦相处。唐高宗泰山封禅时，询问其治家之法，张公艺书张氏家训《百忍歌》作答。

② 躬自厚而薄责于人：多责备自己而宽容别人。语出《论语·卫灵公》。

③ 治道去其太甚者耳：治理的方法，不过是去掉太不称职的官吏而已。语出《资治通鉴》。

④ 扞（hàn）格：互相抵触，格格不入。

⑤ 无欲速：不要急于求成。语出《论语·子路篇》，"子曰：'无欲速，无见小利。欲速则不达，见小利则大事不成。'"

⑥ 《泷冈阡表》：又称《先君墓表》。欧阳修为父亲所作墓表，中国古代三大祭文之一。有欧阳修手书的《泷冈阡表》碑刻存世。

之求其生，则与有心脱罪异矣。今之务救生者，预存有意开脱之见，以致正凶漏网。彼固自以为积阴功矣，而不知国法未伸，死冤不白，较之故入者薄乎云尔，何功之有。

坦白处人，似无不可者，要必视所处者为何类耳。人心不古，窥伺多方，吏役仆婢之流，在在严防，弊仍百出，岂可坦白处之。然一切苛察，亦未必不激而生变，此中操纵，当必有道焉，然而难矣哉。

得陇望蜀，人之常情。然而既无味且误事，毋论所望未必能得，即有可得之机，而常存此念于心，势必将现前之事，非废阁①即错乱矣。所以居官者在任一日，各有一日当尽之心，切勿顾彼失此，自扰其胸。至于交卸时，尤易疏忽，不可不防。

以恩养子弟之心待士民，或不至流于刻薄；以训诫子弟之法约家丁，或不至失于宽纵。士民亦子弟也，家丁亦子弟也，特处置稍别耳。吾见如此，未知有当否？愿以质诸②大人君子。

自奉俭而待人厚，中道也，亦久计也。自奉俭则不骄，待人厚则不吝。不骄不吝者，可以养身，可以保家。矜施予者，未必不有心见好；轻然诺者，未必非枉己徇人③。有所为而为之，公举皆私心矣。庄子曰："为善无近名"，愚有取焉。

人有三党，首父党，次母党，次妻党。其先后之序，即重轻之等也。每见人于五服以内之本宗，视若路人。而妻之父母兄

---

① 废阁：亦作"废格"，搁置而不实施。语出《史记·平准书》："於是见知之法生，而废格沮诽穷治之狱用矣。"

② 诸：代词"之"和疑问语气词"乎"的合音。

③ 枉己徇人：委屈自己，顺从别人的要求。

弟，则孝养无所不至。在愚民不足深责，以士大夫而背谬如斯，岂不可羞可愧？《礼记》曰："睦于父母之党①，可谓孝矣。"反是而其人为何如人耶？

性情执拗者，固由见解不明，而实则血气为之也；言论背谬者，固由心地不亮，而实则痰气为之也。和、扁遇此等病，投以毒药，予以针砭，亦曾有愈者。圣贤遇此等蔽，先以棒喝，继以痛哭，亦间有瘳者。然今世皆参术庸工，谁肯为和扁者。即间遇和扁，而讳疾忌医，安能取效？此《论语》所云"末如之何"②者，病何日愈耶。

大丈夫不患无才具，而患无志气，何也？才具虽不可强，然苟立志向上，则识力因学问而增，当必与年俱进矣。若志气不立，势必随俗波靡，而善不肯学，过不肯改。无才具则终为庸人，有才具则且为恶人。此皆无志气者必至之势，非所当患哉。

"满嘴里仁义道德，一肚子昧良丧心"，俚语也。然世之惯说便宜话者，亦须清夜自思有此情事否。

今且不必谈性说心，讲求"希圣功夫"③，第修内行可也，亦不必搬经演传，安排传世著作，第管自己可也。或曰：如子之言，何其自命太浅耶？予唯唯不敢言。

魏武弃汉中，比之鸡肋。以唐宋后版图较之，鸡肋岂属汉

---

① 睦于父母之党：能和父母的亲族和睦相处。语出《礼记·坊记》。
② 末如之何：无法对付，无可奈何。
③ 希圣功夫：希圣，仰慕圣人，效法圣人。"妙道皆形日用间，即斯可见不须言。试将天象明人事，希圣功夫万古存。"（参见朱熹《训蒙绝句·予欲无言》）

中乎。

《书》曰："责人斯无难。"①譬如台下观剧，吹求台上之疵，固自易易，惜未使之登台自演耳。彼局外人说便宜话者，假使为之，丑态当甚于台上矣。

大臣之子弟，止当教以读书敦品，勿坏家声而已。不惟公事不可干预，即科名一道，亦不当与寒士争阶。如果其才可用，朝廷何难物色及之。乃近世以来，占科名犹其上焉者。更有夤缘进用甚于寒畯之所为，岂其子弟无良欤？抑或父兄使之也。"世胄蹑华位，英俊沈下僚"②，知大体者，古今能有几人。

程子答康节③问雷，曰："起于起处"，又有"某知之，尧夫不知也"等语，意或偶然戏言耳，语录载之惑矣。或曰："程子岂作戏言者，此语极有神悟。"予曰：枵腹④士子对策⑤，其空滑不过如是。谓有神悟，恐老僧不许参禅也。

水银泻地，无孔不入，善钻营者亦然。此种材料，疑有天

---

① 责人斯无难：责备别人完全没困难。语出《尚书·秦誓》："责人斯无难，惟受责俾如流，是惟艰哉。"

② 世胄蹑华位，英俊沈下僚：世家子弟登上高位获得权势，有才能的人却埋没在低级职位中。世胄：世家子弟，贵族后裔；沈通"沉"。语出西晋左思《咏史·郁郁涧底松》。

③ 康节（1012—1077）：邵雍，字尧夫，自号安乐先生、伊川翁等，北宋理学家、数学家、道士、诗人。与周敦颐、张载、程颢、程颐并称"北宋五子"。师从李之才学《河图》《洛书》与伏羲八卦。谥康节，人称邵康节。著有《皇极经世》《观物内外篇》等。

④ 枵（xiāo）腹：空腹，指空疏无学之人。

⑤ 对策：古时就政事、经义等设问，由应试者对答。自汉起作为取士考试的一种形式。

授，不然何以巧妙乃尔。及察其伎俩，不过揣摩迎合，小有聪明耳，岂所谓正经材料哉。

五福殿以考终命，尤人所难，功名盖世而晚节不终，非全福也。曾子曰："而今而后，吾知免夫。"①张子②："存，吾顺事；殁，吾宁也。"③皆能考终者。

吏治之坏，贪为之也。贪则私，私则蔽，自大吏以至微员，宦囊所入巨者，百十万不等，少亦数千两有余，此物从何来耶？岳武穆有言："文官不爱钱，武官不惜命，天下自然太平。"呜呼！尽之矣，然而谈何容易。

银钱之陷溺，甚于江湖。人徒见逐末④求财者为此物也，殊不知一切功名结局皆归于此，甚至骨肉参商，亲朋水火，以及斗殴讼狱之端，莫不由此而起。江湖虽险，溺人有如此之多哉？吁！可畏矣。

古人言"无欲则刚"。愚近悟一境，曰："无欲则安"。凡人之烦躁其心、跼蹐⑤其身者，欲为之也。鸟之在林，可飞则飞，

---

① 而今而后，吾知免夫：从今以后，我才知道自己可以免于祸害刑戮了。指能全身而没，如释重负。语出《论语·泰伯篇》曾子的临终遗言："战战兢兢，如临深渊，如履薄冰。而今而后，吾知免夫，小子！"

② 张子（1020—1077）：张载，字子厚，生于长安，侨寓眉县横渠镇，北宋思想家、教育家，理学创始人之一。世称"横渠先生"。因讲学关中，故其学派称"关学"。著有《正蒙》《横渠易说》等。

③ 存，吾顺事；殁，吾宁也：活着的时候，我顺从（乾坤父母所要求的）事理；死的时候，我彻底安宁。语出张载《西铭》。

④ 逐末：经商。古代以农为本，商贾为末务。

⑤ 跼（jú）蹐（jí）：局促不安；局限；受拘束。

可止则止。惟意所之，而无不各适者。饮啄以时，而此外别无嗜好也。人之不安，非以多欲故耶？更可异者，文人作艺，于此等理。亦往往极力发挥，乃甫阁笔而故态依然。文自文，而人自人，时艺所以靠不住也。噫！岂但时艺靠不住哉。

一部《论语》，皆系诸贤之门人所记。宋大儒各竭毕生之力，尚未必尽合其旨，则学术之高下可知矣。乃为之徒者，直欲跻其师于游夏以上，非阿好①乎？吾非敢议大儒，聊以质诸世之持公论者。

孟子言："不得于君则热中。"②此古人之热中也，若后世热中者，遑论得君不得君耶。吾见自进身以极臣位，几于无时无地不热矣，其实为一己富贵急耳。求一忧国忧民真正热肠者，吾闻其语，未见其人。

《列子》记国氏为盗③之事，旨微而语谐，然正可为耳食前人者戒。夫"喻其言而不喻其道"，未有不谬罔败事者，吾道中之向氏④岂少也哉。

"杞人忧天"，奇矣。又有忧彼之所忧者，不更奇乎？然而未足异也。己不自虑而虑人之误于趋向弥缝，程朱诟病陆王，没

---

① 阿好：迎合别人的爱好。

② 不得于君则热中：得不到君王的赏识便内心焦急而发热。语出《孟子·万章上》："人少，则慕父母；知好色，则慕少艾；有妻子，则慕妻子；仕则慕君，不得于君则热中。"

③ 国氏为盗：即"国氏善为盗"的寓言故事。意为只理解词语的表面意思，而不去领会其精神实质，会导致巨大的错误和伤害。典出《列子·天瑞》。

④ 向氏：《列子》寓言故事中的人物。

其身①而不能释然，非忧杞人者乎？窃以圣道常存，人心自在，无论良知，不能为患。试问道学果有何功？即以两宋而论，韩、范、李、赵②诸贤，未尝讲道学也。丁、蔡、汪、秦③诸奸，亦岂良知误之耶？书生纸上谈兵，打笔墨官讼耳，曾何关于世道人心？然则托名卫道，张大其辞，以图身后名斯得矣，若云为天下万世计，吾谁欺。

目中有妓，心中无妓，大儒当不欺人也。今有见妇女而急闭其目者，同人皆服其道学。窃谓闭目非难，特未知心中何如耳。

黄叔度虽未必真颜④，韩昌黎恐不免假孟。何也？叔度并未自命为颜若，昌黎则居然孟子矣。无论志行不类，即其愤时嫉俗、尊己卑人之气，去叔度远矣。

身后之名誉，去任之讴思，有足据者，律禁"上言大臣德政"及"见任官辄自立碑"⑤，防要结也。今有非上言而甚于上言，不立碑而甚于立碑，结术愈巧，心术可知。是虽律法所不得加，然冥冥中当有司监者矣。

标榜虚名之辈，岂真乐道人善哉。明知其虚而不肯稍异者，为自己虚名地也。然则标榜他人，即所以标榜自己也。此之谓

---

① 没其身：得以保全自身（善终）。语出《国语·晋语》："而赖武之德以没其身。"

② 韩、范、李、赵：指韩琦、范仲淹、李纲、赵抃。

③ 丁、蔡、汪、秦：指丁大全、蔡京、汪伯彦、秦桧。

④ 颜：指孔子弟子颜回。

⑤ 明朝《大明律》有明确规定，"上言大臣德政"及"见任官辄自立碑"，是属于歌功颂德的罪名。清朝沿袭明律，对德政碑管理严格，以防官员沽名钓誉，下级献媚逢迎。

"能巧",此之谓"乡原"①。

吹毛求疵,未免刻薄,若更妄自尊大,则狂悖矣。隐情惜己,未免模棱,若更一味包含,则乡愿矣。赋质偏者,毗刚毗柔,每易流入此病,君子宜戒焉。

友人谓予曰:"君子立言,必期无弊。"予云:"谈何容易。"然果是君子之言,有弊亦似不妨。圣贤言各有当②,不喻其旨,则有弊矣。俗儒意存讨好,就文而观,则无弊矣。君子学其有弊者乎?抑学其无弊者乎?

邀功者往往得过,恧己者常常怕人,情也,亦理也。予本此意作联帖自勖③,云:"不望有功,但期无过。果堪信己,何必畏人"。

子弟最忌轻浮。一涉轻浮,百事无成矣。即幸而有成,亦必不能保其终始。倾家荡业,败名丧身,皆所必至之势。究其初,非天性然也。父兄溺爱,友朋习染,由来者久矣,可不戒哉。

---

① 乡原:同乡愿。
② 言各有当:各有各的见解和独到之处。
③ 勖(xù):勉励。

思过阁笔记　二

君子小人之别，公私诚伪而已。然以私害公者易辨，假公济私者难辨；有伪无诚者易辨，似诚实伪者难辨。使其易辨，则小人无道长之时矣。虞书曰："何畏乎巧言令色孔壬"①，甚言能哲之难也，任人者其三思。

---

① 何畏乎巧言令色孔壬：何必怕那些花言巧语善于谄媚的人呢？孔壬，尧时大奸佞，曾任共工之官。语出《尚书·皋陶谟》。

朱文公私淑①伊川，而注书时有出入；真文忠②瓣香③元晦，而持论时有异同。善学程朱者固应如是。若乃依草附木之流，一味把持门户，此不过应声虫耳，岂真能解人事哉！鲁人曰："以吾之不可，学柳下之可。"④善学古人者，不当如是耶？

朱子晚年自称"云台真逸"⑤，当是请祠后始有此号。尝与友人偶谈及之，友人厉色答曰："此必后人伪造，岂有大儒屑用道家称者？"予曰："据君之言，则朱子累膺主管宫观使，不且流为异端耶？"此与前人力辨明道必不肯从老僧、问易康节卦图必不出于华山道士，同一拘迂可笑。

---

① 私淑：私自宗仰其人但未身受其教。这种强调，是古人对学问传承的一种尊重。私淑弟子，是对自己敬仰却不能从学的前辈的自称。但也有一定的要求，时间上不能太远，学问上有迹可循。如孟子私淑孔子，思想上一脉相承，但明确"未得为孔子徒也"。若学问上没有相承，时间上不是相近，会有攀附之嫌。

② 真文忠（1178—1235）：真德秀（本姓慎，因避讳改姓真），字实夫，号西山，福建路建宁府浦城县（今福建浦城）人，南宋后期名臣、理学家。创"西山真氏学派"，人称"西山先生"。谥文忠。是朱熹弟子詹体仁的学生，继朱熹之后的理学正宗传人。所修《大学衍义》，成为元明清三代必读之书。

③ 瓣香：师承，敬仰。佛教用语。

④ 以吾之不可，学柳下之可：用我的不可（让妇人进屋），来学习柳下惠的可以（坐怀不乱）。"典出《孔子家语·好生》"鲁人有独处室者"故事。

⑤ 云台真逸：朱熹的别号。朱熹曾任云台观主管。

嵇绍①于司马氏，论君父两仇，皆系不共戴天者。山涛②促仕，是不以礼处人矣。荡阴之死，自掩其失，斯可矣，忠孝则不无遗憾，是以君子取王裒③焉。

兄弟析居，诚非美事。然处万不能合之势，似亦不必顾虚名而酿成厉阶④。缘此事多起于贪鄙妇人，而为之夫者，耳软心昏，中毒久深故也。明白人处此，惟有分而不分之一法，尚可补救于将来。财物姑且划拨，而情意如常。妯娌暂免往还，而子侄照旧。或亦亡于礼者之礼⑤乎，然而难矣。

欧阳公不信《图》《书》⑥，曾子固尝切讥矣。予谓岂但《河洛》不当疑哉，迂儒虚谈物理类，皆以己之所未见，遂断为世之所必无，殊不知火鼠、冰蚕、酒泉、油井，天地生物不测可妄疑耶？至于邪符、架刑、迷药、诱拐，以及五不男、五不女⑦，一切

---

① 嵇绍（253—304）：字延祖，谯郡铚县（今安徽濉溪）人，西晋时期名臣、文学家。嵇康之子，为保护司马昭之孙司马衷（晋惠帝）而战死荡阴。

② 山涛（205—283）：字巨源，河内郡怀（今河南武陟）人，三国至西晋时期大臣、名士。"竹林七贤"之一，曾劝解和举荐嵇绍出仕。

③ 王裒（póu）（？—311）：字伟元，城阳营陵（今山东昌乐）人，西晋学者。因父亲王仪为司马昭所杀，终生不臣西晋。古代二十四孝之一"闻雷泣墓"（王裒泣墓）述其事。

④ 厉阶：祸端。

⑤ 亡于礼者之礼：（财物分而情义不分）是已经丧失了礼义的礼义，是没有办法的办法。

⑥ 《图》《书》：指《河图》和《洛书》，也称"河洛"。传说《河图》《洛书》是中华文明源头。龙马背负着河图从黄河出现，神龟背负着洛书于洛水出现，伏羲根据河图洛书画出八卦。即《易传》载："河出图，洛出书，圣人则之。"

⑦ 五不男、五不女：指因各种先天器质性发育不良而导致不能生育的男女。

人傀、人疴①之类，其理不可知，而其事又恒有，是皆司命者所当晓者，而可斥为诞乎？

都中翦绺②极多，最难防范。予官京十余年，每见其人，衣服尚皆新整，无有褴褛不堪者。盖新整者可以近身，而褴褛则人早防之矣。于此悟伪君子之害更甚于真小人，亦以倍难防范耳。

"说大话使小钱。"此俗语也，而确是真情。言之太甘，其中必苦，世未有苦心人作甘言者。如果真正为人，自必度人审己，量力而处，则其言虽小而事必可靠。否则惯说便宜话，终且一毛不拔矣。"言之不怍，则为之也难③。"听者其留心焉。

朱柏庐④曰："听妻言，乖骨肉，岂是丈夫"。窃以骨肉乖违，未有不始于听妻言者。懦夫无论已，英雄豪杰不惑者能有几人？推其病根，误于重妻而轻骨肉也。殊不思，妻者，他人父母所生，而骨肉则我父母所遗。妻可续也，骨肉可续乎？此理之最易明者。然今人偶闻出妻逐妾之事，则皆色然而骇，以为大损阴功。至于兄弟分析，叔侄乖离，比比皆然，而不以为怪。重轻倒置，举世一般，风俗人心之坏，莫此为甚，所愿读书教家者各问心焉。

---

① 人傀、人疴：《本草》中对两性畸形人的称谓。

② 翦绺：扒窃；小偷。亦称翦柳。

③ 言之不怍，则为之也难：说话大言不惭，实行这些话就很难。语出《论语·宪问》。

④ 朱柏庐（1627—1698）：朱用纯，字致一，号柏庐，江苏昆山人，明末清初理学家、教育家。著有《治家格言》（《朱子家训》）、《愧讷集》等。其《治家格言》是清代民国之际童蒙必读课本之一。

先君①《游思泛言》二卷，系官学博②时作，以寄家塾者。维时仲父时若公③理家政，季父辅亭公④主教读，所以邑人有"三槐缺一不可"之誉。然虽宦游在外，而常以弟侄不知大义为虞，书中三致意焉。呜呼！当年属望之切如此，顾予兄弟同堂八人⑤，孰是恪遵彝训者？不孝钞刻此书，存手泽而已，宜法宜戒，均未能身体力行焉。惭愧之余，更有望于吾家之克绳武⑥者矣！

王猛⑦被褐谒温⑧，本意实在晋也。温乃言"三秦豪杰未有至者"，是不知猛也。"江东无卿比"，不过风流语耳，其不足共事可知。猛之仕秦，非其本心，特不幸耳，然使温能用猛，何至沦陷中原、偏安江左？是则晋之大不幸，而温不得辞其咎也已。

庞公⑨行事，虽不见于世，然能使孔明拜于榻下，则其本领可

---

① 先君：指王汝梅。

② 学博：学官的泛称。

③ 时若公：王汝和，字时若。作者的二叔父。

④ 辅亭公：王汝翼，字辅亭。作者的三叔父。

⑤ 兄弟同堂八人：指王汝梅、王汝和、王汝翼三兄弟的八个儿子：王允让、王允协、王允晖、王允保、王允文、王允章、王允绥、王允谦（作者）。

⑥ 克绳武：即克绳祖武。克：能够。绳：准绳之意，按照、看齐。意谓能像祖宗一样，比喻能够继承祖先的功业。语出《诗经·大雅·下武》。

⑦ 王猛（325—375）：字景略，北海郡剧县（今山东寿光）人，前秦时期政治家、军事家。《晋书》对王猛评价很高："三代而下，乱世之臣识大义者，诸葛亮、王猛而已。"

⑧ 被褐谒温：穿着粗布短袄去见恒温。温：恒温（312—373），字元子，谯国龙亢县（今安徽怀远）人，东晋时期政治家、军事家、书法家。

⑨ 庞公（179—214）：庞统，字士元，号凤雏，又称庞德公，荆州襄阳（今湖北襄阳）人，东汉末年名士、隐士。东汉末年刘备帐下重要谋士，曾称诸葛亮为"卧龙"，庞统为"凤雏"，司马徽为"水镜"，被誉为知人。

知。而隐居不出，岂非龙潜者乎？孙膑智略，当时几于无敌，而鬼谷不肯为也，庞公殆其流耶。

清谈误国，诚为可鄙。然如羊叔子①、杜元凯②、卞望之、祖士稚、陶士行诸公，求之后代亦不多见，岂可概以晋人少之？君子尚论宜平，无事左右袒也。

魏高允③学术志行实有人所难能者，惜乎，事非其主耳。然在允，则出处之闲究，亦无可置议，六朝乃有此人，安得以时代薄之。

柳州《三戒》④，吾于宦场备见之矣。守令倚督抚为援，简慢司道。犹"临江之麋"，"依势以干非其类"也。属员恃攻讦之术，挟制长官，犹"黔之驴"，"出技以怒强"也。又有欺上宪之宽容，事事蒙混，在在侵吞，是何异"永某氏之鼠""窃时肆暴"耶？犯此"三戒"，未有不败，皆所谓"不知推己之本，而乘物以逞"。读柳文者，曾悟及之否？

科第出身，谓之正途，宜与他途有间矣。然贤否不在此也，

---

① 羊叔子（221—278）：羊祜，字叔子，兖州泰山郡南城县（今山东新泰）人，西晋时期战略家、政治家、文学家。

② 杜元凯（222—285）：杜预，字元凯，京兆郡杜陵县（今陕西西安）人，魏晋时期军事家、经学家、律学家。是晋武帝灭吴统一全国的功臣，人称"杜父""杜武库"。与张斐注解《晋律》，时称"张杜律"。著有《春秋释训》《春秋左氏经传集解》，是明朝之前唯一一位同时进入文庙和武庙的人。

③ 高允（390—487）：字伯恭，渤海郡蓨县（今河北景县）人，北魏时期文学家、宰相。跟随司徒崔浩修撰《国记》，著有《塞上翁诗》等，为官忠贞清廉，与子以砍柴维持生计，历仕五朝，备受尊礼。

④ 《三戒》：柳宗元被贬永州时期所作的一组寓言。

所贵乎儒吏者以其明理耳。如使利欲熏心，则重望适为恃符狡展之具，而多闻亦为饰非助恶之资矣。持平而论，正途未必皆可靠，他途亦未必无可取，用人者其可耳食虚名乎？

尽心竭力，不避艰险，宁武子①所以不可及也。然岂但艰险时当然哉，承平已久，怠忽易生，自大臣至末吏，每日各有应尽之心力，即偶然闲暇，亦须追思前事之错误，预计将来之补救。子夏所云"士优则学"，当不外此。若夫说性谈心，吟哦著作，较之博弈差强，岂所谓尽心竭力仕优之学也哉？

"食少事繁，其能久乎？"②仲达姑以此言安其众耳。鞠躬尽瘁，侯之自命，本然"志决身歼"，天不祚汉侯，无如何也。若谓大臣不当亲细事，遂以此为侯之不祥，则夫坐观成败，食多事简，后世吉祥人多矣。

以元公③之才，而犹握发吐哺④。以武侯之才，而犹集思广

---

① 宁武子：宁俞，春秋时期卫国大夫。是国家有道则进用其智能、无道则佯愚以全身的政治家的典型。《论语·公冶长》载："宁武子，邦有道，则知；邦无道，则愚。"作者认为为官要"尽心竭力，不避艰险"，所以自然做不到像宁武子一样。

② 食少事繁，其能久乎：《三国志》中司马懿语。作者认为这只是司马懿安抚激励部下的计谋。

③ 元公：此指周公。姬姓名旦，亦称叔旦，西周开国元勋，政治家、军事家、思想家、教育家。商末周初儒学奠基人，西周典章制度的主要创制者，奠定了"成康之治"的基础，被尊为元圣。因采邑在周，世称周公。言论见于《尚书》诸篇。

④ 握发吐哺：周公惟恐失去天下贤人，洗发时多次握着尚未梳理的头发，吃饭时亦数次吐出口中食物，迫不及待去接待贤士。比喻为国家礼贤下士，殷切求才。

益。自古大圣大贤，无一不虚心者。坚僻自是，荆公所以弊宋也，若乃所学并不逮荆公，而好大喜功，擅更成法，其能免于误事病民也耶？

"克伐怨欲"①四字，毕生洗除不尽，不行之所以为难也，或云四字中"欲"尤难制，予谓此"欲"字当指寻常嗜好言，若以私欲论，则"克伐怨"何一非私，而又言"欲"耶？

圣门四科②，首德行而末文学，其旨显然可知。后世经生，以一知半解自诩有功，而其徒亦群然以道统归之。不知是乃游夏门人所不屑者，况颜闵之徒耶。

韩延寿③闭阁思过，一郡惶恐，不知所为。固由平时德足服民，而亦可见汉时人心去古未远也。即如王彦方④之化乡里，何可多得哉。然君子整躬率物，当以延寿、彦方自期，岂可诿诸人心不古，因陋就简乎。

凡事不可预存成见，即如乱国用重典，宜也，然亦当权其事耳。予初莅苗疆，僚友皆言此地民悍，知法不知恩。予谨唯唯。既而察之，颇有此风，顾予终不敢存此见。窃以何地无顽人？何地无愚人？三尺之法，儆其顽亦不可不恕其愚。若预存成见而与

---

① 克伐怨欲：指好胜、骄傲、忌刻、贪婪四种恶德。也指关于四种恶德的理论。语出《论语·宪问》。

② 圣门四科：指德行（代表人物颜渊、闵子骞）、辞令（代表人物载我、子贡）、政事（代表人物冉有、季路）、文学（代表人物子游、子夏）。

③ 韩延寿（？—前57）：字长公，燕国人，西汉汉宣帝时期士大夫。古代士大夫君子的代表人物，有"闭阁思过"之典故。

④ 王彦方（141—219）：王烈，字彦方，以义行称，有"盗牛""遗剑"等轶事。

民为仇，即使罪有应得，而已非哀矜之道矣。况存此一念，未有不错误者，局外之言，可据以径行①耶？

孔北海②以不附曹魏杀身，终于汉者也。其在建安七子，乃丕所论列耳，是时，公殁已久矣。予少时见一诗云："可怜鲁国真男子，也着区区七子间。"③此等庸陋之见，乃亦妄思咏史，可为喷饭。

《桃花源记》，三尺童子皆识其寓言也，昌黎岂不知之？而必以荒唐见讥者，盖狃于辟老之习，藉以鄙薄神仙，亦犹《华山女》④诸诗意也，然未免痴人说梦矣。

方正学⑤咏严陵⑥诗，论则正矣，于情事恐未得也。光武、子

---

① 径行：任性而行。

② 孔北海（153—208）：孔融，字文举，东汉名士、文学家。建安七子之一，孔子二十世孙。曾任北海国相，时称孔北海。

③ 可怜鲁国真男子，也着区区七子间：语出雷渊《读孔北海传》。"鲁国真男子"指孔融。"七子"指"建安七子"，此称源于曹丕《典论·论文》。

④ 《华山女》：是韩愈所作的一首七言古诗。写华山女（道士），为了骗取财物，同时和佛教相抗衡，迷惑信众，惊动朝野。批判了当时上至庙堂下至市井迷信佛道二教的污浊风气。

⑤ 方正学（1357—1402）：方孝孺，字希直，号逊志，浙江宁海人，明朝大臣、学者、思想家。因其故里旧属缑城里，故称"缑城先生"。又因在汉中府任教授时，蜀献王赐名其读书处为"正学"，亦称"正学先生"。

⑥ 严陵（前39—41）：严光，字子陵，会稽余姚（今浙江余姚）人，东汉隐士。同窗好友刘秀（光武帝）即位后，严光退隐富春山。范仲淹撰《严先生祠堂记》，有"云山苍苍，江水泱泱。先生之风，山高水长"赞语，使严光以高风亮节闻名天下。

陵才气大约相埒，衣白衣黄，未必能为之下。观足加帝腹①之为，及"何容相强"之语，则其欲藉此成名，不系郭后之废②也，明矣。或咏诗云："一著羊裘便有心③，虚名传诵到如今。当时若著蓑衣去，烟水茫茫何处寻。"意似深刻，然未必非真情云。

使子云投阁④竟死，何至有后来美新之耻⑤？使文山⑥黄冠旋里，安能有千古正气之荣。庸人不会占便宜，君子不会终淹没，此中有天意焉，视本心何如耳。

为公死者，死或重于泰山；为私死者，死或轻于鸿毛。若乃阳托于公而阴遂其私，固不可比之泰山，又未便例以鸿毛，无可名也，名为奇死而已。

---

① 足加帝腹：指严光与刘秀共卧的故事。典出《后汉书·逸民列传》，"光以足加帝腹上。明日，太史奏客星犯御坐甚急。帝笑曰：'朕故人严子陵共卧耳。'"

② 郭后之废：疑指宋仁宗之废后。此节论严光藉"足加帝腹"之放诞而成名，如同郭后因废而留名。

③ 一著羊裘便有心：宋人之诗，咏严光以逸求名。

④ 子云投阁：亦作"扬雄投阁"。刘棻获罪，扬雄因教习刘古文奇字故受牵连，见狱使到，即从阁上跳下。喻无故牵连获罪、走投无路。

⑤ 美新之耻：即"剧秦美新"之典。王莽篡汉自立，扬雄仿司马相如《封禅文》，上封事给王莽，指斥秦朝，美化新朝，被后世视为污点。

⑥ 文山（1236—1283）：文天祥，字宋瑞，自号浮休道人、文山，江南西路吉州庐陵县（今江西吉安）人，南宋末年政治家、文学家，抗元名臣。与陆秀夫、张世杰并称为"宋末三杰"。著有《过零丁洋》等。文天祥被捕后曾提出以道士还乡未准。

唐时人物，当以陆忠宣①为最。宋时人物，当以李忠定②为最。考其忠谋硕画，殆诸葛之俦，真正王佐才也。惜当时未竟其用，国势所以不振欤。

"当时新法，由吾辈激成之③。"明道此言，何其恕也。石介④《圣德诗》，范文正虑其鬼怪坏事，可谓深识。为君子者，其可以言语争胜，幸小人之暂去耶？

孙钟元⑤题壁云："人生最系恋者过去，最希冀者未来，最悠忽者现在。"此言诚然。愚亦有悟曰："人生最不肯记者已过之艰难，最不肯虑者将来之艰难，最不肯忍者现在之艰难。"似亦处境所当知者。

讳名称字，礼也。今之称祖先者，并字亦讳之。称友朋者，

---

① 陆忠宣（754—805）：陆贽，字敬舆，苏州嘉兴人，中唐贤相、文学家、政论家。陆侃第九子，人称"陆九"。谥宣。《全唐诗》存其诗，有《陆宣公翰苑集》及《陆氏集验方》传世。

② 李忠定（1083—1140）：李纲，字伯纪，号梁溪先生，祖籍福建邵武，南宋首任宰相，抗金名臣。谥忠定。著有《梁溪先生文集》《靖康传信录》《梁溪词》。

③ 由吾辈激成之：王安石变法（熙宁新法）失败后，程颢自愿担责，表示新法的实施，与自己等人（反对派）的激将也有关系。在王安石变法的反对者里，程颢因宽厚人格和比较客观的观点，而深受王安石的尊重。

④ 石介（1005—1045）：字守道，小字公操，兖州奉符（今山东泰安）人，北宋学者、思想家、理学先驱。"泰山学派"创始人，创建泰山书院、徂徕书院，人称徂徕先生。开宋明理学之先声，对二程、朱熹等影响甚大。作《怪说》文，写《庆历圣德诗》，赞美范仲淹庆历新政。著有《徂徕集》。

⑤ 孙钟元（1584—1675）：孙奇逢，字启泰，号钟元，明末清初理学家。晚年讲学于辉县夏峰村，人称夏峰先生。与李颙、黄宗羲合称明末清初三大儒。著有《理学宗传》《圣学录》等。

必加一翁字。尊非所当尊，谦非所当谦，吾不知其是何礼也。至于临文忌讳，视古人尤严甚，且勒令他人讳己之讳，更属不情。此等行为，不过假恭敬耳。所谓不辱其先者，岂在是乎？又有深恶人之触犯其名者，则是妄自尊大而已。

《传》曰："惟名与器不可假人。"[①]《论语》曰："必也正名[②]乎。"近来名称之僭，官场为尤。各省皆然，殊不可解。以予所见，道光年间，司道以上称大人，守牧称大老爷，县令专称太爷，八品以下概称老爷。至两司首领及府州丞倅，均同守牧。今则知府无不大人，知县无不大老爷，佐杂无不太爷者。至于仪服之僭，尤为骇人。二三十年之间，一变至此，每下愈况，何由挽回耶。

庞涓能刖孙膑，而惠施[③]不能吓庄周，一有欲一无欲也。然惠子未必志在害庄也，以庞之忌刻，孙与同学而不知，岂小人果难识乎，抑豪杰自多疏耶。

---

① 惟名与器不可假人：名与器是一个人的职责所在，也是一个社会的秩序，不可假手他人。名：名爵，代表身份、信誉；器：礼器，代表权力、制度、规则。

② 必也正名：指必须按照正统伦理观念和礼仪关系来端正纲纪名分。语出《论语·子路》。

③ 惠施（约前370—前310）：惠子，战国中期宋国人，政治家、思想家、哲学家。战国时期六国合纵抗秦最主要的组织者和支持者，名家学派的开山鼻祖和主要代表人物。此节写《庄子·秋水》中的故事，即"濠梁之辩"。

苏门①不答阮籍，鹿门②不顾刘表，彼盖生非其时，不得已，而与造物为徒，其视阮刘直尘浊耳。吾拟其品，殆所谓天际真人，岂可求之晋唐以后哉。

"事君无礼，进退无义，言则非先王之道者，犹沓沓③也"。为大臣者每日当三复此言。"求牧与刍而不得④，则反诸其人乎？抑亦立而视其死与？"为守令者每日当三复此言。

矜心作意⑤之人，事事好求新异，其弊必至于任性妄为；袭故蹈常⑥之辈，事事不敢更张，其弊必至于因陋就简。此虽气质之偏，亦由未尝学问之故也。学贵中庸，庸非奇也，而亦岂俗之谓哉？

或问词赋有害于学否？曰：兴会所至，偶然为之，无害也。偏溺其中，斯害也已，噫！岂但词赋不可偏好哉，即如训诂、考据以及理学诸家，苟有偏溺，未有不害于正学者。讲说过多，实行必有不及，此医家所谓症癖，而释氏所谓魔障者，非害而何？

"智者乐水，仁者乐山。"各行其是，而皆志于道，不相袭

---

① 苏门：孙登，字公和，号苏门先生，汲郡共（今河南辉县）人。长年隐居苏门山，弹一弦琴，善长啸。阮籍曾经在苏门山遇到孙登并向其请教。

② 鹿门：指庞德公。庞德公不愿接受刘表的延请做官，携带妻儿入鹿门山采药隐居。后用"鹿门采药、鹿门携、鹿门栖宿、隐鹿门、庞公隐"等谓举家隐居，用"鹿门翁、庞公、德公"等指其人或借指隐者。

③ 沓沓：拖沓啰唆。

④ 求牧与刍而不得：替人放牧就必须为牛羊寻找牧场和草料。指为官者必须为百姓的衣食负责。语出《孟子·公孙丑下》。

⑤ 矜心作意：自负浮夸、有意为之。

⑥ 袭故蹈常：循规蹈矩。

亦不相妨也。世之谈心学者，必使人人皆师伊洛；讲气节者，必使人人皆仿东林①，则是党而已矣。

女子性气刚强，每易流于悍泼。然遇强暴时，不刚强必受辱矣。男子性情柔弱，每易流于模棱，然处横逆时，不柔弱必召祸矣。刚柔各有其宜，所贵临时酌处也，若一概任之气质，所失多矣。

莫真于初念，往往为转念所误。忠臣烈女所以能成其是者，无二念也。稍一游移，大节休矣。或曰：世岂无转念善者乎？曰：有，亦不过十之一二耳。所以然者，初念多由良心之忽发，一转念即不免计较之私矣。孟子"乍见孺子将入于井"②之喻，即是此意。

学问之道，莫要于知过，莫大于改过。彼不知者，无足论已。若夫既已知之，而多方回护，不肯认错，窥其心，壹似深以改为耻者，殊不知怙恶饰非者，耻也。知过必改者，岂耻乎？止此"耻"之一念，不善用之，流为小人矣。然则惮改过者，直谓之"不知耻"也可。

文风不振，非地方之患也，患在士习不端耳。最可异者，生童托名肄业，区区制科之学，无一能通，而于一切词讼唆帮，则

---

① 东林：指东林党。明万历三十二年（1604），顾宪成等人讲学东林书院，其时正值社会矛盾日趋激化，东林人士要求振兴吏治、革除积弊，遭到宦官及其依附势力的激烈反对，党争局面延续近40年。反对派将东林书院讲学及与之有关或支持同情的朝野人士统称为"东林党"。

② 乍见孺子将入于井：突然看见一个小孩要掉进井里了，必然会产生惊惧同情的心理。这是孟子的性本善之说。语出《孟子·公孙丑》："所以谓人皆有不忍人之心者，今人乍见孺子将入于井，皆有怵惕恻隐之心。"

不论老少，皆有舞弄刀笔之能。壹似性与之近者，然岂果地气使尔耶？抑其父兄师友教习之过耶？士习如此，民风焉得不坏？民风既坏，吏治何由而清？此非可以口舌争文告禁也。有教导之责者，能勿反身修省，切切然为之隐忧哉。

郭象①盗向秀②，宋齐邱③盗谭峭④，好名而至于盗人，是亦可耻之甚矣。世之盗文字以博科名者，固不足齿。然著书立说，往往攘窃前人，非郭象齐邱之故智耶？然亦有被诬者，江右人为予言："王汉阶⑤四书汇参本是张百川遗稿。"吾邑有顺康时官京秩者，妄言张素存⑥文稿系买人代作，以刻己名。此等诬妄之谣，原

---

① 郭象（约252—312）：字子玄，河南洛阳人，西晋玄学家。《世说新语》和《晋书·郭象传》皆指他剽窃向秀《庄子注》："见秀义不传于世，遂窃为己注。"后来向秀注的别本传出，因此有"郭象窃注"之说。今人认为，向注和郭注两个版本并不完全相同，郭注有对向注的直接引用，也有继承和发展。

② 向秀（约227—272）：字子期，河内怀县（今河南武陟）人，魏晋时期文学家。竹林七贤之一，《世说新语·文学》赞其《庄子注》"妙析奇致，大畅玄风"，未成而逝。著有《思旧赋》等。

③ 宋齐邱（885—958）：字子嵩，万载怀旧乡缅村（今江西万载）人。著有《化书》《理训》。

④ 谭峭（860—968?）：字景升，五代泉州（今福建莆田）人，隐士。著有《化书》（《谭子化书》），在中国思想史上有着重要的地位。传说成书后曾求序于南唐大臣宋齐邱，齐邱窃为己作而序之，故此书又名《齐邱子》。

⑤ 王汉阶（1672—1751）：王步青，字汉阶，又字罕阶、罕皆，号己山，江苏金坛人，清初儒学大家。曾执掌维扬书院，人称己山先生。著有《四书本义汇参》《己山先生文集》。

⑥ 张素存（1642—1711）：张玉书，字素存，号润甫，江苏丹徒人，清前期官员、学者。主持修《明史》，先后出任《平定朔漠方略》《佩文韵府》《康熙字典》的总裁官。著有《张文贞集》《清史列传》。

不足辨,而《梁氏制艺丛话》①乃云:方望溪②评定四书文,皆系周白民③所为,尤属无稽之甚。毋论望溪未必敢假手他人,即其手笔亦岂白民所能乎?琐事本不足信,特恶夫文人之好造妄说耳。

吾邑白廉叔④检讨,于康熙中,充顺天乡试正考官,因春秋题错误,被议落职,《东华录》⑤中曾载其事。此不过一时之疏忽,不足为检讨病也,命题错,书场中恒有,无知者以为短而护之,甚至造为万不足信之说,诬妄甚矣。予癸亥散馆,以赋中误用"月令继长"⑥之长为上声,故抑之。及检韵府,则"继长"确在养韵,并非误押。同此病者,将据韵府讼其屈,予力劝止之。窃

---

① 《梁氏制艺丛话》:指梁章钜所著《制艺丛话》(《制义丛话》)。梁章钜(1775—1849),字闳中,号茝邻,晚号退庵,清代名臣、学者,楹联学开山之祖。著有《归田琐记》《楹联丛话》等。

② 方望溪(1668—1749):方苞,字灵皋,号望溪,清代官员、文学家。因戴名世《南山集》案被牵连入狱。其思想以程、朱为宗,在后世发展出了"桐城派"散文。著有《方望溪先生全集》。

③ 周白民:周振采(1687—1756),字白民,号菘畦、清来老人,江苏山阳(今江苏淮安)人。著有《榕村诗集》。

④ 白廉叔(1618—1683):白乃贞,字廉叔,号蘗渊,陕西清涧人,顺治大训纂修官。康熙二年(1663)任顺天府乡试主考官,遭权贵诬陷,罢黜归里,绝意仕进,足迹遍天下。有《愁斋存稿》传世。曾鉴裁重修《延安府志》和《米脂县志》。

⑤ 《东华录》:清代蒋良骐编撰的编年体断代史。乾隆三十年(1765),蒋良骐任国史馆纂修,就《清实录》及其他官书文献,摘录清初六朝五帝史料编成。因国史馆在东华门内,故题为《东华录》,通称《蒋氏东华录》。

⑥ 月令继长:指遵循自然节律做出生产生活的政令,顺应动植物的物性,使其自然生长繁殖。

以此字平上均可读，以为误亦可，以为不误亦可。留馆①与否，数也，岂在此哉？然则为吾后者，其可假造谣言，谤伤其时之阅卷者乎？

为人最忌一"俗"字。纵不根之谈，俗口也；听无稽之言，俗耳也。以及俗心测人，俗眼看事，俗骨应酬，有一于此，风斯下②矣，况兼之乎。

王子有其母死者，其傅为之请数月之丧。朱子以为压于嫡母。近人周柄中③引经据典，辨为压于父而非压于母是也。予考嘉庆年间律例，服图④前有一条云："庶子为所生母斩衰三年，若嫡母在，则不得尽三年之服"。道光年所行律例，削去此条，则是父母均不得压矣。乃今人于所生母之丧，嫡母在者，其讣状必书"奉慈命称哀"，何其不考律例也。

以朴素化属吏，可也，以朴素勒属吏，不可也。己好衣布，而恶人之锦绣；己好食粝，而恶人之膏粱，非惟不近人情，而此偏好之一念，适足启奸人迎合之端。究其心，亦不过矫情干誉

---

① 留馆：清制。一甲进士三名，分别为状元、榜眼、探花。二甲、三甲再进行朝考，成绩优者到翰林院学习三年，称"庶吉士"，学习期满举行"散馆"考试，优等的授翰林院正式官职。原为二甲进士授编修，原为三甲进士授检讨，称为"留馆"。未留馆的，可为给事中御史主事，或出为州县官。

② 风斯下：见"风斯在下"，语出《庄子·逍遥游》。指大鹏鸟凭借风力而高飞，比喻超越前贤。

③ 周柄中：亦作周炳中，字理衷，号烛斋，江苏溧阳人，清代学者。著有《清续文献通考》《四书典故辨正》。

④ 服图：应指《大清律例》卷首服制图。

耳，平津①、荆国岂真俭哉？

汉高诛丁公②，后人未有议其非。此即陈轸挑妻③之喻，所谓"居彼人所，则欲其许人；为吾妻，则欲其詈人也。"在高帝，不过以权术警将来耳，然数年之间，反者纷纷，权术无益也，负心之事其可为乎。

齐威王之处即墨、阿④大夫何其明也，毁誉出自左右，其人品邪正可知矣。然后世略操用人之权者，鲜不寄耳目于此辈，彼固自以为亲信可靠，而不知堕其术中也久矣。但此辈狡狯多端，正用反用，防不胜防，惟平日禁之，使不敢言，其术必穷。晋文问守原于寺人⑤，柳州讥之，君子宜三思焉。

存邀功之念，必至甘心罗织矣；存避过之思，必将诡计弥缝矣。然卒无不败露者，人可欺，天不可欺耳。

敬其所尊，爱其所亲，凡父之伯兄叔弟，父且尊亲之，而况子乎？其和睦欤，子之幸也，设有不睦，亦只可两处劝谏，尽吾

---

① 平津（前200—前121）：公孙弘，字季，齐地菑川（今山东寿光）人，西汉名臣。躬行节俭，家无余资，封平津侯。有"公孙布被"之称。

② 汉高诛丁公：见"丁公被戮"，典出《史记·季布栾布列传》。丁公指丁固，名坚，薛郡人，项羽部将。丁固曾私自释放刘邦，后归降刘邦，被刘邦以"为项王臣不忠，使项王失天下"的罪名处死，以警示为臣不忠者。

③ 陈轸挑妻：指"楚人有二妻"的寓言故事。陈轸，战国时期纵横家、谋士。典出《战国策·秦策一》。

④ 即墨、阿：二者皆古邑名。典出《资治通鉴》"齐威王召即墨大夫"之故事。意指君主赏罚分明。

⑤ 晋文问守原于寺人：晋文公向勃鞮咨询治理防守原邑的事务。晋文：指晋文公重耳；原：原邑，地名；寺人：宦官，此指家奴勃鞮。典出《左氏春秋》。柳宗元为此著文《晋文公问守原议》。

为子为侄之道可也。若夫不明此理，反挟不睦之嫌，与为仇隙，此其不孝之罪，较忤逆其父仅一间耳。愚民犹可恕也，以读书之家而背谬至此，岂不可恨。

处家以仁让为要，而仁让非恕不行。弟兄叔侄之不和，皆因知有己而不知有人者，阶之厉也，此种人心既昏浊，性复果敢，自以为是，而又不能下人，迹其执迷到底，生不能为和平之人，死亦永作怨毒之鬼，哀哉哀哉。

聋者心多疑，眇者心多毒；身太矮者心短，面太刮者心忍；窃听偷视者心邪，低言悄语者心诡。虽亦未必皆然，而历历验之十得八九。

伶俐非聪明也，谋干非才具也，血气非节义也，文艺非学问也，章程非经济也，告示非教化①也，知其非者是者，乃可求矣。

好占便宜恶吃亏，人之恒情。然有占不尽之便宜，吃不尽之亏。亦有似便宜实吃亏，似吃亏实便宜者。以存心言，君子坦荡荡，占尽便宜矣；小人长戚戚，吃尽亏矣。以处事言，让人财物，似乎吃亏，而怨祸无自生，非便宜乎？反是，而便宜中之吃亏可知矣。明乎此者，乃可谓之"会吃亏，会占便宜"。

嫡庶所出，其不同者母，而父则一也。乃无知之徒，往往分门别户，各存异心，甚至同室相仇，累世不解，则是知有母而不知有父，尚何言哉！然死父可欺，生天不可欺。若无大祸，必至横死，岂犹妄想后嗣之克昌耶？"伦常乖舛，立见消亡"②，此之

---

① 告示非教化：告示不过是表面文章，张贴了告示并不等于笃行了教化。
② 伦常乖舛，立见消亡：违背伦常的人必定会很快被消灭。乖舛：谬误、差错，此有违背之意。语出《朱子家训》。

谓也。

或问，何谓"下愚不移"①？曰其为物②也，心既一窍不通，而又自以为是，见则一成不易③，而又耻屈于人，告之以理，譬之以情，无论不喻。即喻，亦强梗自若也。此乃天地间戾气所钟，是以冥顽不灵，有死无二④，非圣教所能化，亦非王法所能夺。故曰"不移"。噫！吾见其人矣。

张杨园曰："人子一日未死，是亦事亲之一日也。"此可作终身慕父母注解。噫！岂但为子当然哉？为大臣者一日未死，是亦事君之一日也；为民牧者一日未去任，是亦牧民之一日也。推之立身行己，莫不如此，此之谓"脚踏实地"。

骄人畏人者，皆由中之不足也。何以言之？贫儿乍富，斯骄矣，然其富不过小有耳，岂如累世大家之无物不有，视为固然者哉，是以知其不足也。行止有亏，斯畏人也。或嗜欲未遂，不能无望于人，则亦畏矣。若能正己，而不求于人，何畏之有？然畏人之为不足易见，骄人之为不足难知，要其理不诬也。

议论无取太高，太高则行之难而事必废止。每见大处落墨者，皓首不能成一事。太高何益乎？按部就班而循序以进，既不至穷大失居，亦不肯画地自限。中材以下为学为治之道，其必由此乎。

---

① 下愚不移：下等的愚人（没有向好向上的天性）绝不可能有所改变。语出《论语·阳货》："唯上知与下愚不移。"
② 为物：认识事物。
③ 一成不易：一成不变。
④ 有死无二：意志坚定，至死不变。语出《左传·僖公十五年》。

舟车之利，古人因势利导也，其必不可行者，神圣亦无能为力，况庸人乎？即如吾邑北川地名瓦窑堡安定治①也。商贾辐凑②议者，倡为车路可开之说，以费钜而止。予谓此事万不行，何在费之钜细，毋论巷径崎岖，难以开辟。而自春至冬，河水不时涨发，其来如潮，车马无路可避，有不冲入洪河者乎？且山水退后，大石乱落无数，甚有百夫不能动者。此皆非人力所能为，何得造言生事？使其可开，古人早开矣。夫无者不能使有，亦如有者不能使无。郑白之渠③，李冰之堰④，均非可轻动者，所患者庸人扰之耳。

列子称燕人还本国过晋而泣庐冢⑤，及至燕，真见先人之庐冢，悲心更微。此言也，吾于交游见之。今之所谓至交者，于朋友之事唏嘘太息，关切非常，及察其所以待宗族至亲者，淡焉漠焉，毫无一点真切之意，是燕人之泣晋庐冢而于己之先塚悲心微者也。

---

① 瓦窑堡安定治：位于作者家乡清涧县之北四十余公里处，今为子长市。当时修路难，今已通畅，但秀延河仍时有泛滥。

② 辐凑：也作"辐辏"。车辐会聚于毂，形容人或物聚集于一个中心。

③ 郑白之渠：指郑白渠。秦代郑国渠和汉代白渠的合称，近代陕西泾惠渠的前身。

④ 李冰之堰：指都江堰。战国时期秦国蜀郡太守李冰父子主持修建的水利工程。

⑤ 燕人还本国过晋而泣庐冢：指燕人返国的寓言故事。《列子·周穆王》载：燕人返国路过晋国，同行者哄骗这里就是他的故乡，于是燕人"愀然变容"乃至"哭不自禁"。等真的回到故乡，却"悲心更微"。可见最初印象和感受对人的情感冲击是最强烈深刻的，而"哀乐既过，则向之所感皆无欣戚也"。

著作等身，辞则费矣，未必皆道也。知者不言，言者岂遂为知。庄子曰："知道易，勿言难。"①有旨哉。

亡鈇而意邻人之子，语言形状无一不似窃鈇者，人心真危哉。似生于疑，疑起于意，有此意即有此状，心能造形故也，贤者难免，吾辈敢不慎乎？

昌黎《毛颖传》，雅近龙门②，然亦游戏之作耳。予仿其体，作《钱宝传》，笔力不足而意自有在，附记以博一粲。云：

钱宝者，京兆万年人也，字通宝，以字行。始祖"金"，出于太昊③之初，隐居不仕。黄帝时有名"货"者，金裔也，四传至于"泉"。在唐尧时，子姓渐多，各居名山大川，然尚未贵显。商汤革夏，大旱七年，闻庄山金氏善赈人，重币召至，全活人无算。由是金氏名大著，朝野皆重之。周武王戡平纣乱，命师尚父④散鹿台之财⑤，金氏与焉。尚父察其材可大用，散之不祥，乃白诸王，聚其族而付之冶氏，居以九府⑥，复其旧名曰"泉"。钱氏为官，自"泉"始。初，尚父将官泉使散宜生，以灵宪筮之，

---

① 知道易，勿言难：做到知者容易，做到知者不言很难。语出《庄子·列御寇》。

② 龙门：疑指唐代元弼《鱼跃龙门赋》。

③ 太昊：东夷部族与华夏部族的祖先和首领，是东方祖神，也是东方天帝青帝。

④ 尚父：也称尚甫，姜子牙尊称。

⑤ 鹿台之财：鹿台为廪台之讹，是商纣王建于商都附近的宫苑，用于积财的仓库。纣王鹿台自焚后，武王散鹿台之财，以赈济穷人。语出《尚书》："武王克殷，散鹿台之财。"

⑥ 九府：周朝掌管财币的机构，后泛指国库。

兆成而吉。其繇①曰：天圆地方，肉好金相，首山②之后，长发其光。在国为富，在家为康，流通则宝，多积斯殃，自今以始，与世无疆。尚父受而纳之，金匮并六韬③秘焉。迨景王④时，天子患国人之轻泉氏也，特重其称而大用之，赐姓曰"钱"，于是子孙沿其姓，至今不改。秦始皇灭六国，销锋镝⑤，天下豪宗大户剪除殆尽，独钱裔以功用不毁。汉初，钱族益盛，高皇帝患其权重难制，特命削之⑥，由是钱氏望日轻。今上即位之二年，钱氏合族以衰弱不复进御，于是天子临轩太息曰："呜呼！天即全付予，有家一二臣，卫外惟钱氏，与国共休戚。予不能重其权，其何以事事？"于是公卿大臣皆言"宝宜重任。"天子可其议，诏司农金日䃅⑦，发盐铁库币数百万金，为钱姓营轮郭资。又命宝率其宗族，分居上林三官，并得衣五铢服。当是时，钱氏苗裔满天下，

---

① 繇：通"籀"。古时占卜的文辞。

② 首山：在河南襄城县南，为八百里伏牛山之首，故名首山。黄帝在此采铜，铸鼎炼丹。《史记》载："黄帝采首山铜，铸鼎荆山下。"

③ 金匮并六韬：指姜太公的两部著作《太公金匮》和《太公六韬》。

④ 景王（？—前520）：周景王，名贵，东周第十二任君主。景王于前524年铸大钱事，载于《国语·单穆公谏景王铸大钱》，是古代文献中关于铸钱的最早记录。

⑤ 销锋镝：即销锋铸镝。熔销收缴兵器铸造钟虡铜人。锋：兵器。镝：乐器，形似钟。《史记·秦始皇本纪》载："收天下之兵，聚之咸阳，销以为钟镝、金人十二。"

⑥ 特命削之：指刘邦发布命令削减钱币重量，改铸五分钱。至汉武帝时将铸币权收归国家，由上林三官统一铸造发行五铢钱，货币制度稳定下来。

⑦ 金日（mì）䃅（dī）（前134—前86）：字翁叔，匈奴休屠王之子，西汉大臣，政治家，汉昭帝四大辅臣之一。

然惟列上林三官者，厚重可贵，故时人呼为"万年钱氏宝"，尤亲宠用事。宝为人面团而眼小，外似圆通，中空无物，其子孙类然。性好动，族大不能禁约，自宫府台省以至都会郡县、里巷墟市，无处无之。然其状最宜人，自王公官吏、士农工商，下至厮役、乞丐之辈，无不倚为性命友。虽有时取憎于陈仲子①之徒，亦未尝见绝也。又善易人喜怒，往往语言情义不能为力者，其徒至，莫不立效，以是人皆重之。顾其质，偏于火，荧惑②是非。凡世之骨肉参商③，亲友水火，以及放僻邪侈、斗殴死亡之事，皆其所为，而人卒不悟也。宝之裔既蔓延中国，顷匈奴亦重之，其别支曰："钞"，亦有名。然时用时废，惟钱氏能世其家云。太史公曰：钱有二氏，其一业农，不贵于时，所谓庤乃钱镈④是也。其一即今之钱宝，宝之后大于钱镈后百倍。然镈有利而无害，若宝者利人而反害人，安在其为宝乎？董生⑤曰：宫姓近生，商姓近杀，钱从金，德在商，负二戈，杀机寓焉。呜呼！其信然耶。

---

① 陈仲子：又称陈仲、田仲等，战国时贤士。其"轻爵禄而贱有司"，退隐山林，自食其力，奉"上不臣于王，下不治其家，中不索交诸侯"的处世原则。

② 荧惑：荧，指火星，因时隐时现，令人迷惑而得名。

③ 参商：参星和商星。因两星不会同时出现在天空，所以喻不睦。

④ 庤乃钱镈：粮食才是国家的储备。指农业是国之根本。庤：储备；钱镈：两种农具名，借指农事。语出《诗经·周颂》。

⑤ 董生（前179—前104）：指董仲舒，广川郡（今河北景县）人，汉代思想家、哲学家、政治家、教育家。他吸收法家、道家、阴阳家思想，建立了一个新的思想体系，使儒学成为中国社会正统思想，影响长达两千多年。有《天人三策》《春秋繁露》等作品传世。

白香山①《海漫漫》诗戒求仙而不贬毁道德,可谓平允。恶神仙而归咎黄老,迂儒不通之论,岂可为训?如必以方士羽流病柱史,然则张禹②之经术、安石之官礼,亦将为周孔咎耶。

傅奕③恶佛过于韩子,而韩独以辟佛得名,岂非以文集流传故耶。噫!天下之如傅奕者,谅不乏人,特未曾张大其词,以文名古今耳。

骈俪之文,至唐初靡矣,欲救其失,自不能不用单行古④。近体诗莫盛于李杜,将欲别树一帜,计非创格不可,此秘惟韩知之。亦惟韩能之,真文中豪杰哉。

汉唐以下名人,皆有可比拟者,惟诸葛武侯、岳武穆无人能似之。必欲比拟,则一为伊周⑤,一为方召⑥乎。

---

① 白香山(772—846):白居易,字乐天,号香山居士,又号醉吟先生,生于郑州新郑,祖籍太原,唐代诗人。下文《海漫漫》诗指其《海漫漫·戒求仙也》诗。

② 张禹(?—前5):字子文,河内轵县(今河南济源)人,西汉时期丞相,通晓占卜。《论语》原本一度失传,至汉代出现三个著名传本,即《古论语》《齐论语》和《鲁论语》(今都已失传)。张禹先后研习讲学齐鲁论语,融合二者形成《张侯论》流传至今,即今天通用的《论语》。

③ 傅奕(555—639):字仁均,相州邺城(今河北临漳)人,唐初学者。精天文历算,曾表奏废佛教。著有《老子注》《刻漏新法》等,其思想对后来韩愈等人反佛有很大影响。

④ 用单行古:意指以散行单句为主的复古文风。先秦和汉代的古代散文对文章的形式没有统一要求。六朝以来盛行骈文,讲究排偶、音律、典故等。韩愈、柳宗元发起复古运动,特点是质朴自由,以散行单句为主。

⑤ 伊周:指商代伊尹和西周周公。二人先后摄政,后常并称。亦指执掌朝政的重臣。

⑥ 方召:西周时助宣王中兴的贤臣方叔、召虎的并称。后借指国之重臣。

申胥^①复楚，苏武还汉，君臣义重，岂敢以朋友废哉。暌之象曰："君子以同而异。"^②二子有焉。

伍奢^③以谗诛，为之子者奔亡他国，永不入楚可也，称兵已属不义，况鞭尸乎？郧公兄弟^④何人哉，属镂之赐^⑤，千载称冤，然安知非天之假手夫差耶。君子论处君父之变，惟王裒得其正。

富郑公^⑥出使契丹，往返再三，至家书也不暇阅，非真心为国者肯如是乎？乃知"岂不怀归？畏此简书"^⑦，当是寻常通聘之使，非如公之所事重大也。或曰：公此事似太不近人情。予曰：以公为不近人情，则夫世之系恋妻子、失国体而鼠窜以归，殆所云"近人情"者乎？

苏子瞻文章、经济、品行、学术均不在韩文公下，舍短取长，皆百世师也。乃今之学者，于韩则畏不敢言，而于苏则攻犹

---

① 申胥：指申包胥，春秋时期楚国大夫，伍子胥好友。为复国在秦城墙外哭了七天七夜，史称"哭秦庭"，感动了秦国君臣发兵救楚。

② 君子以同而异：君子谋求大同而并存小异。

③ 伍奢（？—前522）：春秋后期楚国大夫，伍子胥的父亲。

④ 郧公兄弟：指郧公辛与弟怀。《国语·楚语·郧公辛与弟怀或礼于君》载：怀要杀楚昭王报父仇，兄长郧公辛劝阻不听，就自己去追随楚昭王。楚昭王复国之后赏赐了兄弟二人，认为他二人"或礼于君，或礼于父"，都没有过错。

⑤ 属镂之赐：属镂，古代剑名，别名独鹿、属卢、属鹿。吴王夫差赐伍子胥属镂剑自尽。

⑥ 富郑公（1004—1083）：富弼，字彦国，河南洛阳人，北宋名相、文学家。先后封韩国公、郑国公。著有《富郑公集》。

⑦ 岂不怀归？畏此简书：难道我不思念故乡吗？只是敬畏天子诏命。语出《诗经·小雅·出车》。

未已。彼固自以为洛闽①的派，而殊不知皮相之见，徒形其不知量而已。

《吕刑》②曰："伯夷降典③，折民惟刑"，先儒以《虞书》不载有两刑官④，疑为传闻之误。愚按周礼统六官，司寇亦在其中，是礼乃刑之本也。今律例首列服制，当即此意，未有不知礼而能明刑者。然则刑官虽皋为之，而其典实夷所作，非传闻之误也。苏东坡云："失礼则入刑，礼刑一物也。"然而知此者鲜矣。

穆王雅好神仙，其作赎刑⑤，殆犹梁武好佛，以面为牲之意，未必为国用起见也。然以荒游无度之主，而享国且久，岂真神仙为助哉？殆由哀矜恻怛，上感天心耳，司刑者宜三复⑥焉。

君子以钻营为耻，故宁不得，不肯钻营；小人以不得为耻，故愈不得，愈肯钻营。同是耻心，正用之即为君子，反用之即为

---

① 洛闽：洛指二程，闽指朱熹。

② 《吕刑》：为《尚书》篇名。本为周穆王命吕侯（甫侯）制订的刑法，是中国第一部成文法典，也是中国现存历史最古老的刑书。

③ 伯夷降典：指伯夷为尧"典三礼，定五刑"。语出《尚书·吕刑》。伯夷，也称伯夷父，姜姓，炎帝神农氏后裔，上古著名贤者，大约生活在公元前2300年前后。

④ 《虞书》不载有两刑官：《虞书》只记载了一位刑官，而后来传有两位。作者认为传闻无误，因为伯夷制典，皋陶司法，二人所重不同。

⑤ 赎刑：以财物赎罪。赎刑始于上古，据《尚书》载："吕命穆王，训夏赎刑。"周穆王曾命令吕侯依照夏朝的赎刑修订刑律。历代赎刑虽不尽相同，但"金作赎刑"的制度从远古经夏朝确立后一直沿用到清代。

⑥ 三复：此为反复慎重之意。三复奏，司法名。是皇帝勾决朝审、秋审情实人犯下达执行死刑命令前的必经程序。

小人矣。然小人之得，亦或其时运适然，未必皆钻营之效。而小人不悟，枉自为小人耳。

得为而不为，与不得为而为之，均于不孝也。每见今人于其亲，虽分所必不得为者，无不设法强为，无论显干功令而贻笑识者，岂非求荣反辱乎？在彼不过显己之孝耳，殊不知此即不孝之大者。

讳名之习，后世尤甚。师字其弟①，已非古礼。更有父字其子者，不可笑之至乎？近日官场属吏启事皆讳长官之名，非谄而何？乃至长官勒令属吏讳其名，以及其先代，则不止妄而且僭矣。

口蜜腹剑者，人皆德之。心软嘴硬者，人多怨之。君子固不可以蜜口见德，又何必以硬嘴招怨？出好兴戎②，非细故也，戒之戒之。

苏明允③《上韩枢密书》："今之所患，大臣好名而惧谤。好名则多树私恩，惧谤则执法不坚，是以天下之兵，豪纵而莫之或制也"。此言可谓切中时病。统兵大臣所当深以为戒。噫，岂但统兵者不可好名惧谤也哉。

东坡云："少年时读书作文，专为应举而已。既及进士第，

---

① 师字其弟：老师用字称呼弟子。古人讳名，一般下对上、卑对尊不可称名，只能称字。但讳名到了老师不称弟子名、父亲不称儿子名的程度，就过分了。

② 出好兴戎：善于说话的人能化干戈为玉帛，不善说话的人能引发战事。语出《墨子·尚同中》："唯口出好兴戎。"

③ 苏明允（1009—1066）：苏洵，字明允，自号老泉，北宋文学家。与其子苏轼、苏辙并称"三苏"。著有《嘉祐集》《谥法》等。

贪得不已，又举制策，其实何所有？而其科号为'直言极谏'，故每纷然诵说古今，考论是非，以应其名耳。人苦不自知，既以此得，因以为实能之，故諓諓至今，坐此得罪。"①云云。是盖公晚年悟道之言，非徒为免祸计也。然世之冒充理学、悍然自是者，其肯切己自讼若此乎？至云："木有瘿，石有晕，犀有通，以取妍于人，皆物之病也。"此数语尤可为文人座右铭。

因循颓堕者废事，急遽苟且者偾事。此虽赋性之偏，而实由心不在故也。古人佩弦韦②，亦是知其偏而救其失，借以警此心耳，岂真乞灵于物哉？丹书曰："敬胜怠者吉。"③一言除病矣。

自伊洛以来，门户是非，至今未已。其中尽有滋蔓费辞处，惟以"主敬"④为宗，自是万劫不磨之理，不得以迂腐目之。

柳子厚非《国语》，欧阳公疑《图》《书》，王介甫毁《春秋》，近人阎伯诗攻《古文尚书》，此类甚多。皆所谓多事以扰天下者，曾何关于学术经济也哉。

嵇、阮并称，其实高下迥殊。嵇之失在疏放，然不服司马，不礼钟会，志节犹似可取。若阮之甘心劝进，闻丧赌棋，三纲扫

---

① 此段引自东坡《答李端叔书》。
② 佩弦韦：佩戴弓弦和皮革。喻缓急。典出《战国策·韩非子·观行》："西门豹之性急，故佩韦以自缓；董安于之性缓，故佩弦以自急。"
③ 敬胜怠者吉：恭敬慎重超过怠慢的人，会有好的结果。语出《武王践阼》："敬胜怠者吉，怠胜敬者灭，义胜欲者从，欲胜义者凶。"
④ 主敬：程颐提出的一种道德修养方法，又称"持敬""居敬"等。以敬作为修养方法，初见于《论语·子路》"居处恭，执事敬"。此处"敬"为谨慎之意，程颐据此发挥为内心的涵养功夫。

地，尚复有人理乎？苏门戒嵇才多识寡①，而不答阮问，其皮里之阳秋可知矣。

官场习气，最足误人。吾见宦家子弟之随任者，华衣美食，颐指气使，全是势利居心，毫无诗书意味，不数年而一败涂地矣。即勉强为官，而狃于从前少爷故态，能望其率德改行乎？骄盈矜夸，将由恶终，殆谓此耳。然此虽子弟之不肖，其实父兄害之也。是故官之贤否，不必询诸地方也，第观其宅门以内之人，已十得八九矣。

驭下之法，要在严而有恩。小过可恕，大弊不可恕也。辞色可假，名分不可假也。财物可予，权柄不可予也。此道也，吾知之，吾未能行之，敢不勉诸。

血气用事，其害甚大。知而未改，改而又犯，岂非心不存之故耶。王复斋②云："怒发不及持，还是不敬。敬则涵养熟而心气自然和平。"可谓知道之言。

李西平③以张延赏④不释其憾为惧，谓人曰："武夫性快，释

---

① 才多识寡：天资高，但见识少。出自《三国志·魏志·嵇康传》裴松之注："子才多识寡，难乎免于今之世。"

② 王复斋（1131—1204）：王厚之，字顺伯，号复斋，江西临川人，南宋金石学家、文字学家、理学家、藏书家。著有《复斋金石录》《复斋印谱》《钟鼎款识》等。

③ 李西平（727—793）：李晟，字良器，洮州临潭（今甘肃临潭）人，唐中期名将。封西平郡王，世称李西平。奏疏《谏赦李怀光疏》《诛田希鉴献状》被《全唐文》收录。

④ 张延赏（726—787）：字宝符，蒲州猗氏（今山西临猗）人，唐朝宰相。泾原兵变时颇有功勋，唐德宗李适欲以相位，因李晟干涉搁置。后与李晟和解，拜相后暗中唆使唐德宗罢免李晟兵权。有文章《南门记》收入《全唐文》。

099

怨于杯酒间。非如文士，外虽解和，内蓄憾如。"故予谓西平于是不知人矣。夫不念旧恶，君子也；匿怨而友，小人也。初何系乎文士武夫哉？人非圣贤，岂能毫发无差。若以常理言，宁可为释怨之浅，不可为蓄憾之深。古今如延赏辈者，岂少其人？然皆枉为小人耳，曾有损于君子光明磊落之天真耶。

装富骗人，骗之近情者也。今有装穷骗人，而所获更多且大，其骗不尤巧乎？公卿大夫原有转移风气之权，然不问其人之心术何如，而但视衣服之奢俭为憎爱，有不受装穷者之骗乎？夫以转移风气之人而甘为人骗，岂不愚甚？吾窥其心非愚也，盖彼亦假以欺世盗名耳，未尝真为风气起见也，或小骗或大骗，何一非骗哉？

史家盛称汉吏，然考其作用，有必不行于后世者。毋论民情不古，法令滋多。即论官场升降，今昔亦大不相同，必也立心讨好，违道干誉，方为出色人员。若止循规蹈矩，洁己奉公，以之免谴或可矣，要非所谓能干者。阳道洲①之言曰："催科政拙，抚字心劳，考下下。"②唐世已然，况宋以后哉。

今日士大夫有二病焉，一曰"急于显己之能"，一曰"巧于推人以过"。显能者谓之妄，推过者谓之奸。有一于此，居心已不可问，况又兼之，则不知为何如人矣。

---

① 阳道洲（736—805）：阳城，字亢宗，唐定州北平（今河北满城）人，唐朝大臣。曾为道州刺史，以德闻。

② 催科政拙，抚字心劳，考下下：据《新唐书·阳城传》载：阳城任道州刺史时，因体恤民情而赋税收入低，屡受上司斥责，在考核时，他给自己注为下下等。后用此典表示做官为民，不图荣禄。

同官分谤,已非勿欺之义,然较诸诿过于人者,不大相悬绝乎。高允①对魏主曰:"至于注疏,臣多于浩②""临死不移",岂但无负翟黑子③,并不负浩矣,呜呼! 贤哉。

予尝疑买物放生非善事也。有买者,斯有捕者。愈放愈捕,非教人杀生乎? 一日,阅《群芳谱》,载《西京杂记》④云:邯郸民以正朝旦献鸠于简子⑤,简子大悦,厚赏而放之,曰:"正旦放生⑥,示有恩也。"客曰:"得赏竞捕之,不如不赏之,为愈也。"予窃幸愚见之与古人同。孔子钓不纲,不射宿⑦。孟子远庖厨。圣贤好生,止此而已。后世放生、惜字之类,皆惑于果报福应之说,岂君子之善哉。

《唐书·吴筠传》所著文赋,深诋释氏,为通人所讥,意

---

① 高允(390—487):字伯恭,渤海郡蓨县(今河北景县)人,北魏时期宰相、政治家、文学家。曾为太子拓跋晃的老师。跟随司徒崔浩修撰《国记》,卷入"国史之狱"。他如实承认"至于注疏,臣多于浩",其"临死不移"的品格,加之太子的竭力相救,终被免罪。

② 浩(381—450):崔浩,字伯渊,清河郡东武城(今河北故城)人,南北朝时期北魏政治家、军事谋略家。为促进北魏统一北方做出重大贡献,封东郡公。受"国史之狱"牵连灭族。

③ 翟黑子:北魏重臣,受封为辽国公。《魏书·翟黑子传》载,翟黑子出使并州时,收受了一千匹绢布贿赂,不听好友高允以实情禀告的规劝,终获罪被诛。

④ 《西京杂记》:据传是汉代刘歆著、东晋葛洪辑抄的古代历史笔记小说集。

⑤ 简子:赵简子,即赵鞅,春秋末年晋国正卿。

⑥ 正旦放生:正月初一放生猎物,意为张示恩德。

⑦ 钓不纲,不射宿:用鱼竿钓鱼而不用渔网捕鱼,不射取休息的鸟兽。语出《论语·述而》:"子钓而不纲,弋不射宿。"

当时所谓通人，无非佞佛者耳。东坡作《韩文公庙碑》，推崇至矣，而歌乃云："作书诋佛谏君王。"盖坡尤佞佛故，于此独不假借①甚矣。"护短凭愚"②，贤者亦不免也。

圆通周到，巧宦中之能吏也。何见其能？以其人自小有才耳。若本无此才而强为之，未有不弄巧成拙、求功得过者。然彼昏不知，方且以能吏自命，哀哉。

身在局中，每事作局外之观，自必知明而处当。岂独处事当然哉，立身行己，皆当作如是观。彼终日营营，不能自已者，试于清夜作局外人代想，吾知其必悔且惭矣。

正言教家之父兄，有德者也；诚心听受之子弟，有福者也。反是，而父兄之不德、子弟之无福可知矣。

《孟子》齐人有一妻一妾章，刻画势利人至矣。予所见官场中充红充阔者，不一其状。其实根底人皆知之，而彼且以为得计，不解其意欲何为？毋乃为齐人所误耶？（充红充阔皆京师俗语）

朱柏庐云："见色而起淫心，报在妻女；匿怨而用暗箭，祸延子孙。"此等道理真如律令之不可移易。夫逞一时之喜怒，而贻数世之臭毒，下愚亦知其不可也，我辈能勿惧耶？

---

① 假借：此处为宽假、宽容、宽忍之意。
② 护短凭愚：为别人的过失辩护，保持愚拙，不事巧伪。韩愈《记梦》中诗句："乃知仙人未贤圣，护短凭愚邀我敬。"

德成而上，艺成而下，择术不可不慎也。元常①、逸少②，人为书掩；永叔③、子瞻，人以文掩。平心而论，学、行为首，文次之，书又次之。世之溺好文章者，一若舍此，更无学问，其好书法者亦然，此皆狃于"小道可观"④，而不知致远之学者也。愚尝疑冶亭梦笔⑤、新宫召书⑥不过文人夸饰之词，岂真有其事哉。尤可笑者，赵孟頫以十三行⑦为神物，不知此物有何神处？赵氏不足论也，吾甚惜夫豪杰之材而埋首此事者。

"放下屠刀，立地成佛。"此虽沙门机警语，其实"惩忿窒

---

① 元常（151—230）：钟繇，字元常，豫州颍川郡长社县（今河南长葛）人，汉末至三国时期曹魏重臣、书法家。

② 逸少（303—361）：王羲之，字逸少，琅琊临沂（今山东临沂）人，东晋大臣、书法家，世称"书圣"。

③ 永叔（1007—1072）：欧阳修，字永叔，号醉翁，晚号六一居士，庐陵永丰（今江西永丰）人，北宋政治家、文学家、书法家。主修《新唐书》，撰《新五代史》。谥文忠，世称欧阳文忠公。

④ 小道可观：即使是小技艺也有可取之处。语出《论语》，"子夏曰：'虽小道，必有可观者焉。'"

⑤ 冶亭梦笔：也称"江淹梦笔""江郎才尽"，喻才思减退。江淹，字文通，南朝政治家、文学家。据《南史·江淹传》载，"尝宿于冶亭，梦一丈夫自称郭璞，谓淹曰：'吾有笔在卿处多年，可以见还。'淹乃探怀中得五色笔一以授之。尔后为诗绝无美句，时人谓之才尽。"

⑥ 新宫召书：唐诗人李贺典故。李贺早逝，传说是因为天帝召他为新建的白瑶宫作《新宫记》。

⑦ 十三行：法帖名。晋王献之所书《洛神赋》真迹，至南宋时仅存十三行，共二百五十字，故又名《洛神赋十三行》。墨迹在宋元时流传有两本：一为晋麻笺，元初归赵孟頫所得，定为王献之真迹；一为唐硬黄纸，后有柳公权等人题跋，赵孟頫鉴为唐人摹本，后人疑即柳公权所临。

欲"①之法端不外斯。今人于嗜好之事，屡戒而屡犯，是皆吾徒中之冯妇②，岂所谓彼法中之屠儿③耶。

改过是学问中第一件要事，实是天地间第一件难事。孔门大贤，颜子一人而已，其难可知。

语言不审，怨之阶也。予生平吃亏在此，既悔而复蹈之，岂真口过之难改耶？良由自恃存心之无他也。夫恃存心之无他，而直言不讳，非取祸之道乎？

世情叵测，迥出意料之外。有言在于此，而意实在彼，则出言者之奸诈也。乃若心直口快之人，本是说老实话，而听者挟私妄揣，误会向一边去，其奸诈不更甚乎？孔子曰："言忠信，行笃敬，虽蛮貊之邦行矣。"由今观之，忠、信、笃、敬，未必非吃亏之道。然君子终不以彼易此者，世情固可危，天理尤可畏也。

"明哲保身"诗，人以美山甫④。今之明哲人何其多耶！即以同官论，交界之人命，则彼此互相推却；疑难之公事，则观望不肯发言。甚至容易见好处则奔赴恐后，略有嫌怨处，则退缩不前。此等伎俩，在彼自以为明且哲矣，而不知适成为巧滑而已，岂古君子保身之道哉。

---

① 惩忿窒欲：克制愤怒，抑制嗜欲。
② 冯妇：人名。此代指"冯妇搏虎"之典。意为只是表面的改变，一有机会便故态复萌，重操旧业。典出《孟子·尽心下》。
③ 法中之屠儿：即"佛度屠儿"。出自佛经《法句譬喻经·爱身品》。屠儿即指屠夫。指佛并不刁难屠夫的罪过，屠夫亦可普度成佛。
④ 山甫：即仲山甫。周宣王时贤臣，后以代称贤臣。《诗经·大雅·烝民》以"明哲保身"评价山甫。

王沂公①答范文正云："执政而欲使恩归己，怨将谁归？"大哉此言！何其公而恕也。窃以当路之人，固不必召怨，亦不可避怨。若欲人人见好，在在远嫌，天下事可知矣。

　　桓文之事，管、晏之功，孟子不道可也②。今人无孟之本领，而但学孟之大言，此亦如商君以帝王进说③、荆公以稷卨自命④，不过欺罔人主耳。呜呼！三代以下，如诸葛武侯亦罕矣！乃其生平仅仅自比管乐⑤，世之大言欺人者，能无羞死。

　　女子无才便是德，诚是确论。朱淑真⑥《生查子》一词，虽未可定为淫奔之事，然以儒门淑媛，而作此纤丽小词，不几有玷家声乎？窃以此等词出之儒生尚不免贻讥大雅，而闺秀更不待言矣。

　　唐人诗云："无复明朝谏疏来。"所谓"明朝"者，打毬之次日也；谏疏者，即谏打毬之疏也。何等分晓？亡友谢麟伯⑦

---

① 王沂公（978—1038）：王曾，字孝先，青州益都（今山东青州）人，北宋名相、诗人。参与删定、编纂《圣政录》《御集》等。封沂国公。著有文集及《九域图》《契丹志》等。

② 孟子不道可也：指孟子不屑自比管仲和晏婴。《孟子·公孙丑上》载孟子言："管仲，曾西之所不为也,而子为我愿之乎？"

③ 商君以帝王进说：指商鞅先后四次见秦孝公献策。

④ 荆公以稷卨自命：指王安石在诗作《题汤泉壁垩诸子有欲闲之意》中自比唐虞时代的贤臣稷和契。稷卨即稷和契。

⑤ 管乐：春秋时齐国名相管仲与战国时燕国名将乐毅的并称。

⑥ 朱淑真（约1135~约1180）：号幽栖居士，南宋著名女词人。有《断肠诗集》《断肠词》传世。

⑦ 谢麟伯（1834—1878）：谢维藩，巴陵（今湖南岳阳）人，曾任山西学政。

编修，本此意挽倭文端①师相，云"明朝无复谏疏来"，则语无所指，而且不足包括生平。予曾集一联，云"志在圣贤，心存君国；身骑箕尾②，气作山河。"以其时名作太多，未敢献也。

近时标榜之风日甚，即如白事挽联，愈出愈奇，背谬狂妄之言，肆无忌惮。而观者更相附和，于是作者又互相仿效，窃恐非好消息也。

争名之余，势必攻讦；攻讦之余，势必兴狱。宋之三党，明之三案，皆由此也。有心者得无抱杞人之忧乎。

汉相王嘉③有言："劝民以行不以言，应天以实不以文。"然则劝诫之告示，言焉而已；修省之诏书，文焉而已。当求其所谓实行者安在？

有童而傻者，性不识数，牧羊百头，暮归而点之，曰："他也在，他也在。"及至点完，忽讶曰："不见他。"主人稽其数，果少一羊。此虽无识数之性，而百羊之形状无一不志于心，是傻子亦能记也。又有佣而呆者，为主人扫阶，级由下而上，旋扫而旋尘，恚甚。乃挟帚却立，若有所思者。久之忽然一笑，历阶而上，以次扫下，是呆子亦能悟也。此二者，予所亲见，书以

---

① 倭文端（1804—1871）：乌齐格里·倭仁，字艮峰，晚清大臣、理学家。作为"理学名臣""三朝元老"参预朝政，所谓"首辅、师傅、翰林掌院、户部总理，皆第一清要之席"，在当时士林社会中具有泰山北斗地位。谥文端。所著辑为《倭文端公遗书》。

② 箕尾：星名。箕星与尾星。两宿相接，属东方七宿。

③ 王嘉（？—前2）：字公仲，西汉平陵（今陕西咸阳）人，汉哀帝时丞相。因反对哀帝封董贤为侯而下狱，绝食而死。

为不用心者劝。超跃上台者，必却行数武①而始可用力，未有逼近高台而能跃者。狙之攫也伏其前，狼之躐也疐②其后。以退为进，理势固然，而腐儒乃目为黄老之术。然则"亢龙有悔"③，周孔又何以戒耶。

用典注事，虽极博雅，人不能无误，此不足为古人病也。以愚见所及，如庾子山④《思旧铭》，两用山阳，皆系《汉书》范巨卿⑤事。而倪注⑥乃引向秀赋"山阳闻笛"语，则误矣。袁简斋⑦文"䦠耳⑧之人民用《逸周书》，伊尹为四方献令⑨"，䦠耳乃汤时正西夷国名也。而石笺云"䦠耳疑䦠茸之讹"，则误之甚矣。

---

① 却行数武：退后一定距离。武：量词，六尺为步，半步为武。

② 疐（zhì）：绊倒、停滞、阻碍。

③ 亢龙有悔：意为处于极尊之位，应当以亢满为戒，否则会有败亡之祸。

④ 庾子山（513—581）：庾信，字子山，南阳郡新野县（今河南新野）人，诗人、文学家。曾任开府仪同三司，世称"庾开府"。南朝宫体文学的代表作家，其文学风格被称为"徐庾体"。有《庾子山集》传世。

⑤ 范巨卿：范式，字巨卿，别名氾，山阳郡金乡县（今山东金乡）人。汝南郡人张劭（字元伯)是其好友，"鸡黍之交"指二人友谊。庾信《思旧铭》有"山阳车马"句，应指范巨卿事。

⑥ 倪注：指清代学者倪璠所注《庾子山集笺注》。

⑦ 袁简斋（1716—1798）：袁枚，字子才，号简斋，晚年自号仓山居士、随园主人，钱塘人，清代诗人、散文家、文学批评家、美食家。辞官后隐居于南京小仓山随园，世称"随园先生"。与纪昀合称"南袁北纪"。著有《小仓山房文集》《随园诗话》等。

⑧ 䦠（xì）耳：传说中的古国名。

⑨ 四方献令：指伊尹。《逸周书·王会》载，"汤问伊尹曰：'诸侯来献，或无牛马之所生。而献远方之物，事实相反，不利。今吾欲因其地势所有而献之。必易得而不贵。其为四方献令。'伊尹受命，故名。"

此皆未经人驳正者，略记一二于此。自愧见书太少，既不敢以一知半解自信为是，亦不当于前人已详之典攘为己说。胡身之①云："前注之失吾知之，吾注之失吾不自知也。"可谓通人。

《诗草木虫鱼疏》，《困学纪闻》定为陆玑②作，非士衡也。而阮氏③校勘谓"玑"当作"机"，不知何所据？愚按《本草纲目》"引古今书"亦作"机"，未详孰是。考《晋书》机本传，但称著文章二百余篇并行于世，不言作诗疏。《唐书·艺文志》"陆玑《草本鸟兽鱼虫疏》二卷。"据此似以"玑"为正。

李煜词用"画栋""珠帘"二语，明是袭王勃句，而陈仁锡④批云："此语又见王勃序。"岂勃亦偷袭此词耶？则是误以李在王前矣。苏子瞻诗"郗超⑤叛鉴⑥是无孙"，阎伯诗云："鉴"宜

---

① 胡身之（1230—1302）：胡三省，字身之，号梅涧，浙江宁海人，宋元之际史学家。所著《资治通鉴音注》，于典章、音训、地理考稽精详，订谬甚多，为后人研习《通鉴》的工具书。另著有《通鉴释文辨误》《通鉴小学》等。

② 陆玑：字元恪，吴郡（今江苏苏州）人，三国吴学者。著有《毛诗草木鸟兽虫鱼疏》，专释《毛诗》所及动物、植物名称，是中国古代较早研究生物学的著作之一。

③ 阮氏（1764—1849）：指阮元，字伯元，号芸台，江苏仪征人，清代官员、经学家、训诂学家、金石学家。擅长考证，多有建树，撰有《皇清经解》《十三经注疏》等。

④ 陈仁锡（1581—1636）：字明卿，号芝台，长洲（今江苏苏州）人，明代官员、学者。著述有《四书备考》《重订古周礼》等。

⑤ 郗超（336—378）：字景兴，一字敬舆，高平金乡（今山东金乡）人，东晋官员、书法家、佛学家。太尉郗鉴之孙，会稽内史郗愔之子。《晋书·郗超传》载，桓温怀不轨，郗超为之谋，违背了祖父的忠义之道。

⑥ 鉴（269—339）：郗鉴，字道徽，高平金乡（今山东金乡）人，东晋重臣、书法家。史称忠勤。

作"憎",东坡以"憎"平声字,故不用。殊不知渠押"孙"字韵,自不得不用"鉴",岂为叶平仄哉。此等小误,不足辨,记之,以为好批评而不详审者戒。

《困学纪闻》一书,于考论典故之中,隐寓悲伤君国之意。君子立言有则,非徒详核而已,此士大夫所当虚心讲求者。何义门[①]讥为词科习气,未为知言。

李安溪[②]学术深醇,不但一时无两,即元明大儒不是过也。世儒以空谈理义为高,所由与公异矣。

君子喻义,小人喻利。两"喻"字中,皆有不学而自能、不言而默识之意是。殆性之所近、上知下愚[③]之不移者也。以此知孟、荀言善恶,各有所指,未可相非。

夫子之"文章",朱子以为德之见乎外者,自是铁板注脚。乃近人作八股者,直以《六经》《论语》当之,似实而却小矣。窃意"文章"必非著述之谓,如"尧之焕乎文章"[④],岂亦文辞也哉?汉唐以下,直以诗赋之类为"文章",则所谓井蛙夏虫之见耳。更有以语录为斯文者,斯文果在兹乎?必欲以注疏当之,则颜闵有愧色矣。

---

① 何义门:见40页注②。

② 李安溪(1642—1718):李光地,字晋卿,号厚庵,泉州府安溪县(今福建安溪)人,清理学名臣。协助平定三藩之乱,统一台湾。著有《历像要义》《四书解》等书。

③ 上知下愚:只有上等的聪明人和下等的愚笨者是不可改变性情的。

④ 尧之焕乎文章:尧制定的礼乐法度真是灿烂美好啊。文章:此处指礼乐法度。语出《论语·泰伯篇》:"巍巍乎其有成功也,焕乎其有文章。"

列子学射，中矣，请于关尹子[①]，尹子曰："子知子之所以中乎？"曰："不知也。"曰："未可也。"此理足发人深省。庸医治病，亦有愈时；庸吏听讼，亦有合处。然叩其所以愈、所以合者，皆不知也。使其知之，尚何庸之有？

先甲后甲，先儒以辛丁二义释之，似也。愚更有进焉。

事物之坏，未有不由于废弛者。户枢不蝼，流水不腐，常动故也。圣人以治蛊莫如乾，自强不息，何蛊之有？乾卦纳甲，先后三日，亦犹致斋三日、散斋七日之义，非取辛丁隐文也。当蛊之时，而预防于其前三日（辛壬癸），坚持于其后三日（乙丙丁），或不至废弛乎。故曰："终则有始，天行也。""天行"二字，孔子明指乾言矣，何取汉人[②]穿凿之说。巽之柔懦，必济以震之刚动。震纳庚，故曰："先庚后庚。"[③]其三日之义则同。愚见如是，记以待世之通经者。

古今风气不同，治法利钝亦异。有古难而今易者，招募勇丁是也；有古易而今难者，劝捐社仓[④]是也。岂果人心不厚欤？抑或办理未善耶。吁！何其难也。

蚊蚋吮人血，未有不速死者，以其入而不化也。夫民膏民

[①] 关尹子：名喜，字公文，周朝大夫、哲学家、教育家。曾为关令，与老子同时，是道教楼观派祖师、文始派祖师。《汉书·艺文志》著录《关尹子》九篇，即后世所谓文始真经。

[②] 汉人：此指汉代人。

[③] 先庚后庚：汉语成语。先后申令各三天，使得大家都知道。语出《周易·巽》："先庚三日，后庚三日。"

[④] 社仓：即义仓。古代为防荒年而在乡社设置的粮仓，始于隋代。其管理、发放等体制历代不一。

脂，其为血也多矣，贪吏喜入而不喜出，其不至如蚊蚁者几何，然而利令智昏，悲夫！

官场巧滑，至今日而极矣。不但同僚也，上司以其术笼络属吏，而属吏又以其术蒙混上司。尤妙在两心相照，皆知其故，而莫肯明言，其情状真是好看。然而居心不可问，办事亦可知矣。

杨大年①知贡举，乡人士来谒者皆以关节请。大年拂袖而入，曰："丕休哉。"②后入场，凡卷中用"丕休哉"者，皆中选。而当时座客亦有不解其意而不用者。予谓此犹隐语耳。若今日官场之私其同乡，竟至悍然不顾，其为"丕休哉"不更显乎？或曰："是亦举尔所知之义也"。予曰："知则知矣，特未知果可举否？"

今世所称四书讲章，以王罕皆③《汇参》为最。其实此书仍从八股起见，非讲道之书也。朱子以某注四书逐字逐句都从戥子上称过，此语未免自信太过。平心而论，是者固多，非者亦复不少。后之作家于其非者举而正之，是谓善学柳下者。王氏非不知此，而重违时尚，往往曲意调停。夫著书而曲徇时好，何如不著之为愈哉。

---

① 杨大年（974—1020）：杨亿，字大年，建州浦城（今福建浦城）人，北宋大臣、文学家。"西昆体"诗歌的代表作家。参修《宋太宗实录》，今存《武夷新集》《浦城遗书》等。

② 丕休哉：一句骂人的话，语出《尚书》。此节讲杨亿主掌贡举考试时，用一句"丕休哉"作为给同乡考生的暗语。

③ 王罕皆：见84页注⑤。

毛西河①攻朱，陆平湖攻王，厥罪惟钧②。近时儒家，知毛之妄，而恕陆之失，是亦党而已矣。

貂蝉③盈座，不知若辈亦颇自愧否？羊头羊胃④，人皆耻之，而得之者方以为荣，此种人原不足论。然名器至此，大局可知。歇后郑五⑤之言，今世所讳，然居之不疑、何耐官职者之多耶。

冷言巧语，讥诮于人，固由口角轻薄，而其心术之忮刻⑥亦甚矣。同辈且不可，然况为人上者，欺其下之不敢回言，而当面谈笑，岂惟失德，抑亦损阴。

桑弘羊⑦利析秋毫⑧，千古为戒，然犹为公招怨，非营私也。若后世所称工心计者，岂足当聚敛。臣之目哉，不过如奸商之

---

① 毛西河（1623—1716）：毛奇龄，原名甡，字大可，号秋晴，绍兴府萧山县（今浙江杭州）人，清初经学家、文学家。以郡望西河，人称"西河先生"。著有《四书改错》《大学知本图说》等。

② 厥罪惟钧：其罪相同。

③ 貂蝉：古代官员帽子上的装饰物，借指达官显贵。

④ 羊头羊胃：喻官场中多是一些污滥、充数的人物。语出《后汉书·刘玄传》："灶下养，中郎将。烂羊胃，骑都尉。烂羊头，关内侯。"

⑤ 歇后郑五：指郑綮（？—899），字蕴武，别名郑五，河南荥阳人，唐昭宗时期宰相、诗人。其诗诙谐有趣，人称"郑五歇后体"。著有《开天传信记》。《旧唐书·郑綮传》载，郑五曾自嘲不能胜任宰相职位："歇后郑五作宰相，事可知矣。"

⑥ 忮刻：褊狭刻薄。

⑦ 桑弘羊（前155？—前80）：河南洛阳人，西汉时期政治家、理财专家。官至御史大夫。

⑧ 利析秋毫：秋毫，鸟兽在秋天新长出的细毛，喻极其细微的东西。形容管理财物极其细心精明。

账，骗其少东家而已。然且以能干自命也，岂惟丧心之尤，直是不知羞耻。

赵普①"以半部《论语》佐宋祖取天下，以半部《论语》佐太宗致太平"。言之不通，一至于此。然已开后儒大言不惭之风矣。

妻殉夫死，志似可嘉。设其衰姑无依，而舍之以死，其何异于公甫文伯之妇人②哉。近时殉名之习，妇女亦多有之。良由司风化者狃于小节，未尝律以大义也。子曰："可以为难矣，仁则吾不知也。"予于此事亦云。

谢上蔡③答程子云："去得一矜字"④，宋儒此等学力，真不可及，异乎今之抄贩语录、悍然自居理学者。

苏明允谓："事之不近人情，鲜不为大奸恶"，此语所包甚广，有用人之责者，以此观人，庶不至受布被之诈⑤、致庞衣之

---

① 赵普（922—992）：字则平，幽州蓟县（今天津蓟州区）人，五代至北宋初年政治家，北宋开国功臣。宋罗大经《鹤林玉露》载："昔以其半辅太祖定天下，今欲以其半辅陛下致太平。"

② 公甫文伯之妇人：指公甫文伯家的女性。公甫文伯即公父文伯，姬姓，名歜（chù），春秋时期鲁国公父穆伯与敬姜之子。典出《国语》之《公父文伯卒其母戒其妾》篇。

③ 谢上蔡（1050—1103）：谢良佐，字显道，河南上蔡人，北宋学者。二程门生，人称上蔡先生或谢上蔡。著有《上蔡语录》。

④ 去得一矜字：见"良佐去矜"。谢上蔡与程颐分别一年后相见，程颐问他：一年来有何进益？他回答："唯去得一'矜'字。"遂成佳话。

⑤ 布被之诈：故作俭朴以欺世盗名。布被即"公孙布被"之典。此指学公孙弘身穿布衣以盗名。

欺^①乎。

行走匆遽者心必荒，举动轻浮者志必滑，步履偃蹇者气必傲，容止迟徊者意必深。自然之流露，在其人或不觉，而识者已窥其隐矣。

伶俐人时想讨好，而每每吃亏者，岂以伶俐犹未至哉。弄巧者拙，饰智者愚。非惟人不可欺，抑亦天所难容。是故君子宁拙毋巧、宁愚毋智。

有十分才力，仅可作八分事业，君子所以量而后入也。饮斗酒者，给以八升可也。必欲适如其量，定然不能持久，况更溢于其数耶。陆士衡^②云："物过权则衡殆，形过镜则照穷。"^③任重者曾亦思及此否？

应对敏捷，亦是聪明过人，然不过小有才耳。春秋使命之选，孔门言语之科，岂谓此哉。世之能言者，直是口给御人^④。而为长官者，往往以此等为才具，则是进啬夫^⑤而退绛侯^⑥，风气所以日下欤。

---

① 房衣之欺：身穿奴仆的衣服。此指欺世盗名之辈。典出苏洵《辨奸论》："衣臣虏之衣，食犬彘之食，囚首丧面，而谈诗书，此岂其情也哉？凡事之不近人情者，鲜不为大奸慝。"

② 陆士衡（261—303）：陆机，字士衡，吴郡吴县（今江苏苏州）人，西晋著名文学家、书法家。

③ 物过权则衡殆，形过镜则照穷：物体的重量超过秤锤的承受力，秤杆就会断掉；形体大过镜子，就照不出全貌。语出陆机《演连珠》。

④ 口给御人：用敏捷的口才对付别人。

⑤ 啬夫：农夫。从事一般劳役者。

⑥ 绛侯：汉代周勃曾封绛侯。此处指辅国功臣。

古之道学，改过不吝；今之道学，怙终不悛。古之道学，自视欿然。今之道学，居之不疑。古之道学，朴而诚；今之道学，迂而诈。孰真孰伪，不待智者而知也。

"歇后郑五作宰相，时事可知。"此可谓自知而不难自屈者。使荆公能如此老，亦何至误国病民耶。程普①曰："十日之外，不胜其任。"普本武人，何其明也。

小节不修，必成大过。大过不改，驯至恶矣。毫末不扎，将寻斧柯。岂可以小恶为无伤而弗去哉。

刚愎自用，病在愎，而刚以成之。坚僻自是，病在僻，而坚以济之。愿似谨而非谨也，吝似俭而非俭也。去其病与似者焉，往而不可哉。

终日议论人，躬自蹈之而不觉，比比然也。是非之心不可无，是非之口不必有。《伏波诫兄子书》②非涉世之明鉴乎？然书中援季良③为戒，而卒因此得祸。由是以推，岂但口不可得而言，即笔亦不可得书也。呜呼！世路险巇，人心叵测，文字招尤，古

---

① 程普（？—215）：字德谋，右北平土垠（今河北唐山）人，东汉末年江东名将。

② 《伏波诫兄子书》：即伏波将军马援写给侄儿马严、马敦的《诫兄子严、敦书》。马援（前14—49），字文渊，扶风郡茂陵县（今陕西兴平）人，东汉开国功臣。官至伏波将军，世称"马伏波"。

③ 季良：即杜保，字季良。东汉时期京兆（今西安）人，曾为越骑司马。

今一辙。会宗①发子幼之书②，到溉③恨孝标之论④。子瞻之诗取忌于章蔡⑤，朝宗⑥之集不悦于马阮⑦。在仇之者固不足齿，而作之者岂非多事。或曰：如子之言，将讲道论学之作，亦可罢止乎？则应之曰：此等著作，似不在招尤之列。然见解不同，亦尝滋讼。且儒先语录所以发明者至矣，何必呶呶⑧为曰。然则子为此记，毋亦可已而不已者耶。曰：吾固云为学识之验耳。若夫决然已之，而一字不容少留，则学力未至，请以俟之他年。

---

① 会宗：孙会宗，西汉西河（今内蒙古东胜）人，安定太守。

② 子幼之书：指杨子幼《报孙会宗书》。子幼：杨恽，字子幼，弘农华阴（今陕西华阴）人，西汉大臣。

③ 到溉（477—548）：字茂灌，彭城（今江苏邳州）人，南朝梁大臣，文学家。

④ 孝标之论：指刘孝标《广绝交论》。孝标：刘峻，字孝标，南朝梁人，著有《辩命论》。

⑤ 章蔡：指北宋宰相章惇和蔡京。

⑥ 朝宗（1618—1655）：侯方域，字朝宗，明朝归德府（今河南商丘）人，明末清初散文家。明末"四公子"之一，复社领袖。

⑦ 马阮：指明末大臣马士英和阮大铖。

⑧ 呶呶：多言；喋喋不休。

思过阁笔记 三

　　学之不讲，圣所忧也。予谓后世之学，可忧反在于讲。

　　盖讲其所讲，非圣贤之讲也。德性、问学，《中庸》并举之，何得偏重一边，牢不可破。陆[①]固非也，朱[②]亦岂全是乎？调停二家亦属多事，左右袒更勿论矣。总之，此等讲学，争门户耳，方人耳。子曰："夫我则不暇。"

　　甲乙两学究争论一义，不相下，将兴讼矣，或劝其诣孔庙折中焉。于时至圣并许可，两学究大悦而去。子路不解其故，子曰："尔以其言相反，必有一是一非乎？不知甲乙皆非也。特以此等人坚僻自信，终身不可入道，非口舌所能喻，惟有好言遣去，免再哓哓[③]而已。"此予幼时所闻于乡先生者，录以自戒。

[①] 陆：指陆九渊。

[②] 朱：指朱熹。

[③] 哓哓：此指争辩不止的声音。

"豪杰之士，虽无文王犹兴。"①况语录哉，即言有可取，尊而行之可矣，无庸再为赅衍也。

王仲宣②好驴，其驴有"落钗""远游"等名号。窃以此物至蠢且强，有何可好？且为之赐以美名哉？或曰："仲宣之好，好其鸣而已。"是以曹丕令宾客各作驴鸣，以送仲宣之丧。予谓驴而鸣，尤其可厌者。东莱③论懿公好鹤，以讥世之人而鹤者。柳州《黔驴》一则，盖亦戒世之人而驴者。驴不足言也，而好其鸣者之别有肺肠，似更在卫懿下矣。

王元④以一丸泥封函谷，延广⑤以十万剑待契丹。小人敢为大言，未有不败事者。终军曹植之流，使用于时，当亦无异，听言者其可忽诸。

纷更之弊，甚于因循。⑥因循者祸小而迟，纷更者祸大而速。东周之守文，北宋之新法，其明征也。故曰："无欲速，无

---

① 豪杰之士，虽无文王犹兴：英雄俊杰，纵使不遇文王，也能奋发有为。意在激励人奋发有为，不依傍别人而卓然自立。语出《孟子·尽心章句上》："待文王而后兴者，凡民也。若夫豪杰之士，虽无文王犹兴。"

② 王仲宣（177—217）：王粲，字仲宣，山阳郡高平县（今山东邹城）人，东汉末年文学家、官员，"建安七子"之一。

③ 东莱：指吕祖谦，其《东莱左氏博议》有懿公好鹤之论。

④ 王元：字惠孟，长陵（今陕西咸阳）人，东汉初年将领。下文"一丸泥"典出《后汉书·隗嚣传》，谓函谷关形势险要，只要少数兵力即可扼守。

⑤ 延广（892—947）：景延广，字航川，陕州（今河南三门峡）人，五代时后晋大臣。

⑥ 纷更之弊，甚于因循：变法的弊端要大于保守循旧。

见小利。"①

大臣贵有宏济之才，清廉其末节也。如其才不足宏济，而斤斤焉惟清廉是务，谓之自爱则可，究非朝野望斯人者也。武侯宁静致远，岂仅淡泊明志哉。

明允之识荆公，可谓神矣。其实专从不近人情处看透，非如曲江②之相禄山也。噫！天地之大，何所不有。古今之奇，无独必偶。衍杞③合为一人，未必一介甫④已也。第未知留心观人，更有如老泉⑤者否？

三教皆有魔，释氏之魔，已甚于道，儒则尤甚。二氏无论已。窃怪宋儒日以辟佛为任，乃其语录所载，如寻"孔颜乐处"⑥及"雷起于起处"⑦之类，不异老衲参禅，躬自蹈之而不悟，似亦入魔矣。

---

① 无欲速，无见小利：不要求快，不要贪求小利。语出《论语·子路》："无欲速，无见小利。欲速则不达，见小利则大事不成。"

② 曲江（678？—740）：张九龄，字子寿，号博物，韶州曲江（今广东韶关）人，唐开元名相、文学家、诗人。曾预言安禄山必反，唐玄宗未予采信。谥文献。世称"张曲江"或"文献公"。著有《曲江集》。

③ 衍杞：指王衍、卢杞。王衍（256—311），字夷甫，琅邪郡临沂县（今山东临沂）人，西晋末年重臣。卢杞（？—785），字子良，滑州灵昌（今河南滑县）人，唐朝奸相。语出苏洵《辨奸论》："是王衍、卢杞合而为一人也，其祸岂可胜言哉！"

④ 介甫：指王安石（荆公）。

⑤ 老泉：指苏洵（明允）。

⑥ 孔颜乐处：孔子和颜回的乐趣所在。指儒家知识分子安贫乐道、达观自信的处世态度与人生境界。

⑦ 雷起于起处：《宋元学案》所载邵雍与程颐的对话。邵雍问："子知雷起处乎？"程颐答："起于起处。"

紫阳①自是豪杰之士，所惜者依傍伊川耳。其所立言，宗法者固多，回护处亦不少。《格致传》②取九条之义③，支离错杂，经传有是乎？乃知学问高下，适如其分。游夏门人一二言了者，宋世大儒千百言不能达。不知朱子何取乎？九条之纷若也，谓非依傍以传欤。

魏征之事太宗，宋儒啧有烦言，以孔子论管仲例之，岂足律天下士哉？明季东林诸人，死事者亦不少矣，谓为杀身成仁，不敢信也。

《宋史》称：陆秀夫匆遽流离中，犹日书《大学》章句以劝讲（理学之魔乃至于此）。吾不知孔颜处此之时，此等举动否（而史艳称举国若狂，风气可知矣）？

《易·明夷》六五：箕子之明夷，利贞。六爻惟此爻与卦象同是。文周孔子，皆以箕子当六五矣。惠定宇④偏主孟喜⑤亥兹之说，试问"箕子以之"亦可云"亥兹以之"乎？（阎伯诗力攻古尚书，惠定宇偏溺汉人古义，皆好奇之过。博则博矣，于学何益。惠氏注《太上感应篇》，无一语发明玄旨。杂采百家之言，文饰涂泽，何取乎尔？）（孟子气质颇似子路，视曾闵有间矣，

---

① 紫阳：指朱熹。

② 《格致传》：指朱熹《四书章句集注》中的《格物致知补传》篇。

③ 九条之义：指程颐的"公族九条之义"。

④ 惠定宇（1697—1758）：惠栋，字定宇，号松崖，江南元和（今江苏苏州）人，清代学者、藏书家、校勘学家、经学家。学者称小红豆先生，吴派汉学的代表人。著有《易汉学》《周易述》等。

⑤ 孟喜（约前90—前40）：字长卿，东海兰陵（今山东兰陵）人，西汉易学家。易学史上把孟喜和京房的易学体系合称为"孟京易学"。

况孔颜乎？韩程二子，极力尊崇，殆为自己张本耳。泰山岩岩，实为后世北面抗颜之祖①。）

大言之习，开于战国，可觇儒风之变，横议②一变，而月旦③再变，而清谈④又变。而清流以及道学焉，气节焉，虽得失不同，要之去洙泗⑤远矣。

扬雄《太元》⑥，后世几无其匹。而始误于词赋，终误于美新，文人之不足信如此。

刘曜为渊之养子，人所知也。《神仙纲鉴》⑦以为本蜀汉北地王谌之幼子，乳母抱以归洮阳王，后随霍戈入洛，见安乐公，誓报祖仇，遂北入匈奴，值渊见而异之，渊父豹命渊收为子，若然亡蜀之仇终报矣。其说不知何出，记以存考（《仙鉴》颇有误，如唐李固言，误作汉李固之类，然有资考证者亦多）。

前明金丝烟之禁，严于今之鸦片，然金丝在今日则直如菽粟矣。我意此后之鸦片，殆亦如金丝乎？

---

① 抗颜之祖：指韩愈。
② 横议：指战国时的处士横议。
③ 月旦：指月旦评。东汉末年由汝南郡（今河南上蔡）人许劭兄弟主持的一项对当代人物或诗文字画等品评、褒贬的活动，常在每月初一发表，故称"月旦评"或者"月旦品"，开启了品评人物之先河。
④ 清谈：原指魏晋时期士大夫崇尚虚无，空谈哲理，后泛指不切实际的谈论。
⑤ 洙泗：鲁国二河流，代称孔子及儒家。
⑥ 《太元》：《扬子太玄经》，简称《太玄》《玄经》，西汉末年扬雄撰。为避玄烨名讳，《四库全书》中又作《太元》《大园》。
⑦ 《神仙纲鉴》：《历代神仙通鉴》，一名《三教同原录》。明代徐人瑞、程瑶则为初稿编纂者，约成书于清康熙三十九年（1700）。

除民之病，美政也。病未除而先夺其利，非计也。种药者未必自服，服药者岂必自种？因其势而利导之，非可旦夕见功也。操之太急，未有能善其后者。题目虽正，文字纰缪不堪矣。惜乎！新法者未思及此耳。

治大事者，兼听众议而内断于心，已无成见也。如其预执偏见，而姑以延访为名，是诈而已矣。诈必败事，理所固然。是故老泉之论半山①，不谓之僻，而曰"奸"。

家长为全家所倚赖，谋生必有常经。徒事节俭，无当也。奴仆可裁，骨肉亦可裁乎？锦肉可绝，布米亦可绝乎？不务生理，而但节其流，是食寡反要于生众。此谓知小学而不知大学之道。

唐陆象先②有云："天下本无事，庸人扰之为烦耳"。此可为好纷更者戒。或以此言恐开颓惰之渐，予曰："萧曹③汲黯④，岂因循废弛者耶？"

取人之道，才德兼者尚矣，其次则才先而德后。何者？才能任事，德而无才，不过善己而已。管子为天下才，颜子有王佐才，虽以五臣十乱⑤之大圣大贤，孔子亦但曰"才难"，而不曰"德难"，其旨可知。后世不达此理，往往妄加轩轾，于是优理

---

① 老泉之论半山：指苏洵《辨奸论》评论王安石。

② 陆象先（665—736）：陆景初，吴郡吴县（今江苏苏州）人，唐朝宰相。谥文贞。

③ 萧曹：萧何和曹参。

④ 汲黯（？—前112）：字长孺，河南濮阳人，西汉名臣。

⑤ 五臣十乱：五臣指舜的五位贤臣禹、稷、契、皋陶、伯益；十乱指武王的十位治世之臣周公旦、召公奭、太公望、毕公、荣公、太颠、闳夭、散宜生、南宫适、文母。

学而绌名臣，进大儒而退循吏。一编小学，几卷语录，居然不可一世，而世亦群然奉之（而真才不见矣），斯则有心世道者之忧也。

列子述国氏为盗之语，奇而不诡于正，此黄老治术之遗意也。后世朘削①商民以富国，与向氏盗何异。

《潜夫论》②云："一犬吠形，百犬吠声。"旨哉言乎世之傍人门户、附和攻讦，皆吠声而已，岂真有所见耶？

侈谈经济者，往往狭小前人。纷更多事，固由见理不明，赋性偏执，其实误于读书者亦多。庸工执古方以治今病，至死不悟，其失哀哉。

"柔弱生之徒，坚强死之徒"③，老氏语也。历观古今之取容于人，保全名位者，柔居十九，刚不过百一耳。昔人谓老子一生，只是熟于世故人情，真南方之强④哉。君子用人，自当以正直不阿为上。若亦惟圆通迎合之是取，其异于流俗者几何？或曰："圆通之人易使，故君子有取焉。"然则君子之为君子，可知已。

---

① 朘（juān）削：剥削、盘剥。

② 《潜夫论》：东汉思想家王符著作。

③ 柔弱生之徒，坚强死之徒：柔软羸弱的东西属于生存一类，坚硬刚强的东西属于死亡一类。语出《道德经·第七十六章》。老子借生命这种物理现象来论述用"柔"的道理。

④ 南方之强：品德高尚的人以宽容柔和的心态教化他人，这是南方的强（相对应的是北方的强：坚强勇武的人带兵打仗，即使死亡也不妥协放弃）。语出《礼记·中庸》。

"守雌"正所以"养雄"，范少伯①、张子房②是也；守黑，正所以保白，申屠蟠③、王彦方是也。彼但知雄白，而不守雌黑，匹夫匹妇之刚洁，岂足与论道德哉。

杜诗《北征》篇，"褒妲"明是"妹妲"之误，匆遽中偶然疏忽。与骆丞檄④误用袁君山，同不足为病。乃李子德⑤反以为互文之妙，则是代子美饰非矣。文人回护所好，往往有此，不可为训。

古之道学，唯恐人知；今之道学，唯恐人不知。古之道学，迂而真；今之道学，愚而诈。

东坡先生人品、学术、经济、文章，无一可议，当时后世几少其伦。程门之徒信口诋毁，犹曰"争门户也"。若近时依草附木者，亦敢甘心前贤，何不自量乃尔。

北宋名臣多而道学少，南宋名臣少而道学多，此兴亡之分也。

三家专政⑥，季氏尤横。而洙泗之徒，未干其忌，岂当时奸雄

---

① 范少伯（前536—前448）：范蠡，字少伯，自号"陶朱公"，春秋末期政治家、军事家、经济学家。

② 张子房：张良。

③ 申屠蟠：字子龙，东汉时陈留外黄（今河南民权）人。博贯《五经》，通谶纬之学。

③ 骆丞檄：指骆宾王起草的《为徐敬业讨武曌檄》。

⑤ 李子德（1632—1692）：李因笃，字子德，号天生，山西洪洞人，明代思想家、教育家、音韵学家、诗人。著有《古今韵考》《增校清朝进士题名碑录》等。

⑥ 三家专政：也称三桓专政。指鲁国卿大夫孟孙氏、叔孙氏和季孙氏，因三家皆出自鲁桓公之后，人称"三桓"。

犹贤于后世权要乎？抑圣门讲学自有道乎？以此知声气标榜最足招尤，君子宜鉴焉。

南渡之局①，始误于不自振，终误于不自量。秦韩二相②，厥罪惟钧。虽然，当侂胄时即不伐金，亦无救于亡，不过苟延岁月耳。呜呼！柄国者至使时势万无可为，则始谋之误其戎首乎。

《史记·高祖纪》：秦得百二焉。注：秦地险固，二万人足当诸侯百万人。后世词人不考注义，遂误以为秦有百二十关，骆丞杜老亦踵其讹，不可不知。

颜延年③《陶征士诔》，识力并高，词意兼美，可云有典有则之文，韩柳未必能到也，安得以六朝而轻之。

程子以看史鉴为玩物丧志，此言未免太过。然琴棋书画之类，有一溺好，皆足以妨正事，居官者尤宜戒。子夏所云"仕优则学"，岂学此等物事哉。

断狱固不可无才，然切不可恃才。无才者庸吏而已，恃才者非失之妄，即流于刻，其害大矣。

褊浅不可成大事，刚愎不足服众心。宁我容人，毋人容我。宁人负我，毋我负人。

---

① 南渡之局：指靖康之难后，宋朝宗室被迫南迁的局面。
② 秦韩二相：指南宋权相秦桧和韩侂胄。
③ 颜延年（384—456）：颜延之，字延年，琅琊临沂（今山东临沂）人，南朝宋文学家，元嘉三大家之一。曾任金紫光禄大夫，后世称其"颜光禄"。

张曲江①谓严挺之②太苦劲，萧诚③软美可喜，若非邺侯④一语，能免比匪之伤⑤乎？然非贤如曲江，吾恐长源此语，亦必有苦劲者矣。

或问武弁擅责民人，例许之乎？曰："勿问例之许不许，当问心之安不安。"果系无辜，虽理刑者可妄责耶。

宁可见毁于真小人，不可受知于伪君子。士大夫进身之始，名节所关，其可忽乎哉。

"过谦者多诈，过默者多奸"，前贤语也。予验之良然。

儒先格言，虽从世情体味而出，其实皆该括于经传之中。但经文浑深，而格言浅显，故易入人也。然格言特为庸夫俗子设耳，士君子读圣贤书，当必自有得力处，切勿数典而忘祖也。

业师⑥之谊，重于荐师⑦。在三⑧之师，是业师非荐师也。曲

---

① 张曲江：见119页注②。

② 严挺之（673—742）：严浚，字挺之，华州华阴（今陕西华阴）人，唐朝大臣。

③ 萧诚：唐代书法家，南朝萧梁后裔。遗迹有《襄州牧独孤册遗爱颂》《南岳真君碑》。

④ 邺侯（722—789）：李泌，字长源，累封邺县侯，人称"邺侯"。

⑤ 比匪之伤：跟败类狼狈为奸，不是很可悲吗？出自《易经·象辞》，"象曰：比之匪人，不亦伤乎。"匪，同"非"；"比匪"指所交非人。

⑥ 业师：从而受业的老师。

⑦ 荐师：科举时代士子称向主考官举荐自己的达官显贵。

⑧ 在三：指君、父、师。语出《国语·晋语一》："'民生於三，事之如一。'父生之，师教之，君食之。"韦昭注："三，君、父、师也。"后以"在三"为礼敬君、父、师。

艺莫不有师，岂座主①之谓哉。虽皆礼所当敬，要其分际，不可无别。

盟兄拜弟，已属非礼。一旦识相统属，朋友变为师生，尤不可晓，岂所谓亡于礼者之礼耶。

丧葬不可作佛事，固也。今有居丧而张筵演剧者，谓之喜丧。其事其名均属骇人耳目，而亲戚邻里不以为怪，此则与延僧超度者哀乐更天渊矣。

剑戟虽铦②，而不可以杀蚊虫；网罟③虽密，而不可以制蝼蚁。金克木也，以寸刃伐松柏，则钝矣；土堤水也，以一抔投江河，则没矣。小大强弱，势固然耳。审此者可与治民，可与用兵。

蛇蝎蜇人后，去之唯恐不速者，盖自知其毒人不能堪，将不利于己也。世之害人而佯为不知者，曾蛇蝎不如矣。

剃刀至铦，然不可以斧；绣针至锐，然不可以锥。今以小材而予大任，是剃刀伐林、绣针钻木也。

日月之明，而隔于墙屋。墙岂高于日月哉？惟近故也。可知左右之人蒙蔽最易，君子宜留心焉。

《经》以定是非，《子》以明得失，《史》以纪成败，皆治世之书也，此外多属文辞而已。

两汉多宗黄老之学，释教魏晋时始行。然汉之吏治，皆本黄

---

① 座主：唐宋时进士称主试官为座主。至明清，举人、进士亦称其本科主考官或总裁官为座主。或称师座。

② 铦（xiān）：锋利。

③ 罟（gǔ）：捕鱼的网。

老，魏晋无闻焉，即此可定二氏之高下。

阮千里①不信鬼，而鬼客揶揄之。韩文公不信仙，而其侄孙湘②觉悟之。此二事足令倔强者气短。

子弟读书，须兼读律。盖律例一书，准情立法，因时制宜，其中实有无穷至理，治身治家端不外此，非徒为他日仕途计也，勿以刑名家言而忽之。

勿谓己善，更有善于己者；勿谓己贤，更有贤于己者。为学常存此心，斯知不足矣。毋曰"我贫，尚有贫于我者"，毋曰"我贱，尚有贱于我者"。处境常作此想，斯知足矣。故君子大盈若冲，知止不殆。

越巫诅仲舒而自毙③，胡僧咒傅奕而自僵④。邪不胜正也。害

---

① 阮千里：阮瞻，字千里，陈留尉氏（今河南尉氏）人，无神论者，阮咸之子。《晋书》中记载有"阮瞻遇鬼"的故事。

② 湘：指八仙中的韩湘子，韩愈侄孙。

③ 越巫诅仲舒而自毙：据《风俗通义》载："武帝时迷于鬼神，尤信越巫，董仲舒数以为言。武帝欲验其道，令巫诅仲舒，仲舒朝服南面，咏诵经论，不能伤害，而巫者忽死。"

④ 胡僧咒傅奕而自僵：据《隋唐嘉话》载："贞观中，西域献胡僧，咒术能生死人。"傅奕不信。于是，"帝召僧咒奕，奕对之。初无所觉，须臾，胡僧忽然自倒，若为物所击者，更不复苏。"傅奕（555—639），隋唐时期学者，精通天文历数。

稼之蝗知卓茂①，害人之鳄识昌黎②，诚能感物也。今以小人而好与君子为难，是蝗鳄之不如矣。然亦往往自僵自毙，其不至胡僧越巫者几何。

宋李若谷③教一初官以"勤谨和缓"，其人请"缓"字之义，李曰："甚事不因忙后错了"。此语可为座右铭。

《黄石公记》④曰："柔能制刚，弱能制强。柔者德也，刚者贼也。弱者仁之助也，强者怨之归也。"尚气者宜三复。

《说苑》⑤孔子曰："善为吏者树德，不善为吏者树怨"。予疑此非孔子之言也。君子平其政，何计德怨哉。

"陈寿⑥为诸葛公门下书佐，被挞百下，故其论公也有'应变

---

① 害稼之蝗知卓茂：据《后汉书》载，平帝年间，天下二十多个县都遭受了蝗灾，唯有卓茂任县令的河南密县没有遭受蝗灾。这是古代"飞蝗避境"的灾异政治思想，说由于某地地方官品德高尚、为政廉洁，蝗虫会主动避开其所辖范围。语出《齐东野语》之《喻白蚁文》。卓茂（？—28），字子康，南阳郡宛县（今河南南阳）人，汉朝大臣。

② 害人之鳄识昌黎：据《新唐书·韩愈传》载，韩愈被贬潮州刺史时，听说境内的恶溪中有鳄鱼为害，遂写《祭鳄鱼文》，劝诫鳄鱼搬迁。传说不久之后，恶溪之水西迁六十里，潮州境内永远消除了鳄鱼患。

③ 李若谷：字子渊，谥康靖，徐州丰人，进士出身。历任宋太宗、宋真宗、宋仁宗三朝，官至资政殿大学士、吏部侍郎。勤谨和缓，参见宋代洪咨夔《参政李公以勤谨和缓励后学江宪益以公廉忠信为八箴因赋诗赠别》。

④ 《黄石公记》：《黄石公三略》。

⑤ 《说苑》：又名《新苑》，是汉代刘向编纂的小说集。

⑥ 陈寿（233—297）：字承祚，巴西郡安汉县（今四川南充）人，三国时蜀汉及西晋时史学家，撰有《三国志》等。

将略，非其所长'之谤。"此毛修之①亲闻于蜀，以语崔浩者。而浩溺好《寿志》，谓公实非管萧之亚匹，寿语亦非挟恨而然，党寿②不亦甚乎。浩终以作史伏诛。虽其主少恩，然亦由恃才狂妄，自取罪戾。考寿本传，丁仪、丁广有盛名，寿谓其子曰："可觅千斛米，为尊公作佳传。"丁不与，竟不为立传。寿父坐马谡事被髡，诸葛瞻又轻寿，故有"将略非长"③云云。然则修之所言，非诬而挟恨之故，浩岂能巧为掩饰耶（传不应自矛盾，殆为懿④讳耳）。士大夫宁可见屈于君子，不可受知于小人。

古文篆书，亥字并从二，《左传》亥有二首是也，不知字书何以收入上部。

吕居仁⑤官箴曰："若能清慎勤之外，更行一忍，何事不办？"李子渊⑥教一初官以"勤谨和缓"，曰："甚事不因忙后错了。"二公之言是也。其实"慎"字内已包"忍""缓"二义，但"忍""缓"有弊，而"慎"无弊。三字箴所以不可增减欤。

---

① 毛修之（375—446）：字敬之，荥阳阳武（今河南原阳）人，东晋将领。熟读经史，常与崔浩讨论《三国志》，毛修之以为陈寿因怀恨而贬诸葛，而崔浩尊崇陈寿，认为他的评价正确。

② 党寿：与陈寿为一党。

③ 将略非长：陈寿在《三国志》中对诸葛亮的评价。据《晋书·陈寿传》记载，陈寿的父亲是马谡的参军，因连累受刑剃发，诸葛亮的儿子诸葛瞻又轻视陈寿，所以，《三国志》写诸葛亮"将略非长，无应敌之才"、诸葛瞻"瞻惟工书，名过其实"。

④ 懿：司马懿。

⑤ 吕居仁（1084—1145）：吕本中，字居仁，祖籍莱州，宋代诗人、词人、道学家。世称东莱先生。著有《春秋集解》《紫微诗话》等。

⑥ 李子渊：见129页注③。

"清慎勤"三字，至今不易，而其原出于司马昭（《晋书·李秉传》）。君子不以人废言也，惟以阮籍为"至慎"则谬矣。

徐伟长①《中论》②"怨人之谓'壅'，怨己之谓'通'。通也，知所悔；壅也，遂所误。"数语名隽可味。

寇莱公③《六悔铭》："官行私曲失时悔，富不俭用贫时悔，艺不少学过时悔，见事不学用时悔，醉发狂言醒时悔，安不将息病时悔。"

汉末七子④，孔北海尚已，徐伟长亦似知道者，其余不过文人而已。竹林⑤中惟叔夜不失为魏人，二阮等则晋矣。文若⑥介汉魏之间，迹其所为，直书为魏臣可也。

---

① 徐伟长（170—217）：徐幹，字伟长，北海郡剧县（今山东寿光）人，东汉时期文学家、哲学家、诗人。"建安七子"之一。著有《中论》《答刘桢》等。

② 《中论》：徐幹著，是一部政论性著作，对历代统治者和文学者影响深远。

③ 寇莱公（961—1023）：寇準，字平仲，华州下邽（今陕西渭南）人，北宋宰相、政治家、诗人。封莱国公，谥忠愍，人称寇忠愍或寇莱公。著有《寇忠愍诗集》。

④ 汉末七子：即"建安七子"。称"汉末七子"，是作者对曹操篡汉的态度。

⑤ 竹林：指竹林七贤，即魏末晋初的七位名士嵇康、阮籍、山涛、向秀、刘伶、王戎及阮咸。

⑥ 文若（163—212）：荀彧，字文若，颍川郡颍阴县（今河南许昌）人，东汉末年政治家、战略家，曹操统一北方的谋臣和功臣。

管公明①、杨伯丑②、邵康节之筮易，或自得神机，或别有秘传，似非可学。而至今人，执郑王之腐谈，妄决吉凶，何异盲人辨日。

工部诗人也，供奉③才人也，昌黎学人也，柳州文人也。评杜李论韩柳者，当以此为衡焉。

"时时勤拂拭，莫使有尘埃"，朱子之学也。"本来无一物，何假拂尘埃"，陆子之学也。神秀北宗，慧能南宗，自来有此二派，似乎不必相非。

回护前人，自古有之，孟子于汤武是也，然其义在防篡弑耳。若南宋以后之回护程门，不知其义安在。

"君子以同道为朋，小人以同恶为党。"欧公此言，似是而非。范文正谓："鬼怪弄出事。"有旨哉！有旨哉！

南宋日蹙，未必不由于讲学。盖其时方溺于此道，虽有韩范，不暇用也，以韩范不曾讲道学耳。噫！

望散方召④非名士也，萧曹冯邓⑤非科甲也，房杜陆裴⑥非经

---

① 管公明（210—256）：管辂，字公明，平原郡平原县（今山东平原）人，三国时期曹魏术士，古代卜卦观相行业祖师。北宋时封平原县子，世称"管平原"。

② 杨伯丑：隋冯翊武乡（今陕西渭南）人。好读《易经》，善占卜，隐居于华山。隋朝开皇初年，曾被征官入朝，见朝中公卿大臣不行礼，不分贵贱，皆用"汝"字称呼。

③ 供奉：指李白。因曾任供奉翰林而名之。

④ 望散方召：指西周重臣吕望、散宜生、方叔、召虎。

⑤ 萧曹冯邓：指西汉开国功臣萧何、曹参和东汉光武功臣冯异、邓禹。

⑥ 房杜陆裴：指唐代名相房玄龄、杜如晦、陆贽、裴度。

生也，韩范宗岳①非理学也。"以名使括，若胶柱而鼓瑟。"②用人者曷三思。

居官不可避谤，然究不可不畏谤。意存见好，掩饰调停，避谤之弊也。肆行无忌，罔有悛心，不畏谤之故也。子产相郑③，孔明治蜀，两得之矣。

孟子不言性恶者，君子道其常，亦以杜乱臣贼子之口。其实人固有生而性恶者，所谓下愚不移是也。即如浑敦穷奇之类，其性何尝不恶哉。后儒执孟说，以讥荀卿，殆非通论。

近来乡会榜后，不逞之徒往往取主司姓名编造联语，信口讥讪，其失实也可知。而好事者辄津津述之，甚至笔之于书。噫！士风之坏，伊于胡底④耶。

存刻薄心，行刻薄事，说刻薄话，为罪为过，无一不报应者，此数十年中所亲验。后生小子，可不戒哉。

---

① 韩范宗岳：指北宋名臣韩琦、范仲淹和南宋名臣宗泽、岳飞。

② 以名使括，若胶柱而鼓瑟：仅凭虚名而任用赵括，就好像用胶粘死调弦柱再去弹瑟那样不知变通。语出《史记·廉颇蔺相如列传》："王以名使括，若胶柱而鼓瑟耳。括徒能读其父书传，不知合变也。"

③ 子产相郑：指子产担任郑国国相之事。典出《列子·杨朱篇》："子产相郑，专国之政，三年，善者服其化，恶者畏其禁，郑国以治。诸侯惮之。"

④ 伊于胡底：不知到什么地步为止，指不堪设想。语出《诗经·小雅·小旻》："我视谋犹，伊于胡底？"

聚徒讲学，非世道之福。《简明目录》①论顾泾阳②云尔。所谓名心一炽，流弊无穷者，岂止罪明之东林哉。

五技之鼠而列于晋爻③，示戒深矣。然而进者悍然不顾，进之者亦相信不疑，此其所以厉欤。

震卦六爻，远不如艮④，圣人岂教人苟安哉？不能时止则止焉，能时行则行。今有一朝得志而轻举妄动者，既不知恐惧修省，欲其致福难矣。

愚尝疑，南宋以来讲学家分门别户，几不知有孔孟，是忘祖也。顷者恭读《简明目录》儒家类案云："各尊一别子为祖，而置大宗于不问，是恶识学问之本原哉。"至哉言乎！窃幸愚见之有合焉。

---

① 《简明目录》：指《四库全书简明目录》，由《四库全书总目》压缩删节编成，共20卷，著录图书3470种。

② 顾泾阳（1550—1612）：顾宪成，字叔时，号泾阳，江苏无锡人，明代思想家，东林党领袖，人称"东林先生"。谥端文。著有《小心斋札记》《顾端文遗书》等。

③ 五技之鼠而列于晋爻：五技之鼠即鼫鼠，喻技能多而不精的人。此指德不配位者窃取高位会败坏大局。《说文·鼠部》载："鼫，五技鼠也。能飞不能过屋，能缘不能穷木，能游不能渡谷，能穴不能掩身，能走不能先人，此之谓五技。"

④ 震卦六爻，远不如艮：震卦六爻描述了人生六种意外的震撼，指超出常人所承受的压力而形成的骇异场面。艮卦指敦厚且懂得适可而止而得善终。所以前者不如后者。

韩魏公[1]作书，虽与亲戚卑幼亦皆端严谨重。刘元城[2]生平不作草书。吾师倭文端掌院时，语同馆曰："书虽小学，亦可收心，然必正书为好。"此予所亲聆者。因思王荆公躁扰急迫，字如其人，虽佳不足法焉。

予尝疑，人之手足何以右强于左。一日阅《尊生全书》[3]序，有云："圆图象天，其阳在东南，天不足西北，人之耳目所以左明于右也。方图象地，其刚在西北，地不满东南，人之手足所以右强于左也。"可云妙悟。

南宋之末，君臣上下溺于讲学，而不知当务之急，驯至[4]于亡，大可哀已。其尤可笑者，理宗之庙号[5]，亦由尊濂洛[6]表朱氏而得，抑何陋欤！夫表章儒术，特人主之一节耳，制治保邦之谓，何而顾以此成名耶。汉高祖承焚书坑儒之后，亲祠孔子，其识视理宗何如？而汉人议庙号未尝有理学名目，岂薄待其君哉？

---

[1] 韩魏公（1008—1075）：韩琦，字稚圭，自号赣叟，相州安阳（今河南安阳）人，北宋宰相、政治家、词人。工书法，善正书。封魏国公，谥忠献。著有《安阳集》《谏垣存稿》等。

[2] 刘元城（1048—1125）：刘安世，字器之，号元城，魏州元城县（今河北大名）人，北宋晚期大臣。著有《尽言集》等。

[3] 《尊生全书》：《嵩厓尊生全书》，清代景东旸著，清太医院校勘，用于太医教学，也是清代太医临床治病的实用书。景东旸，号嵩厓。

[4] 驯至：逐渐达到。

[5] 理宗之庙号：宋理宗赵昀死后，朝臣定位庙号"礼宗"，但有人说"礼宗"与金哀宗谥号相同，便更名为"理宗"。后世认为是因为赵昀在位时崇尚理学才定庙号为"理宗"。

[6] 濂洛：北宋的两大理学流派。濂指周敦颐（濂溪先生），洛指二程。

乃托克托①等于此事不辨其非，且曰庙号理宗，其庶几②乎。元人之陋，更在宋人下矣。

元魏③以真君纪年，宋钦宗尊徽宗为教主道君皇帝，理宗庙号比物此志也。当时无敢议论者，以道学气焰方张，而典礼大臣类皆其党耳。

宋司马温公④语程正叔⑤曰："辨证前人误处，当两存之，勿加诋訾。"此言可以为法。

《幽明录》⑥载王辅嗣⑦注《易》，笑康成为儒。夜分忽闻著屐声，自云"郑康成"，责之曰："君年少，何以轻文凿句⑧，而

---

① 托克托（1314—1356）：脱脱，亦作脱脱帖木儿，蔑里乞氏，字大用，元朝末年宰相、政治家、军事家。主编《辽史》《宋史》《金史》。

② 庶几：或许可以，大概差不多吧。表示希望的语气词。

③ 元魏：指北魏。魏孝文帝迁都洛阳，改本姓拓跋为元，所以史称元魏。

④ 司马温公（1019—1086）：司马光，字公实、君实，号迂叟，陕州夏县涑水乡（今山西运城）人，北宋政治家、史学家、文学家。赠温国公，谥文正，因称司马温公、司马文正，世称涑水先生。主持编纂编年体通史《资治通鉴》，著有《涑水记闻》《潜虚》等。

⑤ 程正叔：程颐。

⑥ 《幽明录》：亦作《幽冥录》，南朝刘义庆集门客所撰的志怪小说集。原书已散佚，鲁迅《古小说钩沉》中辑得265则。

⑦ 王辅嗣（226—249）：王弼，字辅嗣，山阳高平（今山东微山）人，经学家、哲学家。王弼少年天才，23岁去世，是魏晋玄学的代表人物及创始人之一。著有《老子注》《周易注》等。

⑧ 何以轻文凿句：此处底本疑漏一"穿"字，即"何以轻穿文凿句"。

妄讥诮老子耶?"极有忿色。少时,辅嗣卒。此殆临川①撰以戒人乎。然魏刘兰②以毁辱《公羊》③、董子④而卒,事载本传,与此极相类,史必不妄。并录此,以为谤古之戒。

杨子幼⑤以《南山歌》得罪,至今冤之。近时叶星卫⑥补注《文选》,乃摘其"君父送终"数语,以为得罪处不在诗,已属强作解事。至谓张晏⑦、臣瓒⑧解,语言腌昧,后代诗狱未必非此说导之,则诬尤甚矣。试思蛰龙⑨之喻,岂必以《汉书》注为滥觞哉,臆说不情,笔之为戒。

注书者,注义易,注意难。经生大儒皆知,求意而未必一一吻合也。私意揣度,庸⑩有当乎?经传聚讼,纸上空谈耳。若兵刑

---

① 临川(403—444):指临川王刘义庆,字季伯,彭城(今江苏徐州)人,南朝宋宗室、文学家。著有《后汉书》《世说新语》等。

② 刘兰:河北武邑人,北魏儒学家。讲学时排毁《公羊》,非议董仲舒,因此见讥于世。《资治通鉴》记载,刘兰静坐读书时有人叩门而入,指责他毁辱前人,兰告家人后卒。

③ 《公羊》:《公羊传》,又名《春秋公羊传》,儒家经典之一。

④ 董子:董仲舒。

⑤ 杨子幼(?—前54):杨恽,字子幼,弘农华阴(今陕西华阴)人,西汉时期大臣,司马迁外孙。杨恽最大的贡献是献出《史记》公布天下。代表作有《报孙会宗书》和《拊缶歌》。因文获罪,被汉宣帝腰斩。

⑥ 叶星卫:叶树藩,清代选学家。

⑦ 张晏:字子博,三国魏中山(今陕西淳化)人。曾注《汉书》,于地理注解最详,颜师古重注《汉书》多引其言。

⑧ 臣瓒:姓氏不详(有傅瓒、薛瓒等说),西晋学者,著有《汉书集解音义》。

⑨ 蛰龙:蛰伏的龙,比喻隐匿的志士。

⑩ 庸:同"岂"义,示反问。

医药之书，一失其意，死生反掌矣。强作解事，为害甚大，注书者盍慎诸。

羿射九日，儒者疑之。考《淮南》①，又云"杀九婴②于凶水之上"，乃知所射者九婴鸟，非真日也。此事古书频见，未必皆妄。即如《吕刑》，绝地天通③，想亦必有绝之之法。若但禁止师巫邪术，则刑官优为之④，何须重黎⑤？古书阙略⑥，又经秦火佚者多矣，不可尽信，亦未可全非。

耳不挖不聋，目不点不矇，手不盥不龟，足不洗不皲。牛穿鼻，马络头，庄子病焉，然犹不得已而为之者。人非牛马，奚必⑦矫揉造作哉。多事生害，非止一端，即小可以悟大。

苏叔党⑧有小坡之目，乃时人以之推重，非其自号也。今人往

---

① 《淮南》：《淮南子》，又名《淮南鸿烈》《刘安子》，西汉淮南王刘安及其门客收集史料集体编写而成的一部哲学著作。该书在继承先秦道家思想的基础上，综合了诸子百家学说中的精华部分，对后世研究秦汉时期文化起到了不可替代的作用。

② 九婴：中国古代神话传说中的凶兽之一。出自《淮南子·本经训》。其能喷水吐火，有九头，叫声如婴儿啼哭，故称九婴，后被羿射杀于北狄凶水之中。

③ 绝地天通：神话典故。指天上地下，神与人各司其职，互不干涉。典出《书·吕刑》："乃命重黎，绝地天通，罔有降格。"

④ 优为之：任事绰绰有余。

⑤ 重黎：重与黎，为义、和二氏的祖先。尧命重黎，世代执掌天地四时，使人神不扰，各得其序。

⑥ 阙略：略而不记，不完备。

⑦ 奚必：何必。

⑧ 苏叔党（1072—1123）：苏过，字叔党，号斜川居士，北宋文学家。苏轼第三子，人称小坡。

往袭其父之字，称曰"小某"，殆不可为训。

宋太祖云"之乎也者，助得甚事！①"武人不学，殊为可笑。然宋祖能作"才到中天万国明"②之句，似不应粗陋。乃尔忆往年会审案件，谳语③有"而殴之死"者云云，某相国直将"而、之"两字抹去，刑曹白云："此系律文。"相国曰："要他虚字何用？"相国乃翰林出身，宋祖又何怪焉。

户枢不蝼，"蝼"字上声。魏笛生④《解题》收入尤韵，误矣。岣嵝二字皆仄音，而聂蓉峰⑤《试帖诗》作平用，是误读为钩楼矣。然聂是衡人，或者土人原有此音耶。

家奴制主，非必实有可胁之具而后然。始而假以词色，既而徇其要求，习惯自然，遂成尾大不掉之势。履霜冰至⑥，岂一朝夕之故哉。大抵此辈知恩者少，怨望者多，圣人亦曰"难养"，可

---

① 之乎也者，助得甚事：大意是讥讽文人咬文嚼字不求实用。据《湘山野录》载，太祖赵匡胤驾临朱雀门，韩王赵普随行。太祖指门额（朱雀之门）问普："何不只书'朱雀门'，须著'之'字安用？"赵普回答："语助。"太祖大笑："之乎者也，助得甚事！"

② 才到中天万国明：宋太祖赵匡胤即兴赋诗两句："未离海底千山墨，才到中天万国明。"四百多年后，明太祖朱元璋续了后两句："恒持此志成永志，百战问鼎开太平。"

③ 谳（yàn）语：审断案子的文辞。

④ 魏笛生：魏茂林，字宾门，号笛生、兰怀老人，福建龙岩人，清代学者。致力文字学、音韵学、训诂学研究，著有《骈雅训纂》《同馆诗赋解题》等。

⑤ 聂蓉峰（1775—1828）：聂铣敏，字晋光，号蓉峰，湖南衡山人，清代官员、学者。著有《寄岳云斋初稿》《玉堂存稿》等。

⑥ 履霜冰至：踩到了霜，离大冰雪就不远了。谓冰冻三尺，非一日之寒之意。语出《周易·坤》："履霜，坚冰至。"

不慎诸。

克、伐、怨、欲，儒者之戒；贪、瞋、痴、爱，释氏之戒。得失、哀乐、好恶，何一不乱此心？求须臾之忘，而不可得，苦何如之？乃知阳里华子①，道家之寓言也，以忘为病而治之，是犹以不狂为狂而饮之泉也。噫！

近世作小说者，往往剽窃古事而易其姓名，遂以为己所撰著，殊为多事。即如《潘将失念珠》②，康骈③所录也，而近人改为某总督。又茅山道士治热病，杨吉老④自咎其学之未至，而小说改为叶天士⑤。似此之类，不可枚举，固不得以射石没羽、御沟红叶为例也。

"鲥鱼多骨，金橘太酸⑥，"此不过戏言耳。若真以为恨，则可恨之大于此者多矣。忆官京时，遇某公子于席次，大言云："吾最恨西瓜多子。"余戏之曰："假使西瓜无子，我辈尚有瓜

---

① 阳里华子：《列子·周穆王篇》所载寓言故事中一个健忘的宋国人。

② 《潘将失念珠》：唐代传奇小说。最早见于唐代康骈《剧谈录》，明代王士贞也有《潘将军失珠》，所以被指"剽窃古事"。

③ 康骈：一作康軿，字驾言，唐代池州（今安徽池州）人。

④ 杨吉老：杨介，字吉老，北宋名医。杨介曾往茅山访道，可能从道士手中得到了《内经图》，参照解剖发现和自身经验，绘制了代表宋代解剖图最高成就的《存真环中图》。

⑤ 叶天士（1666—1745）：叶桂，字天士，号香岩，别号南阳先生，江苏苏州人，清代医学家，"温病四大家"之一。

⑥ 鲥鱼多骨，金橘太酸：古代文人之"雅恨"。北宋名僧释惠洪《冷斋夜话》中记载了其叔伯彭渊材所言五大恨事：一恨鲥鱼多骨；二恨金橘太酸；三恨莼菜性冷；四恨海棠无香；五恨曾子固不能诗。

可噉①乎？"此等琐话，不足记录之，以为骄奢子弟戒。

近来取堂名者，王姓之"三槐"，杨姓之"四知"，几于千家一律，已属可鄙。乃至妓女优伶之居，竟敢以标其户，则不止可鄙，而更可恶矣。然无有禁之者，何哉？

下人服色，本有定制。予幼时犹见此，俱是帽必蓝结，裿必元青。今则莫不大红天青矣，甚至优伶之辈，居然貂冠猞猁，僭妄至此，伊谁之责欤！

为吏者皆知大案难办，殊不知细故之平衡，尤非易易，何也？命盗大案，难在确供耳。一得确供，自有一定罪名，不得意为出入。至于户婚田财等事，其可以上下左右处甚多，全在临时斟酌善处，不必定拘文法也。是故巧吏所视为奇货者，即循吏所当用其苦心者，慎之慎之。

迎合上宪②，炫露才华，此皆为身谋耳，何曾为公哉。用此等人，未有不败者。

今之大吏，好寄耳目于其同乡，此最误事。夫亲莫亲于家人，然妻妾子弟之言，往往听之以败，况同乡乎。势必至假威作福，招权纳贿，两败俱伤而后已，岂非惑之甚者哉。究其初心，非必真信同乡也，不过讨好于乡官耳，斯亦好名之害之一端已。

京官最重同乡，其次则同僚、同年，外官亦仿此例。夫所重乎乡谊者，惟在庆吊有无。缓急之事，岂可假借公事哉，今以乡谊而偏袒害公，是党而已矣。

---

① 噉（dàn）：吃或给人吃。
② 上宪：上司。

孔子执伯牛①之手而决曰："亡之。"②岂无所据哉。圣人不业医，圣人何尝不知医。窃以医之为术，取精而用宏，自上古至今，大圣大贤，无一不明此理者。即如《洗冤录》③中据医书定谳④之案，不一而足，理刑者可不知医乎？白面书生，斥为小道，亲有疾而委之庸工，民有伤而听之仵作，孝子仁人顾如是耶。张子和⑤作书曰《儒门事亲》，盖谓儒不可不知医，事亲者尤不可不知医，岂小道哉？所患者功过立见，不似空谈性理之可以藏拙耳。然则既不知即不必强知也。

考试乃抡才⑥大典，岂可漫不经心，因陋就简。边隅省分，屡遭兵火，其不合原无足怪，全赖地方官力加整顿，恪守功令，不但于文教有裨，且于士习大有攸关。况出身由此，岂可忘本耶？慎之慎之。

庄子曰："老聃死，秦失吊之⑦。"是老子未尝不死也，安有

---

① 伯牛（约前544—？）：冉耕，字伯牛，孔子弟子之一，孔门四科"德行"代表人物之一，名列"孔门十哲"。

② 亡之：没有办法啊。《论语·雍也篇》载，孔子去探望生病的伯牛，从窗户里握着他的手说："亡之，命矣夫！斯人也而有斯疾也！斯人也而有斯疾也！"

③ 《洗冤录》：《洗冤集录》，南宋人宋慈（惠父）著，中国历史上第一部系统的法医学著作。

④ 定谳：定案，定罪。

⑤ 张子和（1156—1228）：张从正，字子和，号戴人，睢州考城张老庄（今河南民权）人，金代医学家，四大名医之一。著有《儒门事亲》等。

⑥ 抡才：亦作"抡材"，选拔人才。

⑦ 秦失吊之：底本为"秦失吊之"，疑为笔误。秦失为老聃的朋友。

西入流沙，至汉后出之事哉。《酉阳杂俎》①云："西王母姓杨，讳回，一曰婉妗，以丁丑日死。"何得自虞至汉犹存者乎？或谓此二人诸书记载甚多，未必皆妄。予曰：即使真有，亦嵇中散所谓"禀之自然"②，非可学而致者。燕昭无灵气，汉武非仙才，讲求丹旨者，可以悟矣。

《史记·司马相如传赞》引扬雄语，殊不可解。以此知今之史记，其中未必无后人伪托者，惜不能辨也。

洪景卢③开脱扬子云，何屺瞻回护曹子建，犹曰怜才云尔。若邱文庄④谀秦桧，是诚何心哉？近时袁子才⑤、林少穆⑥作《马嵬诗》襃⑦奖杨妃，则近于轻薄矣。

口是心非，古人所耻，而今之官场，则以为面子，不可不然，噫。其面如此，其中可知矣。

文人翻案求新，要必奇而不诡于正。如其无理取闹，则是妄

---

① 《酉阳杂俎》：唐代段成式著，笔记小说集。

② 禀之自然：意思是禀受了天地之灵气。语出嵇康《养生论》："似特受异气，禀之自然，非积学所能致也。"

③ 洪景卢（1123—1202）：洪迈，字景庐，号容斋，南宋饶州鄱阳（今江西鄱阳）人，文学家。封魏郡开国公、光禄大夫。著有《容斋随笔》《夷坚志》等。

④ 邱文庄：见34页注①。

⑤ 袁子才：见107页注⑦。

⑥ 林少穆（1785—1850）：林则徐，字元抚，又字少穆、石麟，晚号俟村老人等，福建侯官县（今福建福州）人，清代后期政治家、文学家、思想家。

⑦ 襃：底本作"裹"，根据文义改。

143

而已矣。《史记》高绝千古，而孟坚[1]犹讥其"是非谬于圣人"，况下此者乎。君子立言有则，慎之慎之。

"王处仲[2]误食厕枣，是小世面。王介甫误食钓饵，是大奸回[3]"，此梁氏《随笔》[4]中语也。今有骤登高位、礼节未娴及自知其误而怙终不悛[5]者，是介甫之故智而已。"长傲遂非"[6]，奸回孰甚焉。

人皆谓荆公坚僻自是，而不知伊洛大儒何尝不同此病哉。后世之附托道学，偏执己见，而独断独行者，其衣钵有自来矣。

文学在四科[7]之末，知经生[8]非圣门所贵也；子夏列子游之

---

[1] 孟坚（32—92）：班固，字孟坚，扶风安陵（今陕西咸阳）人，东汉大臣、史学家、文学家，汉赋四大家之一。修撰《汉书》。班固在《汉书》中称司马迁"是非颇谬于圣人"。

[2] 王处仲（32—92）：王敦，字处仲，琅琊临沂（今山东临沂）人。东晋时期大臣，晋武帝司马炎之婿。

[3] 奸回：奸恶邪僻之人或事。

[4] 《随笔》：《两般秋雨庵随笔》，又名《秋雨庵随笔》，在近代笔记中自成一家。清梁绍壬（1792—？）著。

[5] 怙终不悛：有所恃而终不悔改。

[6] 长傲遂非：助长傲气且一错再错。语出张载《东铭》："长傲且遂非，不知孰甚焉！"

[7] 四科：孔门四种科目。指德行、言语、政事、文学。

[8] 经生：泛指研治经学的书生。

次，知小学①非圣门所呕也。西河②疑于夫子，似不必专罪卜氏。伊洛渊源，其滥觞于此乎？

有人咏汉高帝云："果然公大度，容得辟阳侯③。"后梦为高帝所责。此与《松窗杂记》④所载王生醉入高庙之事相似，帝亦灵矣哉。窃谓此二事虽未必有，然闻者足戒矣。某太史⑤诗云："君不见蛟龙白日与媪遇，隆准何曾属太公？"此则不止轻薄，而且刻毒矣。以王生等例之，恐阴罚尤当加重。

凡人不可有癖，癖斯魔矣。即以书论，右军高绝千古，要亦⑥乘兴之作为多，乃孙虔礼⑦云："写《乐毅》则情多怫郁，书《画

---

① 小学：中国传统语文学，包括分析字形的文字学，研究字音的音韵学，解释字义的训诂学，围绕阐释和解读先秦典籍来展开研究，因此又被称为经学的附庸。

② 西河（前507—前400）：卜商，字子夏，尊称"卜子"，南阳郡温邑（今河南温县）人，春秋末期思想家、教育家。名列"孔门七十二贤"和"孔门十哲"之一，曾在西河讲学，以"文学"著称。

③ 辟阳侯：即汉吕后宠臣审食其，高祖称帝后封为辟阳侯。后借指后妃所宠幸的嬖臣。《宋诗记事》载，有罗颖者《题汉高祖庙》云"果然公大度，容得辟阳侯"，夜梦高祖召而责之，旦遂病卒。

④ 《松窗杂记》：指唐李濬所撰杂史《松窗杂录》，所记多轶闻秘事。

⑤ 某太史：指孙原湘（1760—1829），字子潇，清代诗人。人称孙子潇太史。著有《天真阁集》。有《芒砀怀古》诗曰："君不见蛟龙白日与媪遇，龙种何曾属太公？"

⑥ 要亦：究竟，毕竟。

⑦ 孙虔礼（646—691）：字过庭，浙江杭州人，唐代书法家、书法理论家。著有《书谱》已佚。今存《书谱序》，有墨迹《书谱》传世。《书谱》以王羲之六篇书作为例，指出由于文字内容思想情感的不同而笔墨情态意趣各异。

赞》则意涉瑰奇"云云。又有谓《曹娥碑》如贞女漂流于波浪，此皆附会欺人之语也。噫！癖书者魔尚如此，则癖理学者之言，从可知矣。

予不知书，不敢强作解事，然必谓古人之书，一一各肖所书人事，必无此理。使逸少书《孔子庙堂碑》，不知若何，而能肖孔子也？

闻君亲之难而不下泪，必非人类也。阮嗣宗母死赌棋，世皆以为名教罪人。若江左夷吾①，乃斥诸名士为楚囚对泣②，是何言欤！尤西堂③词云："堪笑一生苏武节，曾无半点新亭泪。"殆非深文周内④。

"连篇累牍，不出月露之形；积案盈箱，尽是风云之状。"隋李谔⑤讥时文，轻薄云然。士恢此表，仍是六朝气习，殆目不见

---

① 江左夷吾：此处以管仲喻王导，指辅国救民之人才。语出《晋书·温峤传》："江左自有管夷吾，吾复何虑！"夷吾：管仲（前723—前645），名夷吾，世称"管子""仲父"，颍上人，经济学家、哲学家、政治家、军事家。春秋时期法家代表人物，被誉为"华夏第一相"。

② 楚囚对泣：原指春秋时被俘到晋国的楚大夫钟仪，后借指处境窘迫的人。典出《晋书·王导传》。形容遭遇国难或其他变故时，相对无策，只知在一起悲伤。也作"楚囚相对"。

③ 尤西堂（1618—1704）：尤侗，字展成，号三中子等，苏州府长洲（今江苏苏州）人，明末清初诗人、戏曲家。曾被顺治誉为"真才子"，康熙誉之"老名士"。参与修《明史》，著有《西堂全集》《余集》。

④ 周内：亦作"周纳"。弥补漏洞，使之周密。引申为罗织罪状，陷人于罪。

⑤ 李谔：字士恢，赵郡南和人，北朝、隋朝大臣。文帝杨坚任丞相时，李谔上《重谷论》来讽谏。上文"连篇累牍"句出自李谔《请正文体书》。

睫者耶。

项作述怀诗云："平生不作亏心事，世上应无仄目人。"昨检《韵府》①载邵子句云："平生不作皱眉事，天下应无切齿人。"语意之全同也。因思古今著作，似此者不少，未可一概指为抄袭。

"卑之，毋甚高论，令今可施行也。"②此真揆时度势德力之言。后世臣工，大言欺人主，是商君、荆公之故智，谓非汉文③罪人哉。

"盗憎主人，民恶其上。"④伯宗⑤妻何其明也，然直言及难，自古已然，可为浩叹。

嵇叔夜《宅无吉凶论》⑥云："一棲之鸡，一栏之羊，宾至而有死者，岂居异哉？命有制也，知命者则不滞于俗矣。"吕才⑦

---

① 《韵府》：一指《韵府群玉》，是中国现存最早的韵书，由阴幼遇（时夫）编撰，收入《四库全书》；一指《佩文韵府》，清代官修大型词藻典故辞典之一，由张玉书、陈廷敬、李光地等七十六人奉敕编撰，以康熙书斋"佩文"为书名。《佩文韵府》以《韵府群玉》和明凌稚隆《五车韵瑞》为基础，再汇抄类书中有关材料增补而成。

② 卑之，毋甚高论，令今可施行也：只是一般看法，没有新意，没有什么过高难行的意见。语出《汉书·张释之传》。

③ 汉文：指汉文帝，接前文。

④ 盗憎主人，民恶其上：盗贼憎恨主人的防范，百姓则痛恨欺压他们的官吏。语出《列女传·晋伯宗妻》，伯宗妻劝诫伯宗之言。

⑤ 伯宗：春秋时期晋国大夫。

⑥ 《宅无吉凶论》：指嵇康《宅无吉凶摄生论》。

⑦ 吕才（606—665）：博州清平（今山东聊城）人，唐代官员、哲学家、音乐家、无神论者。著述仅存《叙宅经》《叙禄命》等五篇。

云："长平坑卒，未闻共犯三刑；南阳贵人，岂必俱当六合。"观此可以祛轻信术家之惑。

待人坦率，而人反疑为傲慢，世情亦可危哉。晏子善交，殆有深意焉。礼以已乱，敬以胜怠，此中作用，惟智者知之，讲学家曾悟及否？

《困学纪闻》载，陈齐之①以《春秋》"纪侯大去其国"之"大"为名，引汉人栾大②为证。予殊不敢谓然。此之"大去"，犹姜氏之"大归"，"杜解③自明"。庾子山以"郧子④无归"作对，是六朝人尚从杜也。《桓六年》经书"寔来"⑤，杜解似未分晓，阙疑可也。而家铉翁⑥乃以传文"巩伯⑦""寔来"之类为例，岂非强作解事乎？考据家多有此弊，不可为训。

杨宗好酒，唐彬多财欲。⑧司马昭以为"财"，欲可足，而

---

① 陈齐之（1108—1148）：陈长方，字齐之，侯官人，南宋官员。学者称唯室先生。著有《唯室集》《步里客谈》等。

② 栾大（？—前112）：方士。汉武帝以为栾大能通神仙，对其委以重任，封五利将军、乐通侯，迎娶卫公主。后发觉受骗，将栾大腰斩。

③ 杜解：杜预著作《春秋左氏传集解》之简称。

④ 郧子：指郧国的国君。郧国是四等子爵，故国君称作"郧子"。

⑤ 寔（shí）来：寔通"是"，此；这。《公羊传·桓公六年》载："寔来者何？犹曰是人来也。"

⑥ 家铉翁（1213—1297）：号则堂，眉州人，南宋末年大臣，元初隐士。有《则堂集》六卷。

⑦ 巩伯：复姓。《姓氏考略》载注："晋大夫巩朔，称巩伯，后有巩伯氏。"

⑧ 杨宗好酒，唐彬多财欲：杨宗、唐彬是三国、西晋时期将领。典出《晋书》。

酒者难改，舍宗用彬是也。然史称彬未至建业二百里称疾，迟留以示不竞，则彬固非多财欲之人也。夫使诈、使贪，特权宜之计耳。古今将帅，以贪败者多矣，岂可以财欲易足而概用之耶？至云酒者难改，则诚如昭所言。

元祐党碑①石工乞免镌名，固自可嘉，然亦不过工人之稍知好好恶者耳。倪文正②乃云："诸贤中赫然有安民③在。"此与侯朝宗以柳敬亭④为"我辈中人"，同一迂腐可笑。标榜至此，殆范文正所云"鬼怪者耶"。又按：安氏姓安，与常安民无涉，世多误为一人，不可不辨。

今世谓人之昏庸者曰"形同聋瞆"，其实真正聋瞆之人亦未易得矣。夫不见不闻，无事无非，而天真自在，此庄子所谓"无窍之混沌"，何害于人哉？若乃一耳一目，偏听偏视，是非倒置，而且自以为聪明，其去混沌之自率天真者，不大远乎？

大吏用私人探事，谓之水母目虾⑤；主人靠家奴发财，谓之琐

---

① 元祐党碑：元祐党籍碑。北宋徽宗时蔡京专权，把元祐、元符间司马光、文彦博、苏辙、苏轼、黄庭坚、秦观等三百零九人列为奸党，将姓名刻石颁布天下，后徽宗下诏毁其碑。

② 倪文正（1594—1644）：倪元璐，字汝玉，号鸿宝，浙江绍兴府上虞（今浙江绍兴）人，明末官员、书法家。北京失陷后自缢殉节，谥文正（清谥文贞）。代表作《行草诗翰》轴，著有《倪文贞集》。

③ 安民：宋代京兆（今陕西西安）石工，善刻碑。据《宋史》载，安民被役刻蔡京所撰《奸党碑》，因不愿刻忠臣之名于碑，府官欲加罪，泣"被役不敢辞，乞免镌安民二字于石末，恐得罪于后世。"

④ 柳敬亭：原姓曹，名永昌，字葵宇，号逢春，扬州府通州余西场（今江苏南通）人，明末清初评话艺术家，扬州评话的开山鼻祖。

⑤ 水母目虾：水母无耳目，常以尾随之虾为耳目。喻没有主见，人云亦云。

蛫腹蟹①。

翰林之"翰"本平音,而今皆作仄。《尚书》之"尚"本仄音,而今皆作平。解愠本当作"温",温热病其讹作"愠"者,偏旁之误,然沿伪已久,不能更正,岂止区区文字哉。

宋吕居仁作官箴,盖京外官之通戒也。予自出守铜仁,今八年矣,自维尤悔,业集箴以自警,附记于此,云:"亲民之官,守土之牧,荷朝廷之荣,享地方之福,居无税之屋,食不耕之粟,匪但民膏为尔肉,抑且民命在尔握。用威毋作威,施恩勿市恩。念念绝私慝②,时时振精神。上期对君长,下期对士绅。归要见乡党,没要见先人。"呜呼!三尺童子皆知此,百岁老人行不得。如何是行得?实心更实力。

昌黎《谁氏子》诗,力行险怪取贵仕,竹垞③评云:"此意甚奇。"愚谓此不过仕宦捷径之意,特句奇耳,噫!世之冒道学以取贵仕,较行险怪更有把握。公若有知,不知更作何语?

自汉以来,若王仲淹④类有道者,陈龙川⑤于孟子后独推其

---

① 琐蛣(jié)腹蟹:琐蛣即璅蛣,贝类。腹蟹指寄居在璅蛣腹中的小蟹。据《海错图》记载,琐蛣无眼无足不能移动,将寄居壳里的小蟹作为移动胃囊。一旦小蟹死去,琐蛣便会饥饿而死。语出《文选·郭璞〈江赋〉》:"璅蛣腹蟹,水母目虾。"

② 私慝(tè):别人不知道的恶念。慝,邪恶,罪恶,恶念。

③ 竹垞(1629—1709):朱彝尊,字锡鬯(chàng),号竹垞(chá),浙江秀水人,清朝词人、学者、藏书家。博通经史,参修《明史》。为"浙西词派"的创始人,与王士禛称南北两大诗宗。著有《曝书亭集》等,所辑《词综》(汪森增补)是中国词学方面的重要选本。

④ 王仲淹:见33页注②。

⑤ 陈龙川:见24页注①。

学，不为无见。《太平策》^①不传于世，殊为可惜。宋人乃讥其鼓瑟齐门^②，此则嫉妒之议耳。至于《元经》《中说》，皆福畤^③辈所为，其中套袭孔门，几如优孟衣冠^④，令人见而生厌，且又妄扳并未及门之唐初功臣以为荣，尤觉识趣猥鄙，厚诬其先矣。仲淹有知，得不斥为由之行诈乎（福畤有誉儿癖，其立言不实可知）？

赵括^⑤谈兵，虽马服君不能难。然奢预知其败者，以言过其实耳。马谡之败，亦坐此病。陈同父^⑥若用于宋，其不为括谡者几希。以言取人者盍三思焉。

明医治虚怯人，必戒其勿多言，以其中不足而不堪频泄也。今之讲学人，果皆足于中乎？何其屡泄不休也？然病人能戒，而学人不能戒者，一则方切性命之近忧，一则不觉身心之远患也。

曩尝^⑦病昌黎辟老子为多事。近日思之，恐亦救时之意耳。不然以公之明，岂不知《道德》五千，流传万古，岂区区文人之笔

---

① 《太平策》：王通所作安邦治国的策略。据杜淹《文中子世家》载：王通见隋文帝，"因奏太平之策十有二焉，推帝皇之道，杂王伯之略，稽之於今，验之於古，恢恢乎若运天下於掌上矣。"

② 鼓瑟齐门：在齐王门外弹琴，喻阿谀奉承而不被赏识。典出《韩非子》。

③ 福畤（615—694）：王福畤，王通第三子，唐朝诗人王勃之父。

④ 优孟衣冠：比喻假扮古人或模仿他人。也指登场演戏。优孟：春秋时楚国杂戏演员，擅长滑稽讽谏。典出《史记·滑稽列传》。

⑤ 赵括（？—前260）：战国时期赵国人，赵国名将马服君赵奢之子。赵括熟读兵书，但缺乏战场经验，不懂得灵活应变，"纸上谈兵"即出于此。

⑥ 陈同父：陈龙川。

⑦ 曩尝：从前曾经。曩（nǎng），以往；从前。

所能止之不行哉？

医家最重脾胃，诸病无胃气者不治，是脾胃乃脏腑之本也。府库者朝廷之脾胃，五部之政，无一不待给于户部。帑藏空虚，是无胃气矣。虽良工其奈之何？讲兵刑而忽钱谷，其弊与庸医杀人同，可不鉴诸。

体恤属员，小惠也。偶一为之，似无大碍。曲徇情面，为害大矣。一之已甚，其可再乎？而况不止再三乎。

大僚群吏，皆有本分应为之事。至于兼顾邻封，维持大局，亦必行有余力而后可，不当舍田芸人①也。若于本分之事因循含混，而一味张皇，希图见好于外，则其胸中之泾渭不问可知。

蚊蚤嘬②人，其喙必著肌肤。若壁蝨③则不著肌肤，但吸而已。惟其吸人之气，成彼之血，是以臭④焉。因思世之凭空吸取人财，殆是此技，其臭当甚于穿窬⑤之为。

"郢书燕说"⑥，贻笑古今。愚谓虽非本意而竟能治国，如此

---

① 舍田芸人：荒了自己的地，去务别人的田。指荒废本职工作去做无关的事。芸：同"耘"。语出《孟子·尽心下》："人病舍其田而芸人之田，所求于人者重，而所以自任者轻。"

② 嘬（zǎn）：叮咬。

③ 壁蝨：即壁虱，又名蜱，专性吸血的有害节肢动物。

④ 臭：此处意为丑恶、惹人厌恶。

⑤ 窬（yú）：翻墙。多指偷窃行为。穿窬之盗，指穿墙和爬墙的贼。

⑥ 郢书燕说：郢地人信中的误写，燕国人却为之解说。比喻穿凿附会，曲解原意。《韩非子·外储说左上》载："郢人有遗燕相国书者，夜书，火不明，因谓持烛者曰：'举烛'，云而过书'举烛'。……燕相白王，王大悦，国以治。治则治矣，非书意也。"

错会，虽错何妨？夫《三百篇》①蔽以一言，岂《鲁颂》本旨哉。郑卫之风②，朱子概目为淫，固属拘牵文义，而攻之者又尽反其说，亦是有心翻案，非笃论也。圣教不外法戒二端，安知非录淫风以示戒乎？贞者诵之而恶，淫者诵之而耻，殆有深意存焉，听其人之自悟耳。

水性就下，而有上行之理，滥泉正出是也。百川皆注海，海未尝溢者，度亦如滥泉上出，各返其源，故川无竭时。人之气血，上下周流，非上自上、而下自下也。天地何独不然？尾闾沃焦③说近荒唐，殆不足信。

宋吕申公④知单州，率五鼓起，秉烛视案牍，黎明听讼，宾僚至者无拘时。以故郡无留事，下情易通，为政不严而肃，此最可为法，谨记之。

世俗轻信厌胜⑤之方，妄思邀福免祸，此大惑也。殊不知郭景

---

① 《三百篇》：《诗经》代称，《诗经》有305篇。语出《论语》，子曰："诗三百，一言以蔽之，曰：'思无邪。'"

② 郑卫之风：指《诗经》中的《郑风》与《卫风》，反映了郑国、卫国的风情、国风。

③ 尾闾沃焦：古代传说中海水所归之处。典出《庄子·秋水》。尾闾即大海最下面泄水的石门，沃焦是大海中一座温度很高的石山，海水到此即被蒸发。也有说尾闾即沃焦的。因有尾闾沃焦，所以不管有多少江河入海，海水也不会溢出来。这是庄子的想象和解释。

④ 吕申公（1018—1089）：吕公著，字晦叔，寿州人，北宋中期宰相、学者。在宋代学术史上，开启了吕学端绪。封申国公，谥正献。著有《吕申公掌记》《吕正献集》等。

⑤ 厌（yā）胜：意即厌而胜之。旧时中国民间一种避邪祈吉习俗，系用法术诅咒或祈祷以达到制胜所厌恶的人、物或魔怪的目的。

纯①不能以披发贷诛，李抱真②不能以降官减病，其他可知矣。予在仕途亲见某大吏贪恋爵位，笃信形家③改造创修，了无宁日。俄而丧妻亡子，落职以归，犹且执迷不悟，迁葬其先。事未竟，而暴疾以终。岂非求吉得凶？可哀之甚者哉。戒之戒之。

扬子云《反骚》④云："恐鹈鴃⑤之将鸣兮，顾先百草为不芳。"师古⑥曰："雄言终以自沈，何惜芳草而忧鹈鴃也。"噫！子云立言如此，宜其以美新丧名节乎。

人之虑事，须先将心提起来，再将心沉下去，方于事能见到。昏庸者每患提不起来，浮躁者每患沉不下去。二者皆谓之不入。不入者，安能虑事乎？

圆通人处事，每好牵就。殊不知计一时之便，而贻无穷之患，非计之得者也，故曰"作事谋始"。

属吏于上司唯命是从，而不敢少违，庸人皆然，不必尽巧滑

---

① 郭景纯（276—324）：郭璞，字景纯，河东郡闻喜县（今山西闻喜）人，两晋时期文学家、训诂学家、风水学者。人称风水学鼻祖，中兴才学之宗，以卜筮不吉劝阻王敦谋反而遇害。与王隐共撰《晋史》。

② 李抱真（733—794）：本姓安，字太玄，唐朝中期名将。笃信巫祝，七次上表请降职，想以降爵来祛除邪祟治愈疾病，后死于丹毒。

③ 形家：旧时以相度地形吉凶，为人选择宅基、墓地为业的人。也称堪舆家。

④ 《反骚》：指扬雄著《反离骚》。名虽为反，实是哀吊屈原，希望屈原能留住有用之身，而不是投江自殉。反映了作者明哲保身的思想。

⑤ 鹈（tí）鴃（guì）：杜鹃鸟。

⑥ 师古（581—645）：颜籀，字师古，雍州万年（今陕西西安）人，祖籍琅琊临沂，唐朝大臣、经学家、训诂学家、历史学家。祖父颜之推、父亲颜思鲁皆为名儒。与魏徵等撰修《隋书》，著有《汉书注》《庐陵集》等。

也。然谓其无冀功畏罪之私，则不敢信。

为政之道，固贵励精图治，而切不可好大喜功。怠惰偷安者，原不足齿。若乃才力有限，而张皇多事，势必措置乖方，弊端百出，较诸废务者，害尤甚焉，岂非庸妄人自贻伊戚①欤？

词讼以速结为要。户婚田宅之类，得其大概即为断释可也。吏非皋陶，岂能毫发无误？若拘拘于案情未确，而押候待质，添传多人，总期详而又详，审之又审，殊不知倾家荡产较错断为尤冤，无罪牵连比枉刑为更酷。究竟仍未必确也，则何如早结之为愈哉。

范少伯载西子一事，说者不一，而究以杨升庵②为正。《柈华馆试帖注》③杂引《吴地记》俚语以非杨。考据家矜博强辨，往往是己非人，然如此等异说，诬古人而且伤雅道，不知秉笔者是何居心？范事不待辨，书此以为文人轻薄之戒。

李邺侯、韩魏公之调护宫闱，真有旋乾转坤手段。伊周而下，能几人哉？大臣遇危疑之时，或以诚感，或以权济，总期于事有裨而于国无负，方为不愧此心。若斤斤以远嫌为计，拘小节而误大事，罪不在避害全身者下。

---

① 自贻伊戚：指自寻烦恼，自招忧患。语出《诗经·小雅·小明》："心之忧矣，自诒伊戚。"诒通贻。

② 杨升庵（1488—1559）：杨慎，字用修，号升庵，四川成都人，明代文学家、学者、官员。明代三才子之首，参与编修《武宗实录》，著作四百余种，后人辑为《升庵集》。

③ 《柈华馆试帖注》：指清代学者路德著《柈华馆试帖辑注》。路德（1785—1851），字润生，号鹭洲，西安府盩厔（今陕西周至）人。著有《仁在堂文集》《柈华馆文集》等。

男子持家，一切财物断不可付托妇人。缘妇人鄙吝性成，罕知大义，非私其母家，即私其女家。即或无此等弊，而婢仆生心，媒媪播弄。或买物滥费，或图利放债，因而败坏家声者，所在多有。至于应行赒恤之项，欲索其一文而不可得，岂非丈夫之羞乎？甚至垂老之时，衣食亦仰给于彼，而时时受其裁制。履霜坚冰，非一朝夕之故也，哀哉！

彭雪岑[①]尚书奏疏有云："当今之患，莫大于士大夫之进无礼而退无义。"予每念此言，未尝不悚然汗下。

学校之祸，自嬴秦始。汉之钩党，唐之清流，皆覆辙也。论者，罪君相而恕儒生，岂公道乎？书生气焰薰人，已属可厌，况又招不肖之辈，杂入其间。始而私相窃议，继而公然出头。驯至把持官府，攻讦执政，干预朝纲。物极则反，理势固然。明季东林之祸，自取之耳，岂尽马阮之罪？昔人有以坑儒为第一快事者，语虽太邀，其亦有慨也夫。

顷以"唯求则非邦也与"[②]二节题课诸生，卷中多依注作问答语，愚意不然。以点[③]之高明，何至拘钝若此。谓"脱'子曰'

[①] 彭雪岑（1816—1890）：彭玉麟，字雪琴，亦作雪岑，号退省庵主人、吟香外史，清晚期军事家、书画家。湘军水师创建者，人称"雪帅"。诗文由友人俞樾整理，分为《彭刚直公奏稿》《彭刚直诗集》。

[②] 唯求则非邦也与：难道冉求讲的不是国家大事吗？语出《论语·子路、曾皙、冉有、公西华侍坐》。求：冉求（前522—？），字子有，鲁国人。孔门七十二贤之一，以政事见称，通称"冉有"，尊称"冉子"。

[③] 点：曾点，字晳，又称曾晰，鲁国人。孔门七十二贤之一，与其子曾参同师孔子。

字,不应两节俱脱①。"窃意此乃夫子自难自解,以晓哂由②之故,亦犹文家反掉法,朱子误认为真问答耳。《集注》③此类尚多,读者不必株守也。

改过迁善,圣贤之极功,反是而即为小人矣。上智下愚,看似天渊,其实只争此一间耳。

圣人无事,贤人少事,庸人多事,小人生事。

疡医④治疽,小者大之,完者破之,迟之良久,而始为平复。盖不如是则功不显,而所获亦有限。病人之冤痛,病家之冤费,皆不顾也,心术尚可问乎?后世玩寇养贼之事,殆与疡医无殊,可畏哉。

韩信背水⑤,实祖孟明之焚舟⑥,皆所谓死地而生者。然晋人不出,而秦仅取王官及郊,晋帅岂陈余⑦之比哉。

兵法曰:"知彼知己,百战百胜。"无孟韩之智,置之死地

---

① 不应两节俱脱:(如果说遗漏了"子曰"二字)不应该两段都遗漏了。在《论语·子路、曾皙、冉有、公西华侍坐》原文中,这两段问句前没有加"子曰",作者因此认为是孔子自难自解。

② 由(前542—前480):仲由,字子路,又字季路,鲁国人。孔门十哲之一、孔门七十二贤之一,二十四孝之一,以政事见称。

③ 《集注》:指朱熹《四书章句集注》。

④ 疡医:周代医官之一,周代已有医政的设置和医疗的分科。医生分为"食医""疾医""疡医"和"兽医"。其中疡医就是外科医生

⑤ 韩信背水:韩信的背水一战。此处指韩信此举是效仿孟明焚舟。

⑥ 孟明之焚舟:见"济河焚舟"。春秋时期,秦穆公派主将孟明视伐晋。孟明视从茅津渡河后将船全部烧毁,大败晋军。比喻有进无退,决一死战。

⑦ 陈余:赵王手下大将,与韩信对阵时,不听谋士主张,坚持与汉军正面作战,以至于被韩信背水一战打败。

而死矣。赵括、房绾①非寻覆辙者乎？

循分者迂，实心者拙，能言则利，喜事则荣，官场风气，自古而然，殊可喟也。

宋钱若水②对太宗云："高尚之士，不以名位为光荣；忠正之士，不以穷达易志操。其或以禄位之故，效忠于上，中人以下之所为也。"帝然之。又真德秀语刘爚③云："吾徒当急引去，使庙堂亦知世有轻富贵之人。"遂力求外授。盖因史弥远④为相，方以爵禄縻天下士故也。后之士大夫亦曾有此等识力否？

---

① 房绾（697—763）：房琯，字次律，河南缑氏（今河南偃师）人，唐朝宰相。安史之乱爆发后肃宗委以平叛重任，房琯不通兵事，用人失误，致使唐军大败。

② 钱若水（960—1003）：字淆成，一字长卿，河南新安人，北宋大臣。为人有器识，能断大事，所至无不称治。

③ 刘爚（yuè）（1144—1216）：原名刘诏，字晦伯，号云庄居士，建宁崇安（今福建建阳）人，南宋大臣、理学家。师从朱熹和吕祖谦，人称云庄先生。

④ 史弥远（1164—1233）：字同叔，号小溪，别号静斋，明州鄞县（今浙江宁波）人，南宋奸相。韩侂胄北伐失败后，遣人槌杀韩侂胄，函其首送金请和，矫诏立理宗。

第三卷

兼山草堂诗集

清涧王宪曾省吾 撰

叙

岁甲辰七月既望,予奉命量移①江宁,行有日矣。静夫②世兄以先师兼山先生③诗稿见示曰:"此先君子之遗集也,生平节概略具于斯,敢以叙请?"廷干④受而读之。全集共分四种,凡奏议、杂文若干,笔记若干,诗词共若干。既卒业⑤,叹曰:呜呼!此吾师之所以处为名儒、出为良吏者乎!夫太上立德,其次立功,其次立言。古人之所谓言者,非苟焉已也,其必有蕴乎。言之先者,蕴之既久,有所藉而始发,所谓先行其言而后从之者也。后之君子则不然,身心之不讲,躬行之不问,独沾沾焉,从事于所

---

① 量移:泛指迁职。

② 静夫:王翰琛,字静夫,作者王宪曾之子,原底本部分由他誊写并主持刻印。

③ 兼山先生:王宪曾。

④ 廷干:胡廷干(1841—1906),字鼎臣,河南潢川人,晚清大臣。曾任山东巡抚、江宁布政使、江西巡抚等职,后因南昌教案被撤职。

⑤ 卒业:指全部诵读完毕。

谓言者，以咿嗄蹇浅①之语，视为不朽之盛业，自毁齿以至头童，穷老尽为之而不悔，亦足见其惑已。吾师质直而宽宏，泊然声利之外，自侍从以至出守，皆以道自持。生平所致力，盖惟在于行谊之浅深、事业之成否，而非徒文艺词章之末故。其言曰："后世士大夫言多于行，或且以言代行，甚至言饰其行，皆可已而不已者也。"呜呼！亦可以觇其所养矣。忆庚午岁，先师典河南乡试，廷干忝②出先生门，尔时，深以获瞻道范为幸。洎③甲戌通籍④后，复在京曹，时承训诲。厥后宦辙分驰，无缘亲炙⑤，未几而先生遂归道山。每一念及，未尝不感怆涕零而不能自已。今幸犹得读先生遗集，接声欬⑥于陈编，缅音徽于既往，恍然如侍函丈⑦而聆至训焉。盖言之有物，入人自深，固不徒在乎知遇之感也。令静夫世兄以直牧⑧需次⑨山左⑩，独能抱道守正，不染流俗于宦海颓

---

① 咿嗄（yōu）蹇浅：指含混不清且鄙陋浅薄之语。咿嗄，象声词，形容人叹息、呻吟或吟咏声，在此应指不清晰的吟咏声；蹇浅，指鄙陋浅薄。

② 忝：谦辞，意为有愧于。

③ 洎（jì）：到，及。

④ 通籍：代指做官。原指记名于门籍，可以进出宫门。籍是二尺长的竹片，上写姓名，年龄，身份等，挂在宫门外，以备出入时查对。

⑤ 亲炙：指亲身受到教益和熏陶。语出《孟子·尽心下》："非圣人而能若是乎？而况于亲炙之者乎？"朱熹集注："亲近而熏炙之也。"

⑥ 声欬（kài）：咳嗽或所发的声音。

⑦ 函丈：古代学者与听讲者坐席之间相距一丈，后用于称讲席。引申为对前辈学者或师长的敬称。亦作函杖。

⑧ 直牧：知府的副手，也充当临时职位，参与盐政、漕运、教育等。

⑨ 需次：指官吏授职后，按照资历依次补缺。

⑩ 山左：特指山东省。

波之中，时时以气节自见，与之交者胥重其行义，而不知其禀承者为有由耳。今于其来请，愈有以知其克承先志，而必不坠家声也。爰亟书此以归之。

受业胡廷干谨撰

东沟水[①]

千里有泾渭，万里有洪河。上流清不极，下流浊已多。
清浊无两立，平地生风波。太息东沟水，浑浑奈尔何。

昭　君

白登城下重围解，何物阏氏妒美人。
一纸强于兵十万，汉庭家法是和亲。

古　意

食果必青果，先苦而后甘。
妾心苦如果，甘处郎未谙。

冥　寿

检点香黄与酒罍，孤儿忍泪祝泉台。
鸡豚不及趋庭侍，牺醴徒悲扫墓来。
庆嘏[②]事成风木恨，承欢心共纸钱灰。
又看六月行将尽，一望泾原泣一回。

---

① 东沟水：指从城东流经清涧县城的一条小河，在县城旧南门下方注入秀延河。本地俗称县域东面的区域为东沟。

② 嘏（gǔ）：福祉。多作祝寿用语。

感 怀

暧暧桑榆景，迢迢葵藿心。
回光能几许，相向一何深。

闺 意

竞道春风暖，罗衾夜夜单。
自怜消瘦甚，不敢怨春寒。

再到鄜州①望咸宁②家信

春风催我上征鞍，几日邮程冒雪寒。
地近乌延③来往易，官如鸡肋去留难。
因思去岁茱萸会，依旧连朝苜蓿餐。
惆怅燕鸿消息隔，月明今夜忆长安。

感 兴

莫将成败论英雄，今古悠悠一梦中。

---

① 鄜州：今陕西富县。
② 咸宁：湖北咸宁，作者妻子的兄弟在咸宁做官。
③ 乌延：大致指陕西榆林南部区域（包含作者家乡）。一说指与陕北接壤的蒙古族居住地区。

射石不侯^①原是数,拔山能战^②竟无功。
玉投荆国^③刑难免,瑟献齐门^④曲易终。
龙首黄扉等闲事,漫云何面见江东。^⑤

焚旧作

收拾残编一炬煨,品花吟竹总尘埃。
文输洛下^⑥应焚笔,诗到秦中^⑦合付灰。
此去秋坟从鬼唱,可能春草更神来。
须知败将犹工计,绝栈烧仓亦是才。

过固关^⑧

乱山无数插青苍,石罅崖尖走夕阳。

---

① 射石不侯:指李广(？—前119),陇西成纪(今甘肃秦安)人,西汉时期名将。
② 拔山能战:指项羽(前233—前202),名籍,下相(今江苏宿迁)人,自封西楚霸王。
③ 玉投荆国:指卞和,又作和氏,春秋时期楚国人。
④ 瑟献齐门:见成语"齐门鼓瑟"。
⑤ 见文天祥《为或人赋》末句:"龙首黄扉真一梦,梦回何面见江东。"
⑥ 洛下:应指晋代左思的《三都赋》,曾使洛阳纸贵,陆机为此放弃了写同题文章的打算。
⑦ 秦中:指白居易组诗《秦中吟十首》。
⑧ 固关:位于山西省平定县境内,是明长城真保镇重要关隘,京西四大名关之一,为"京畿藩屏"。

四大天门谁锁钥,九重城阙此金汤。

雄关自古称奇险,要路如今重捍防。

且喜巡军犹识体,只搜胠箧不搜囊。

黄金台①

高台表尽爱才心,才去台空不可寻。

何处马曾埋骏骨,当时客自赚黄金。

将军报主惭终始,说士呈身笑古今。

日暮驱车碑下过,风云不动费沉吟。

杨椒山②故里

一朝秋谳③忽罹刑,生不除奸死岂瞑。

从古忠臣自有胆,当时夫子太无灵。

东楼威燄④终灰烬,西市长虹贯日星。

遗疏两篇坟七尺,太虚千古照丹青。

---

① 黄金台:亦称招贤台,战国时期燕昭王筑,为燕昭王尊师郭隗之所。
② 杨椒山(1516—1555):杨继盛,字仲芳,号椒山,直隶容城(今河北容城)人,明中期谏臣。
③ 秋谳:秋审。
④ 燄:同"焰"。

固关道中口占

乱峰壁立似蚕丛,壁上桃花绚晚红。
自据蹇①驴吟短句,却疑身在画图中。

安肃道中

满目荒凉意,征车晚尚奔。
平沙余古驿,远树隐孤村。
烟火萦乡思,风尘摄旅魂。
亦知催趱②好,其奈又黄昏。

晚次定州③

自入中山道,荒烟不可休。
杨花三月雪,沙草四时秋。
风鹤生邻警,霜鸡醒客愁。
孤村眠未稳,起坐数更筹。

---

① 蹇:跛;驽钝。
② 趱(zǎn):催促,逼使,赶路。
③ 定州:今河北定州市。

杂 兴

李杜不标举，韩柳不诟语。
元白①暨陆皮②，同宗各异趣。
嗟哉数君子，达识吾所与。
不强人就我，不分门别户。
风月自一家，文章并千古。

取火必钻木，何如敲火易。
拙哉古之人，举一余可例。
其拙诚可嗤，而无机巧意。
一自巧者出，纷纷乃多事。

云台真逸③

仙坛主事署衔香，味道参元两不妨。
却笑平湖④空附木，更无言语傍宫墙。

---

① 元白：元稹、白居易。
② 陆皮：晚唐诗人陆龟蒙、皮日休。
③ 云台真逸：指朱熹。宋本朱子《易学启蒙》序后题"云台真逸"。
④ 平湖：见27页注①。

答友人询所事

金门视草①亦观摩,铜佩分符②定坎坷。
花种河阳愁雨少,鸟飞天外怯风多。
君知捷径皆佳处,我自无才奈剧何。
一朵红云三寸管,此中人拟老婆娑。

无　题

金屋娇藏二十秋,嫁衣初著不胜羞。
明妃自耐长门冷,肯抱琵琶出塞游。

游　仙

再上天门力已孱,一篇真诰愧灵山。
通明合作山中相,何事朝真又列班。

刘阮③何曾是妙才,桃花几度访天台。

---

① 金门视草:同"金銮视草",喻臣子受帝王宠幸。
② 铜佩分符:同"铜虎分符",汉文帝时曾分发铜虎符给郡国的守、相,作为日后征发兵员的凭信。后借指州郡长官。
③ 刘阮:南朝宋刘义庆小说《幽明录》中人物刘晨、阮肇二人的合称。传说刘阮二人入天台山采药遇仙并与之成婚。

争如洞里真人①巧，唤取灵芸夜夜来。

诏下句容拜秩新，更开双洞与栖真。
茅君②未必能遗世，度得同枝又几人。

宫锦鲜袍付浪花，夜郎明月泛秋查。
何缘不得蓬莱住，为咏霓裳两字差。

朝捧芝泥夜护薇，五云深处翰如飞。
玉皇香案文章在，领袖仙曹是紫薇。

秋斋即事

问君何物解清愁，独坐高斋怅未休。
三载栖迟仍作客，一官闲散不宜秋。
经霜老树犹撑骨，带露枯荷尚出头。
料得春归应有待，莫抛心力赋登楼。

拟　古

西方有美人，不粉自如玉。

---

① 洞里真人：指晋人葛洪（稚川）。见唐谭用之《赠索处士》：山中宰相陶弘景，洞里真人葛稚川。

② 茅君：《太平广记》载传说中在句容句曲山修道成仙的茅氏兄弟。

以彼天然姿，安肯混泥浊。

世人重铅华，本色翻骇俗。

日暮碧云愁，空阶自踯躅。

题小铁中翰①勉余生集

坏云一夜压城渚，万古青山化焦土。

六桥烟水安在哉，流出血波涨秋雨。

当时杭城百万户，半飞灰烬半膏斧。

戎马书生胡为者，赤身一跃脱豺虎。

飘零诗卷走天涯，直上津门穷海沪。

誓将风月破涕笑，翻从乱离得奇古。

有时酒酣发悲歌，苍头异军②出毫楮③。

天风浪浪海山苍，回看赤壁等狐鼠。

君才当代一二数，况复大难历危苦。

顾我悠悠学步者，对君诗集色然沮。

千椎万凿入幽险，枯松怪竹相尔汝。

胸中亦有磈磊在，空抱奇情格不吐。

是时大风撼窗柱，一轮寒月侵眉宇。

---

① 小铁中翰：此处疑指陈元禄。陈元禄，字抱潜，号小铁，清代诗人。著有《十二种兰亭精舍集》。中翰，明清时内阁中书的别称。

② 苍头义军：即异军突起。喻与众不同的新力量崛起。苍头，此指以青巾裹头的军队。

③ 毫楮（chǔ）：指毛笔和纸。

哀鸿嗷嗷老鸦叫，空斋疑有鬼神语。
夜长衾冷不成寐，更藉君诗消酒膈。
梦中把卷不脱手，只恐蛟龙来攫取。

四十感怀

乌兔不我迟，强年忽焉至。
其强犹若斯，过斯复何冀。
忆我释褐①初，兢兢矢素志。
虽无柱国望，犹与木天试。
上清严校勘，功罪定一字。
雕虫小技误，一蹶忽如坠。
飞鸟恋层青，游鱼羡空翠。
茹苦辞其甘，藏拙亦得计。
朝作钞书胥，夜为典签②吏。
似此年复年，白首成底事。
如彼不植草，萧艾弗可治。
如彼不材木，匠石过而弃。

---

① 释褐：旧制，新进士必在太学行释褐礼，脱去布衣而换穿官服，比喻做官或进士及第授官。此指作者于同治壬戌年考取进士，从此步入仕途。

② 典签：官名。南朝宋齐时朝廷常派以监视出任方镇的宗室诸王和各州刺史，梁以后渐废。隋唐诸王府亦设典签，但仅掌文书，宋以后废除。此处指处理文书的小吏。

如彼铩翮①禽，垂天委霜翅。

如彼伏枥马，低头思骋辔。

茫茫人海中，寂寂湫埃地②。

把酒问青冥，此生胡位置。

向秀托豪素③，马周甘沈醉④。

人生适其适，春梦安足系。

明镜不羞发，宝书不蠹笥⑤。

泛览秋水篇⑥，逍遥人间世。

谢蝴蝶⑦

吐尽心丝绘蝶图，梨花好句古今无。

可怜一管生春笔，配得鸳鸯并鹧鸪。

---

① 铩（shā）翮（hé）：同铩羽。翅膀被摧毁，比喻人受摧残而失志。

② 湫（jiū）埃地：指尘世间的清静之地。湫，清静。

③ 豪素：指笔和纸。豪通"毫"。此指向秀早年隐居不仕，注《庄子》，作诗赋。

④ 马周（601—648）：字宾王，清河郡茌平县（今山东聊城）人，唐朝官员。少年时好饮。

⑤ 蠹（dù）笥（sì）：指书箱。蠹，蛀蚀器物的虫子；笥，有专门用途的竹制容器。

⑥ 秋水篇：指《庄子·秋水篇》。

⑦ 谢蝴蝶（1068—1113）：谢逸，字无逸，号溪堂，临川城南（今江西临川）人，北宋文学家。与其从弟谢薖并称"临川二谢"。曾写过300首咏蝶诗，人称"谢蝴蝶"。

庚午^①典试^②河南恭纪^③

已分蓬山^④再上难，那期星路^⑤许飞翰^⑥。

青毡还我天恩重，莫遣珊瑚失钓竿。

入　闱

棘闱开处望如烟，屈指秋风已十年。

等是都堂辛苦地，朱衣丹鼎两天渊。

---

① 庚午：1870年。

② 典试：指主持考试之事。典：掌管；主持；任职。

③ 恭纪：臣子记录并赞美皇帝完成了某个事件的诗作。以"恭纪"为题的作品，部分会被官方收集整理，大部分留存在臣子们的别集中。

④ 蓬山：蓬莱山。借指官署名，秘书省的别称。

⑤ 星路：星夜兼程。形容办事赶紧，毫不拖延。

⑥ 飞翰：迅速书写或迅速递送书信。此处应指加倍努力工作。

庚午直省解元联捷^①者止河南王启纶一人，诗以勖^②之

秋元^③二八^④独扬眉，人物中州竟大奇。

自是科名君有幸，不关文字我前知。

三场其为谋穿著，百里还当慎职司。

却愧无才让民社，好风端赖及门吹。

丁丑补侍读^⑤

领袖薇郎^⑥称职难，拜恩却自寸心寒。

那知乡友翻欣慰，道是秦人少此官。

---

① 解元联捷：指乡试解元在会试中又考中了进士。解元，科举制度中乡试第一名。唐制，举进士者均由地方解送入京，后世相沿，称解元。庚午河南乡试解元王启纶在会试中又高中进士，而且是当年清朝十八个直属省乡试解元中唯一考中进士的。

② 勖（xù）：勉励。

③ 秋元：同解元。因乡试在秋天举行，所以称为秋闱，解元也称秋元。

④ 二八：指八元八恺，相传为古代十六个善良、和顺、有才德的贤臣。此处指代贤臣。

⑤ 侍读：清代内阁官职，掌勘对本章、检校签票。可传达诏令，协助皇帝处理朝廷事务。

⑥ 薇郎：指紫微侍郎。薇亦作"微"，即中书侍郎，唐代官职，与清朝设置的侍读职责相当。

乙卯①冬月奉命补授贵阳遗缺府，召对②时勉以尽心竭力，为诗恭纪

一朝荣宠锡黔阳，十五年来屡近光。
同辈几班犹粉署③，小臣何幸已黄堂④。
君恩优渥劳清问，圣意高深重远疆。
竭力尽心原素志，况蒙慈训戒周详。

修　墓

十八年中缺糈芗⑤，归来寒食奠壶觞。
君恩厚处儿心恻，又别松楸泣数行。

三原道中

一别青门⑥二十年，破村残屋剩荒烟。

---

① 乙卯：1879年。
② 召对：指皇帝召见臣下令其回答有关政事、经义等方面的问题。
③ 粉署：粉省，尚书省的别称。
④ 黄堂：古代太守衙门中的正堂，借指太守本人。清代为知府。
⑤ 糈（xǔ）芗（xiāng）：糈，精细的米；芗，谷香。此处代指家乡的饮食。此诗应写于作者为京官十八年后，终得回乡修墓但马上又要赴任贵州之际。
⑥ 青门：汉长安城东南门。

红羊刼^①过华原改，惨绝南风四月天。

马　嵬

棠梨花下殡宫深，金粟堆前怨鸟吟。
一股金钗三尺组，美人黄土两伤心。

汉　南

汉南农事夏尤忙，罂粟才收又插秧。
谁是拔茶植桑手，花田变作稻田香。

留　侯^②

祖龙^③盖世之威力，博浪^④一椎索不得。
沧海壮士^⑤何为者，此事千古增疑惑。

---

① 红羊刼：古代的谶纬之说，代指国难。刼，同"劫"。古人以丙午、丁未为国家发生灾祸的年份。丙丁属火为红色，未在生肖上是羊，每六十年出现一次"丙午丁未之厄"，称为"红羊劫"。此处应指太平天国（虽不在丙午丁未之年，但洪秀全、杨秀清二人姓氏谐音"红羊"）。

② 留侯：指张良。

③ 祖龙：指秦始皇。

④ 博浪：博浪沙，秦始皇东巡到阳武县的必经之地。张良令大力士埋伏此地，以铁锤刺始皇未果。

⑤ 沧海壮士：指刺秦大力士。

竖儒不识神仙迹，谷城山下①诧黄石。
岂知老人孺子②非二物，诛秦灭项总一策。
功成仍寻赤松乐，自是真言非有托。
君不见青田山人仙分薄，不能辟谷翻死药。

诸葛武侯

木牛流马制无双，八阵图开万古降。
别有虚怀人不识，灌田仍是李冰江。

苏文忠③

天怜唐世斗山颓，又遣奎星宋室来。
身命一生磨蝎④误，文章千古老饕才⑤。
晚因逃佛全臣节，死不阿儒竟党魁。
赢得他年元祐石⑥，姓名留与后人哀。

---

① 谷城山下：传黄石公自谓"谷城山下黄石即我"。
② 老人孺子：指黄石公授兵书与张良的故事。据《史记·留侯世家》载，张良三次赴约，最后一次总算没有迟到，黄石公说："孺子可教也。"
③ 苏文忠：苏轼谥文忠，也称苏文忠。
④ 磨蝎：星座名，黄道十二宫之一。俗称命运不佳为命宫磨蝎，平生遭遇挫折为遭遇磨蝎。
⑤ 老饕才：苏轼有文章《老饕赋》。
⑥ 元祐石：指《元祐党人碑》。

陶渊明①

觉世文章托内家,美人香草兴无涯。
维摩②自被禅魔缚,翻指闲情笑璧瑕。

兰 亭

平子赋春仲,时和气复清。
选楼强解事,天朗病兰亭。

挽筱谷同年

直由家计入愁魔,疏阔翻难忍坎坷。
泉下应知儿早世,不知心病更如何。

黔中怀古

枸酱③邛枝④讵足珍,糜财病国万斯春。

---

① 陶渊明(约365—427):别名潜,字元亮,别号五柳先生,东晋末到刘宋初诗人、辞赋家、散文家。被誉为"隐逸诗人之宗""田园诗派之鼻祖"。私谥靖节,人称靖节先生。著有《陶渊明集》。

② 维摩:佛教《维摩诘经》,此指陶渊明的诗歌受到《维摩诘经》的影响。

③ 枸酱:同"蒟酱"。

④ 邛枝:同"邛竹"。

唐蒙一误张骞再，千古西南两罪人。

蒙将军①

祖孙三世尽知兵，起翦②还应让大名。
万古文章推此笔，千秋功罪是长城。
人言助纣终当灭，君不诛高死太轻。
毕竟临危犹悔悟，并无黄犬恋余生。

抵铜仁

下南门外水环城，士女来观夹岸迎。
莫笑衣冠伛偻甚，使君③原是老书生。

---

① 蒙将军：蒙恬。蒙恬被赐死时，本可以号令部将反，但因三世忠义，又自认修长城挖断地脉，所以甘愿受死。并不像李斯恋生，有"牵黄犬"逐狡兔之念。

② 起翦：战国时秦国将领白起和王翦的并称。

③ 使君：对州郡长官的尊称。作者任铜仁知府时，已经54岁，所以自称"老书生"。

郡斋述怀

其一

游氏驰郑治，萑苻盗窃盘。①

商君峻秦法，渭水血弥漫。

一则失之猛，一则失之宽。

岂知宽与猛，所宜各有端。

治盗猛斯戢②，抚民宽乃安。

以盗治其民，虽功不补患。

不见东里贤，舆人谁嗣叹。

不见五羖贤③，秦人涕汍澜④。

官司执成见，精力亦枉殚。

苟非平心验，焉知此两难。

其二

硕肤⑤坐待旦，太尉惜分阴。

以彼圣贤质，尚若冰渊临。

---

① 游氏指游吉，字子太叔（即"子大叔"），春秋时期郑国正卿。萑苻是郑国湖泽名。据《左传·昭公二十年》载，游吉为政先宽后猛，时郑、宋一带流民结集在萑苻之泽，他认为是因为刑法不严，率兵"尽杀之"，结果酿成了更大的流血事件，为此而悔恨。后以"萑苻"指代强盗。

② 戢（jí）：本义为收藏兵器，引申为收敛、止息。

③ 五羖贤：指被晋献公用五张羊皮赎回的百里奚，称五羖大夫。

④ 汍澜：泪疾流貌，指流波。

⑤ 硕肤：大的美德。亦指德高望重之人。语出《诗经·豳风·狼跋》："公孙硕肤，赤舄几几。"

小人有何德，其敢逸乃心。
朝阳照盘馔，夜月明锦衾。
一身饱煖享，万户饥寒侵。
抚心问清夜，能无愧官箴。

赋得鹰鹯　不若鸾凤

本来天性未全漓，一叫哀音愧可知。
化得鸣鸦皆反哺，汉家循吏①是吾师。

杂　兴

贵人畏盛夏，穷人畏严冬。
苦乐势难一，造物将何从。
我愿天边日，长照曝背农。
莫徇华堂欲，致悴茅屋容。

其二
朝阳适纱葛，暮雨怯罗纨。
炎凉止一日，变态须臾间。
盛衰本无定，所贵随遇安。
置身大化内，焉计热与寒。

---

① 循吏：即奉公守法的官吏。此称最早见于《史记·循吏列传》，后为《汉书》《后汉书》直至《清史稿》所承袭，"循吏传"成为正史中记述重农宣教、清正廉洁、所居民富、所去见思的州县级地方官的固定体例。

不见藐姑射①，落落空尘寰。

其三

二妃慕虞舜，竹泪为之斑。

以彼兰蕙质，乃成松柏颜。

丈夫抱贞素，亦期感艳顽。

自非木石性，焉得情长悭。

南征济阮湘，九疑何处山。

苍梧不可见，空余云物殷。

壁蝨行

有物有物名壁蝨，昏夜吸人血如蜜。

物而不化血长在，臭气熏人为人害。

岂期一夕秋风凉，不能逞恣翻潜藏。

发穴搜捕丑无遗，赤族之祸烈如斯。

呜呼！早知赤族②之祸如斯烈，何必昏夜吸人血。

畜猫行

畜猫为捕鼠，畜吏为除奸。

---

① 藐姑射：神话中的山名。《庄子·逍遥游》载："藐姑射之山，有神人居焉，肌肤若冰雪，绰约若处子。"后为神仙或美人的代称。

② 赤族：诛灭全族。语出《汉书·扬雄传下》："客徒欲朱丹吾毂，不知一跌，将赤吾之族也。"颜师古注："诛杀者必流血，故云赤族。"

奸除间阎^①静，鼠捕仓庾^②完。

铜江萑苻薮，郡斋尤凋残。

黠鼠时出没，啮齕^③声百端。

太守新任官，殊不耐鼠烦。

致猫三五辈，小大不一般。

朝饮鸡鸭汁，夜饲鱼羊丸。

床第适其温，茵褥祛其寒。

岂谓猫得所，乃不理鼠患。

初时犹狙伺，久之亦偷安。

官召伺猫者，尔职安在焉？

鹰饱不攫兔，犬饱不逐獾。

得毋猫中饱，何妨减其餐。

猫者前致辞，官言似未然。

养猫为捕鼠，物理本不愆。

选猫亦有法，岂在多且繁。

一猫性生懒，时时同鼠眠。

一猫性本懦，畏鼠不敢前。

一猫最贪鄙，群鼠供以膻。

捕鼠即纵鼠，养鼠以自便。

饲猫数十辈，阅此亦有年。

畜猫愧无状，知猫识诚难。

---

① 间阎：原指古代里巷内外的门，泛指民间，也指平民。

② 仓庾：指贮藏粮食的仓库。

③ 啮（niè）齕（hé）：咬。

减食猫则逝，增食猫则顽。

增减均非法，请思刍荛①言。

万　山

万山深处谷谽谺②，石作熊黑路作蛇。

不向丰城③求宝剑，却来句漏④课丹砂。

居人竞觅岩头汞，长吏亲封洞口霞。

一厂开成千载病，凿山功罪两无遮。

咏　史

石瘦山肥两不平，雾天云日几时晴。

耳闻老将三遗矢，心爱狂童一请缨。

从古丹梯分甲乙，于今白屋尽公卿。

---

① 刍荛：割草砍柴，代指割草砍柴的人。此处谦称自己是草野粗鄙之人。

② 谽（hān）谺（xiā）：山谷空旷貌。

③ 丰城：地名。《晋书》载豫章人雷焕任丰城令时所得龙泉、太阿二剑，所以二剑又叫丰城剑。

④ 句漏：山名，又作勾漏。在今广西北流县东北15公里处。相传葛洪曾在此山白沙洞炼丹。

寇君①祇合留临颍，无复雄心与贾②争。

庸 吏

循吏固所愧，能吏亦所耻。
只可作庸吏，赤心对赤子。

自题小像

须眉虽不古，面目幸犹真。
假若无真面，如何更对人。

荆 门

山残水剩此荆门，不付蛟龙付犬豚。
名士从来徒画饼，君厨及顾岂堪论。

---

① 寇君（？—36）：寇恂，字子翼，上谷昌平（今北京昌平区）人，东汉开国功臣。因治理颍川有政绩，离任后百姓请求刘秀再借寇恂留任一年。后用"借寇恂、借寇"表示挽留地方官，含有对政绩的称美之意。

② 贾：指贾复（？—55），字君文，南阳冠军（今河南邓州）人，东汉名将。时任颍川太守寇恂为严明军纪，曾处死贾复部将，贾复深以为恨。寇恂效法蔺相如，为大局退让。后以"寇贾之风"比喻为顾全大局而解除私怨。

自嘲二首

其一
十年尘事拂,赖此杯中物。
一朝放下杯,便应立成佛。

其二
打碎玻璃盏,椎残铁锡壶。
不知小儿女,还笑醉翁无。

漫 兴

世人嘲我以醉翁,我不辞兮亦不应。
我是亦醉亦醒人,醉兮醒兮随吾兴。
青天白日吾其性,翻云覆雨吾其听。
君不见六一居士①在滁州,几曾醉兮几曾醒。

留侯(录旧作)

秦灭六国韩先亡,我侯为韩击秦皇。
楚灭诸侯韩再亡,我侯为韩蹙楚王。
始终报韩侯所志,兴刘安刘皆余事。
黄石公,赤松子,世人只道寓言耳。

---

① 六一居士:指欧阳修。被贬滁州后作《醉翁亭记》。

岂知我侯根器自真仙,握奇①阴符一脉传。
君不见,太公周、诸葛蜀,上下千年侯鼎足。

踏勘水灾

几日倾盆雨似湍,万家堤井半成滩。
变天无术问心愧,勘地焉知行路难。
村径过于山径窄,水田翻比石田干。
乡童不解艰难意,笑语今朝始见官。

廿 年

廿年京国苦句留②,五十南征两鬓秋。
皓首功名辽地豕③,沐冠形状楚人猴④。
夜郎自大夸柯郡,庞物无能笑柳州。

---

① 握奇:原为军阵名,此指《握奇经》,中国古代军事著作,传为黄帝大臣风后撰。古谓阵数有九,四正四奇为八阵,余奇为握奇。大将握之,以应赴八阵之急处。

② 句留:逗留,停留。

③ 辽地豕:白头猪。典出《后汉书·朱浮传》,辽东有猪生白头小猪,有人想献给皇帝,到河东一看,都是白头猪。后喻知识浅薄,见识少。

④ 楚人猴:见成语"沐猴而冠"。典出《史记·项羽本纪》。指猕猴戴着帽子装扮成人的模样,喻徒有仪表或地位而无真本领,形同傀儡。

犵鸟蛮花①行赏遍，半生赢得洞天游。

（府民分八洞）

壬午宾兴

龙标预夺九秋前，回首秦关事惘然。
曾记七番叨作客，朅来②三载此兴贤③。
文章胜处能扶命，阴骘④深时定感天。
莫笑使君偏郑重，此中甘苦历多年。

即　事

讼庭萧散夏如秋，满院蕉阴暑不收。
一日清凉一日福，更无闲梦去封侯。

客有误书余姓黄者，意似甚惭，诗以慰之

名姓之讹从古有，黄王小误又何妨。

---

① 犵（gē）鸟蛮花：指少数民族地区的花和鸟。犵，即仡佬，代指少数民族。
② 朅（qiè）来：朅通"曷"，何。意为去、来、何来、何不来等。
③ 兴贤：推举有贤德的人。
④ 阴骘：暗中使安定。一指阴德。

向平①高士翻书尚，扬子衰宗却附杨②。
堪笑固言成李固③，可怜方等作萧方④。
围棋问计⑤原分晓，底事编年混谢张⑥。

一 谪

一谪奚堪再折磨，夜郎孤櫂⑦任风波。
未能免俗虚衔在，犹不如人倒版多。
白发雪霜嗟已矣，苍生霖雨愧如何。
几时归卧西山下，笑看浮云片片过。

---

① 向平：向长，字子平，西汉、新朝、东汉交替之际隐士。向平被《高士传》误为尚平。

② 附杨：指扬姓宗族衰败，后代都姓了"杨"。

③ 固言成李固：固言与李固被混为一人。其实固言指李固言（782—860），曾任唐朝宰相。李固（94—147），东汉名臣。

④ 方等作萧方：萧方等（528—549），字实相，南兰陵郡兰陵县人，南朝梁宗室，梁元帝萧绎长子。有人把他的名字误为"萧方"，把"等"另解。

⑤ 围棋问计：《晋书》中记载的故事。指淝水之战前谢玄托朋友张玄去探问叔叔谢安的作战计划，谢安见了张玄，并不与他谈论军机，而是与他下棋玩。

⑥ 谢张：谢张指谢玄和张玄。此指有史书混淆了谢玄和张玄。

⑦ 孤櫂（zhào）：同孤棹，借指孤舟。

选　楼

选楼珊网①屡遗珍，万古荆山泣璞人。
更怪萧梁②天气别，不容清朗永和春。

秦　淮

秦淮水软复山温，自古风流种媚根。
莫怪南朝无北意，花啼柳泣也销魂。

书　生

书生作吏似驽骀③，政拙身劳志未灰。
徒有苦心何济事，不能辣手是庸才。
祥刑郑重三千属，正课殷勤再四催。
莫道此邦宜用猛，苗疆也合善栽培。

---

① 选楼珊网：指遴选人才。选楼，泛指编选文章的地方。珊网，指捞取珊瑚的网，珊瑚指代优秀的人才。在古代珊瑚代表着高贵和权势，故红珊瑚制品多集中在宫廷之中，雍正年间规定一品官、二品官的帽顶是珊瑚顶，朝珠由红珊瑚串制。

② 萧梁：指南梁。

③ 驽骀：指劣马，喻才能低劣者。

小　舟

不是乘风破浪才，小舟孤櫂泛江隈。
上流虽好波涛急，莫到滩头却想回。

咏　史

清谈莫怪司徒衍①，曲学休讥相国宏。
名士从来如画饼，腐儒终古是涂羹②。
人怜北宋书朋党，我笑东林点将兵。
不作风流不道学，千秋能得几黄生③。

戏

朝挂虹桥夜月轮，阴晴出没幻如神。
本来处世无非戏，翻笑平生太认真。
小范④徒忧天下事，老冯⑤长乐暮年春。

---

① 司徒衍：王衍，见119页注③。
② 涂羹：泥做的羹。指儿童游戏，比喻没有用处的东西，亦指以假当真。
③ 黄生（1622—？）：原名瑄，字扶孟，自号黄白山，安徽歙县人。入清不仕，一意著书，乾嘉朴学的先驱。著有《字诂》《义府》等。
④ 小范：指范仲淹。范仲淹知延州时，西夏人称他的前任范雍为"大范老子"，称他"小范老子"。
⑤ 老冯：指冯唐，代郡（今河北蔚县）人，西汉大臣。汉武帝求贤时冯唐已年过古稀，心有余而力不足。后世通常用冯唐来形容"老来难以得志"。

鹓鶵①自若鸱②空嚇，终古南华③是解人。

少壮老死

少年标志麟为楦④，壮岁功名鹤有轩⑤。
老想生豚陪孔庑，死拼走狗傍朱门。
草依木附源流在，尘饭涂羹著作存。
放眼古今人物表，悠悠此事与谁论。

可 儿

执拂怜才古所稀，援桴⑥催阵烈尤奇。
千秋莫作风流话，能识英雄是可儿。

---

① 鹓（yuān）鶵（chú）：《山海经·南山经》中与鸾凤同类的鸟，比喻有才望的年轻人。

② 鸱（chī）：古书上指鹞鹰或者猫头鹰一类的鸟，《山海经》中指三个身子的怪鸟。

③ 南华：指庄子。《庄子》又名《南华经》，汉代以后，尊庄子为南华真人。

④ 麟为楦：指麒麟楦，见63页注③。

⑤ 鹤有轩：乘轩的鹤，比喻滥充官位者。《左传·闵公二年》载，"卫懿公好鹤，鹤有乘轩者。将战，国人受甲者皆曰：'使鹤！鹤实有禄位，余焉能战？'"

⑥ 援桴：也称援枹，即手持鼓槌。古时以击鼓指挥军队进击，手持鼓槌随时可以指挥进军。

九日东山招饮，步石筱峰，太守见赠原韵

何事苔岑结暮年，此中胶漆是谁联。
君诚磊落三生石，我却浮沉一畎泉。
草草登临时易晚，迢迢会晤约仍悬。
谈心剪烛知何日，惆怅东山细雨天。

论交马齿屡增年，针芥无端亦自联。
尘世几人能白水，宦途真赏是清泉。
屏颜过处风烟定，洞腹开时日月悬。
手把霜枝珍重玩，与君长记晚香天。

扶苏墓

燕丹①首传蓟，扶苏骨掩蒿。
好还天道在，何必罪斯高。

傀　戏

衣冠人物佫排场，只是身难自主张。
略具形模终局促，才经指使便飞扬。
由来此辈胸无物，翻怪先生面太光。

---

① 燕丹（？—前226）：燕太子丹，燕王喜之子。太子丹派荆轲刺杀秦王政事败，引发秦燕战事。被燕王喜下令斩杀后尸首献给秦国。

十二朱阑都倚遍，不堪重见下台装。

陈　桥

一夜黄袍马上披，孤儿寡妇是谁欺。
好还天道曾非远，母子官家托命时。

惊　雷

惊雷骤雨刹时空，片片云行化晓风。
老树深秋犹绚紫，好花春半已蔫红。
昂头却笑辽东客，折臂休怜塞北翁。
等是邙山今古路，几人雌伏几人雄。

踩　桥

万里题桥梦已陈，小桥犹待我通津。
乡愚不薄清贫守，却把区区当贵人。

俚　谣

子大不由父，妻悍不由夫。
反目即仇怨，绝裾如路涂。
未若好手足，疾痛犹相扶。

教孝虽有术，亦须本天真。

枭獍^①忍其母，谁能使之仁。

性善与性恶，吾欲叩孟荀。

苏 蕙

千字回文织怨工，百年恩爱到头终。

世间不少痴儿女，愁杀归田老敬通^②。

梁 鸿

闺门几见敬如宾，家教尤难是此伦。

能使裙衩常顶礼，伯鸾^③岂止作高人。

除 日

今年已了待明年，想到明年也了然。

万里投荒原是命，一官留滞岂因天。

---

① 枭獍：旧说枭为恶鸟，生而食母；獍为恶兽，生而食父。比喻忘恩负义之徒或狠毒的人。

② 老敬通：指冯衍，字敬通，京兆杜陵（今陕西西安）人。因获罪免官归里，终日伤神叹息，虽家中妻子稚子依旧，却自觉虚无。

③ 伯鸾：梁鸿，字伯鸾，扶风平陵（今陕西咸阳）人。与妻孟光有"举案齐眉"之典。

夜郎有味终鸡肋，秋士无心恋蚁膻①。

柳往雪来只如此，问君何事不归田。

癸未元旦

曾经五十七元辰，万里投荒老大身。

今日樽前谁念我，不堪回忆棣华春。

彤　云

有于报雪公牍用此字被斥者，纪以诗

北阙彤云掩曙霞（沈佺期原句②），沈郎清句自无瑕。

川儿不识晴天日，只许同云赋雪花。

鹄

百禽春竞啭，而鹄却无言。

不受枭鸱吓，还憎燕雀喧。

---

① 蚁膻：蚁集腥膻。比喻趋炎附势、追逐名利。

② 沈佺期（约656—约715）：字云卿，相州内黄（今河南安阳）人，唐代诗人，律体开创者。沈佺期《苑中遇雪应制》原诗："北阙彤云掩曙霞，东风吹雪舞仙家。琼章定少千人和，银树长芳六出花。"

蓼滩孤顶露，秧海一拳蹲。
独立风烟外，由来健骨存。

游 仙

玉晨门下尽神通，法侣灵官要路充。
偏是太清闲散吏，碧云长隔大瀛东。

青牛西去几时还，文始经成尚守关。
不解方诸①何造化，略分黄白便巡山。

窃药偷桃任小儿，药囊桃树是谁司。
姮娥得意东方笑，却恨无人报母知。

东 施

辛苦年年枉效颦，岂知容色愧西邻。
时来若遇登徒子，未必东施不美人。

---

① 方诸：古代在月下承露取水的器具，也指传说中仙人住所。

袨 服①

袨服初成蒙马状，弹冠依旧沐猴形。
巫山深处庐山失，不记当年窃听经。

布 被

汉庭射策②董为精，家令犹能继贾生。
何事平津徒布被，真名不务务虚名。

枫

也学松杉撼大声，一朝支厦已虫生。
丹颜只合山中望，何事人间作栋楹。

感 怀

底事楼船老伏波，三年谪宦此牂牁③。
苗疆自占西南界，竺国谁辞上下坡。
塞铁关铜空复尔，女蛮童触竟如何。

---

① 袨服：黑色礼服，指武士之服。也指盛服、艳服。
② 射策：汉代考试取士方法之一。
③ 牂（zāng）牁（kē）：郡名，汉代设置牂牁郡，位于贵州遵义南。

王阳却畏蚕丛①险,不道黔中险更多。

舟泊波心不自由,回看北岸恨悠悠。
七千里外二千石②,五十年来九十秋。
碧水照人双冷眼,青山对我两低头。
谁怜太白金门客,江上题诗万古愁。

一天谣

一天一天又一天,忽忽不觉已三年。
三年之内何为者,一事无成自赧然。
去岁水灾虫复患,今春雨涝犹堪怜。
催科不敢太严切,恐绝农家籽种钱。

坑　儒

本闫巽三诗意

诸生气馅自焚身,万古冤魂怨暴秦。
毕竟祸坑缘底事,海东逃纣是何人。

---

①　蚕丛:又称蚕丛氏,古代神话中的蚕神,居住在岷山石室。此处借指蜀地。

②　七千里外二千石:指自己离家七千里,做一个二千石(郡守通称,汉代郡守俸禄为二千石)的官。

李西平

杯酒开怀胆气粗,高情雅量古今无。
世间岂少张延赏,我笑邮良[①]不丈夫。

真　山

壁立云霄万象吞,抑何神骨挺乾坤。
天然独秀非关削,石不轻移为有根。
只许野花知本色,岂容凡鸟混高蹲。
陵迁谷变君无改,君是人间一品尊。

假　山

摹峦仿岫费经营,若许工夫累得成。
不道匡庐非面目,却夸邱壑是聪明。
烟霞妆处天真杳,混沌穿时石破惊。
十二巫峰云望断,几曾霖雨到苍生。

[①] 邮良:春秋晋国大夫王良。因食采于邮,号邮良。

书　怀

熊轩①却作亲民吏，豸服②居然大洞仙。
等是清班③膺上考④，巡方⑤典郡⑥两天渊。

上巳日次玉屏

柳绿桃红菜蕊黄，杜鹃烟雨湿行装。
道旁田叟闲谈笑，如此佳辰为底忙。

有　怀

彩云偏向浓时散，华月常从满处亏。
早岁夫妻恩爱易，晚年兄弟别离难。
须知琴瑟新声续，未若埙篪⑦古调弹。

---

① 熊轩：即熊车，指有伏熊形横轼的车。汉时为公侯所用。后亦代指地方官。

② 豸（zhì）服：代指风宪官。豸，指獬豸，传说中一种类似麒麟的神兽。清代官员品阶不同朝服上的禽兽不同。其中朝服上有獬豸的为监察执行法纪的风宪官。

③ 清班：清贵的官班。多指文学侍从类臣子。

④ 上考：指官吏考绩列为上等。

⑤ 巡方：皇帝派大臣巡察四方。此处代指皇帝派来巡察地方的大臣。

⑥ 典郡：主管一郡政事，指任郡守。

⑦ 埙篪：两种古代乐器，二者合奏时声音相应和。

误尽平生何事最，七千里外一苗官。

感　怀

遍尝辛苦与酸咸，敲扑喧嚣拉杂搀。
三载刑钱同直牧，两阶司道总虚衔。①
金茎未解相如渴，玉版徒供与可馋。
我是上清沦谪吏，那堪终日混尘凡。

催科抚字②两无优，退食焚香亦自羞。
千里却为蛮太守，一官聊胜土知州。
虚衔误我空都转，实缺输人制上游。
不是债台丛未了，那能垂老此沉浮。

万　山

命如苏子宫磨蝎，官似韩生状沐猴。
五十光阴忙里过，百千名利醉中休。

---

① 本句意思是做了三年知府如同直牧（副手），兼了司道之类的职务也都是虚职。刑钱代指司法和财政，掌握刑钱就是掌握衙署行政实权，所以代指知府。司道是隶属于巡抚的专设机构。

② 催科抚字：指地方官吏的治政。催科：催收租税。因租税有科条法规。抚字：对百姓的安抚体恤。

早知西去风波险，何必南征汗漫①游。
手把逍遥篇再诵，果然鹏大不如鸠。

自叹中年运数奇，雕虫误我悔应迟。
万年谱牒书空校，三略勤劳戚自贻。
领袖不堪朝翰忆，风尘何必夜郎悲。
荣枯显晦都无定，此理君平恐未知。

老　马

皮皱毛摧志不昏，昂头且欲效驹奔。
也知归华堪休力，只为衔刍屡受恩。
北上功名留赵代，西来踪迹记昆仑。
何人肯费千金价，终古燕台骏骨②存。

口　号

蒟酱虽佳且漫尝，薏珠虽好莫多量。
蛮方半是金蚕种，何不中原觅酒浆。

帷帐勤劳尽锦车，刀矛事业亦金鱼。

---

① 汗漫：此指漫无边际。
② 燕台骏骨：即"千金买马骨"。典出《战国策·燕策一》，喻招纳贤能。

鲰生①不作雷同语，误尽浮名几卷书。

平生颇爱李青莲，底事牂牁老谪仙。
一寸铁成千古错，问君何不访张颠②。

蚊

痛痒俱难忍，形声并可憎。
岂知人受害，翻幸隙堪乘。
嘴利衣无碍，身轻扇弗胜。
霜风应不远，尔辈更何能。

忽　忽

忽忽经三载，庸庸守一官。
光阴弹指易，事业问心难。
荒徼文须简，苗疆法合宽。
自知才力薄，何敢更偷安。

---

① 鲰（zōu）生：指见识鄙陋的人，为轻蔑读书人的话。也是文士自谦之词。

② 张颠（685？—759？）：张旭，字伯高，苏州吴县（今江苏苏州）人，唐代书法家。喜饮酒，擅草书，世称"张颠"，与怀素并称"颠张醉素"。

少见示子侄

少所见兮多所怪,岂惟南客讶驼高。
黔中茶子疑秋枣,岭上桐圆当核桃。
米畏河豚宁识雁①,蔡贪江蟹讵知螯②。
何如梦得虚怀好,不肯轻题九月糕。

狂　歌

才不如人命不同,谪居应老夜郎东。
梦翻柳集寻三戒③,醒阅韩文笑五穷④。
几辈勋名猿鹤日,一官江海马牛风⑤。
何时再作金门隐,还我清闲旧醉翁。

---

① 米畏河豚宁识雁:米指米芾,雁代赝。指杨次翁以假河豚暗讽米芾作赝本的趣事。

② 蔡贪江蟹讵知螯:即《世说新语》中蔡谟吃蟹的故事。意指蔡谟读《尔雅》不仔细,才把蟛蜞当成了一般的螃蟹。

③ 三戒:指柳宗元的三篇寓言故事。包括《临江之麋》《黔之驴》《永某氏之鼠》。

④ 五穷:指韩愈《送穷文》中使人困厄不达的五个穷鬼,即智穷、学穷、文穷、命穷和交穷。

⑤ 马牛风:指"马牛其风",马牛奔逸;也指无关系,不相干。典出《书·费誓》。

咏 史

金台上客由谁荐，锥颖[①]高才且自陈。
莫怪焚山推[②]不出，当时狐赵[③]是何人。

始 皇

六雄冤气满阿房，仙药应难救国亡。
不得长生犹是福，免他亲见火咸阳。

彭 祖

妻孥[④]屡丧不知愁，八百年来尚黑头。
阅尽兴亡多少感，问君何贵此千秋。

也 知

也知身外名堪念，其奈胸中块可怜。
万事头到空复尔，一杯在手又陶然。

---

① 锥颖：囊锥露颖，喻才华显露。
② 推：指介子推。
③ 狐赵：指狐偃、赵衰。
④ 妻孥：妻子和子女的统称。

诗人眉皱莲花社，曲部①心存秫米田。
我是沙门开戒者，不甘逃酒只逃禅。

一　杯

一杯一杯又一杯，三杯之后玉山颓。
眼前有乐即生趣，身外浮名等死灰。
鸟语提壶②随意饮，花香醒酒笑颜开。
封侯拜爵知无分，只合长交曲秀才③。

游　仙

鸡犬成仙福分高，小山招隐④意徒劳。
八公⑤祗合淮王度，何事便宜众羽毛。

---

①　曲部：曲部尚书，唐汝阳王李琎的自称。李琎（？—750），字嗣恭，小名华奴，唐"饮中八仙"之一。唐冯贽《云仙杂记·泛春渠》引《醉仙图记》："汝阳王琎，取云梦石甃泛春渠以蓄酒，作金银龟鱼浮沉其中，为酌酒具，自称'酿王兼曲部尚书'。"

②　提壶：鸟名，即鹈鹕。亦作"提壶芦"、"提胡芦"。陆龟蒙诗作《和袭美虎丘寺西小溪闲泛三绝》有"树号相思枝拂地，鸟语提壶声满溪"句。

③　曲秀才：指酒，也称"曲生"。

④　小山招隐：指署名"淮南小山"的辞赋《招隐士》。淮南小山是西汉淮南王刘安的一部分门客的共称。

⑤　八公：指淮南王刘安门客苏非、李尚、左吴、田由、雷被、毛被、伍被、晋昌八人。他们奉刘安之招从事著述，以类相从，分别称为大山或小山，犹《诗经》之有《大雅》和《小雅》。

误尽平生舌广长，三官劾奏斥轻狂。

偷桃割肉①真无赖，犹自昂头傲辈行。

铁拐先生位上真，仙成犹是乞儿身。

清童问我飞升诀，笑指前山敝缊②人。

日日朝真走上方，承颜伺色费张皇。

华阳③也是群仙表，不识通明为底忙。

感怀十二韵

苗域为庸吏，黔阳作寓公。

六州新铸铁，三载旧磨铜。

自是居官拙，何知计利工。

考应书下下④，科合号中中。

紫砚希包拯，丹砂谢葛洪。

马嗟亡塞北，豕耻过辽东。

所愧迁无状，徒劳蹇匪躬。

---

① 偷桃割肉：指《汉书·东方朔传》中有关东方朔的两个故事，反映了东方朔诙谐幽默、不拘小节的性格特点。

② 敝缊：乱麻旧絮。

③ 华阳（780—861）：原名施肩吾，字希圣，号东斋，唐代道士。入道后自号华阳子，世称华阳真人。著有《西山群仙会真记》《太白经》等。

④ 考应书下下：指阳城"催科政拙，抚字心劳，考下下"之典。

取讥当路子，贻笑信天翁。
戈想㧑①鸟日，舟思退鹢②风。
身心维谷似，位业负山同。
西望家安在，南飞梦早空。
浩歌聊自遣，一醉老无功。

杂感十九首

闲坐无聊，偶然兴至，语无专指，作不一时，汇而存之，命曰杂感。

一
清晨观太虚，浩然净无物。
顷刻云雾横，寥廓变飙欻③。
草木何凄凄，山川何郁郁。
安得元真子，龙须一朝拂。

二
野鸟在深谷，幽性常不违。
一朝入笼网，有翅不能飞。
及至驯养久，纵之亦不归。
由来贪啄粒，何知怀采薇。

---

① 㧑（huī）：挥散，挥手呵斥或斥退。
② 鹢（yì）：水鸟名。
③ 飙（biāo）欻（chuā）：迅疾貌。

三

接舆①讽宣尼,从政虑其殆。

鸾凤入枳林,悲歌自局外。

彼谓往莫追,我思来何待。

使知千载后,实应憎且怪。

四

千山更万谷,岂无幽贞姿。

只为榛莽②多,坐令香草遗。

萧艾自引类,焉能顾兰芝。

为问三闾君③,纫秋欲何之。

五

晨起命仆夫,驾言陟伊阙④。

伊阙川无梁,轺车⑤那得越。

我行月已西,我归月将没。

嗟尔高明者,胡为光华歇。

六

有客从西来,遗我千里光。

---

① 接舆:陆通,字接舆,春秋时楚人,时人称为楚狂。《论语·微子》载:"接舆佯狂避世,曾迎孔子之车而歌。"
② 榛莽:丛杂的草木,喻艰危,荒乱。
③ 三闾君:指屈原。
④ 伊阙:即洛阳龙门。因两山对峙,伊水中流,如天然门阙,故曰伊阙。
⑤ 轺(yáo)车:一马驾之轻便车。奉使者和朝廷急命宣召者所乘的车。亦指代使者。

登高试一觑，万象何茫茫。
此物诚足异，而非予所臧。
目睫不相及，何事穷八荒。

七

鹰鹯有健爪，所贵去豪恶。
区区鼠雀类，奚足当击搏。
枭鸱昼长鸣，豺狼夜大嚼。
嗟尔鹰与鹯，何以谢鼠雀。

八

种苗二亩半，日日灌盈科。
秋来连天雨，田坎流成河。
祗谓多泽好，谁知伤亦多。
不见东邻田，自然获多禾。

九

曲突无恩泽，烂额为上客。①
为客虽可惭，毕竟犹烂额。
东家殊死战，西家坐勋策。
为问首虏功，几人在疆场。

十

鹦鹉能言语，珍重琼轩栖。

---

① 此句为谚语，喻奖赏欠公允。语出《汉书·霍光传》："曲突徙薪无恩泽，焦头烂额为上客"。火灾过后，曾经建议把烟囱改弯、把柴草移开的人得不到奖赏，只有救火烧伤的人受到款待。

画眉养金笼,亦为善鸣嗁①。
世人尚巧舌,拙者必见诋。
岂知司晨者,乃在窗前鸡。

十一

厮养皆袀服,相国翻布被。
虽云挽奢俗,贵贱殊倒置。
君子服有章,矫情无乃伪。
衮衣与绣裳,何曾盛德累。

十二

纵目观群汇,有如蚁粒争。
以彼幺麽智,无非果腹营。
鸮鸱得鼠嚇,鹏飞自冥冥。
非无稻粱志,所思在北溟。

十三

朝游须弥山,夜宿王屋洞。
虚空两不著,却使两珍重。
世界如泡影,能者自戏弄。
乃知东方生,诡时是妙用。

十四

中庭有老树,满院阴森森。
憎此蔽天荫,日日斤斧寻。

---

① 嗁(tí):同"啼"。

一伐枝叶失,再伐柯榦①侵。
欻焉②三伏至,怆然忆前阴。

十五

牛马在旷野,各自安其天。
一朝为人用,头络鼻且穿。
我思古之民,一如马牛然。
耕田而凿井,何知甲令悬。

十六

孤鸿自北来,飞止南徼垤③。
音响一何清,毛羽一何洁。
时无和鸣侣,文章被摧折。
由来随阳性,难以谐鵙舌④。

十七

鸮鸟食其母,孽原由自造。
虽则报应然,而非母子道。
呼僮取鸮卵,使我慈乌抱。
庶几凶性恶,化作德音好。

十八

种竹兼种蕉,蕉多碍竹町。

---

① 柯榦:同"柯干",枝干。
② 欻(xū)焉:忽然之意。
③ 南徼垤(dié):南方边陲的小土丘。南徼:南方边陲,代指南部边境的少数民族或附属国。垤:小土丘。
④ 鵙(jué)舌:伯劳鸟弄舌啼聒,比喻语言难懂。

非无挺天质，逼处共一庭。

呼僮移蕉去，有如拔眼钉。

删彼一天绿，伸此四时青。

十九

昔我少年日，安居北山北。

混沌为我友，臃肿为我役。

一朝登云路，万事伤逼仄。

旧游不可寻，长此心恻恻。

戏咏不倒翁

生来骨气健如牦，万磕千敲任所之。

屡跌无伤疑是福，不扶自立抑何奇。

人惊晚节支筇①日，我叹群芳偃草②时。

吩咐儿童休戏弄，老成轻侮恐非宜。

---

① 支筇：拄杖。

② 偃草：本义风吹草倒。喻道德教化见成效或教令迅速下行。典出《论语·颜渊》："君子之德风，小人之德草，草上之风，必偃。"

就医竺垣

五云楼阁吾宫火,二子膏肓唾地榆。①
无药手难洴澼絖②,不材身似橛株驹③。
边功皓首终惭豸,宦味灰心任嚇雏。
阅遍禁方三十卷,还丹何处觅悬壶。

无 题

十二城垣四界宽,玉皇珍重付三官。
有情元老干祈易,无力清真布施难。
松院曾愁阴惨淡,萧斋④何事色斑斓。
庆云消散春风软,贵水滔滔不忍看。

咏 史

壶餐诡作清廉状,布被文成巧宦身。
不信房衣终误国,应怜伴食未知人。

---

① 此处应指两个儿子都生了重病,希望能有治愈的妙方灵药。明朝杨维斗有诗:"吾宫萝卜火,咳唾地榆生。"《随园诗话》指此属"隐僻之典"。

② 洴(píng)澼(pì)絖(kuàng):指在水中漂洗棉絮。洴澼,漂洗;絖,较纤细的棉絮。

③ 橛株驹:指树桩。

④ 萧斋:指寺庙或书斋。

鲁论半部今衣钵,洛学全编古缙绅。

麟在楦时貆在座,笑他谁假与谁真。

自 遣

醇醪酒或添狂兴,瓜葛棋犹起竞心。

一椀清茶三弄笛,不知何事是升沉。

即 事

红红白白芟①花日,碧碧黄黄插稻天。

留得一抔干净土,胜如千贯榷酤钱②。

拔茶自古称崇邑③,维莠何人诮甫田④。

易与乐成难与始,商君苦意至今怜。

登中华山

山在铜仁府治西南

自天垂下翠芙蓉,一览群山俯万重。

---

① 芟(shān):割除。

② 榷酤钱:指政府收取的有关酒类的税款。榷酤亦作"榷沽",汉以后历代政府所实行的酒类专卖制度,也泛指一切管制酒业取得酒利的措施。

③ 崇邑:应指武夷山。

④ 甫田:大田。语出《诗经·甫田》:"无田甫田,维莠骄骄。"

不向江南争独秀，要三二华四三峰。

乙酉元旦

曾经六度纪端蒙①，鸡肋功名感慨中。
花甲渐周成底事，齑辛②消散竟何功。
谁将勤苦酬诗客，我自痴呆老醉翁。
杯兴渐阑天渐晓，更扶筇杖步占风。

纪　事

灵霄殿上法官身，秩晋③天师气不群。
昨日鲛宫开夜宴，也曾低首拜魔君。

炎　天

炎天不熨宦心寒，好似骡驹怯负鞍。
一日仔肩④一日惧，几人蹙额几人欢。

---

① 端蒙：也作旃蒙，古代历法中岁星在"乙"的别称，用以纪年。一甲子有六个"乙"年。六度纪端蒙，指六十岁。

② 齑（jī）辛：齑，指捣碎的有辛辣味的姜、蒜、韭菜等，也指混杂，调和。

③ 秩晋：进升官职或等级。

④ 仔肩：指担负、承担；所担负的任务、责任。

曹遵萧约^①醇醪易，淮入汾军壁垒难。
我有奇兵通佛法，夜眠一觉昼三餐。

养拙二首

一

养拙心情甚养疴，疴除拙在枉奔波。
子规声里惊风急，甲馆宵中怨雨多。
三载劳人依北斗，一官泥我梦南柯。
相逢竹马儿童问，再见先生意若何。

二

铜崖不望望铜关，才到铜关却又还。
漫道使君仍白水，由来笑我是青山。
燕栖旧垒身应稳，马踏陈涡力更艰。
为问罗天^②都懒散，有何才福混人间。

闻春兄凶信

八千程外孤飞雁，三十年前比翼鸰。
惟我与君身竞爽，知兄望弟目难瞑。
为伤犹子翻添病，应念娇儿待授经。

---

① 曹遵萧约：见"萧规曹随"。指萧何为丞相时所规定的法令制度，曹参继任后遵照延续前法规政策治理天下。后以此典比喻按照前人的成规办事。

② 罗天：大罗天，最高最广之天，三清天之统称。

误尽平生官万里，不归何以慰幽灵。

自　遣

太傅哀情伤乐趣，少游苦语念平生。
棠华落尽桑榆老，自爇①檀香阅道经。

几度罡风悲失雁，三番泪雨痛亡鹍。
白头相望将雏哺，也算人间眷属仙。

读右丞②诗

相门华胄王门客，藻思襟情枉自劳。
纵使伤心凝碧管，那堪回首郁轮袍。
中年道业参禅偈，没世才名抗楚骚。
千古辋川③遗迹在，松云却羡鹿门高。

---

① 爇（ruò）：点燃，焚烧。
② 右丞：指王维（701？—761），字摩诘，号摩诘居士，河东蒲州（今山西祁县）人，唐朝诗人、画家。曾任尚书右丞，世称"王右丞"。
③ 辋川：指王维，因有《辋川集》，故名。

示 子

苏公[①]犹忘颐，枚叟[②]未知皋。
不作誉儿癖，应防误尔曹。

漫兴三首

一
青牛自东来，白马从西至。
惜哉未相逢，两两徒多事。

二
在释称儒童，在道师犹龙。
不知水精老，何去复何从。

三
伊川[③]宗辅嗣[④]，名乃出邵[⑤]右。
我读经世书，想见杨伯丑。

---

① 苏公：应指唐代名臣苏瑰。有子名苏颋，父子宰相。
② 枚叟：指汉代枚乘。有子名枚皋，父子文学家。
③ 伊川：指程颐。
④ 辅嗣：指王弼。
⑤ 邵：指邵雍。

苏长公[①]

临川[②]岂合面嘲讪，记否尊翁论辩奸。
独有栾城[③]知此意，仆车毙马总无患。

感　兴

南风拂皮毛，西风沁肌肤。
朔风凛然至，筋骨为之癯。
未若东风好，万欣彙[④]来苏。

春雨回百草，夏雨起禾槁。
秋雨岂无济，往往苦淫潦。
恩泽不在多，及时乃为宝。

春夏雷应候，秋冬则为灾。
黔中却不然，四季常虺虺[⑤]。
乃知天地大，管窥亦小哉。

---

① 苏长公：指苏轼。因长子而得此称。
② 临川：指王安石。
③ 栾城：苏辙，字子由，晚年自称"颖滨遗老"，人称"苏颖滨"。因祖籍栾城，有文集《栾城文集》，人称"苏栾城"。
④ 彙（huì）：汇，聚合。
⑤ 虺虺（huǐ）：雷声。

风霆鼓万物，雨露膏群生。

霜雪胡为者，杀气威于兵。

要知无杀气，生机何处萌。

赵顺平①

舍吴伐魏②自深谋，却置君仇报弟仇。

千古猇亭③遗恨在，知兵岂独武乡侯④。

疑

嗟尔玲珑者，胡然竟入魔。

丛亡三日后，鬼载一车多。

珠米冤终古，金糖毁自他。

杯蛇弓影在，谁与解沉疴。

---

① 赵顺平（？—229）：赵云，字子龙，常山真定（今河北正定）人，汉末三国时期蜀汉名将。追谥顺平侯。

② 舍吴伐魏：指赵云支持讨伐代汉称帝的曹魏，但刘备为关羽报仇，不顾诸葛亮和赵云等的反对亲率大军攻打东吴。

③ 猇（xiāo）亭：古地名。此指猇亭之战（夷陵之战）。此战以蜀汉惨败结束。

④ 武乡侯：指诸葛亮（181—234），字孔明，号卧龙，琅琊阳都（今山东临沂）人，三国时期蜀汉丞相，政治家、军事家、文学家。封武乡侯。

侯朝宗

怜君却副新科榜，团扇桃花雪苑春。
回首东林诸将侣，伤心次尾①故明人。

无 题

《狸首歌》传执女手②，《柏梁诗》有啮妃唇③。
□□□□④都难定，何必淫奔罪郑人。

喜雷仲木同年至

万里朋来如骨肉，况君与我共金心。
白头相见相惊喜，犹是当年旧语音。

---

① 次尾（1594—1645）：吴应箕，原字风之，改字次尾，南直隶贵池县兴孝乡（今安徽石台）人，明末社会活动家、文学家、复社领袖。抗清兵败被杀。

② 狸首歌传执女手：狸首歌里有握着美女的手的词句。《狸首》，逸诗篇名。《礼记·檀弓下》载，"孔子之故人曰原壤，其母死，夫子助之沐椁。原壤登木曰：久矣，予之不托于音也。歌曰：狸首之斑然，执女手之卷然。"

③ 柏梁诗有啮妃唇：柏梁诗里有咬着妻子的唇的诗句。汉武帝刘彻在柏梁台落成宴请群臣时发起联诗，人各一句，凑成一首二十六句的联句诗，诗歌史上称为"柏梁台联句"。其中第二十五句"啮妃女唇甘如饴"为郭舍人联句。

④ □□□□：此处四字底本涂改难辨，疑似"妖谐诖谏"。

送别仲木

君归梓里我羁黔,江岸西风泪洒髯。
珍重内丹休饵药,人间何处觅青黏①。

先慈寿辰

去岁兹辰兄祭母,今秋家止两童孙。
伤心万里儿羁宦,更有何人拜墓门。

答及门②

文源溯自东西汉,诗格终于初盛唐。
风气日衰江海下,可怜矬客也观场。

春鳸③秋蝉为候催,我曹何事竞喧豗④。
风花雪月工何益,误尽千秋是小才。

---

① 青黏:青黏之说有两种,一种认为是玉竹,另一种认为是黄精。后人把青黏认为是仙家要药。
② 及门:正式登门拜师受业的弟子。
③ 鳸(hù):农桑候鸟的通称。
④ 豗(huī):撞击;撞击声。

陆平湖[①]

心知朱陆源无二，其奈权门托紫阳[②]。
况为将来生肉计，那能平气到龙场[③]。

游 仙

淮南[④]箕坐[⑤]玉皇前，道寡称孤俗可怜。
谪守天厨聊小罚，故知骄傲不成仙。

呼神召鬼仗灵符，失却灵符等匹夫。
不见长房沉醉后，更无神鬼肯相扶。

轻泄灵飞自不宜，岳图轻授母何辞。
阿环不怕三官劾，天上人间戏可知。

偷桃得饱几多春，辟谷方能救几人。
目朔一家饥八口，不关台上乏金银。

---

① 陆平湖：陆陇其。
② 紫阳：朱熹。
③ 龙场：指王阳明"龙场悟道"。
④ 淮南：指淮南王刘安。《抱朴子·祛惑篇》载："昔淮南王刘安，升天见上帝，而箕坐大言，自称寡人，遂见谪守天厨三年。"
⑤ 箕坐：两腿张开坐着，形如簸箕，在古代是很不礼貌的坐姿。

嵇叔夜

身外河山皆典午①,眼前炉灶是当涂。
竹林多半依汤武,谁与先生吊魏都。

栖身柳下有神仙,混迹林中了俗缘。
莫惜广陵音响绝,瓣香②犹有养生篇。

隐遁仙人

由来上界至尊多,白石先生③懒事佗。
寅宕④人间殊自得,一生从不受瞋诃⑤。

毛大可⑥

说经长短竟归谁,肆口攻朱礼未宜。

---

① 典午:"司马"的隐语,指司马之官职。晋帝姓司马氏,后因以"典午"指晋朝。
② 瓣香:见71页注③。
③ 白石先生:即白石生。《神仙传·白石先生》载:"白石先生者,中黄丈人弟子也。至彭祖时,已二千余岁矣……常煮白石为粮,因就白石山居,时人故号曰白石先生。"
④ 寅(láng)宕:空虚放荡,不受拘束。寅:空虚;宕:拖延,放荡。
⑤ 瞋诃:亦作嗔诃。怒斥、呵斥。
⑥ 毛大可:毛西河,见112页注①。

不记刘兰毁公董,葛巾人至更无辞。

黔多白豕戏咏一绝

莫夸群豕遇河东,此物黔中胜绛中。
我是西人浑见惯,白头羞与尔论功。

戏题汪容甫①广陵曲

江证

广陵名胜知何处,吴越交讧似夺标。
一线涛头关底事,千秋澜舌费群嚣。
楚人且病邗沟②远,枚叔③还愁浙水遥。
多谢争坟朱检讨④,又抛心力辨江潮。

逍遥

逍遥六秩⑤人间世,漂泊双江客里春。
自是不材无用物,居然晚节更精神。

---

① 汪容甫(1744—1794):汪中,字容甫,江都(今江苏扬州)人,清代哲学家、文学家、史学家。"扬州学派"代表人物,著有《述学》《广陵通典》等。

② 邗(hán)沟:淮扬运河从淮安到扬州的一段河道,是大运河的一部分,古称邗沟、里运河、渠水、韩江等,全长170余公里。

③ 枚叔:指枚乘。

④ 朱检讨:指朱彝尊。"争坟"事见朱彝尊《为两孙析产券》。

⑤ 六秩:指六十年(一秩是十年),又称六十花甲。

学仙颇似庄生傲，作守何如汉吏循。
日吃三餐夜一觉，大家都属葛天①民。

羚 角

羚角碎刚石，菽乳浸蚌珠。
物情不可解，制化良非诬。
伯阳父②有训，柔弱生之徒。
大哉黄老学，治世此珍符。

书 事

商君启阡陌，文命③导山川。
为问金铺地，何如石补天。

有 感

万里书难得，三秋感不禁。
贵人恒忘事，贫客每多心。

---

① 葛天：指葛天氏，中国上古时代圣皇之一，中国音乐、歌舞始祖，是一位英明的部落首领。

② 伯阳父：西周宣王、幽王时的太史。但根据下文文义，此处应指老子（字伯阳）。

③ 文命：此处指夏禹，传说夏禹名文命。

品莫夸如玉，交须结以金。

白头妻絮语，垂老此知音。

漫 兴

世界指非指，吾生材不材。

自然通有窍，何用凿成坏。

身似骈枝赘①，心如槁木灰。

会当寻海若②，重与洗浮埃。

杂 思

蟭螟③巢蚊睫，蛮触④国蜗角。

蟪蛄昧春秋，朝菌无晦朔。⑤

百年只须臾，何事劳龊龊⑥。

等是南柯梦，几人肯早觉。

---

① 骈枝赘：即骈枝赘疣。比喻多余无用的东西。

② 海若：古代传说中北海的海神。也称若、北海若。

③ 蟭螟：传说中一种在蚊子眼睫上筑巢的微虫。形容极细小的事物。

④ 蛮触：蛮和触是传说中位于蜗牛左右角的两个极小的国家。形容极细小的事物，而因细小的因由引起的争端，称作"蛮触之争"。典出《庄子·触蛮之战与蜗角之争》。

⑤ 蟪蛄和朝菌因生命短促而不知春秋和旦夕，比喻见识短浅。语出《庄子·逍遥游》："朝菌不知晦朔，蟪蛄不知春秋"。

⑥ 龊龊：拘谨、谨小慎微的样子。

小　宴

小宴非行乐，高斋且自醒。
诗缘名士重，酒为美人轻。
翦烛参禅偈，停杯唱道情。
须臾星月散，兀坐到三更。

六十自寿

头颅老大辽东豕①，指爪②羁留③塞北鸿。
不是行年将届化④，那知往事尽成空。
药炉丹鼎延龄日，獠曲蛮腔顺耳风。
一卧双江终已矣，更无心作据鞍⑤翁。

先兄小祥忌日志感

去春兹日竟琴亡，两地迢迢信杳茫。
六十年来愁卧辙，八千里外梦连床。
纸灰飞处心同碎，蜡炬残时泪共长。
霜露已更茔未卜，误人归计是空囊。

---

① 辽东豕：即白头猪。代指白头翁，作者自谑。
② 指爪：喻痕迹。
③ 羁留：长期停留，多指在外地。
④ 化：此指死去。
⑤ 据鞍：跨着马鞍，借指行军作战。此指宦游行旅。

柳枝词

杨柳枝枝绕翠闱。杨花点点傍阶飞。

飞花尚有回风候,借问行人归不归。

杂兴一首

惠施忌庄叟,而不能嚇辱。

庞涓害孙子,竟至膑其足。

虽由性坦率,颇亦以才毒。

世网密于藩,胡为效羝触。

所以古君子,被褐怀璞玉。

宁为曳尾龟,不作铩翮鹄。

忆煖炕[①]

家有炊蒸灶,冬宵更燠[②]然。

虽非中散锻[③],颇足仲都眠[④]。

一旦麋为守,频年榻屡穿。

[①] 煖炕:火炕。作者家乡陕西清涧民居是冬暖夏凉的石头窑洞,内有火炕,炕灶一体,冬天可取暖。

[②] 燠(yù):暖,热。

[③] 中散锻:指嵇康筑的灶,炕灶一体。《庾开府集笺注》载:"嵇康锻灶既暖而堪眠。"中散即嵇康。

[④] 仲都眠:仲都指汉代方士王仲都,能忍寒暑,卧冰而眠无变色。

每当风雪夜，时复梦青毡①。

解　嘲

公正不私朱北海，抑强扶弱耿东阳。
而今半是婆婆佛，未免先生性太刚。

鹰鹕鸾凤虽殊志，雨露风霜总是恩。
须识愚顽皆子弟，忍将姑息害儿孙。

读左有感二首

鲍叔②荐囚臣，仲父荐何人。
故知窃位者，不止臧孙辰③。
跃冶非祥金，求价非美玉。
卓哉介之推，宁死不言禄。

---

① 青毡：羊毛擀制的毡。作者家乡的习俗，炕上铺席子和青毡，冬天室内很温暖。

② 鲍叔：指鲍叔牙，他向齐桓公推荐了囚犯管仲，管仲辅佐齐桓公四十年。管仲病重时举荐隰（xī）朋，但隰朋与管仲同年病逝，之后不久齐国内乱。

③ 臧孙辰：春秋时期鲁国大夫臧文仲。《论语·卫灵公》载，"子曰：'臧文仲其窃位者与！知柳下惠之贤而不与立也。'"

乖 龙①

乖龙苦行雨,窜匿牧童耳。
雷神捕乖龙,牧童为之死。
伤哉童何罪,被累乃至此。
天罚尚如斯,吏法可知矣。

漫 兴

人殊涑水②仍迂叟,官异庐陵③亦醉翁。
六十年来成底事,只应妻子笑痴聋。
往事都从忙里错,今朝顿悟昨时非。
蒲团一个三升酒,谁识先生是少微④。

《参同契》⑤考异

一卷《参同》校汗青,崆峒道士注丹经。
小儒休诋神仙事,须识邹欣是考亭。

（说见《四库全书》简明目录）

---

① 乖龙:传说中的孽龙。
② 涑水:指司马光,号迂叟,山西夏县涑水乡人,世称涑水先生。
③ 庐陵:指欧阳修,吉州庐陵(今江西吉安)人,故名。
④ 少微:古代星官名。泛指一般官员和士大夫。
⑤ 《参同契》:指《周易参同契》,东汉魏伯阳著,简称《参同契》,是道教最早的系统论述炼丹的经籍。空同通"崆峒"。朱熹化名为空同道士邹欣,作《周易参同契考异》。

漫 兴

轻材①岂足论长短，丹鼎②应须辨赝真。
塞上一鸿休笑我，关中三象却愁君。
平生颇厌江西路③，下走④难为冀北群⑤。
放眼前途千万里，满肩行李日西曛。

忘

华子⑥病忘者，而非自在忘。
不如游太素，长此混中央。
天地且无有，古今只渺茫。
达哉吾丧我，聊与叩蒙庄。

---

① 轻材：小才，浅薄之才。
② 丹鼎：炼丹用的鼎。
③ 江西路：民间传说中中榜举子为感激神仙护佑而修筑的路。此处意指科考之路。
④ 下走：走卒，供奔走役使的人，此为自称谦辞。
⑤ 冀北群：古冀州之北所产良马。借指优秀超群的人才。《左传》载："冀之北土，马之所生。"
⑥ 华子：见140页注①。

汲长孺①

深文廷尉徒怀诈，曲学公孙等发蒙。
臣是淮阳卧治②者，更无他技止愚忠。

久 任

久任招仇易，严威致怨多。
远惭东里子③，谁嗣暮年歌。

客 兴

五载捞鲜鲫，双江觅活虾。
酒柑④添垒块，肴笋长权枒。
岂不怀文轸⑤，其如困画叉⑥。

---

① 汲长孺：汲黯，见122页注④。

② 卧治：汲黯多病，任淮阳太守时，常卧床不起，但郡内大治。据《史记·汲郑列传》载，武帝说："吾徒得君之重，卧而治之。"后以"卧治"喻政事清简，无为而治。

③ 东里子：早期氏族部落的贤臣。《路史·禅通纪》载："东里子者，贤臣也，谏不行，而醳之，粟陆氏杀之。天下叛之，粟陆氏以亡。"

④ 酒柑：疑为柑酒，柑子酿的酒。

⑤ 文轸：同"文轨"，指文字和车轨。古代以同文同轨为国家统一的标志。引申为疆域。

⑥ 画叉：用以悬挂或取下高处立幅书画的长柄叉子。

杨生休哄我，小住暂为家。

催 征

恐他胥吏逼呼号，郑重亲来劝尔曹。
念我衰年迁拙吏，为谁饥渴为谁劳。

山行即景

清晓乘兴万仞巅，洞林深处上炊烟。
茶花满路开黄白，腊月天如八月天。

松枝有极肖花翎样者，戏咏以赠

昔日苍苍五大夫，而今翠尾又垂颅。
怜君不系珠毛类，何事相夸孔雀图。

迦 陵①

陈氏填词图②共宝，洪家③拍曲门同摩。

---

① 迦陵（1625—1682）：陈维崧，字其年，号迦陵，常州府宜兴县（今江苏宜兴）人，明末清初词人、骈文家，阳羡词派领袖。

② 《填词图》：即《陈检讨填词图》，又称《迦陵先生填词图》。

③ 洪家：应指洪昇（1645—1704），字昉思，号稗畦，清代戏曲家、诗人。戏曲代表作《长生殿》。此句底本有涂改，缺一字。

却怜南国珍如此，试比东方砚若何。

（赵高邑砚铭）

魏　武

炎灵不振势如髦，自是当涂①气运高。
只许两雄争此鼎②，那知三马竞同槽③。
飞扬跋扈生前恣，婉娈绸缪④死后劳。
惆怅他年铜雀妓⑤，九疑⑥何处望蓬蒿。

疑　冢

高冢累累七十二，有无真骨尚难凭。
华阳西路松楸老，樵牧今犹泣惠陵⑦。

---

① 当涂：源于"当涂高"，汉代谶语，代指三国时期取代汉的魏。

② 两雄争此鼎：应指楚汉相争。

③ 三马竞同槽：隐指司马懿父子三人篡魏。

④ 婉娈绸缪：对家事的安排。婉娈即依恋，指家庭。语出陆机《吊魏武帝文并序》："然而婉娈房闼之内，绸缪家人之务，则几乎密与。"

⑤ 铜雀妓：指三国曹操的歌舞妓。据《邺都故事》载，曹操建造铜雀台，命其子葬其于邺之西岗，妾妓居铜雀台上，早晚祭奠，诸子也经常登台瞻望西陵墓田。

⑥ 九疑：亦作"九嶷"，山名。

⑦ 惠陵：指汉惠陵（刘备墓）。

王彦章[①]

砀山贼据汴东西，若个英雄择木栖。
已许一枪佐朱晃[②]，肯教三矢过梁堤。
威名死后终留豹，大敌生前藐斗鸡[③]。
最是庐陵能善善，流连画像手亲题。

封　篆[④]

郡吏封符日，村童放学时。
偷闲饮文字，续梦呓诗词。
案牍劳催结，亲朋信补遗。
病痊诸药弃，珍重只当归。

[①] 王彦章（863—923）：字贤明，郓州寿张（今河南台前）人，五代时期后梁名将。欧阳修《新五代史·王彦章传》载，王彦章常对人说："豹死留皮，人死留名。"军中号"王铁枪"，被擒后拒降被杀。

[②] 朱晃（852—912）：梁太祖朱温，后梁开国皇帝，即位后改名朱晃。

[③] 斗鸡：指后唐开国皇帝庄宗李存勖，他看重并想招降王彦章，但王彦章看不起他，称他为"斗鸡小儿"。

[④] 封篆：旧时官署于岁末年初停止办公之称。官印多为篆文，停止办公即封印。

贻　上①

贻上靳②秋谷③，《谈龙》④颇见嗤。

剧怜声调谱，冤杀汉唐诗。

一自拘音节，何能惬意辞。

休文平仄手，邻下⑤亦无讥。

祠灶日大雷雪

雷雪同时作，由来罕见闻。

世人方错愕，天地自絪缊⑥。

大造无常理，迂儒只守文。

穹高不可问，且叩祝融君⑦。

---

①　贻上：王士祯，见46页注④。

②　靳：此指讥笑、奚落、戏辱。

③　秋谷：赵秋谷，见46页注③。

④　《谈龙》：赵执信著有《谈龙录》。

⑤　邻下：邻下无讥，言其微不足道。

⑥　絪缊：古代指天地间阴阳二气交互作用的状态。

⑦　祝融君：号赤帝，中国古代神话中的火神、南方神、南岳神、南海神、夏神、灶神，五行神之一。

喜 雪

麦种祈甘雨，䅟①田望瑞霙②。

天随人所愿，雷与雪同行。

下吏惭凉德，斯民庆厚生。

更期来岁稔，次第卜秋成。

读律有感

律中之律费搜寻，律外谁能细酌斟。

识得原情诛意处，白头从事总担心。

除夕口占二绝

上考③费周章，下考滋咎戾④。

不如考中中，循我过年例。

今夜逾花甲，明朝长马齿。

壮犹不如人，老更可知矣。

---

① 䅟（móu）：大麦。
② 霙：雪花。
③ 上考：指官吏考绩列上等。
④ 咎戾：罪过，灾祸。

锥①

颖似尖针柄似枪，劲于顽铁软于钢。
助成苏子六金印，投入平原一绣囊。
不遇神槌应是幸，须知跃冶总非祥。
怜君用尽钻刓②力，垂老犹思逞秃铓。

春 兴

桃红杏粉梨花白，韭绿葱青菜蕊黄。
自是天然新气象，六朝安得此文章。

仲 舒

仲舒罪刘兰，康成愤王弼。
书生竞名理，没世犹辨诘。
兰弼固多事，董郑亦褊促。
不闻余姚王③，起责平湖陆。

---

① 锥：指毛遂自荐、脱颖而出的典故。
② 刓（wán）：此处为雕琢意。
③ 余姚王：王阳明。

月季花

叶是朝朝绿，花为月月红。
有天皆媚景，无日不春风。
四气温凉备，终年点缀工。
由来丹颊女，妒杀白头翁。

偶 兴

墨翟悲素丝，杨朱泣路歧。
以彼方外者，怀抱犹若斯。
宣尼亦有训，磨涅不磷缁①。
惜无坚白质，茫茫何所之。

子 云②

符命美新室，文章殊自劳。
怜君好奇字，不识卯金刀③。

---

① 磨涅不磷缁：磨了以后不变薄，染了以后不变黑。比喻意志坚定的人不会受环境影响。语出《论语·阳货篇》："然，有是言也。不曰坚乎，磨而不磷；不曰白乎，涅而不缁。"
② 子云：扬雄。
③ 卯金刀：指刘姓。此指子云（扬雄）对汉室的背叛。

楚 汉

英雄角逐崤函外,一鹿亡时万马奔。
自是天心开大汉,不关人力有中原。
将军底死难为下,亭长居然作至尊。
俯仰古今兴废事,悠悠成败岂堪论。

钓 饵①

荆公食钓饵,将错以掩错。
即小可见大,始终祇怙恶。

述 怀

坐阅双江七度春,黄堂犹是宰官身。
平生不作亏心事,世上应无厌目人。
鸾凤鹰鹯仇季智②,蕙兰椒楸屈灵均③。
升沉有命何须计,所愧铜章一字仁④。

---

① 钓饵:指王安石贪食鱼饵的典故。
② 仇季智:仇览,字季智,陈留考城(今河南民权)人,东汉官吏。《后汉书·循吏列传》载:陈留县令王涣听闻仇览以德化人,对仇览说"得无少鹰鹯之志邪?"仇览回答:"以为鹰鹯不若鸾凤。"
③ 屈灵均(约前340—前278):屈原,名平,字原,又字灵均,出生于丹阳秭归(今湖北宜昌),战国时期楚国诗人、政治家。
④ 铜章一字仁:指作者任知府的铜仁。

漫　兴

老妻不肯酌金罍，儿辈何从注瓦杯。
独有醯鸡①知我意，似曾相劝又飞来。

新生送学礼②成赋诗志喜并以勖之

万里风云起泮林，黉堂一颂兆佳音。
世间难得无瑕玉，我辈当如及范金③。
小范安排天下计，老韩珍重国生心。
他年次第成奇器，应忆区区属望深。

示家人

素少鹰鹯志，常招燕雀嗤。
旁观空复尔，重咎竟归谁。
作吏惭儒懦，当官慎罪疑。
老夫诚不敏，若辈又何知。

---

① 醯（xī）鸡：即蠛，酒瓮中生的一种小虫。也比喻见闻狭隘的人。
② 送学礼：清代地方官为官学新生举行的入学典礼。地方官发帖邀集新生，为其簪挂花红；率领新生到孔庙大成殿，向孔子圣像行三跪九叩首的谒庙礼；率领新生到儒学明伦堂，向教官行谒师礼。
③ 范金：以模子浇铸金属。犹贴金、镀金。

形　家

救贫推衍锦囊经，从此形家竞讲形。
只诩佳城看郁郁，那知福泽听冥冥。
赵兴有意干妖禁①，蔡靖无劳叩鬼灵②。
我爱嵇生阳宅论，稚川③生地莫丁宁。

竹　国

竹国之蚊健而驶，朝暮薨薨闹如市。
时来嘬人逞鬼技，一柄龙须拂不死。
老夫衰朽形俱委，愧无膏血供尔嘴。
乘间投隙空复尔，难怪中宵喧未已。
一朝西风撼阶阤④，可怜豹脚僵不起。
飞者都作霜后蚝，潜者亦成雪中蚁。
吁嗟乎！
祸福从来相伏倚，炎天之热胡可恃。

---

① 赵兴有意干妖禁：赵兴，东汉下邳（今江苏邳县）人，章帝时为司隶校尉。无讳忌，每入官舍，经常缮修馆宇，移穿改筑，故意冲犯妖禁，而爵禄益盛。官至颍川太守。

② 蔡靖无劳叩鬼灵：蔡靖，宋代钱塘富户。蔡靖兄弟曾请有相墓之术的张鬼灵相墓，次年兄弟二人双双中举。

③ 稚川（283—363）：葛洪，字稚川，自号抱朴子，丹阳郡句容人，东晋道教理论家、炼丹家和医药学家。世称小仙翁、稚川真君。

④ 阤（shì）：指台阶两边砌的斜石，也泛指台阶、门槛。

蠢尔①幺麽②竟昧此，彼幺麽者何足訾。

宸宕

宸宕逍遥此世间，风波滚滚几时闲。
不知炎海皆愁海，却认冰山是泰山。
春草频频晞露气，秋花渐渐褪霜颜。
雁云鸂③水踪无定，输与轩昂一白鹇④。

自嘲

表率无能常闭阁，劳形有事惯排衙⑤。
身宫⑥不合居磨蝎，面色何曾似削瓜⑦。

---

① 蠢尔：无知蠢动貌。

② 幺麽：指微不足道的人、小人。

③ 鸂（xī）：水鸟名。

④ 鹇（xián）：鸟名，尾长，雄鸟背为白色，有黑纹，腹部黑蓝色。

⑤ 排衙：旧时主官升座，衙署陈设仪仗，僚属依次参谒，分立两旁，谓之排衙。

⑥ 身宫：古代相术家认为，身宫代表后天运势。后天的努力，往往可以改造命运，为辅助命宫之宫垣。

⑦ 削瓜：削去皮的瓜。谓青绿色。

汉　魏

叹息炎刘夕照曛，狐儿竟敢鼓妖氛。
汉家治乱何劳尔，天下英雄独使君。
巫峡连营①如得志，邺都狂寇②岂能军。
世人莫道吞吴失，自是苍苍要鼎分。

戏赠萧黄二炼师

一纸灵符降玉真，三官遣使竞搜珍。
婴儿③姹女④知何处，壬妇丁夫⑤枉费神。
衔石可怜精卫海，凿山谁惜夜郎津。
黄金用尽丹砂渺，愁杀良常老病身。

---

①　巫峡连营：指夷陵之战。刘备与东吴在巫峡作战，刘备大败。
②　邺都狂寇：指曹操。邺都即邺城，是曹操进位魏王之后的都城，也是曹操时代最主要的政治、经济、军事中心。
③　婴儿：道教外丹术语，指铅。
④　姹女：道家炼丹术语，指水银。
⑤　妊妇丁夫：即女丁妇壬。阴阳家以丁为火，以壬为水。丁为阳中之阴，壬为阴中之阳。以丁女而为妇于壬，则水火相合，谓之"女丁妇壬"。

秋 兴

朝来涷雨①晚虹隮②,万感茫茫秋色凄。
狡兔有蹄三凿窟,醉虫无骨一堆泥。
经霜蒲柳摇荒径,带露萧兰剩小堤。
独上江亭凝远眺,九疑云物望中迷。

粥

穿肠酒肉闷如何,清气难胜浊气多。
新得眉山餐粥法,不须医药自除疴。

物 兴

白蚁千椽孔,青蝇四壁斑。
有时猨玃③见,无日蟢蛛还。
同穴鵌④偕鼵⑤,比邻触斗蛮⑥。

---

① 涷(dōng)雨:暴雨。
② 隮(jī):升起;虹;云气;坠落。
③ 玃(jué):古书中记载的一种大猴子。
④ 鵌(tú):古书中记载的一种与鼠同穴而居的鸟。
⑤ 鼵(tū):古书上记载的一种与鵌鸟同穴而居的鼠。似家鼠而小,亦称"兀鼠"。
⑥ 触斗蛮:指"蛮触",见231页注④。

物情如此幻，天运抑何艰。

古意二首

人采莲肉甘，侬采莲心苦。
心苦只为郎，知郎许不许。
夜凉不成寐，含泪理孤衾。
如何窗隙月，照面不照心。

韩文公

八代之衰瞻北斗，一生所恶是黄冠。
世无孔孟为师易，家有神仙辟老难。
不分通儒讥柱史，只应朽佛怕秋官。
前潮后海碑千古，何羡罗池荔子丹[①]。

读史有感

将军珠米冤终始，宰相金糖混假真。
一碧长埋千载血，九渊难洗百年身。

[①] 罗池荔子丹：罗池熟透的荔枝。罗池为柳州名胜，柳宗元被贬柳州刺史，后病逝于此。荔子丹指成熟变红的荔枝。韩愈《柳州罗池庙记》写道，柳宗元死后托梦部将欧阳翼"馆我于罗池"，文中有"荔子丹兮蕉黄，杂肴蔬兮进侯堂"句。

明妃①墓

纵选昭阳第一宫，好花能占几春风。
紫台青塚高千古，月夜魂应感画工。

六言二绝效东坡体

昔日清班馆阁，而今俗吏风尘。
敲朴②喧嚣溷③我，牒诉倥偬④恼人。

八年催科政拙，七载抚字心劳。
何时优游北塞⑤，薄暮徙倚东皋⑥。

祈 雨

种麦急需雨，拈香虔祷神。
乞灵无鲊⑦答，祈福有牺身。

---

① 明妃：王昭君。晋代避司马昭（文帝）讳，改称明君，又称之为明妃。
② 敲朴：鞭打刑具，敲短朴长。亦指敲打鞭笞。
③ 溷（hùn）：混浊，混乱。
④ 牒诉倥偬：处理紧急诉状公务等。
⑤ 北塞：指作者的家乡。
⑥ 东皋：水边向阳高地，泛指田园、原野，此处借指家乡。
⑦ 鲊（zhǎ）答：古代用于祈雨的某些兽畜的内脏结石。

巽二^①停飘簸，离三^②隐昃^③轮。
苍天不嗜杀，应会救斯民。

戏咏井上李^④

舍身施及化生虫，尚有余甘救士穷。
一颗零丹延两命，羡君真会作阴功。

混 沌

略具形骸废物同，块然如瞽复如聋。
倏南忽北胡为者，尽在先生闷闷中。

李 杜

大唐才子邈无伦，绝代真狂不可驯。
若问千秋风雅主，浣花溪上有诗人。

---

① 巽二：古代传说中的风神名。
② 离三：应指太阳东升西落，高悬天空，连续照耀之意。
③ 昃（zè）：太阳偏西。
④ 井上李：见"井上有李"，指一颗李子救了金龟子幼虫和陈仲子两条命的故事。典出《孟子·滕文公篇》："井上有李，螬食实者过半矣，匍匐往，将食之，三咽，然后耳有闻，目有见。"

郡斋^①新出芙蓉一本，霜节开白花，数日而变红，偶纪以诗

黄花晚节韩忠献^②，何物芙蓉竟效公。
白首紫袍等闲事，锦堂应署老来红。

屈　平^③

曾子^④杀人难信母，直郎^⑤盗嫂乃无兄。
从来积毁能销骨，芳草何须怨鵙鸣。

---

① 郡斋：郡守起居之处。此处应指作者的居所。
② 韩忠献：见135页注①。
③ 屈平：屈原，见245页注③。
④ 曾子杀人：同"曾参杀人"。典出《战国策》。指谎言重复多次，就会被人相信，喻流言可畏。曾参（前505—前435），字子舆，春秋末年思想家，孔子弟子。
⑤ 直郎：直不疑，汉代官员。《汉书·直不疑传》载，有人诬直不疑盗嫂，他辩解"我乃无兄"，但还是没办法证明自己的清白。后以"无兄盗嫂"指无中生有的诽谤。

季 伦[①]

陆机临难悲乡景,潘岳[②]将终谢老亲。

为问石家守钱虏,可思金谷坠楼人[③]。

良 常[④]

竞道良常福地宽,老公何事信欺谩。

黄金用尽开山本,为问烧成几许丹。

癸酉八月六日戏柬杨定斋阁长前辈(录旧作)

望断荷残桂发初,星轺[⑤]几辈又登车。

却怜差事成差事,应笑中书不中书。

何处白莲辉院宇,依然红叶冷阶除。

---

① 季伦(249—300):石崇,字季伦,渤海南皮(今河北南皮)人,西晋时期大臣、文学家、富豪。

② 潘岳(247—300):潘安,字安仁,荥阳郡中牟县(今河南中牟)人,西晋时期文学家。被孙秀诬以谋反而诛灭三族,与好友石崇一同被行刑,对石说:"可谓白首同所归。"指潘岳曾有《金谷诗》给石崇:"投分寄石友,白首同所归。"

③ 金谷坠楼人:指绿珠。石崇因不肯将绿珠献给孙秀而获罪,绿珠在他面前坠楼而死。金谷即石崇别馆金谷园。

④ 良常:山名,在润州句容县。司马承祯《天地宫府图》中的第三十二小洞天,名为良常山洞天。

⑤ 星轺:使者所乘的车,亦借指使者。

秋槎①已逝春闱渺，更与先生赋子虚。

（韩诗差音诧，此借平）

范少伯②

胆中辛苦十年经，身外湖山一路青。
岂有鸱夷③轻舸逐，朔风愁杀语儿亭④。

书丹溪方⑤后

小令项何强，大人容何骫⑥。
脊梁贵自竖，焉用饵豚髓。

---

① 秋槎（chá）：传说中每年八月往来于天河与海之间的浮槎。槎：以木、竹编成的浮筏。

② 范少伯：范蠡。

③ 鸱夷：鸱夷子皮，范蠡经商时取的名字。

④ 语儿亭：亭名。在嘉兴县南一百里。唐陆广微《吴地记》载："勾践令范蠡取西施以献夫差，西施于路与范蠡潜通。三年始达于吴，遂生一子。至此亭，其子一岁，能言，因名语儿亭。"

⑤ 丹溪方：指丹溪先生朱震亨的药书。朱震亨（1281—1358），字彦修，婺州义乌（今浙江金华义乌）人，元代医学家。因其故居有丹溪，人称"丹溪翁"或"丹溪先生"。著有《局方发挥》《丹溪心法》等。这首诗应该是写在朱震亨的药书之后。

⑥ 骫（wěi）：骨端弯曲。引申为枉曲、弯曲。

感　兴

身作是非林，言为哀乐音。

青天以应事，暗室只扪心。

宦网危三戒①，儒冠愧四箴②。

何当濠上坐③，一为豁尘襟。

寄题复园怀康次蘅

有客来黔话汉南，复园新构胜陶庵。

何时一拨牂牁櫂④，红绿丛中晤德涵。

病　起

才见霜飞又雪寒，三旬病体幸粗安。

简书⑤批阅分朱墨，药裹⑥收藏志碧丹⑦。

聊为俗谣权止酒，稍从妻劝勉加餐。

衰年不作儿孙计，只愧余生报国难。

---

① 三戒：指柳宗元的寓言《三戒》。
② 四箴：指程颐的"程子四箴"，即视、听、言、动箴。
③ 濠上坐：见"濠上之乐"，指悠闲舒适的情趣。典出《庄子·秋水》。
④ 櫂（zhào）：划船用的桨。
⑤ 简书：此处指一般文牍。
⑥ 药裹：药包、药囊。
⑦ 碧丹：传统中药方剂，主治喉症。

扬州牧①

何事扬州牧，无端困右军②。
谅因为骠骑，翻不及鹅群③。

郡绅请建生祠④，诗以谢止

舆情悱恻将离际，碑禁⑤森严见任中。
岂有爱阴留召伯⑥，漫劳生祭享于公⑦。
一官贻笑黔驴伎，两度怀惭竹马童。
为谢桐乡诸父老，可能留待百年翁。

---

① 扬州牧：指骠骑将军、扬州刺史王述。

② 右军：指王羲之。王述任扬州刺史时，王羲之任会稽太守，会稽属扬州管辖，二人不和。

③ 鹅群：此处指王羲之爱鹅故事。

④ 生祠：为活人建立的祠庙。

⑤ 碑禁：禁止立碑的制度。为禁止奢靡厚葬之风，从魏晋南北朝到明清，历代都有碑禁制度，不准擅自立碑。清朝碑禁森严，道光之后，皇帝陵寝前都不许立功德碑。后期更强调不许官员离任时立功德碑、送万民伞之类。

⑥ 召伯：姬奭（shì），西周宗室，因采邑于召，故称召公，又称召伯。召伯辅佐武王、成王、康王三代，开创"成康之治"，因此深受爱戴。他曾在一棵棠梨树下办公，后人为纪念他，舍不得砍伐此树。

⑦ 于公：西汉丞相于定国之父。曾任县狱吏、郡决曹，以善于决狱成名。被依法判刑的人，都心服口服。百姓为他立了生祠，称于公祠。

答友人劝谒并代陈归省各一绝

地僻何为闻角恨，台高自愧折腰难。
药囊书篚须亲裹，为告无闲去候安。

逸少辞官耻王述，威明①避第激胡芳。
鲰生不敢希前哲，可许归依柏树旁。

可 笑

可笑频年恼是非，热衙争及冷柴扉。
陡然跳出风尘界，白首黄冠亦少微。

答门人呼鹤皋

淮安郡里人高卧，滁守亭前酒冷香。
政拙心劳应下下，是谁亲考道州阳②。

居官不作官官面，处事何劳事事衷。

---

① 威明：皇甫规，见35页注⑤。
② 道州阳：阳城（736—805），字亢宗，定州北平县（今河北满城）人，唐德宗时为道州刺史，故称阳道州。

只愧眼前无晋尹①,那期身后有兴公②。

客 寓

白昼鼠纷窜,黄昏蛇屡过。
胡为一阳宅,乃杂众阴魔。
我欲除兹害,谁知豢者多。
剑符不在手,其奈尔何妖。

老 牛

重负难支滑路边,前驱只趁顺风先。
怪他双耳皆无窍,底事回头惯听偏。

---

① 晋尹:据前文文义,此指刘惔。刘惔字真长,沛国相县(今安徽淮北)人,东晋大臣,永和名士。因曾任丹阳尹,史称"刘尹"。刘惔死后,孙绰作诔文称他"居官无官官之事,处事无事事之心"。

② 兴公(314—371):孙绰,字兴公,东晋中都(今山西平遥)人,书法家、玄言诗大师和一代文宗。永和九年(353),与王羲之、谢安等四十一人会于兰亭,孙绰被推举撰《兰亭集诗·跋》。作品有《天台山赋》等,其《秋日》类诗是谢灵运山水诗的先声。

庞士元①

耒阳岂有荒芜地,即墨②胡来谤毁辞。

从古畸人多朴钝,任他流俗漫瑕疵。

一官虽免雏声在,百里何劳骥足驰。

为问东吴牛马辈,是谁忠臆报恩知。

(顾牛陆马③末用杨戏赞语④)

示子一首

昨岁何功膺表荐,今番底事拟珠弹。

可能吴宰终归范⑤,未必萧丞竟败韩。

尔辈犹惭糊口俙,老夫奚恋折腰官。

---

① 庞士元(179—214):庞统,字士元,号凤雏,汉时荆州襄阳(今湖北襄阳)人,东汉末年刘备帐下重要谋士,与诸葛亮同拜为军师中郎将。庞统早年曾为耒阳令,因不治政事被免。

② 即墨:指阿大夫毁谤即墨大夫事。

③ 顾牛陆马:庞统为周瑜送丧离开时,东吴陆绩、顾劭等人送他至昌门,想听庞统对他们的评价。庞统说:陆绩是一匹驽马,有逸足之力;顾劭是一只驽牛,能负重远行。

④ 杨戏赞语:杨戏,蜀汉大臣。作《季汉辅臣赞》赞美庞统:"军师美至,雅气晔晔,致命明主,忠情发臆,惟此义宗,亡身报德。"

⑤ 范:指范浚(1102—1150),字茂名,婺州兰溪香溪镇(今浙江兰溪)人,宋朝理学家、教育家、诗人。世称"香溪先生"。著有《香溪集》。有七言绝绝句《龙游吴宰因劝农过寓居》:"令君剖剧久推贤,人谓贤如百里天。最绩已优恩已洽,讼堂无事日鸣弦。"此诗使吴宰(吴地县宰)留名。

此行无复婆娑意，祗愧天恩再报难。

醉 翁

白发苍颜半带酡，酿泉酣燕兴如何。
闲来且与滁人①乐，禽鸟无知一任他。

咏 史

麟楦既弗耻，鹤轩又焉訾。
名士类若此，伪学可知矣。
纷纷险怪取贵仕，非古非今谁氏子。

乞 假

郑卿不耻孔张后②，齐士应羞颜斶前③。

---

① 滁人：滁州的人。出自欧阳修《醉翁亭记》："往来而不绝者，滁人游也。"此处代指作者为官所在地的民众。

② 郑卿不耻孔张后：指历史上著名的"孔张失位事件"。郑卿即春秋时期郑国国相子产。在郑国接待晋国的重要外交典礼上，郑国大臣孔张站错了位置，致使郑国形象受损。有人因此指责子产。子产认为孔张身为重臣且世代为官，不应该犯这样的错误，自己作为执政者没什么好羞耻的。

③ 颜斶（chù）前：让颜斶上前来。典出《战国策·齐策四·齐宣王见颜斶》。颜斶，战国时期齐国人，隐居不仕。此指颜斶与齐宣王关于国君与士人谁尊谁卑的争论，表现了士人不慕权势、洁身自爱的傲气与骨气。

敢道归真完太璞，只求清净毕余年。

梦得二联，不解所谓，以似《无题》绝句，姑存之

乍火乍冰穷鸟怖，自埋自㧐①野狐狂。
一车疑鬼难逢雨，六月冤囚易感霜。

星 命

磨蝎生辰古所非，壁貐②临命自相违。
服箱无力欢牛奋，激矢虚名鬭虎威。
共说丁夫怨壬妇，远防乙妹妒庚妃。③
演禽推宿终何益，懒向图南④叩紫微。
（紫薇数伪托希夷⑤名）

---

① 㧐（hú）：掘，搅浑。
② 壁貐：壁水貐，即壁宿，是古代中国神话和天文学的二十八宿之一，由两颗星组成。因其在室宿之东，像室宿的墙壁，又称东壁。壁宿主天下文章，为天下图书之秘府。
③ 丁夫怨壬妇：疑指八字命理不合之说。乙妹妒庚妃亦为星象命理之说。
④ 图南：南飞，南征。出自《庄子·内篇·逍遥游》："背负青天……而后乃今将图南。"后以喻人志向远大。
⑤ 希夷：指虚寂玄妙或清静无为、任其自然；代指道家、道士。出自《老子》："视之不见名曰夷，听之不闻名曰希。"

戒子侄

其一
水水心无底,山山气不平。
一官丛怨府,八载绊愁城。
甘苦儿同历,安危尔自明。
宁为清白子,莫作荐绅生。

其二
臭味多因热,灰心久更寒。
胡为来谤箧,最误是儒冠。
事势飞黄易,声名即墨难。
老夫蛛网在,指与尔曹看。

殷　浩[①]

何事苍生竟误公,几番冷热总虚空。
只余衣钵千秋在,多少名徒画饼中。

---

① 殷浩(303—356):字深源,陈郡长平县(今河南西华)人,东晋时期大臣、清谈家。隐居十年后受会稽王司马昱征召,后奉命北伐兵败,受桓温弹劾而废为庶人,流放于东阳郡病逝。

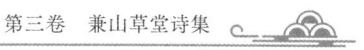

布 衣

汉相①功名惟布被②,荆公事业只粗衣。
可怜汲黯苏洵后,更有何人识此机。

目 游

目游笔洞怯登峰,心醉铜崖懒挂筇。
千石养廉千石酒,一天和尚一天钟。
兰亭逸性难为俗,柳下卑官易不恭。
自系真长③无事事,岂关伯始④少容容。

再乞假

搏童噬犬误虚名,酒癖书呆颇近情。
但得开笼放归鸟,画图终古感毛生。

---

① 汉相:指西汉丞相公孙弘。
② 布被:布制的被子。借指生活清苦。
③ 真长:指刘惔,孙绰称他"居官无官官之事,处事无事事之心"。
④ 伯始(91—172):胡广,字伯始,南郡华容县(今湖北监利)人,东汉名臣、学者。位列三公,历事六朝。《后汉书·胡广传》载,"京师谚曰:'万事不理问伯始,天下中庸有胡公。'"

望云溪洞

又见云溪翠壁高,八年来往七周遭。
山灵顾我应微哂,吏拙如君为底劳。

李将军①

少年才气壮飞腾,百战封侯讵弗应。
自是将军无福运,不关元帅忌功能。
数奇偏会迷沙道,势去还当屈灞陵。
独有诗人公论在,南山射虎至今称。

答友人

也无天女伴居士,何用督邮②中圣人。
白发封侯一场梦,黄冠③故里再来身。

---

① 李将军:指李广。

② 督邮:古代官职名,督邮书掾、督邮曹掾的简称。是汉代各郡的重要属吏,每郡分若干部,每部设一督邮,代表太守督察县乡,宣达政令兼司法等。

③ 黄冠:指箬帽之类用箬竹的篾或叶子制成的帽子,用来遮雨遮阳。借指农夫野老之服。

蟹

双螯利于翦,满腹是膏脂。
毕竟归渔断,横行得几时。

除夕口占

更无豪兴倾椒醑①,且拟残年咬菜根。
等是天涯春梦客,几人惺者几人昏。

李 陵

国士如何负国恩,更怜蚕室②累龙门③。
于思若有归来日,盲笔犹应恕华元④。

山塘偶兴

顶丹并耀乘轩鹤,背绿相鲜出水蛙。
不见昂昂争起舞,只闻聒聒竞喧哗。

---

① 椒醑:以椒浸制的芳烈之酒。
② 蚕室:即蚕室刑,也称宫刑。
③ 龙门:代指司马迁。司马迁生于龙门。
④ 华元(?—前573):春秋时期宋国大夫,六卿之一。据《史记》载,华元被郑国俘虏后,未等赎金送到便自己逃回宋国。"君子讥华元不臣矣。"

登徒①死恋迷人洞，博望生盘织女槎②。
惆怅三清沦谪吏，可能投老此生涯。

千 篙

千篙不转相风旂，斾下炉鎚世所稀。
大力纵饶欧冶③器，利心终愧汉阴机④。
舟经逆浪难为驶，轴遇方穿⑤枉费豨⑥。
安得虹桥长万里，横空直过洞庭矶。

所 见

门停珠履三千⑦客，户启金钗十二房。

---

① 登徒：即登徒子。战国时期楚人宋玉《登徒子好色赋》中人物。后世称好色者为"登徒子"。

② 博望生盘织女槎：即《博物志》载"博望仙槎"所述张骞乘槎去天河，遇织女得到支机石的故事。"博望"指曾封博望侯的张骞；"盘"指搬运；"槎"指竹筏，乘槎可来往于海上和天河之间。

③ 欧冶：指欧冶子，春秋时期越国人，铸剑鼻祖，龙泉宝剑创始人。后泛指铸剑高手或能工巧匠。

④ 汉阴机：指汉阴丈人所斥笑的"机心"，即巧诈之心、机巧功利之心。典出《庄子·天地》。

⑤ 方穿：方形的孔。

⑥ 豨（xī）：本义指野猪。此处应为象声词，表叹息声。

⑦ 珠履三千：同三千珠履。出自《史记·春申君列传》，春申君的三千门客都穿着用珠玉装饰的鞋子，形容贵宾众多且豪华奢侈。

竟日烟花魔不了，那来余隙会冠裳①。

客　赞

客赞王公美，僧笼寇相诗②。
位高文自贵，权大语皆宜。
瓿甊从他覆③，竽簧任尔吹。
却怜聋瞽辈，辛苦为书眉。

惠　施

天忌无所逃，人忌未是厄。
惠施忌庄叟，惜哉气量窄。
渊鱼自有乐，腐鼠何用嚇。
须信龟曳尾④，终不鹤锻翮。

---

① 冠裳：官吏的全套礼服。此处指穿着官服正式拜见的（下级）官员。
② 僧笼寇相诗：指寇准的诗延续了九僧体的风格。僧代指"九僧体"。宋初惠崇等九位僧人崇奉晚唐体，多写隐逸闲趣和林下生活，风格清奇雅静，其诗被称"九僧体"。笼：包含，包括。
③ 瓿甊（bù）从他覆：见"覆酱瓿"。典出《汉书·扬雄传下》，意为著作无人理解，毫无价值，多用于自谦之辞。甊，古代陶制容器。
④ 龟曳尾：见成语"曳尾涂中"。指乌龟拖着尾巴在泥中爬行。出自《庄子·秋水》，比喻过隐逸的不受约束自由自在的平民生活。

史方伯枉驾见过，谢之以诗

星云队仗气森森，蓬荜门前跫足音。
惭愧舞阳①何等辈，却劳轩驾一亲临。

削冰为山戏咏一绝

冰质居然会作山，此山巧滑岂胜攀。
一朝烈日当天际，几见凝阴在世间。

宦　海

已绝强台望，奚愁宦海魇。
耳焞②慵听鼓，心冷厌闻锣。
身世塞翁马，家风道士鹅。
秋槎催倦容，底用久蹉跎。

乞　假

八载鸿留爪，三湘鹢退③身。

---

① 舞阳：指秦舞阳，亦作秦武阳，战国末期燕国武士。年少时犯杀人案，后被燕太子丹找到，随荆轲赴咸阳刺秦王，荆轲被杀，《史记》中没有交代秦舞阳的下落。

② 耳焞（tūn）：应指耳鸣。

③ 鹢退：亦称鹢路。指想前进而被迫后退，喻不利的仕途和处境。鹢，一种水鸟，高飞时遇风而退。出自《左传·僖公十六年》："六鹢退飞，过宋都。"

雪泥掩倦客，风浪听舵峥。①
宦味轻于肋，尘容瘦欲皴。
封侯料无分，底事蠖②求伸。

白　昼

白昼掏摸辈，颇以能自恃。
何为贪毫末，而不畏指视。
乃知梁上者，其人尚有耻。

读纪侯③传

州公朝不复，纪侯国大去。
虽短经世策，颇长先几虑。
强邻非吾耦，危地焉可踞。
时无贤方伯，嗟哉依何处。

---

① 此句底本多次涂改后模糊不清。疑为"雪泥掩倦客，风浪听舵峥。"
② 蠖：尺蠖，昆虫名。行动时身体一屈一伸地前进。
③ 纪侯：疑指纪炀侯。纪炀侯进谗言，让周夷王烹了齐哀公，从此齐国与纪国反目成仇。

大　言

延广虚磨十万剑[①]，王元谩请一丸泥。
大言轻敌千秋笑，死豹何须貌斗鸡。

自　嘲

平生惭愧拜车尘，何用吹嘘觅路津。
齿冷应难回肋味，项强只合老头巾[②]。

老　夫

子由人海殊多事，孝绪[③]天山[④]尚有家。
自分轻材非骥騄[⑤]，不胜鞭策是麏麚[⑥]。
林间种杏添丹灶，帐后吹笙隔绛纱。

---

① 十万剑：指"十万横磨剑"之典。《新五代史·晋臣传·景延广》载，延广曾对契丹使者说"晋有横磨大剑十万口，翁要战则来，他日不禁孙子，取笑天下。"后晋败，延广死于契丹。

② 老头巾：指迂腐的老儒。

③ 孝绪（479—536）：阮孝绪，字士宗，陈留尉氏（今河南尉氏）人，南朝齐梁时期处士，目录学家。撰《七录》。

④ 天山：此处指《周易》"天山遁"卦。据《南史·阮孝绪传》记载，张有道曾为孝绪起卦，得到"天山遁"卦，遂认为阮是真隐士。

⑤ 骥騄（lù）：好马，喻贤能。騄，古代一种行速极快的良马。

⑥ 麏（jūn）麚（jiā）：亦作"麕麚"，泛指鹿类动物。

只此两般生意足，老夫何必恋荒遐。

允假感谢

彭泽催陶去①，巫阳召屈还②。

浮生恋邱首③，归梦悦庭颜。

自笑鸓④其状，何须虱⑤此间。

开笼放飞鸟，没齿感刀环。

留别竺垣寅僚⑥铜郡绅士各一首

本来无福享容容，八载繁难与己慵。

似此鬞髶⑦惭舞鹤，更谁雕画好非龙。

归田不为三年艾，誓墓应依百岁松。

却望诸君麟阁上，莫将疏懒笑山农。

---

① 彭泽催陶去：陶渊明最后一次出仕为彭泽县令，八十多天便弃职而去，从此归隐田园。

② 巫阳召屈还：见巫阳招魂。此处指呼唤游子归乡。

③ 邱首：犹首丘。相传狐死时必正首向故丘，后喻怀恋故乡。

④ 鸓（lěi）：小飞鼠，形似鼯鼠，前后肢之间有宽大多毛的膜，尾长，能在大树间滑翔，常在夜间活动。

⑤ 虱：侧身，置身。

⑥ 寅僚：同僚。

⑦ 鬞（méng）髶（tóng）：毛松散貌。

折腰无力早应休，况复器尘扇上游。

天许醉翁作滁守，吏愁怀祖[1]在扬州。

一朝长揖铜人座，几辈重题铁汉楼。

料得诸生都笑我，使君垂白且昂头。

驽马（有序）

旧畜一马，驽物也，以无用置之，今老矣，皮骨完好，弃之不忍，牵缀以归，特为赋此。

多谢方皋[2]识量宽，弃材留得此身完。

华阳有路逍遥易，栈豆[3]无求笼络难。

闲为病驴悲足蹇[4]，每思奔駃[5]替心寒。

秋郊苜蓿天然趣，肯事盐车再负鞍。

途中谢应试生

舆夫争路请休嗔，贱役何堪恼缙绅。

若论秋风豪爽气，老夫惭愧过来人。

---

[1] 怀祖：王述，见32页注[2]。

[2] 方皋：即九方皋，春秋时期相马家。曾受伯乐推荐，为秦穆公相马三个月。他相马不求表面，注重内在。

[3] 栈豆：马房豆料。喻才智短浅的人所顾惜的小利

[4] 足蹇：指跛足，亦指驽马。

[5] 駃（kuài）：通"快"，迅疾。

出省寄袁杏村前辈

我来君去冷于霜，我去君来热似汤。
一面之缘悭若此，误人时节是炎凉。

时节炎凉且任他，此番长别永离多。
翻嫌卧辙①忙无谓，敢怨高轩吝弗过②。

示厘丁③

砚匣琴床一半裁，药囊书箧二三抬。
四人舆内无奇物，只载先生本面来。

八载监徽禁刻苛，一帆归老此经过。
清风两袖诗千首，为问应输课几多。

别刘星岑前辈

昔年同阁今同省，君尚官黔我却秦。
此去共谁倾盖语，樽前愁杀白头人。

---

① 卧辙：指百姓挽留去职官吏。出自《后汉书·侯霸传》："东汉侯霸为淮阳太守，征入都，百姓号哭遮使车，卧于辙中，乞留霸一年。"

② 弗过：行为不过激。

③ 厘丁：整理订正。

寄和荣轩军门

此去浮家似范蠡，谅无轻舸挽鸱夷。
盖倾萍水君何挚，颜识荆州我却迟。
多谢白衣劳送酒，且将金扇寄题诗。
深潭千尺缘非浅，更向泾原望节麾。

舟中读陶诗

陶公诗止酒，旷代少人知。
止者非真止，诗中别有诗。
已抛从事去，何用督邮为。
我亦舟轻飏，言寻栗里[①]师。

---

① 栗里：地名。在今江西省九江市西南。晋陶潜曾居于此。

第四卷

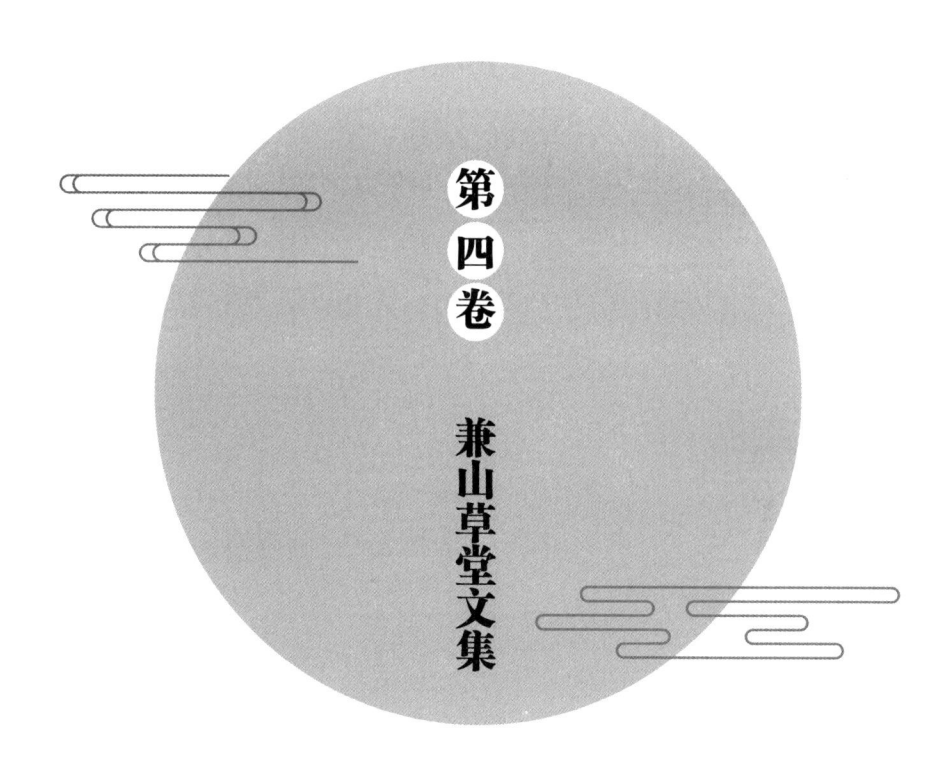

兼山草堂文集

王宪曾 撰

河南乡试覆命折

奏为恭覆恩命事：

窃臣等奉命典河南省乡试，于八月初二日到省，初六日入闱。应试士子一万三千名有奇，遵例取中八十二名，于九月初八日揭晓，二十四日由河南省起程，十月十六日到京，理合趋赴宫门，恭覆恩命。伏乞皇太后皇上圣鉴。

谨奏。

亲政崇上皇太后徽号礼成贺表

臣某等诚欢诚忭稽首顿首上贺：

伏以徽音并嗣，代天征博厚之仁，懿祉同禜；应地合尊亲之礼，典隆禁掖。欢切轩鼗①，钦维慈安端裕康庆、慈禧端颐康颐皇太后陛下，德协思齐②，功兼有谧。辰居③建极④先，归善于萱闱；申命延僖⑤待，推恩于朵殿⑥。承泰运当阳之会，举坤元锡福之

---

① 轩鼗：击鼓跳舞。
② 德协思齐：同"见德思齐"。
③ 辰居：帝王（星辰）居所。
④ 建极：指帝王即位。也指建立中正之道。
⑤ 延僖：后宫嫔妃居所。
⑥ 朵殿：大殿东西的侧堂。

仪。膺鸿号以凝祥，辉增璆①册；笃燕诒②而衍祚③，瑞巩金瓯。臣等幸际昌期，欣瞻盛典。伏愿：

璇宫④笃祜⑤千百世，永昭复旦之华；宝箓⑥延祺亿万方，普被长春之荫。臣等无任瞻天仰圣，欢忭⑦之至。

谨奉表称贺以闻。

会议吴可读奏⑧

奏为遵旨会议具陈恭折，仰祈圣鉴事：

光绪五年闰三月十七日，内阁奉上谕，钦奉慈安端裕康庆昭和庄敬皇太后、慈禧端佑康颐昭豫庄诚皇太后懿旨，吏部奏：主事吴可读服毒自尽，遗有密折，代为呈递，折内所称"请明降懿旨，豫定将来大统之归"等语，前于同治十三年十二月初五日降旨"俟嗣皇帝生有皇子，即承断大行皇帝为嗣"。此次吴可读所

---

① 璆（qiú）：美玉，亦指玉磬。
② 燕诒：使子孙后代安吉。
③ 祚（zuò）：福，赐福，也指帝位。
④ 璇宫：玉饰的宫殿。多指王宫。
⑤ 笃祜（hù）：无边的福气，大福气。
⑥ 宝箓：传说中凤凰先后授予黄帝和帝尧的图箓。用以象征天命。
⑦ 欢忭（biàn）：喜悦。
⑧ 会议吴可读奏：此奏折是王公大臣齐赴内阁共同阅看吴可读密折之后，经商议决定，由作者执笔拟写，后由礼亲王呈上。崇绮在序中也提及此事。此奏折被清代稗史名作《德宗承统私记》（罗惇曧）中全文收录（记为礼亲王（世铎）奏章）。

奏，前降旨时即是此意。著王大臣大学士六部九卿翰詹科道①，将吴可读原折会同妥议，具奏，钦此。

臣等遵于本月初一日齐赴内阁，将吴可读奏折公同阅看。据原奏内有"仰乞我皇太后再降谕旨，将来大统仍归承继大行皇帝嗣子"等语，臣等恭查雍正七年上谕有曰："建储关系宗社苍生，岂可易言？我朝圣圣相承，皆未由先正青宫②而后践天位③，乃开万世无疆之基业，是我朝之国本，有至深厚者，愚人固不能知也。钦此！"跪诵之下，仰见我世宗宪皇帝④诒谋⑤之善，超亘古而训来兹⑥。

圣谕森严，所宜永远懔遵⑦。伏思⑧继统与建储，文义似殊，而事体则一。建储大典，非臣子所敢参议，则大统所归，岂臣下所得擅请？我皇上缵承大位，天眷诞膺⑨。以文宗之统为重，自必以穆宗之统为心。将来神器所归，必能斟酌尽善。守列圣之成宪，示天下以无私，此固海内所共钦，而非此时所得预拟者也。

---

① 翰詹科道：官阶之称。翰：皇帝的文学侍从官；詹：负责占卜的官职；科：六科给事中；道：十三道监察御史。科、道俗称两衙门。

② 正青宫：指立储。青宫：指太子。太子居东宫，东方属木，为青色，故称太子居所为青宫。

③ 践天位：继承大统，皇帝即位。此句指清代历朝都没有先立储后登基的先例。

④ 世宗宪皇帝：雍正皇帝。

⑤ 诒谋：替子孙妥善谋划，使子孙享安乐。

⑥ 来兹：今后。

⑦ 懔遵：谨遵。

⑧ 伏思：表示有所陈述或愿望。

⑨ 诞膺：指承受天命或帝位。

况我皇太后鞠育恩深，宗社虑远，前者穆宗龙驭上宾①时，经明降谕旨："俟嗣皇帝生有皇子，即承继大行皇帝为嗣。"懿训煌煌②，周详慎重，是穆宗毅皇帝将来继统之义，已早赅于皇太后前降懿旨之中，何待臣下奏请。吴可读以大统所归，请旨豫定，似于我朝家法未能深知，而于皇太后前次所降之旨，亦尚未能细心仰体。臣等公同酌拟，应请毋庸置议。

请上省亲折

奏为省亲大典亟宜举行，恭折，仰祈圣鉴事：

窃惟义莫隆于为后，而礼尤重于所生。我朝孝治天下，列祖列宗，所以承欢颐养者，仁至义尽，实为历代帝王所无。贻谋③之善，昭兹来许④，而国祚绵长，即由于此。

皇上以近支入承大统，即位之初，凡郊庙大事，无不照常恭行。惟数年以来，于问省之仪，尚未遑举。臣愚，以为当今大典，无过于此者。醇亲王于两宫皇太后则为臣，而于我皇上则为父。虽大宗名分，不宜偏于所亲，而生我劬劳⑤亦当念及，所自

---

① 龙驭上宾：乘龙上天，为天帝之宾。皇帝之死的讳饰语。

② 煌煌：光彩鲜明。

③ 贻谋：指父祖对子孙的训诲。

④ 昭兹来许：光明显耀的后来者，遵循祖先的足迹。语出《诗经·大雅·下武》："昭兹来许，绳其祖武。"

⑤ 劬劳：指父母抚养儿女的劳累。

惟是①。

宫廷严肃，情知睽违②，而言念晨昏，能无依恋？应请旨饬下王公大臣公同酌议。皇上或一月数省，抑或数月一省，之处斟酌尽善，次第举行，庶几为子之心，可以少慰。而格天之道，未必不在于兹。

臣愚昧之见，是否有当？优乞皇太后皇上圣鉴。谨奏。

（内阁侍读不得迳奏，必须呈堂代奏。此折竟为某某两相国阻抑，未能入告，殊为慨然。翰琛识③。）

唐根石④先生七旬暨夫人四旬寿序

夫乌台霜肃乃非煦煦之天，苍珮春温而乏峨峨之节，岂兼之为难哉？盖禀之者异也。是以含甘吮滋，非无延龄之术；阳平阴祕，大有弥性之方。而道不越乎林严，德未邇于台阁，虽复庄椿⑤

---

① 所自惟是：所自，来源。意指光绪帝来源于此（出身于醇亲王府）。
② 睽违：背违，分隔，离别。此指光绪帝入宫，与生身父母离别。
③ 翰琛识：括号内为王宪曾之子王翰琛注。
④ 唐根石（1805—1891）：唐壬森，字学庭，号根石，兰溪城南桃花坞（今浙江兰溪）人，历道光、咸丰、同治、光绪四朝。曾向咸丰皇帝建议，坚持考试选拔官吏制度，杜绝买官卖官弊政。后奉命整肃全国考场制度。李鸿章称他平日恂恂儒雅，不尽昭布，而弹劾权贵，法纪凛然；痛论抚局，中外震慑。晚年主纂《兰溪县志》，著有《弗学斋诗文集》。
⑤ 庄椿：祝人长寿之词。

引年①，郦菊②比算，亦奚贵哉？若乃位高风宪③，而春煦不改其度；望重月卿④，而秋洁可表其衷。人游沂水⑤，欢钻仰⑥之无从；官到霜阶⑦，觉典型之足重。延寿所云"贵寿无极，喜庆大来"者，于我根石夫子见之矣。

夫子以桐封⑧之名氏，于兰溪为世居。安陵使者⑨，气折秦庭；巴蜀使君，功享汉道。古既然矣，若夫立德立言，惟忠惟孝，广文著作最珍者，人生必读书；少保谋猷所贵者，督府诸奏议。岂止宋室将军祠奉特旨明朝殿撰集号玉堂已哉。我夫子承十叶之书香，秉五花之笔采。祖衍孙绳，一门诗礼；伯倡季和，三辈科名。中朝品望，惟赤子为大宗；两浙经师，舍仁山而奚属。即其积学之深，测其获福之厚，厥有道也，可得而言今。夫七浡

---

① 引年：古礼对年老而贤者加以尊养。后用以称年老辞官。也指延长年寿。出自《礼记·王制》："凡三王养老，皆引年。八十者一子不从政，九十者其家不从政。"

② 郦菊：河南南阳郦县的菊花。据说郦县有甘谷，水甜美，从菊花丛中流过，此处人长寿。

③ 风宪：指御史。古代御史掌纠弹百官、正吏治之职，故称"风宪"。

④ 月卿：朝廷的贵官。

⑤ 沂水：亦名西沂水。《论语·先进》载："莫春者，春服既成，冠者五六人，童子六七人，浴乎沂，风乎舞雩，咏而归。"

⑥ 钻仰：深入研求。

⑦ 霜阶：也称霜台，御史台的别称。意为御史职司弹劾，为风霜之任。

⑧ 桐封：见"桐叶封弟"，指帝王封拜。据《吕氏春秋·审应览·重言》载，周成王与胞弟叔虞玩耍，把一枚桐叶剪成玉圭的形状，对叔虞说：我将拿着玉圭封你。史称"桐叶封弟"。

⑨ 安陵使者：指秦代安陵国使者唐雎，不畏强秦，不辱使命。

之剑，当敌者百万师；千金之珠，照车者十二乘。何则神于技者，无心而自工；进乎道者，不炫而有耀。我夫子以名翰林应殿廷考，作赋摩空，是正大光明之体；推诗敲字，兼清新俊逸之能。而果也，金从地掷，锦自天来。捧出宫袍，即是传家之珍宝；刊成馆制，炳然名世之文章。迨至星轺西驾，秦士扬眉；台座中衡，燕才颛首①。莫不奉庐陵为南针，仰昌黎如北斗。其才学有如此者！

仕途易滞，京秩难居。故或十年不调，而郁抑无聊；或一岁屡迁，而心惊受宠。人情皆然，贤者不免。我夫子回翔史馆，出入谏垣。三度少卿，频年副宪。虽升迁浡至乎崇阶，而展转已迟于积岁，揆诸恒情，得毋感喟。而不知謇躬②有素，在福则冲。得不关怀，失不介意。方且趋公视草③，退直编芸④。骢马循御史之常，《羔羊》安大夫之素⑤。官虽冷署，觉衔字之恒香；家本玉壶，知臣心之如水。"向敏中大耐官职⑥，王沂公不志温饱⑦。"

----

① 颛首：同"俯首"。
② 謇躬：指"謇谔匪躬"，謇通"謇"。指为君国而忠直谏诤。
③ 视草：古代词臣奉旨修正诏谕一类公文，称"视草"。泛指代皇帝起草诏书。
④ 芸：此指书籍。芸为香草，置书页内可以辟蠹，故称。
⑤ 《羔羊》安大夫之素：《羔羊》为《诗经·召南》中诗篇："羔羊之皮，素丝五紽。"通过咏羔羊的洁白如一，来赞颂君子的"节俭正直，德如羔羊。"
⑥ 向敏中大耐官职：向敏中不为荣辱所动，堪当大任。向敏中（949—1020），字常之，北宋初年名臣。
⑦ 王沂公不志温饱：王沂公即王曾。《蕙风词话》载："宋王沂公言之曰：'平生志不在温饱。'"

其怡退有如此者!

从来崇位望者,每多严厉之容;峻丰裁者,恒少雍和之度。此老崛强,而雅量或逊于渊涵;是翁矍铄,而盛气或陵乎贵倨。虽云质性之难移,未免盛德之有累。我夫子金心在中,玉质无玷。师周姬之翢翢^①,法卫武之抑抑^②。而且砥廉砺隅,执规奉矩。季野备四时之气,腹有阳秋^③叔度^④。澄万顷之波,胸无城府。至于辉映先达,领袖后进,则循循焉、叟叟焉,莫不被以文祎,饮之醇酒。眉子宇下,寒暑相忘;芳国园中,风雨俱庇。其谦和有如此者!

况乎孝莫大乎显扬,教必先乎子弟。然或身居要秩,而锡类^⑤之典罕逢;名列巍科,而极盛之下难继。虽复楼号"瞻云",峰称"独秀",事有待于他年,愿徒厪于此日。我夫子历事三朝,邀恩四世,自词林谏议以至宗丞台宪,中间叠逢盛典,屡请晋封。捧五华诰,是儒臣稽古之荣;披一品衣,实人生难得之数。若乃金昆有训,玉汝于成。陆士龙^⑥名亚其兄,苏子由师事如父。往往联床风雨^⑦,不辍书声;佳日春秋,相商课业。一家群从,半跃双龙;十样蛮笺,添修五凤。泊乎,学擅明经,科登拔萃。弟

---

① 翢翢(gōng):意为恭谨。

② 抑抑:慎审、谦谨貌。

③ 阳秋:指《春秋》。后为史书通称。

④ 叔度:黄宪,以品学超群、气量广远著称。

⑤ 锡类:以善施及众人。同僚,朋辈。

⑥ 陆士龙(262—303):陆云,字士龙,吴郡吴县(今江苏苏州)人,三国东吴后期至西晋初年文学家、官员。与其兄陆机合称"二陆"。

⑦ 联床风雨:意指朋友或兄弟相聚,倾心交谈。

器青云，儿功丹鼎。长君岳岳，丰满羽毛，幼子觥觥①，峥嵘头角。其承启有如此者！

夫桐生茂豫，得天则其荫无穷；桂本清高，拔地而不扶自直。我夫子秉槃槃②之概，藏锷锷③之锋，又复湛以清华，粹以祓濯，故能文蔚国光，祥成家庆。有过杜陵古稀之咏，无间安世寿人之歌。

今者岁逢甲戌月在己巳，集关陇传钵之徒，襄燕台称觥之举，礼也。而我师母李夫人，彤华敷誉，芬惠传声。洁凫藻④于承筐⑤，绣豸仪⑥于法服。幸敦齐眉之礼，宜益偕老之歌。所愿：

红药⑦阶前，鹤算⑧与鸿猷⑨并进；碧桃筵上，鸾筹偕凤琯长春。

李霭山先生八十寿序

夫葵藿⑩春荣，而少凌霄之概；松菊秋劲，乃非荣世之华。何

---

① 觥觥：刚直的样子。
② 槃槃：大貌。多指才能出众。
③ 锷锷：高貌。
④ 凫藻：凫戏于水藻，喻欢悦。
⑤ 承筐：借指欢迎宾客。
⑥ 绣豸仪：古时监察、执法官所穿的绣有獬豸图案的官服。
⑦ 红药：芍药花。
⑧ 鹤算：鹤寿，长寿意。
⑨ 鸿猷：鸿业、大业；深远的谋划。
⑩ 葵藿：两种植物，此处单指葵。因有向日习性，古人多用以比喻下对上赤心趋向。

则？丰于彼者啬于此，优于人者绌于天。是故玉之韫山，其全焉璞也；金之在冶，其铄焉耀也。若乃气峻餐芝①，神清抱瓮②，未尝不嵩洛并高，河山比固。而名不挂于朝籍，声不遒于里间，虽复金石敷陈③，缥缃扬厉④，抑末矣。

我年伯霭山先生，鲁国灵光⑤，华阳大隐⑥。文章经济，照曜寰区。薄海皆知，鲰生何述。惟是先生以四朝之鲐宿⑦，行重宴于鹿鸣⑧。年登上寿，世际中兴⑨。今年夏五，八十初度⑩。合日下之乡情，振天边之雅奏。将寄祝于济南寓所，如此盛事，岂可无

---

① 餐芝：指修仙；修身养性。

② 抱瓮：喻安于拙陋淳朴的生活。《庄子·天地》载，子贡过汉阴时，见一位老人一次又一次地抱着瓮去浇菜，"搰搰然用力甚多而见功寡"，就建议他用机械汲水。老人不愿意，并且说：那么做，为人就会有机心，"吾非不知，羞而不为也"。

③ 金石敷陈：在钟鼎碑碣之类金石器物上镌刻颂功文字，详细叙述纪事，使之不朽并流传。

④ 缥缃扬厉：写在书卷中使之发扬光大。缥，淡青色；缃，浅黄色。古代常用淡青、浅黄色的丝帛作书囊书衣，因以缥缃指代书卷。

⑤ 鲁国灵光：指鲁灵光殿。比喻硕果仅存的人或事物。

⑥ 华山大隐：指南朝隐士陶弘景。此处借指隐居的高士。

⑦ 鲐宿：指阅历丰富、蕴积深厚的高寿老人。鲐，原指鲐鱼，有像老人背部褶皱一样的斑纹。

⑧ 鹿鸣年：举行科举之年。

⑨ 世际中兴：国家正逢中兴时期，从衰微走向复兴。此指经过太平天国和第二次鸦片战争的磨难，继左宗棠收复新疆，中国迎来了"同光中兴"，即后来所称"封建社会的最后一次回光返照"。

⑩ 初度：指生日。

文?然而盛名鼎鼎,枚举为难;至行觥觥,胪陈①岂易。将欲表庐山之真面,必先扫皇荂之浮词。盖抱景特立②者,贵审其出处之迹也;葆光不渝者,贵察其盘错之形也。准斯以论③,可得而言。今夫合抱之器,不产于童山;归昌之翰④,不栖于窿谷。地气限人,古今同慨。

先生以陇西之贵胄,于塞北为世居。虽家世业儒,而边风自武。乃能以科第嗣其前型,以诗礼昌乎后喆。邺侯善悟,何妨记问之疎⑤;北海工文,疑有神人之助。一旦破壁飞去⑥,夺标归来⑦。捧娱亲之诰,重庆堂开;镌华国之文,三生业在。天荒竟破,人杰斯灵。其不可及者一也。

少年登第,古人以为不幸;童子备官,闻者病其何知。先生觿辰⑧联捷⑨,绮岁⑩分符,前后为川楚各令守,所在皆有声。或催科政拙,抗颜大吏之庭;抚字心劳,呴噢⑪小人之室。或平反成

---

① 胪陈:一一陈述。通常用于公文或书信中。
② 抱景特立:孤独地坚守自己的志向和节操。抱景,亦作抱影,形容孤独。
③ 准斯以论:针对此事来议论。
④ 归昌之翰:指凤凰集鸣。翰,泛指禽鸟。
⑤ 记问之疎:同"记问之学"。疎通"疏"。只是粗疏记诵书本,以资谈助或应答问题。指对学问未融会贯通,不成体系。
⑥ 破壁飞去:传说梁代画家张僧繇在壁上画龙,点睛后龙即飞去。此处喻人突然升职。
⑦ 夺标归来:同"龙标夺归",指科举中榜。
⑧ 觿(xī)辰:指童年。
⑨ 联捷:指科举考试中两科或三科接连及第。
⑩ 绮岁:青春,少年。
⑪ 呴噢:应指温和地回应他人。

狱，而民感其公；或诛罚舞文，而吏服其察。拔薤一本，种花万株。遂令棘獠女子共伏唐蒙，竹马儿童争迎郭伋①。其不可及者二也。

且夫宦途奔走，易染者尘心；人海依违，难存者风骨。况乎执下官之手板，伺长吏之鼻端，莫不伛偻于背，芒刺在心。而先生铁中铮铮，玉山朗朗。折彼鹿角②，昂我鱼头③。段尉惩郭晞之兵④，是何胆气；寇君戮贾复之卒⑤，大有威风。至于省差徭勤，缉捕苟有，便于民生，复何计乎吏议。观迹者称其强项，识微者服其实心。其不可及者三也。

昔之称循吏者，威能驯虎，而智或困于豫思⑥；德可召麟⑦，

---

① 郭伋（前39—47）：字细侯，扶风茂陵（今陕西兴平）人，东汉官员。语出南宋徐钧《郭伋》："安边治郡蔼仁风，竹马欢呼迎送中。恺悌真为民父母，怀恩何处不儿童。"

② 鹿角：此处指官府衙门外布置的障碍物。

③ 鱼头：比喻为人刚直，办事不肯通融的人。

④ 段尉惩郭晞之兵：段尉，段秀实（719—783），字成公，陇州汧阳县（今陕西千阳）人，唐朝名将，后获赠太尉。郭晞（733—794），华州郑县（今陕西渭南）人，唐朝名将，郭子仪第三子。据柳宗元《段太尉逸事状》载：段秀实任泾州刺史时，郭子仪正权倾朝野。其子郭晞部属败坏军纪，被段斩杀十七个暴卒，士兵们披甲誓仇，段太尉从容进入军营，晓之以理，全军折服。

⑤ 寇君戮贾复之卒：寇君指寇恂。与贾复同为光武帝刘秀大将。据《后汉书·寇恂传》载：寇恂担任颍川太守期间，贾复部将在颍川杀人，寇恂铁面无私，将犯人明正典刑，二人从此有嫌隙。后寇恂为大局故与之言和。

⑥ 豫思：安逸的想法。

⑦ 麟：瑞兽。

而行或伤于却曲①。虽以贾生陈策②，史病其疏；终童请缨③，事归无用。先生吏号神明，才兼文武。方林下优游之日，正关中团练之秋。西征烽火，愤切维桑④。东道主人，功资聚米。及乎三辅渐清，四奇告捷。虽入关赖有冯异⑤，而扞围兼仗凌操⑥。劳绩有彰，思衔不愧。其不可及者四也。

然而张于外者，或遗于内；盛于前者，难继于后。阳武家声，至何绥⑦而渐替；万石世德，及石庆⑧而稍衰。先生为孝廉后，作宰官身，鞅掌⑨风尘，劳形案牍，宜乎官场热闹，家训废荒矣。而公私两得，小大无遗。念孔怀⑩而财产全让，体诸父而债台代偿。至于教子有方，治家有礼。夏楚冬烘，培就诗书之族；春兰秋桂，蔚为科第之门。诸子举茂才、擢明经、登贤书、成进士

---

① 却曲：屈曲，曲折。

② 贾生陈策：贾谊陈献策谋。

③ 终童请缨：同"终军请缨"。《汉书·终军传》载，终军自请出使南越，"愿受长缨，必羁南越王而致之阙下。"遭南越丞相吕嘉反对被杀，死时年仅20余岁，世人称之为"终童"。后指主动担当重任，建功报国。

④ 维桑：指代故乡。

⑤ 冯异（？—34）：字公孙，颍川父城（今河南宝丰）人，东汉开国名将、军事家。

⑥ 凌操（？—203）：吴郡余杭（今浙江杭州）人，东汉末年名将。

⑦ 何绥（？—309）：字伯蔚，西晋陈国阳夏（今河南太康）人。世代贵胄，简傲轻物，后被东海王司马越杀。其曾祖父何夔，在曹魏官至太仆，封阳武亭侯，因此有"阳武家声"。

⑧ 石庆（？—前103）：河内郡温县（今河南温县）人，万石君石奋之子，西汉武帝时期丞相。封牧丘侯。

⑨ 鞅掌：指职事纷扰繁忙。

⑩ 孔怀：甚相思念。后为兄弟的代称。

者，一门皆备，三世俱荣。盛矣哉！昔已克家自命，今则裕后尤宏。有功德于民，儿孙受福；为清白之吏，簪笏斯盈。荀龙①不足喻其多，薛凤不足媲其美。其不可及者五也。

近世登强台者，例有姬妾之奉；卧铃阁者，岂无丝竹之娱。纵或下陈之不充，岂能中馈之久阙。而先生师向平②之不肯再娶，同黔娄③之并无小妻。揆诸④恒情，得毋迂甚⑤。不知先生谊重糟糠，分笃琴瑟。一自泉台永毁，镜奁全空。嗟故剑之何存，忍新弦之更续。河阳旧治，抱潘岳⑥之长悲；新废首行，叹元相为多事。而且一榻禅枯，半床梦冷，大展空花⑦之论，时寻因果之篇。修未来福，造再生缘。其不可及者六也。

若夫至性过人，真心接物，虽列崇阶，而寒畯尤加厚；亦遭坎壈⑧，而述作不少衰。所著《合阳》亦政书，《自省琐言》《果报随录》《训子琐言》《霭山诗笔》皆粹然成一家言。盖其福泽厚者，由精神之大也；其摩厉至者，由材器之俊也。所谓康强厥

---

① 荀龙：指荀淑之子。荀淑（83—149），字季和，东汉颍川颍阴（今河南许昌）人，郎陵侯相。品行高洁，有子八人，皆有才名，人称"八龙"。用于多子且都有德有才的贺词。

② 向平：即向长，字子平，河内朝歌（今河南淇县）人，东汉时隐士。在抚养子女长大成家后，告别家人，遍游名山，不知所终。

③ 黔娄：战国时期齐稷下先生，号黔娄子，隐士。鲁恭公曾聘为相，齐威王请为卿，皆被其拒绝。家徒四壁，却励志苦节，安贫乐道，洁身一世。

④ 揆诸：指审查度量思考某事（物）。

⑤ 得毋迂甚：恐怕是非常艰难曲折。得毋，同得无。

⑥ 潘岳：潘安，曾任河阳县令。

⑦ 空花：虚幻的繁荣和美丽。

⑧ 坎壈（lǎn）：意为不得志，屡经坎坷。

身，保艾①尔后者，先生兼之矣。

余居邻德里，辈属晚行，先叔父辅亭公②与先生癸酉乡试同榜，而余又与公子稼门同官秘阁。两世交情，频年仰止。乃瞻韩③有愿，御李④无缘。虽竭诚以献颂，亦何补于宏深。聊上芜词，用伸蓬悃。所愿：

通德门中，岁岁种延年之果；长春堂上，年年陈遐福之觞。

焦秋圃先生六旬晋七双寿序

往岁丙寅之夏，四月中澣，余友云峰农部⑤，为其尊甫⑥秋圃先生称祝六旬之庆。余曾为寿言，以志生平。今年秋，喆嗣⑦子文

---

① 保艾：护养、养育。语出《诗经·小雅·南山有台》："乐只君子，保艾尔后。"

② 辅亭公：王汝翼，字辅亭。与李霭山为癸酉乡试的同榜举人。

③ 瞻韩：初见面的敬辞，意指久欲相识。韩朝宗曾作荆州长史，喜拔用后进，为时人所重。据李白《与韩荆州书》"白闻天下谈士相聚而言曰：'生不用封万户侯，但愿一识韩荆州。'何令人之景慕一至于此耶！"

④ 御李：喻得以亲近贤者。典出《后汉书·党锢列传·李膺》。东汉李膺有贤名，士大夫被他接见的，身价倍增，称登龙门。荀爽去拜访他，并为他驾驭车马，回家后对人说："今日乃得御李君矣！"

⑤ 农部：户部。清代设六部，没有农部，但有把户部称农部的习惯。焦秋圃之子焦云峰应是在户部任职，是王宪曾好友，所以才两次请王宪曾为父作寿序。

⑥ 尊甫：对他人之父的尊称。

⑦ 喆嗣：喆通哲，尊称别人的儿子。

大令①复称祝于川之新都②官舍，而以寿言见属于是。

先生年六十有八。德配詹夫人，且七十矣。寿不厌乎频增，礼不嫌于数举。知交如余，又何可辞？特是嘉言懿行，前序已详。累牍连篇，赘文奚取？至于二首六身③之语，三心五噣④之辞，并是浮词，何关体要。惟念前为文时，所以知先生者尚浅。比年昕夕⑤过从，风雨情话，或推襟以送抱⑥，或剪烛以长谈。相信逾深，立言不谬。则请以目击之真，为手仇之侑⑦。一言遥赠，诸公且听。

今夫龙门之幹⑧，郁结轮囷⑨；漆园⑩之材，拳曲臃肿。何则？本之拔者枝则害，实之落者材亦伤⑪。是故东山丝竹⑫，仅可

---

① 大令：县令。

② 新都：四川新都县。焦秋圃另外一个儿子焦子文时任新都县令。

③ 二首六身：指"亥"字，隐指七十三岁。此处喻高寿。

④ 三心五噣：二十八心宿中的心宿和柳宿。见《毛传》："三心五噣，四时更见。"心宿有三星，柳宿（噣）有五星，故称。

⑤ 昕夕：朝暮，谓终日。

⑥ 推襟以送抱：坦诚相见之意。

⑦ 手仇之侑：（把目睹的事实）用手捧出来作为酬答。手仇：以手抳（舀）酒。

⑧ 龙门之幹：龙门，科举试场的正门。幹同干，才能，干略。喻指具备科举入仕才能的人。

⑨ 轮囷（qūn）：意为盘曲貌和硕大貌。囷通"菌"。

⑩ 漆园：指庄子。因曾任漆园吏而称。

⑪ "本之拔者枝则害"句：树根已经拔出，枝叶必然随之枯败。出自《诗经·大雅》："枝叶未有害，本实先拨。"指伤及根本。

⑫ 东山丝竹：谢安隐居东山时游乐之典。指人到中年，用声韵之事作为消遣。

中年；卫国宾筵①，难为晚节。岂非年力既衰，精神不属。与先生则矍铄是翁，崛强犹昔。每当月夕花晨，酒阑灯灺，滕三爵②而不辞，飞十觥而不乱。莲花坐爇③，招红友以吟诗；竹叶烹残，命玉人而度曲。神仙游戏，老子婆娑，其豪兴有如此者！

囊中之具，老而易悭，窖底之藏，谁复能遣。是故宣尼戒于在得，柱下惩乎多藏。乃至鸱夷智者④，变姓名为朱公；陆贾通人，致丁宁⑤于少子。虽有丈夫，不能不失声于破釜；虽有达士，不能不动色于挥锄。而先生则处此素封⑥，居然清德。为善不倦，疏财何难。圆通观里，赈穷则粥助双弓⑦；敦仁堂中，济急则药施万裹。其义气有如此者！

且夫世禄之家，奢侈为甚。而殷实之族，骄泰尤多。京师地称人海，金作土挥。园非梓泽，而香枣争夸；井异银床，而金丸自诩。虽曰粗豪之习成风，亦由矜式之道未尽。则惩彼纨绔，惜此缣缃⑧。往往米盐亲视，布帛平量。女工儒席⑨，既丰俭之适

---

① 卫国宾筵：指春秋时期卫国国君卫武公所作《宾之初筵》。卫武公在位五十五年，时常自省，颇有贤君之风。曾作《懿戒》自警，作《宾之初筵》以诫嗜酒之风。但卫国最后还是被秦所灭。

② 滕三爵：古代敬酒礼节。

③ 爇（ruò）：点燃，焚烧。

④ 鸱夷智者：指范蠡。

⑤ 丁宁：叮咛。

⑥ 素封：指无官爵封邑而富比封君的人。

⑦ 双弓：粥的隐语。

⑧ 缣缃：指书册。

⑨ 儒席：儒者席上，指读书人。

中；僮约奴规，亦勤劳之必当。至于师馆脩羊，宾席享鲜，又未尝不竭力图丰，倾心加厚。是则惜有用之物，备不时之需。其克俭有如此者！

若夫秉德谦冲，宅心长厚。训儿孙以恭谨，则有万石君①之遗意焉；戒妇女以勤苦，则有颜之推②之成训焉。与子言孝，与父言慈，则古君子不是过焉；宁人负我，毋我负人，则士大夫所难能也。夫百闻不如一见，听言必须观行，证以近日之所习，益信昔言之非谀矣。

德配詹夫人，硕德名门，令仪懿范。中闺之教，既著于婉娈③；内助之功，尤多于婉娩④。虽曰地道无成，统于所主，其实安贞之吉，乃克兴家。是故无违夫子，则柔嘉之德可知；能育佳儿，则懿恭之训可想。所由东公西母，并称羡于眉梨；乾健坤贞，长婉娈⑤于鸿案。

余北羁都下，礼阙登堂。西望川中，情殷晋爵，聊因嗣君之请，更献难老之文。所期：

---

① 万石君（？—前124）：石奋，字天威，河内郡温县（今河南温县）人，西汉大臣。为人恭谨，位列九卿，与四子皆官至二千石，号为万石君。

② 颜之推（531—约597）：字介，祖籍琅琊临沂（今山东临沂），南北朝至隋朝时期文学家、教育家。今存《颜氏家训》《还冤志》。《颜氏家训》是颜之推记述个人经历、思想、学识以告诫子孙的著作。

③ 婉娈：女子温顺美好聪明伶俐之意。

④ 婉娩：女子言语、仪容温婉柔顺的样子。

⑤ 婉娈：女子美好柔顺的样子。

少微①天上，与终南井络②以齐辉；宝婺③星中，偕西极瑶池而并永。是为序。

刘酉山先生六旬晋六寿序

圣天子御极之四年④，黄榜再开，紫纶叠沛。收召隽才，登之清祕。维时刘君莲生获贡礼部⑤，对策大廷⑥。寻奉恩旨用以庶常⑦，美哉！煌煌家之望、国之光也。是秋九月，将请假省亲，而乞余一言，以为其尊甫酉山先生寿。于是，先生六旬晋六矣。典型所在，笔墨生光。见委斯文，力辞不可。爰乃端牍抽毫，拜手为序。曰：

奇侅⑧者多旷才，而论传家则绌焉；热中者求福征，而与疑年

---

① 少微：少微星，在太微垣西南，士大夫之星。

② 井络：井宿区域。井宿为南方"朱雀"七宿之首，此宿明亮，代表国富民安。

③ 宝婺：即婺女星，为二十八宿之一。借指女神，对女性的美誉。

④ 御极之四年：同治四年（1865年），这一年曾开科取士（乙丑科）。

⑤ 获贡礼部：指（刘酉山之子刘莲生）参加了由礼部主持、在京师举行的会试，并考取了"贡士"。

⑥ 对策大廷：指参加殿试。贡士参加殿试后，会按照殿试成绩分为三等，即一甲、二甲、三甲进士。

⑦ 庶常：庶吉士的代称。庶吉士，"庶常吉士"之意。是中国明、清两朝翰林院内的短期职位，选择进士当中有潜质者担任，为皇帝近臣，负责起草诏书、为皇帝讲解经籍等职责，是内阁辅臣的重要来源之一。

⑧ 奇侅（gāi）：奇异，非常。

则啬焉。岂非康强逢吉,自古为难哉。若乃三世青缃业[1],或坠于白简;百年上寿行,未挂于中人。虽复眉梨不老,火枣[2]自多。而千秋万载,笔之比金石之谀词;二首六身,侪之亦干支之梦呓。实之不存,文又奚贵欤?维我酉山先生,以彭城之望族,于上郡为世居。玉映觿辰[3],藻流黉序。马氏金昆[4],白眉最少;姜家布被[5],季海尤贤。当其粲花[6]著论,摘叶成吟。下庚子之拜,目了十行;窥丙丁之藏,手抄万卷。军冠童子,江夏无双。饩食学宫,扶风第五[7]。神剑待赏于风胡[8],大材将献于哲匠[9]。论者许以远到,见者服而倾心。意将取青紫如拾芥,登甲乙若操券矣。而乃十上说秦[10],黑貂裘敝一乡老。郑书带草[11]生,年年被放,岁

---

[1] 青缃业:同青箱学,指传家的史学。

[2] 火枣:传说中的仙果,食之能羽化飞行。

[3] 觿辰:指童年。

[4] 马氏金昆:指马良兄弟。马良(187—222)字季常,襄阳宜城(今湖北宜城)人,三国时期蜀汉官员。兄弟五人都有才名,马良眉中有白毛,乡里为之谚曰:"马氏五常,白眉最良。"

[5] 姜家布被:指姜肱兄弟。姜肱,字伯淮,东汉彭城广戚(今山东微山)人,一生不愿出仕,常与两位弟弟同被而眠,后用姜被喻兄弟友爱。

[6] 粲花:指典雅隽妙的言论。

[7] 扶风第五:指东汉经学家马融(扶风伯)和第五元先。

[8] 风胡:风胡子,春秋时楚国人,相剑家,精于识剑、铸剑。

[9] 哲匠:指明达而富有才能的大臣。

[10] 十上说秦:指《战国策·秦策一》中《苏秦说秦王书十上而不行》一文。

[11] 郑书带草:指沿阶草。东汉末年,郑玄在其山下开学授徒,其地多此草,叶长而坚韧,郑玄门下用来绑书,当地人称此草"康成书带"。后世借称美儒者居处。

岁依人。在他人鲜不代伤，氓氓①难平肮脏矣。而先生失不在心，穷能委命，方且宏奖风流，扶掖后进。郑笺贾疏，问字者载酒而来；谢舅何甥②，束脩之羔羊不计。成就既多，渊源有自。其学业有如此者！

说者谓万石家风，至庆而稍弛，阳武世阀，及绥而大衰。极盛难继，古今同慨。以致张载或亚于张协③，季方④或让于元方。先生七叶重光，五经世业，为孝廉之子，为明经之弟。亢宗不易，媲美尤难。而独能自树一帜，焚膏十年。师魏武之为文，不虑伤命；效马卿⑤之作赋，径欲凌云。郑小同⑥亦自经师，可谓司农有子；苏子由居然作手⑦，直教玉局⑧难兄。尤异者，伯仲怡怡⑨，不俙凤楼之手⑩；家庭穆穆，无劳荆树之花⑪。其承先有如此者！

且夫河润九里，有本则其出不穷；桂馨一山，不言而其芸自

---

① 氓氓：烦恼，愁闷。
② 谢舅何甥：指谢安与何无忌。谢安和外甥羊昙（东晋名士，音乐家）情谊深厚。南朝宋何无忌酷似其舅刘牢之（名将），常对其舅进谏忠言。后以"谢舅何甥"吟咏舅甥情谊。
③ 张协：张载之弟，兄弟都以文学著称。
④ 季方：与元方同为东汉陈寔之子。指兄弟俩才德不相上下。
⑤ 马卿：司马相如字长卿，后人遂称之为马卿。
⑥ 郑小同（约194—258）：字子真，郑玄之孙，亦为学者。
⑦ 作手：行家，能手。
⑧ 玉局：棋盘的美称。
⑨ 伯仲怡怡：兄弟之间喜悦欢乐，气氛融洽。
⑩ 凤楼之手：建造凤楼的手。指文章高手。
⑪ 荆树之花：比喻兄弟骨肉同气相连，家业兴旺。

远。是故玉之瑟其瑮①也温焉，兰之孕其繁也昌焉。假使先生早上强台，亟登仕版②，成已成物，教孝教忠，谅无难分簿书之驹隙，培桃李于鲤庭。然而朝版在手，田或待于人芸；荐绅先生，教多废于易子。③虽河东庭训，常严束带之郎；而昌黎名家，乃有金根之子。惟先生知后嗣之多才，恐名场之误我。成均④报罢⑤，绝意科名。家巷归来，安心教授。硕果当庭，作生徒⑥之夏楚⑦；双松书院，召子侄以吟哦。遂使甲榜萃于一家，词林盛于再见。犹子⑧毅臣，作天官之福吏。大儿文举，蜚翰苑之英声。是则造物厄人，安知非福。及身未得，有待将来。天之困先生，正所以厚先生也。其启后有如此者。

或疑先生簪缨世胄，科第名门。虽多书香之味，终少馈贫之粮。舌耕不饱，纸蠹无灵。似乎谋生计拙，学腐坐穷矣。不知先

---

① 瑮（lì）：指玉上纹彩排列有序的样子。
② 仕版：记载官吏名籍的簿册。借指仕途或官场。
③ 本句意为在外做官的人，自己的田只能等待别人代耕。教书先生，多误于把子弟交给别人教育。
④ 成均：古代的大学。泛称官设的最高学府。
⑤ 报罢：科举时代考试落第。
⑥ 生徒：学生，门徒。
⑦ 夏楚：古代学校两种体罚越礼犯规者的用具，后泛指体罚学童的工具。
⑧ 犹子：指兄弟的儿子，谓如同儿子，也指侄女。出自《论语·先进》："回也视予犹父也，予不得视犹子也。"

生累叶清贫，天怀旷逸。杨伯起①之儿孙，穷乃愈好；任彦升②之子弟，困不妨贤。况乎藏书百架，便为子政之生涯；磨砚十年，足供维翰③之受用。大雪不干人，袁邵公④之高风斯在？赁春⑤不释卷，梁会稽⑥之所养可知。而且汲葛洪之井⑦一勺，亦足颐年；探华阳之洞十赉⑧，自成居士。是故身不谒三医，而李伯阳之齿长固；名不取伯乐，而鲁灵光之貌岿然。其清操有如此者！

岁在赤奋⑨，月届悬弧⑩。合日下之同人，作天边之遥祝。爰制锦轴，将寄珂乡。鹓鹭⑪书衔，顶礼无非晚辈；丝纶⑫捧上，头

---

① 杨伯起（？—124）：杨震，字伯起，弘农华阴（今陕西华阴）人，东汉时期名臣。为官清廉，有五子和后代孙辈传承家学、事业有成。

② 任彦升（460—508）：任昉，字彦升，乐安郡博昌（今山东寿光）人，南梁文学家、方志学家、藏书家。清廉至贫，子弟贤。

③ 维翰：指保卫国家的重臣。

④ 袁邵公（？—92）：袁安，字邵公，汝南郡汝阳县（今河南商水）人，东汉名臣。以断狱公平著称。

⑤ 赁春：受雇与人舂米。

⑥ 梁会稽（452—510）：贺瑒，字德琏，南朝梁会稽山阴（今浙江绍兴）人。曾教授乡里，弟子众多。

⑦ 葛洪之井：指"葛洪丹井"，葛洪炼丹之处。

⑧ 十赉（lài）：道教指便于修炼的十种赏赐。

⑨ 赤奋：古代纪年法所用名称。谓太岁在丑、岁星在寅的年份为"赤奋若"。

⑩ 悬弧：古代风俗尚武，家中生男，则于门左挂弓一张，后因称生男为悬弧。

⑪ 鹓（yuān）鹭：鹓和鹭飞行有序，用以喻班行有序的朝官。比喻有才德者。

⑫ 丝纶：指帝王诏书。出自《礼记·缁衣》："王言如丝，其出如纶。"

衔亦是清华。艺林重焉，梓里荣焉。独是余与先生，咫尺同乡，又与喆嗣后先同馆，忝在末行，情殷致嘏。而官羁凤阁，迹阻凫趋①。石髓②未尝，空学嵇康之灶煅；芜词③将去，聊当李委④之笛吹。谨献千言，以助三雅。所愿：

鹤算百龄，更驻南极老人之曜；龙光百世，长承北阙天子之恩。

刘禹庭先生六旬双寿文

龙集⑤丁丑之秋，临潼刘恪斋比部⑥将奉其母吕恭人自京旋陕，为其封翁⑦禹庭先生举六旬之觞⑧。维时，同乡官京师者，佥以先生年登花甲，偕老齐眉，天伦之乐，众所同欣，竞欲侑一觞为先生寿，而以文见属。夫予与先生非有登堂之欢、倾盖之雅⑨也，将何以寿先生哉？念数年来与恪斋比屋而处，昕夕过从耳，

---

① 凫趋：像鸭子一样缓行。
② 石髓：石钟乳。
③ 芜词：指芜杂之词。常用作对自己文章的谦称。
④ 李委：北宋进士，曾以献笛声求苏轼字。苏轼有《李委吹笛，并引》记其事。
⑤ 龙集：同"岁次"。龙指岁星；集，次于。此指光绪三年（1877）。
⑥ 比部：明清时对刑部及其司官的习称。
⑦ 封翁：因子孙显贵而受封典的人。
⑧ 六旬之觞：六旬寿典。
⑨ 倾盖之雅：指一见如故的朋友或偶遇之谊。古人途中相遇，双方车盖一起倾斜，意为同时下车，一见如故。

其家风者，既详且悉。则本素所悉者寿先生，不且信而有征①乎？

先生幼即端谨，不苟言笑。束发受书，务求实际，不屑屑为科名。顾以堂上春秋既高，诸弟林立而主政无人，爰乃慨然投笔，而以身肩家务。性善治产，家由是立丰。然好施予。咸丰同治间，乡里屡饥，出粟赒济，活人无算。发逆之变②，渭北蹂躏。张文毅公③奉命督办乡团，手书属先生以河北事。先生慷慨赴戎，号召乡里子弟，誓以死守。以故大有堡之练勇著于时。无何，回匪起临渭之间，势甚张。先生知孤勇无济，对众泣下，曰："大兵不至，而我以一隅团抗方张之寇，且粮饷不济，姑避地以俟再举，何如？"则皆曰："诺。"仓皇就道，愿从者益以众。转徙流离间，赖先生时时给以衣食免于难者，不可以更仆数④，然而家产一空矣。先是汉上有生意二：曰茶曰药。兵燹后，惟此尚存。先生以为避地仅可逃难耳，合门坐食良非计。于是间关⑤至汉，整理故业。废者举，冗者裁，不数月而生理改观。陈某者，楚贾也，贩木为生。一旦不戒于火，尽付焚如⑥，几不欲生。先生慨然

---

① 信而有征：可靠而且有证据。
② 发逆之变：指太平天国起义。
③ 张文毅公（1814—1862）：指张芾，名黼侯，字小浦，陕西泾阳人。咸丰十一年（1861）二月奉诏督办陕西团练，会同陕西巡抚防御回民起事。因劝降渭南回民军，被其首领所杀。谥文毅。
④ 不可以更仆数：同"更仆难数"。原指儒行很多，即使中间换人也未必能说完。后形容人或事物很多，数不过来。
⑤ 间关：形容旅途的艰辛；崎岖、辗转。
⑥ 焚如：火焰炽盛。亦指火灾或战事。

伙助①，不数年而尽复其旧。未尝语人，对陈某亦无德色。一时称为长者。同治初，为其长君恪斋捐部郎，赍遣②之京，使之读书读律，两者必期一成云。

予既闻先生名久，今又悉先生所行如此其详。於戏③！此所以享大年、膺厚实而昌厥后者，讵可限量其所至耶？

尝谓质无论高下，择术者成；运无论塞通，识时者达。今世寒畯士④，自弱龄就传，埋头凡案，有咿唔⑤毕生而卒不名一艺者矣。其倖而名者，则亦不过书佣已耳，笔耕已耳。甚至穷年奔走，谋所以养其妻子身家者，或尚不足，或仅能自给。而垂老牖下，故态依然。岂时命不犹，诗书果负人哉？良由择术之不审，而知时者之不早也。於戏！此苏季子⑥、朱翁子⑦所由见轻于妇孺者乎？以先生内行之醇，居乡之仁，训子殷已，非寻常曲士⑧所易。几若其择术，精识时务，蓄谋在此，而收效在彼。托业⑨虽细，而取效则大。盖有得于管夷吾、范少伯沉几观变⑩之智，而岂

---

① 伙（cì）助：帮助，资助。
② 赍遣：给资遣送。
③ 於戏（wūhū）：感叹词。
④ 寒畯士：出身寒微而才能杰出的人。
⑤ 咿唔：象声词，形容读书的声音。
⑥ 苏季子：指苏秦，贫贱时被妻子嫌弃。
⑦ 朱翁子（？—前115）：朱买臣，字翁子，会稽郡吴县（今江苏苏州）人，西汉大臣。贫贱时被妻子抛弃。
⑧ 曲士：乡曲之士。指孤陋寡闻之人。
⑨ 托业：赖以成就功业。也指借此以为治生之业。
⑩ 沉几观变：沉着观察事物变化的前兆；随机应变。

区区言利事、析秋毫所能希风①哉？况乎操作而前，又有贤内助左右其间，是又管范之所未能而先生兼之。

宜乎！偕老齐眉，继此之康强逢吉，正未可量也已。抑予更有进焉？以先生广积阴功，佑启后人，原不患无佳子弟。而恪斋挟其锐进之才，观政刑曹，日与都人士周旋讲习，吾知读书读律，必能相与有成。他日一鸣惊人，双亲未老，则所以娱眉梨者，更自有在。而予之所祝先生者，不愈信而有征也乎？若乃介祉②之词、扬媺③之语，又何足为先生荣哉！

白翰臣④封翁六旬双庆祝词并序

皇帝御极之元年⑤，覃恩⑥特沛，中外敷施，大小臣工咸得仰承孝治天下之意荣显其亲。而捷三白君亦于是年考选兵部差官，得守备之秩，请封其尊甫翰臣先生为骑都尉，母氏为宜人。美哉！煌煌盛事也。于是，亲友等佥谋制屏以贺，商于捷三。捷三曰："其有待今秋八月，为贱息⑦成合卺礼，将禀于亲，兼行

---

① 希风：仰慕风操；指企慕，效法。
② 介祉（zhǐ）：大福。
③ 扬媺（měi）：褒扬美德之意。媺同"美"。
④ 白翰臣：白玉堂，字翰臣，陕西清涧县高柳树村人（城东五十余华里处）。子白捷三，武举。
⑤ 御极之元年：指光绪元年（1875）。
⑥ 覃恩：广施恩泽之意。
⑦ 贱息：古人对自己儿女的谦称。

祝礼。得请，乃可庶无渎①焉。"众韪之，而以文丐②于余。适余有北上之役，行装倥偬，未遑③也。四月杪④，余改官内阁，闲职也。长夏无事，适友人以捷三所请函催。因瞿然曰："岂唯是哉！庆有日矣，而文不就，其何以辞？"爰检箧中事略，序之云：

翁名玉堂，字翰臣，白氏之望也。白氏自胜国⑤以来，科第甲一邑。翁于两检讨公为苗裔，故能世其家。家于城东五十里高柳树村，自其曾若祖，代衍清芬，力田孝弟，不事经营，坐是⑥家益落泊⑦乎！太翁⑧改肄武⑨，精穿杨之技，而一寒如故。中年即世⑩，时翁年方八岁矣。茕茕在疚⑪，重以窘迫。寒苦之状，有生弗堪。幸而萱堂尚健，茹苦营生。洴澼终年，两手重茧。针纫五夜⑫，十指穿心。用能竭力成家。延师教子，青衿有待，白发难期。年二十五入国学。时家道小康，翁亦渐能条理。代母操作，颐养高年。享寿七十三岁而终。翁痛母劬劳，几欲以身殉。惟以

---

① 无渎：没有不恭敬之意。
② 丐：请求。
③ 遑：空闲，闲暇。
④ 杪：树梢、末端；此指四月末。
⑤ 胜国：指前朝（亡国为今国所胜，故称亡国为胜国）。
⑥ 坐是：因此。
⑦ 落泊：同"落寂"，萧条之意。
⑧ 太翁：曾祖父（清代也称祖父），此处据文义应为祖父。
⑨ 肄武：练习武事。
⑩ 即世：去世。
⑪ 在疚：居丧的代称。
⑫ 五夜：五更。

只身肩事，杖而后起①。丧葬一切，悉准于礼，人以为不愧家风云。德配宜人，懿德名门，克相夫子。是生捷三，母以子贵。捷三之既长也，翁为之延师教读，亦冀以书香继先声。而捷三性与武相近，每值里中年少驰马张弮②，便昂然动投笔封侯之志。翁悉其材，知其成，不禁也。年十七，补武庠。乙卯举于乡，元年得兵部差，候选守备，遂以本官封两世如右③。于戏！殆所谓有志竟成者欤。

盖尝谓：人无论贫富，为善者昌；职无论文武，显亲者贵。翁之潜德阴行，所以翼其子，荣其身，以及其家者。邑人士能知之，无俟赘述。然使捷三不改弦更张，株守一经，尚未及此之捷。今及此，非其善变计乎？夫以捷三之习礼仪，娴内行，虽右之④，可也。奚武弁之足云。然吾所望于捷三者，则以其年富材优，继此之显扬正有大者，而不仅止称觞祝嘏之举也。顾即今称觞祝嘏之时，上宫锦之服，娱我眉梨；开华烛之筵，欢兹膝下。一举三善⑤，于是见之。吾意与其事者，咸交口称道，羡翁之诒谋宏远。而余也一官北系，不获与同里戚鄣⑥并观其盛。是又临池踌躇而怅望，不能自已者。爰作歌谣，以当遥祝。其词曰：

---

① 杖而后起：指守丧期间身体憔悴哀毁，需要拄杖才能起身。
② 弮：弩弓。
③ 如右：古代行书从右至左，指具体情况如前文所说。
④ 右之：指以捷三的修养，即使作文官也有发挥的余地。此处右（文）应相对于左（武）。语出《诗经》："左之左之，君子宜之。右之右之，君子有之。"
⑤ 三善：指思善、口善、行善。
⑥ 戚鄣：亲戚和乡党。鄣同"党"，指乡党。

秋风起兮雁翱翔，金粟圆兮天清凉。南极老人寿而昌，身长八尺须眉苍。燕山灵椿一株芳，山头老桂吹古香。飞卫之矢中扶桑，射取天孙云锦裳。生绡数幅垂中堂，真赐还疑出上方。白头阿姥宫锦妆，双双承恩拜玉皇。儿进绥桃①妇捧觞，忽闻箫鼓来新娘。氍毹②猩红贴中央，孙枝一对花相当。老少中间三鸳鸯，乃翁顾此笑欲狂。手持卮酒③语孟光，记否当年会牛郎。荆钗布裙称糟糠，争及儿孙此辉煌。天怜二老俾④康强，桑榆还我乐一场。君不见香山老子蒙恩长，亲见儿孙树成行。百年无如为善祥，积善之家有余庆。

保母王太宜人六旬寿序

夫燕喜⑤寝内，《鲁·閟》⑥赓寿母之章；《安世房中》⑦，

---

① 绥桃：绥山桃，古代传说的仙桃。

② 氍（qú）毹（shū）：织有花纹图案的毛毯（毛或毛麻混织的布、地毯之类）。

③ 卮酒：一杯酒。卮：古代盛酒的器皿。

④ 俾：使。

⑤ 燕喜：在家里宴饮喜乐。

⑥ 《鲁·閟》：《诗经·鲁颂·閟宫》。

⑦ 安世房中：指乐府诗《安世房中歌》。相传为汉初唐山夫人所作，原名《房中祠乐》，曾入选《古诗源》，并被古代文人推崇为"大文学"。

唐山①进寿人之曲。自来嘉柔维则②，武昭季兰③之姿；婉娈有仪，聿④肄女师之咏。莫不陈其曼美⑤，被以绦绳⑥。乃或歌兴屺岵⑦，千里迢迢；望切门间⑧，三春霭霭。东野⑨发《游子》之吟，北山⑩挥《将母》之泪。虽复寄鱼陈情⑪，怀橘志孝⑫，亦奚益哉⑬！若夫陇水秦川，板舆亲侍⑭；燕云蓟月，萱草长依。男进忘忧之馔，妇陈宜寿之浆。母则老矣，有子能贤；官虽微乎，为亲可屈。若我年伯母王太宜人者，有足称焉。

---

① 唐山：唐姬，姓唐山，亦作唐山夫人，汉高祖宠姬，汉朝第一个女诗人。

② 嘉柔维则：温柔善良有原则。语出《诗经·大雅》："仲山甫之德，嘉柔维则。"

③ 季兰：李冶，字季兰，唐代女诗人。少慧，美貌。

④ 聿：古汉语助词，用在句首或句中，起顺承作用。

⑤ 曼美：广布。

⑥ 绦绳：蹈绳，遵守规矩。

⑦ 屺岵：代指父母。

⑧ 望切门间：同"门间之望"。指父母对子女的想望。

⑨ 东野：指孟郊，曾作《游子吟》。

⑩ 北山：指王安石。王安石晚年筑室于北山（今紫金山），曾作《北山》诗，因以北山指代。《将母》是其描述母爱的诗作。

⑪ 寄鱼陈情：同"杜孝寄鱼"。典出萧广济《孝子传·杜孝》。

⑫ 怀橘志孝：同"陆绩怀橘"。典出《三国志·吴志·陆绩传》。

⑬ 亦奚益哉：又有什么好呢。

⑭ 板舆亲侍：指官吏在任，迎养父母。板舆为古代老人乘坐的代步工具。

宜人以乌衣①之名宗，为保章②之贤妇。昔者江北吴媛，钗荆不饰；汝南戴氏，裙布无缘。皆能韬此素风，崇其清节。以古证今，无愧色矣。年十五，归我年伯子青先生。先生累叶单传，一衿继序。虽芹③已名于春水，而桂④尚待于秋风。宜人则籯帷伴读，针黹佐功。往往鸡鸣风雨，杼和书声；蛩⑤语荒凉，灯挑绣字。无如孀姑既病，侍养难离；独子承欢，求名何于？是先生绝意进取，而宜人亦同心偕隐。德曜成伯鸾之志⑥，无妨操作而前；莱妻⑦耕蒙山之阳，何事委畚而去？古之鸿案相庄，鹿车共挽⑧，不是过焉。其相夫有如此者！然而家徒壁立，虽忍婉娈之饥⑨；而亲老门衰，易致甘旨之缺。况乎妇怨无终，室人交谪。或切刻木

---

① 乌衣：乌衣巷是东晋士族名门的聚居区，此指名门望族。

② 保章：凤昼鸣之称。喻夫妻感情和洽。

③ 芹：同芹宫。喻贡士或有才学之士。此句指春闱已考中贡士。

④ 桂：桂花开于秋天，此句指尚待秋闱中榜。

⑤ 蛩（qióng）：蟋蟀。

⑥ 德曜成伯鸾之志：见"举案齐眉"。用孟光成就梁鸿之典喻女主人美德。德曜：孟光；伯鸾：梁鸿。《后汉书·梁鸿传》载：孟光"乃更为椎髻，著布衣，操作而前。"

⑦ 莱妻：楚老莱子之妻，贤妻代称。此喻夫妻偕隐。《列女传·楚老莱妻》载："妾不能为人所制，投其畚而去。"

⑧ 鹿车共挽：喻夫妻同心，安贫乐道。语出《后汉书·鲍宣妻传》："妻乃悉归侍御服饰，更著短布裳，与宣共挽鹿车归乡里。"

⑨ 婉娈之饥：指饥渴难耐。语出《诗经·曹风·候人》："婉兮娈兮，季女斯饥。"

之伤①，或有蒸梨之惧②。宜人则事姑如母，为妇犹儿。井臼亲操劳，不辞于申旦；羹汤勉进乐，且助夫辛盘③。凌杂米盐④，忘其手瘃⑤；调和姜橘⑥，娱我眉梨。而且中裙窃浣，亵服频湔⑦。适温凉则葛裘自制，侍疾疢⑧则丸散亲尝。及乎萱帏见背⑨，麻绖⑩哀心，既附身附棺之必谨，亦供饮供馔之如常。人称孝妇，比东海以无惭；家有名媛，若北堂之长在。其事姑有如此者！

且夫教子之责，慈母或逊于严父；而怜子之私，妇人更甚于丈夫。是以敬姜之训，千古称难；欧母⑪之风，一时无两。若夫姜其危哉，难竟二惠之爽⑫。胡不佽焉，徒增独行之凉。揆诸恒情，

---

① 刻木之伤：见"丁兰刻木"。喻孝敬父母。

② 蒸梨之惧：见"曾参出妻"。指因微小过失而出妻。典出《孔子家语》。因为蒸藜不熟，有违孝道，曾参就休了妻。蒸梨（藜），即煮野菜。

③ 辛盘：旧俗农历正月初一，用葱韭等五种味道辛辣的菜蔬置盘中供食，取迎新之意。

④ 凌杂米盐：形容凌乱琐碎。

⑤ 瘃（zhú）：冻疮。

⑥ 姜橘：指姜橘汤，主治伤寒干呕不止，手足发冷，饮食不下等老年常见病。

⑦ 湔（jiān）：洗。

⑧ 疢（chèn）：热病，也泛指疾病。

⑨ 见背：婉辞，指长辈去世。

⑩ 麻绖（dié）：服丧期间系在头部或腰部的葛麻布带。

⑪ 欧母：指欧阳修之母郑氏，古代四大贤母之一。

⑫ 二惠之爽：同"二惠竞爽"，比喻两兄弟都是好样的。典出《左传·昭公三年》。二惠指齐惠王（姜姓）的孙子公孙灶和公孙虿。爽：刚强而精明。

能无溺爱。而宜人则抚兹肯堂①，责之跨灶。折葼②励志，画荻传书③。轧轧机声，寡母千行之泪；荧荧星火，贫家一滴之油。而果也，天怜士行，人仰庐陵。喆嗣镜吾同年，以庚寅作赋之才，膺辛酉明经之选。同治元年，朝考一等。得旨，以礼部小京官用。天恩锡秩④，家庆称荣。人第知镜吾学行并修，而不知丸熊⑤断杼，太宜人与有力焉。其教子有如此者！

夫民劳则思，文伯受戒于方绩⑥；官物无益，陶公见责于封书⑦。京师人海喧嚣，物力昂贵。米珠薪桂，致此为难。蜗舍蚊巢，居大不易。宜人以为："惟俭可以助廉，惟勤可以补拙。"于是尽撙节⑧之法，谋治生之方。薤羹韭芼⑨，心不惮烦。女布男钱，躬自为理。以图馆谷，则笔可代耕焉；以练女工，则指可助

---

① 肯堂：见成语"肯堂肯构"。比喻子承父业。

② 折葼（zōng）：折取细枝，指鞭笞。典出《左传》："慈母之怒子也，虽折葼笞之，其惠存焉。"

③ 画荻传书：欧阳修之母用芦苇在地上书画教育儿子读书。用以称赞母亲教子有方。典出《宋史·欧阳修传》。

④ 锡秩：赐官。

⑤ 丸熊：用熊胆和制的药丸。喻母教。典出《新唐书·柳仲郢传》："母韩，即皋女也，善训子，故行郢幼嗜学，尝和熊胆丸，使夜咀嚥以助勤。"

⑥ 文伯受戒于方绩：见"敬姜犹绩"，敬姜教导儿子富贵不忘根本、不求安逸之典。见《敬姜论劳逸》。

⑦ 陶公见责于封书：见"陶母封鲊"，陶侃母亲教导其要从小处养成廉洁操守之典。见《世说新语》。

⑧ 撙（zǔn）节：抑制，节制。

⑨ 薤（xiè）羹韭芼（mào）：指一些细叶青菜野菜之类。薤，小蒜、薤白头、野蒜、野韭等。芼，可供食用的野菜或水草。

食焉。至于一身节约，一力摒挡。孟仁之鲊①，既以封还；季伟之鸡②，亦所弗用。养成孝之廉。伟哉！贤母之德。其持家有如此者！

夫姥峰千仞，能贞则有直无倾；婺③曜一天，不炫而其光自远。虽炜管无不朽之华，而笄珈④荣矣；虽中闺乏奋飞之烈，而金泥锡矣。宜人总是四端⑤归乎一德。塞渊⑥以旌其心，庄姝以表其度。亦既内则先顺，中壸⑦葆真矣。而况爱敬天成，言容典礼。臧获⑧感其仁慈，戚⑨称为厚德。有不以美延年，以恐致福者欤？

岁在甲戌月，维乙丑，欣逢花甲之辰，宜举霞觞之典。镜吾以为：藻苹⑩之奉，幸及亲存；纶綍⑪之恩，贵于身被。于是，

---

① 孟仁之鲊：见"还鲊"之典。与"陶母封鲊"同出一辙。孟仁（218-271），原名孟宗，字恭武，三国时荆州江夏郡鄳县（今湖北孝昌）人，二十四孝之一。孟仁曾任主管渔业的官吏，他亲自捕鱼精心烹制后送给母亲，其母退还并责之以道。后以"还鲊"指称贤母，以"鱼鲊"表达为官清廉之意。

② 季伟之鸡：茅容，字季伟，陈留人。典出《后汉书·郭符许列传》："容杀鸡为馔，林宗谓为己设，既而以供其母，自以草蔬与客同饭。"

③ 婺：指婺女星，二十八宿之一。

④ 笄珈：原指女性首饰，亦代指女性。

⑤ 四端：是指儒家称应有的四种德行，即：恻隐之心，仁之端也；羞恶之心，义之端也；辞让之心，礼之端也；是非之心，智之端也。

⑥ 塞渊：笃厚诚实，见识深远。

⑦ 中壸：中宫。壸，古指宫中道路，借指皇后，泛称妻室。

⑧ 臧获：古代对奴婢的贱称。

⑨ 戚：戚党，亲族。

⑩ 藻苹：藻与苹，指祭品。

⑪ 纶綍（fú）：皇帝的诏令。

合都下桑梓之俦①，作庭前璈琊②之祝。见托斯文，敢辞不敏。所愿：

八会阶前，岁岁进蟠桃之果；三迁堂上，年年增锦帨之华。

王母汪太淑人③五十寿文

夫太仓女④孝，而为妇或不传；伯宗妻贤，而为母或不著。岂非离之则两美，兼之则两难哉。若乃方绩之母⑤，贤固贤矣，而笄字之时无闻焉；截发之亲⑥，荣固荣矣，而眉梨之算未卜焉。将欲铺张壶范⑦，扬扢璇闱⑧。而《黄竹》兴谣⑨，徒侈九霞⑩之故

---

① 桑梓之俦：同乡之辈。

② 璈琊：同琅璈，古玉制乐器。

③ 淑人：古命妇封号。

④ 太仓女（约前174—？）：淳于缇萦，西汉临淄（今山东淄博）人，父为医学家淳于意，曾任太仓长，故称缇萦为太仓女。"缇萦救父"是二十四孝之一，典出《史记·扁鹊仓公列传》。缇萦父获罪，缇萦上书汉文帝，愿代父受刑，文帝宽免其父而且从此废除肉刑。

⑤ 方绩之母：敬姜，见51页注⑧。

⑥ 截发之亲：见"截发延宾"。典出《世说新语·贤媛》，陶侃母湛氏剪下长发换米为儿子待客。后以称贤母好客。

⑦ 壶范：女中楷模。

⑧ 璇闱：后妃住所，后指华丽的闺房。

⑨ 黄竹兴谣：即《黄竹子歌》，乐府吴声歌曲名。歌云："江边黄竹子，堪作女儿箱。一船使两桨，得娘还故乡。"

⑩ 九霞：九天的云霞，常借指美酒或天庭。

事；彤管有炜①，空衍六珈②之肤词。雷同贻诮③，月旦④无凭，曷足韪⑤欤。是以颂寿母者，不尚燕喜之文；咏寡妻者，必考徽音之嗣。若吾宗汪太淑人者，有足传焉。

淑人以平阳之官阀，于浙水为世家。窠顶山⑥，高灵特钟夫女士；鸳央湖⑦艳秀，并毓夫门楣。遂乃铃堕怀中，珠珍掌上。令晖⑧始生，便称明慧。班昭举止，居然大家。无如母也，天只竟成。不恤之嫠⑨，女有男行，合号忘忧之草。盖其在母家也，执子之道，得亲之欢，以故里党有孝女之称焉。年十六，归于小厓先生。维时，太翁省厓⑩，参赞戎机，不遑家务。太夫人综理内政，而命淑人参佐其间。凌杂米盐，堂上不絮；躬操井臼，庑

---

① 彤管有炜：彤管指古代女史用以记事的杆身漆朱的笔。也指女子文墨之事。语出《诗经·邶风》："静女其娈，贻我彤管。彤管有炜，说怿女美。"

② 六珈：贵族女性发簪上的玉饰。

③ 贻诮：见笑。

④ 月旦：见121页注③。

⑤ 韪：肯定；赞美。

⑥ 窠顶山：因汪太夫人是浙水人氏，此处应指嘉兴海盐的鹰窠顶山。

⑦ 鸳央湖：嘉兴南湖，又名鸳鸯湖。

⑧ 令晖：鲍令晖，南朝女文学家，文学家鲍照之妹，是南朝宋、齐两代唯一留下著作的女性文学家。其著《香茗赋集》已散佚。

⑨ 不恤之嫠（lí）：不忧虑织得少的寡妇（而怕亡国之祸），比喻忧国忘家。《左传·昭公二十四年》载："嫠不恤其纬，而忧宗周之陨，为将及焉。"嫠，寡妇。恤，忧虑。

⑩ 省厓：此处应指王鼎（1768—1842），字定九，号省厓、槐荫山人，陕西蒲城人。清朝中后期政治家。

下分劳。若其恪遵婉娩，勉奉姑嫜。操作而前，足助彩衣之舞①；问安而退，时谈腽脖②之棋。至于侍萱堂之疾，则药饵亲尝；祈旃檀③之君，则心香默祷。皆能出以至诚，不假修饰。其事亲有如此者！昔者德曜齐眉，聿效如宾之敬；姜女励志，爰进怀安④之箴。

淑人为宰相之冢妇⑤，为太史之名姝，尊优并至，荣宠非常，宜乎溺情铅华，染习纨绮矣。而不知其继晷焚膏⑥，代爇金莲之宝炬；深宵伴读，同尝芸案⑦之苦辛。及乎尊章⑧见背，君子有行。则泰山窆棺⑨，夫也克孝；燕台⑩分馈，妻也能齐。惟巾帼有须眉之气，故行人无内顾之忧。况乎马融⑪授徒，肴馔常充；齐侯⑫多

---

① 彩衣之舞：指戏彩娱亲。指春秋末楚国老莱子穿五彩衣为婴儿状以娱父母之事。代指孝养父母。

② 腽脖：象声词，棋子碰板的声音。

③ 旃檀：檀香，白檀。一种珍稀树种，历久弥香，有"香料之王"的美誉。

④ 怀安：留恋妻室，贪图安逸。典出《左传·僖公二十三年》。

⑤ 冢妇：指嫡长子的正妻。

⑥ 继晷焚膏：点燃蜡烛或油灯接替日光照明。形容夜以继日地勤奋学习或工作。晷，日光；膏：油脂，灯烛。

⑦ 芸案：书案。

⑧ 尊章：同"尊嫜"。对自己公婆或别人公婆的敬称。

⑨ 窆（biǎn）棺：指把棺材放进墓穴。引申为埋葬、墓穴等义。

⑩ 燕台：战国时燕昭王所筑的黄金台。也指幕府。后作为君主或长官礼贤之典。

⑪ 马融（79—166）：字季长，扶风郡茂陵县（今陕西兴平）人，东汉时期经学家。遍注群经，绛帐授徒，门人常有千人之多，学生有卢植、郑玄等。封扶风伯。明人辑有《马季长集》。后用"绛帐授徒"等指师长设立讲座，传授生徒，含尊崇称美之意。

⑫ 齐侯：指齐桓公。

宠，姬姜①不悴。其相夫有如此者！

且夫断机之母，有父道焉；丸熊之母，有师道焉。令嗣鹤荪昆玉，后先挺起，蔚然国华。淑人以为，世禄之家，首重者礼教；簪绂②之后，易替者书香。于是折荻励子，画荻教儿。道家常则午夜无眠，考课业则申旦不倦。而且果号侧生③，栽培一体；荔虽旁挺，畛域④无分。卒能资其抚养，俾立室家。其训子有如此者！

或谓地道无成，止取在中之吉；妇人职内，何须外事之参。不知淑人少历艰屯，中遭夭殒。黄口哑哑，咸有待于哺鸟；白发毵毵⑤，故无嫌于作马⑥。今虽兰森玉立，八桂成林；妇织女纴，一门竞爽。犹复蕴羹韭苴，调燮⑦不惮其烦；女布男钱，出入皆自为理。盖习于勤者，久且忘其劳；蹇于少者，不复觉其老。其持家有如此者！

凡兹懿行，厥有寿征。殆所谓和以致祥，慈以召福者欤。岁

---

① 姬姜：春秋时，周王室姓姬，齐国姓姜，二姓常通婚姻，因以姬姜代贵族妇女之称。

② 簪绂（fú）：冠簪和缨带，古代官员服饰；亦用以喻显贵、仕宦。

③ 果号侧生：叫"侧生"的水果，指荔枝。都说荔枝生于旁枝，因以"侧生"为荔枝的代称。借指庶出子女。

④ 畛域：指范围、界限。也比喻成见、偏见。

⑤ 毵毵（sān）：毛发、枝条等细长垂拂、纷披散乱的样子。

⑥ 作马：木工使用的一种简便支架。喻甘于奉献。

⑦ 调燮：调养，调理。此指调理家事。

在赤奋月次鹑首①，为淑人五旬令辰②。同乡诸公，谋举瑶觞，而属余一言为序。爰乃进鹤荪而咨善③，擘鸾笺④以敷言。综其大略，悉著于篇。若夫国恩世世，家庆年年，则读丞相之传，史馆纪其详；膺历朝之封，宗谱书其盛。言各有宜，文故不赘。所愿：

五噣三星，同咏南国夫人之化；九光八会，上陈西池王母之编。

严母高太宜人寿序

昔宣城汤公⑤有言："寿者，酬⑥也。其人有可寿之德，天必以寿酬之。"此今世祝寿之礼所由昉⑦欤！顾以余所闻，昔之著于篇者，丈夫之仪居多，而妇人不少概见⑧。岂非以地道无成⑨，统于所天，故略而弗详欤？然尝考之《颂》，曰："鲁侯燕喜，

---

① 鹑首：星次名。此指农历五月上旬。古代认为太阳至鹑首之初为芒种，芒种在五月初，故称。

② 令辰：吉利的时辰。

③ 咨善：咨诹善道，询问好的道理。

④ 鸾笺：彩笺。

⑤ 宣城汤公：汤宾尹，字嘉宾，号睡庵，别号霍林，安徽宣城人。明朝官员，人称"汤宣城"。有诗作《同友人游黄山》，著有《睡庵文集》《宣城右集》等。

⑥ 酬（chóu）：同"酬"。

⑦ 由昉：发端，起始。

⑧ 概见：概略的记载。

⑨ 地道无成：地道，指妻道，臣道。地道属阴柔在下者，纵然有美德，只能含藏不露而用来辅助君王（丈夫）的事业，不敢把成功归属已有，这是地顺天的道理。出自《周易·坤》："地道无成，而代有终也。"

令妻寿母。"是虽未必即今称觥之谓，而曰"燕喜"，曰"寿母"，即谓为寿母之权舆①可也。

余友严君辅卿，以名孝廉出宰东省，补曲阜令。曲阜者，鲁之名邑。而君为之侯，是亦鲁侯之谓也。补官之日，即迎其太宜人于任所。朝夕奉侍，礼也，宜也。今年冬，太宜人五十诞辰，辅卿以书走京师，索文代祝。诸同人以属余。余维"寿者，酬也。其人有可寿之德，天必以寿酬之"。今太宜人之德，以余闻于辅卿之同里者，如持家正、教子严、待人厚、律己俭，种种懿范，凡有志于内行者类能之，不足为太宜人异。

夫太宜人者，我卓峰年伯之继配，而辅卿则元配王太宜人所出也。以后母抚前子，猜隙之间，往往不免。而太宜人若忘其非己出，而辅卿亦若忘其非己所自出。是遵何道欤？先是辅卿壬戌春公车北上，越四月，而秦中有回逆之变。维时，卓峰先生苍黄携眷，侨寓河西之蒲城。因惊致病，将不起。太宜人则割腕肉告于天，冀以愈疾。如不可，则乞少延数日，迟其子归与诀。后如所祷，辅卿至蒲之五日，而卓峰先生始卒，於戏异矣！

尝谓女德无极，妇怨无终。士人妇平居②笃伉俪之思，往往谈及孟笋③王柰④诸事，为之妻者，未尝不发指目张，矢日明心。及乎所天衰病，一息仅存，言犹在耳，时事已非。向之所谓矢日指天者，已杳不知其何往。抔土未干，尺孤何托。其不遭凌虐者，

---

① 权舆：起始，萌芽。
② 平居：平素，平日。
③ 孟笋：即孟宗哭笋，二十四孝之一。
④ 王柰：疑指"王鱼"，即二十四孝"卧冰求鲤"事。

盖亦罕矣。况能割臂盟夫，倚闾望子，尽爱尽礼如太宜人者哉。呜呼！由此一事，虽与山河不朽可矣，岂耄耋之足云乎？

余既喜辅卿之官曲阜，能不坠其家声，而又欣有寿母之可以长禀承也。故敢颂鲁侯燕喜之诗，以为太宜人寿。而并举宣城醉德之说，以为世之作继母者劝。若夫设帨①之文，称觞之例，又何足为太宜人重哉！

呼母高太宜人七旬寿序

咸丰辛亥年②，吾师伊训先生捐馆③。其及门④呼生鸣盛、鸣清来就余馆，以事师者事余。历数年，生等均入庠⑤。岁辛酉，鸣盛拔明经科，庚午举于乡，丙子成进士，以即用⑥令分发蜀中。而鸣清亦以癸酉拔贡生朝考得官，签分⑦楚南。邑人士金谓：呼氏两生，非余不及此。噫！是何言欤？

夫科名之发，存乎命，而阴骘⑧系焉。至于学业之成否，则视乎其人之志力，与其父母之栽培，师不能助焉。以两生之材质，

---

① 设帨（shuì）：指女子生辰。
② 咸丰辛亥年：咸丰元年（1851）。
③ 捐馆：放弃了自己的官邸，指官员死亡，亦作"捐舍"。死亡的委婉说法。
④ 及门：正式登门拜师受业的学生。
⑤ 入庠：明清时儒生经考试录取，入府、州、县学为生员。
⑥ 即用：指遇缺即可补用。清代铨选官员有"即用"之制。
⑦ 签分：派遣。
⑧ 阴骘（zhì）：此指阴德。

自应投无不利。然其赠公应山①之内行克敦，锐意栽培，则又余所稔知而习见者，是宜其后之克昌欤。余官京秩②二十年，鸣盛、鸣清先后因公晋都③不一次，至则必与之论文讲行，一如其少时执经课艺④者。然未尝少假辞色，生等亦懔懔然⑤，敬余不少懈。盖自少至壮，凡余所以教其弟兄者，文艺而外，尤重品行，而其弟兄确然相信不疑。虽师生，不异父子也。

客岁⑥，奉命出守黔中。道出川东，晤鸣盛于白沙舟次⑦。款留信宿⑧，雅不欲别。知其奉迎太宜人在寓，于是内子率媳辈登堂相见。晤言盘桓，如一家人者。

今夏六月，鸣清抚篆⑨慈利，走书⑩来乞一言，以寿其母。于是太宜人年七十矣。两子显达，诸孙罗列。福量过人，莫不荣之。顾余之所重于太宜人者，犹不在此。夫太宜人之于清寒族也，骤富而骄，骤贵而满，人情乎。乃以余所闻于太宜人，服食起居，及一切所以训其子若媳者，仍如未富未贵时。自非德量过

---

① 赠公应山：呼鸣盛、呼鸣清的父亲呼应山。赠公是对官员父亲的敬称。
② 京秩：京官。
③ 晋都：指进京。
④ 执经课艺：从师受业研读制艺。执经，手持经书，指从师受业；课艺，此处指研读制艺（八股文）。
⑤ 懔懔然：危惧貌，戒慎貌。
⑥ 客岁：去年，应指1880年。
⑦ 舟次：船舶停泊之所，即码头。
⑧ 信宿：古书面语。表示两夜或连宿两夜。
⑨ 抚篆：指巡抚职位。篆：官印的代称。此借指任地方官。
⑩ 走书：来信、去信。

人，安能福量至此哉！夫少而贫且贱，不以贫贱自居也。老而富且贵，不以富贵自盈也。丈夫中知此者能有几？而出之妇人，则其平日之相夫教子，及乎妯娌亲戚之事事有礼，断可知矣。

抑余又有进焉。人子与亲，未有不欲其长年者。而致此有道，两生亦知之乎。继自今守官箴①，恤民隐②，使川中人士皆曰"贤哉！非此母不能生此子也。"而太宜人乐矣。使楚中人士皆曰："贤哉！观其子可以知其母。"而太宜人乐矣。高年人无他望，惟为子者平心造福，桑榆精神自然加倍，而年岁因之俱长。鼎烹药饵，不是过焉。此则余之于两生、而生等所以寿其母者，何待外求哉？

若夫庆贺之词，揄扬之语，宜非生所望于余，而亦岂余所以待生之本心乎？鸣盛、鸣清，其各勉旃③。是为序。

梁母万太宜人八十寿序

龙集庚辰④之春，予奉命出守黔中。其秋七月，赴任铜仁，晤梁君⑤立夫于下车之始。梁君者，湘中名宿，从事黔东。气宇轩昂，吐属名隽⑥，心窃异焉。问其年，则既六旬矣。询其家世，

---

① 守官箴：遵守做官的戒规。
② 恤民隐：怜悯百姓的穷苦。
③ 勉旃（zhān）：努力，多用于劝勉时。
④ 龙集庚辰：光绪六年（1880）。
⑤ 梁君：梁立夫，湖南人氏，客居铜仁。
⑥ 吐属名隽：谈吐不凡。

则慈亲尚健。予不胜欣羡之甚，自是往来者数。然非公不至，至则谈此间风土人情甚悉，从无一语及私。辛巳冬，赴省需次①，甫交春②而奉委漾头③，局趋④来谒见。盖君侨寓铜城者有年，且漾头距郡仅五十里，得以朝夕省亲，宜其捧檄而喜⑤也。予初讶其来之速，则笑而言曰："家慈以今年三月为八十寿辰，是以倍道⑥旋铜，将设觞为斑衣庆⑦，且乞一言，以为寿。"予非能文者，顾念梁君以周甲之年，犹及膝下承欢，勉尽人子生事之礼，此实予所抱憾未能者，未可以不文辞。爰按其节略而详序焉。

盖太宜人姓万氏，楚之望族也。幼娴姆训⑧，在母家即习婉娩仪。年十四归赠公静园先生⑨。方是时，舅姑早世。太宜人综理家政，井井有条。赠公性慷慨，尝有负重债者，贫不能偿，赠公商之宜人，拟归其券⑩。宜人进曰："若非负义者，特以贫耳。且吾子

---

① 需次：官吏授职后，按照资历依次补缺。

② 甫交春：刚刚立春。

③ 奉委漾头：接受任命到漾头任职。漾头，距铜仁府五十华里的漾头镇，梁立夫于辛巳冬（1881）赴任漾头。

④ 局趋：急急忙忙赶来。

⑤ 捧檄而喜：亦作"捧檄色喜"。典出《后汉书·刘平等传序》："东汉毛义家贫，以孝出名，府檄召义为守令。义捧檄色喜。后其母死，辞职不干。"檄，召书，委令。后以指为了让父母高兴而出仕的人。

⑥ 倍道：以加倍的速度前行。

⑦ 斑衣庆：见"彩衣娱亲"，316页注①。

⑧ 姆训：女师的训诫。

⑨ 静园先生：此处底本为"静园先先"，据文义改。

⑩ 券：契据，常分为两半，双方各执其一。此指借据。

若孙①苟能立，何需此券为？如其不然，持券何益？请从君议，还券可耳。"于是赠公欣然如所请，负者感泣以去。

予读节略至此，不禁瞿然以兴焉。尝谓士无贫富，知义者高；人无男妇，有识者贵。予观今世士大夫操奇计赢②，持筹握算③，谋所以利其子若孙者，无所不至。甚而登门索逋④，声色俱厉者，业售产锱铢计较者，比比皆是。有劝以少缓须臾及少从减让者，强怒于言，弱怒于色。岂其人不达至此哉？盖不如是，而室人谪焉，子孙怼焉，其势有无可奈何者。诚得巾帼中有识者规劝其间，未必不闻而感悟。是则妇人之长善于夫，而造福于后者，岂浅小之效哉！以赠公之质直好义，即使太宜人不赞一词，亦当终行其志。然或知之而不即行，或行之而不能决，是亦人情乎。而竟如此慨然不疑者，则果行育德之功，太宜人大有力焉。女曰鸡鸣，士曰昧旦。⑤可以想见贤夫妇同心向善之风。而暮年之颐养，后嗣之寖昌⑥，胥⑦基此矣。

又云太宜人性最慈，臧获辈之获咎⑧赠公者，咸思得一言以

---

① 若孙：子孙后代之意。若，及，至于。
② 操奇计赢：手上掌握奇缺货物，以谋取高利润。操：控制；奇：奇货，指市上短缺的物品；赢：利润。
③ 持筹握算：精打细算。
④ 逋（bū）：逃亡，引申指逃亡在外的人。
⑤ 女曰鸡鸣，士曰昧旦：妻子说鸡已经叫了，丈夫说天还没亮呢。一个贤妻督促丈夫的故事。语出《诗经·郑风》。
⑥ 寖昌：逐渐昌盛。
⑦ 胥：皆，都。
⑧ 获咎：获罪，得罪。

解，数十年中不訾一奴、笞一婢。人乐其宽，而卒亦无敢不逊者。夫王褒《僮约》①，特戏言耳，非有其事也。然今之世族大家，其苛责仆婢，更有甚于褒所约者。非必存心皆刻也，彼其耳濡目染，习见鞭挞诟詈之状，族戚姻亚间莫不如是。而高年太君，又复怜爱子妇，不复加之呵禁，刻薄成风，贻祸胡底②。闻太宜人之处家，其亦可以少愧也已。夫以太宜人相夫之义，待物之慈，推而至于教子孙、睦邻里，有不和气庇一家、仁风扇一里者哉。

抑予又有进焉。积善余庆，是即圣人之所为家法。然此言也，不系之乾，而系之坤者，岂不以"无成有终③"，惟地④能之。然则柔顺利贞，厚德载物，太宜人之所为德也；"美在其中，畅于四支⑤"。太宜人之所由寿也。彼寿母燕喜之颂，梁君何让鲁侯哉。且梁君以卓荦⑥之材，屈于末吏，识者未尝不为梁君惜。然苟出其禀教于太宜人者，佐吏宜民，当必别有仁风之播。是亦为政，岂必显宦耶。况文孙小立，行将高掇科第，上慰眉梨。两世余庆，方兴未艾。而太宜人康疆逢吉，乐更可知矣。予

---

① 《僮约》：记奴婢契约。汉王褒所作。后泛称主奴契约或对奴仆的种种约束规定。

② 贻祸胡底：留下祸患到什么地步。

③ 无成有终：（坤或臣）不居成功之名，只是奉命完成分内之事。语出《周易·坤》："含章可贞或从王事，无成有终。"

④ 地：借指女性，此处比拟"太宜人"。

⑤ 美在其中，畅于四支：（君子之美）蕴存于内心，流畅在四肢。语出《周易·坤》。

⑥ 卓荦：卓越、突出。

也一官鲍系①，尚当濡毫，两度为太宜人期颐之祝。于八秩之辰，先撮其大略而序之如此。

秉中赵公墓志铭并序

夫鸾皇先戒②，乃非枳林③之栖；萧艾则芳，而无蒿柱之岂。趋寂而辞喧哉，盖云性真而已。土有匿瑾瑜④，泣琼瑰⑤。开通德之门，处蓬庐⑥之室。而或无文以镇璞⑦，或秉实而不华。北邙⑧累累，桐棺⑨宁其表贵；白杨萧萧，松垄⑩岂焉贻徽⑪。遂菁华沦汩，芳流歇绝，不其伤欤！若乃河润千里，有本者流长；桂白小山⑫，不言而芳远。生存华屋之处，没极荣哀之致，于受天先生见之矣。

---

① 鲍系：羁滞。喻无用之物；不为时用、赋闲。
② 鸾皇先戒：鸾与凤为之开路警戒。语出《离骚》："鸾皇为余先戒兮。"
③ 枳林：一种有刺的乔木。
④ 匿瑾瑜：同瑾瑜匿瑕。比喻美好的事物完全看不到瑕疵，好似美好把瑕疵吸收了。
⑤ 泣琼瑰：哭泣时泪珠化为美玉而盈怀。琼瑰：次于玉的美石，泛指珠玉。
⑥ 蓬庐：驿传中供人休息的房子。
⑦ 无文以镇璞：见"无名之朴"。道家指质朴自然、玄默无为之"道"。比喻不为人知的才识之士。
⑧ 北邙：邙山。秦岭余脉，在洛阳之北，宜殡葬。借指墓地或坟墓。
⑨ 桐棺：桐木棺材。因质地朴素，故代薄葬。
⑩ 松垄：坟墓。
⑪ 贻徽：贻赠美好之意。
⑫ 桂白小山：白色的桂花覆盖了小山。喻香气袭远。

公赵氏，讳秉中，陕西渭南人也。导清源于鵨穴①，振洪叶于鹑首②。曾祖以来，世有清德。并以孙贵，迭受国封。公兄弟有四，身居其三。道光三年九月二十日，生于邑之孝义里第。时也，大火西流，少微东曜。菊三秀而委地③，雁一声而惊人。下斗星于井络之墟④，散长虹于洪波之曲。得秋气多，为幽人⑤相识者曰"逸常之器"也。虽生纨绔之中，不作丰缛之状。意者蚓其潜乎，蝺⑥其游乎，其诸履二⑦而蛊九⑧者乎。少失所怙，育于父兄。言树之背⑨，痛谖于心。然而循陔⑩之泣，则至性独优也；负剑之对，则成人不过也。庚子拜经，目下十行；丙丁读易，手编

---

① 导清源于鵨穴：清水从鸟鼠同穴山发源而来。喻家世源流长久。清源：水源；鵨穴：即甘肃渭源县的鸟鼠同穴山。《尚书·禹贡》载："导渭自鸟鼠同穴。"

② 振洪叶于鹑首：振兴宏大的家世于秦地。洪叶：宏大的家世；鹑首：此处指秦地（属雍州）。

③ 菊三秀而委地：菊花开了三次，终于凋谢枯萎。喻天气渐近寒冷。

④ 下斗星于井络之墟：北斗星落于街巷。斗星，北斗星。井络之墟，井星的分野，也指井里、街道。此处喻指人生而不凡。

⑤ 幽人：隐者，高士。

⑥ 蝺（qǔ）：外表美好的样子。蝺其游乎，谓自在的行走。借指独立特行。

⑦ 履二：指仕途上清正优游，自得其乐。

⑧ 蛊九："上九，不事王侯，高尚其事"，指身在仕途，却不为所累。

⑨ 言树之背：愿种在后庭院。借指对母亲的思念。语出《诗经·卫风·伯兮》："焉得谖草，言树之背。"谖即萱；言：愿意；树：种植。

⑩ 循陔：奉养父母。

三绝。年未及冠，学已名衿。假使槐柯梦验①，榴实祥征②，旗蝥弧以先登③，布偪阳而再上④。何难展其骥足，标此鸿题。鹿一鸣于食苹之野⑤，凤双翔于生梧之岗。而乃才不偶命，时与愿违。岁岁打髦⑥，年年作裳。佛千经而不名，天十荒而不破。斯固才人短气，志士灰心者矣。而先生曰：否否。通塞，命也。穷达，时也。且夫老超投笔⑦，未免落落；阿翰守砚，只等区区。惟孝友是亦为政，虽子弟可以起家。斯时，伯氏崧原公已捷南宫，而为公捐职员外。公以为人生行乐，岂在宦游。游思竹素⑧，培桂兰阶⑨，不就也。异矣哉！家本素封，乃有素心之尚；年尚青春，而绝青云之望。可谓少无宦情，高尚其事者矣。

岁在丙申，秦中洊饥⑩。戊戌丙午，又复告荒。先后发粟，济人全活无算。临淄十万户，待晏婴然后举火⑪；成都八百户，非

---

① 槐柯梦验：见"南柯一梦"。典出唐代李公佐《南柯太守传》。

② 榴实祥征：同"榴实登科"，寓意金榜题名。宋代人用裂开石榴果的种子数量，来占卜预知科考上榜的人数。

③ 旗蝥弧以先登：捷足先登。蝥弧：春秋诸侯郑伯之旗名，后借指军旗。

④ 布偪阳而再上：指偪阳之战。偪阳：国名，春秋时的小国。借指初战不利，再战获胜。

⑤ 鹿一鸣于食野之苹：见"鸣野食苹"。语出《诗·小雅·鹿鸣》，"呦呦鹿鸣，食野之苹。"比喻诚心待人，同甘共苦。

⑥ 打髦（mào）：指科举落第而饮酒解闷，后喻科举落第。髦，烦躁。

⑦ 老超投笔：指班超投笔从戎。

⑧ 竹素：指史册、书籍。

⑨ 培桂兰阶：指把子弟培养成才。兰阶：阶台美称。

⑩ 洊（jiàn）饥：连年饥荒。

⑪ 待晏婴然后举火：指等待着晏婴的救济才能生火做饭。借指周济众人。

程郑①莫能全生。守令义其事，将上诸朝，而公不可。是则入粟输边②，卜式③真为长者；焚券市义④，孟尝大有阴功者矣。

渭南为汉回杂处之地，溯自壬戌之岁夏秋之间，潢池⑤窃发，赤眉⑥从之。乡间⑦焚杀，屠毒非恒。惟公抱先几⑧之哲，尽御侮之能。而莒城太恶⑨，贼胆益张。势不可支，久将生变。于是携眷东渡，即蒲坂⑩家焉。蒲坂者，山陕之牙错也。黄河带其西，首阳峙其南。公于诵读之暇，作乡关之望。西瞻太华山，破碎而无情；北睨⑪神京云，仓皇而泣下。万事迫于羁旅，万感深于乱离。盖至是而公病矣。同治甲子，返蒲城已已春，由蒲之省，中途冒寒，卒于省寓。春秋四十七。配冯氏，子三。曰：恩祥，出继胞伯介臣公，钦赐举人，官户部郎中。次抱琦，次抱璲，出嗣本宗。孙

---

① 程郑：西汉时期蜀地首屈一指的工商业家族，以冶铁起家，与西南贸易，终而致富。

② 入粟输边：指纳粟戍边。入粟，原指纳粟于官府，用以买官或赎罪。

③ 卜式：汉武帝时期河南郡人。据《汉书·卜式传》载，卜式牧羊致富，愿捐一半家产给国家戍边，武帝尊其为长者。

④ 焚券市义：烧掉债券收买人心。战国时期孟尝君门客冯谖烧掉百姓债券，以提升孟尝君的威望。

⑤ 潢池：见"潢池弄兵"，指底层民众叛乱兵变。

⑥ 赤眉：指汉代樊崇等为首的农民起义军。此处借指1862年爆发的陕西回民起义。

⑦ 乡间：家乡，民众聚居之处。

⑧ 先几：预先洞知细微。

⑨ 莒城太恶：见"渠丘之溃"。典出《左传·成公八年》。恶，溃败。

⑩ 蒲坂：山西蒲州府永济县，与陕西大荔、合阳隔河相望。

⑪ 睨（é）：眺望。

一名，书粤。以是年月日葬于祖茔之次，礼也。

公性含春和，行励秋肃。有平原之门阀，而兼万石之家规。盗牛革心，则吾家彦方①之德望也；窃马不仕，则君家超台之风规也。乃者一朝怛化②，人琴俱亡。使式榖之子③，洒红鹃④于他乡；停輀⑤之区，问白马其冥在？饰终有礼，殉葬无文。不其惜欤。乃为铭曰：

冬阳夏日，春煦秋阴。清芬累叶，一鹤一琴。呜呼先生，含灵淑真。蓝田玉美，渭水璜珍。少遭鞫凶⑥，长逢坎坷。以此豹文⑦，而无熊胆。和璞不售，隋珠⑧不耀。喆人安之，从吾所好。翳翳⑨阶芝，泛泛庭兰。松题子侄，桃谢春官。泛舟自雍⑩，指

---

① 吾家彦方：指王彦方，因与作者同姓而称"吾家"。
② 怛（dá）化：人之死乃自然变化，不要惊动他。后谓人死为"怛化"。
③ 式榖之子：谓以善道教子，使之为善。式：用；榖：善。
④ 红鹃：喻带血之泪。
⑤ 輀（ér）：载运灵柩的车。
⑥ 鞫凶：极大的灾祸。
⑦ 豹文：见"玄豹成文"。典出《列女传·贤明传·陶答子妻》，南山有一种黑色的豹，为了长出花纹躲避天敌，可以在连续七天的雾雨天气里不吃东西。后以喻潜身隐居，洁身自好。
⑧ 隋珠：隋侯之珠，古代与和氏璧同称稀世之宝。
⑨ 翳翳：指昏暗、暗淡的样子。
⑩ 泛舟自雍：指泛舟之役。发生于公元前647年，是中国历史上第一次有明确记载的内陆河道水上运输事件。秦国船只押运万斛粮食由秦都雍城出发，沿渭水自西向东北上晋都绛城。运粮的白帆八百里路途首尾相连，史称"泛舟之役"。

困予周①。德以金隐，功不珠酬②。蠢尔回逆，屠我仁里。不罹其锋，唯智是使。蒲中致尧，王官表圣。远彼嚣尘，全我清净。寓公匪易，依人实难。蒲城不校，再返长安。频年跋涉，蜜戚凋零。魂堕山白，梦杳门青。死者雁孤，生者鹃血。燕云渭树，耿耿长别。□也人伤，忽焉物化。楼成天上，玉埋地下。大雅名仆，吾衰谁陈③？山阳相送，素车辚辚。其陵其谷，何代何年。永无朽坏，长此崇阡！

刘母温太夫人诔

岁在屠维④，月临实沈⑤。友人刘命初将释⑥其尊妣温太夫人之服，而手述行状一篇，乞余为之诔。夫少不诔长，礼有明文。地道无成，《易》垂昭训。况复起居八座⑦，光荣迭被于生前；怛

---

① 指囷予周：本意为手指粮仓赠予周瑜。典出《三国志·鲁肃传》："周瑜为居巢长，将数百人故过候肃，并求资粮。肃家有两囷米，各三千斛。肃乃指一囷与周瑜。"后以"指囷"喻慷慨资助。

② 珠酬：珠即"隋侯珠"；酬同酬。喻知恩必报的行为。

③ 大雅名仆，吾衰谁陈：大雅那样的诗歌不见已久，如今我也衰老，此意向谁诉说呢？泛指正声已经衰歇。

④ 屠维：天干中己的别称，用以纪年。一作"徒维"。

⑤ 实沈：星次名。大致相当于二十八宿的觜、参和毕、井的一部分，黄道十二宫的双子座。在十二辰为申。此处指立夏之际。

⑥ 释：服丧期满、除去丧服之意。

⑦ 起居八座：汉唐时称尚书等为八座，清代规定京官只能坐四人抬的轿子，但地方督、抚等职，有大典时可乘八抬大轿，所以八座代指督、抚。

化一朝，哀悃^①已述于身后。执桮棬^②而口泽如新，倚门楣而音徽未沫^③。哀之至也，文何有焉？然而孝子不没亲之名，仁人好称人之善。展河阳^④之集，大半悲词；读开府^⑤之文，颇多女诔。陆孤夫人^⑥不废饰终之语，万年公主^⑦非无累德之言。岂将夸示^⑧来兹，侈陈溢美哉？盖云至性所在，不可没已。况乃诣切珂梓^⑨，好敦^⑩金兰。登堂有愿，方含拜母之思；执绋无缘，有歉赴丧之礼。而使光光之德，长掩于泉台；瞿瞿^⑪之容，饮恨于墨绖^⑫。不其伤欤！爰乃抽毫命牍^⑬，考述生平焉。

---

① 哀悃（kǔn）：指悲哀沉痛的情思。

② 桮棬（quān）：即杯棬，亦作杯圈，古代一种木质的饮器。《礼记·玉藻》载："母没而杯圈不能饮焉。"孔颖达疏："杯圈，妇人所用，故母言杯圈。"后因用作思念先母之词。

③ 沫：消失，终止。

④ 河阳：指西晋潘安（曾任河阳令），其善作哀诔之文，著有《寡妇赋》《悼亡诗》等名篇。

⑤ 开府：指庾信（曾任开府仪同三司，人称庾开府），著有《庾开府集》，善以绮丽之辞抒哀怨之情。

⑥ 陆孤夫人：庾信曾作《周谯国公夫人步陆孤氏墓志铭》。

⑦ 万年公主：晋武帝司马炎之女。司马炎曾下诏令嫔妃左棻作诔，其文甚丽。

⑧ 夸示：炫耀。

⑨ 诣切珂梓：德行为乡里所称道。诣：德行、学业达到的程度；切：契合，确切；珂梓：家乡美玉，借指家乡、故里。

⑩ 好敦：敦好，和睦友好。

⑪ 瞿瞿：本义惊视不安貌，此处指勤谨貌。

⑫ 墨绖：黑色丧服。

⑬ 抽毫命牍：开始作文之意。

按状，太夫人姓温氏，陕之朝邑人也。导清源于平原门高处士，溯华宗于冯翊①林下大家。夫人含灵坤纽，秉德巽维②。庄姝③表度，婉娩修仪。星邻太华④，是谢自然⑤之前身；月满骊山，识西王母之降诞。幼而聪慧，长更端明。从保母之训，不异男儿；习女郎之工，是精妇道。年既及笄，归其同里镜堂先生。镜堂先生者，邑之望族也。里名乐社，家号丰庄。太夫人四德孔修⑥，一尘不习。杂珮⑦辅君子之贤，柭斛⑧表内子之德。必敬必戒，令色令仪。虽生锦绣之丛，永绝罗纨之气。闻名者钦其有婉娩风，觌面⑨者忘其为富家妇。综厥一生，实兼四德。试得而胪陈之：

夫其晨兴侍栉⑩，宵分温衾。博二老之欢心，代一人之子职。凡夫枣修榛栗⑪之必丰，槃匜⑫盥沐之必勤。犹其常焉者也。若夫承颜膝下，虽盛怒而能回；追远堂前，作有齐⑬之于奠。修已毁

---

① 冯翊：三国置冯翊郡，治临晋（今陕西大荔）。
② 巽维：东南方。
③ 庄姝：端庄而美好。
④ 太华：华山。
⑤ 谢自然（767—794）：唐代女道士，号东极真人，传说在西山的飞仙石上飞升得道。韩愈作《谢自然传》，驳斥此说为迷信。
⑥ 孔修：长，此指对四德研修皆长。
⑦ 杂珮：连缀在一起的各种佩玉。
⑧ 柭斛：叩斛，使所盛谷物下陷，以便多盛。
⑨ 觌（dí）面：见面，当面。
⑩ 晨兴侍栉：清晨起来侍奉长辈梳头发。
⑪ 枣修榛栗：古代女子初见长辈时所送的礼物。
⑫ 槃（pán）匜（yí）：古代盥沐用具。槃：用以承水；匜：用以注水。
⑬ 有齐：美好而恭敬。有：句首助词。

之家庙，刘宗有妇①；供先人之香火，姜女能贤②。其孝先有如此者！

自古成家业者，必资内助之贤；守义方者，类秉慈亲之训。是故健妇持门，比同心之金断；为亲受杖，胜严师之玉成。时也夫子疾多，不任摒挡③之苦；儿曹年幼，何知佽张④之劳。太夫人曲体⑤伉俪，怜爱少子。米盐凌杂之事，无使君劳；膏火束脩之资，早为儿备。洎乎⑥寡鹄一声，别弦忽上；遗雏两个，竞爽为难。未尝不指随心痛，严以慈兼。任一肩而愈重，撑两手其奚辞。卒使黄榜之藏，不遗于中馈；青藜⑦之业，有光于前徽。织蒲⑧佐婿，画荻教儿。不是过也。其治家有如此者！

且夫卓僮陶婢，是尚奢侈之风；北李南卢，类有华靡之习。女德无极，妇人异甚。求其居安思危，能勤有继者，盖其难哉。太夫人俭以性生，勤由福厚。故能处丰而约，辞隆而窊⑨。虽不必

---

① 刘宗有妇：指刘秀光复汉室，得到其妻阴丽华的襄助。借指女子匡助丈夫成就事业。

② 姜女能贤：指敬姜治家之事。借指女性教育子女有方。

③ 摒挡：收拾料理；筹措。

④ 佽张：嚣张；强横。此处应指被迫强大起来支撑家庭之意。

⑤ 曲体：弯腰；深入体察。

⑥ 洎乎：等到；待及。

⑦ 青藜：藜杖，指夜读照明的灯烛。借指苦读之事或读书人。

⑧ 织蒲：编蒲为席。

⑨ 辞隆而窊（wā）：隆窊，高出和洼下。引申为贵贱、穷通、尊卑。此处指处富能贫，宠辱不惊。

鹑结其衣，雀鷇其食①。而文伯庭中，乃有方绩之母；万石堂上，翻多啜粟之人。曷澣②曷否，不琢不雕。其持已有如此者！若乃善心为窈，而娣姒③以和；祥女入门，而仆媪皆喜。解推合族，则簪珥不足珍也；散赡六姻，则薪米不足惜也。岁在乙丑，邑呼癸庚④。太夫人发藏首赈，全生无算。遂使哀鸿之野，反庆鸠安；悬磬⑤之家，不忧釜尽。感此慈悲，愿长生之。似佛传其子孙，知阴德之在人。其济人有如此者！

综斯四嬍⑥，有昭徽音⑦。所谓爱敬、天情、言容、典礼者欤！岁月不居，风云上惨。同治六年月日疾终龙门⑧里第，春秋六十有九。喆嗣锡三昆仲，以某月日，权厝⑨祖茔之次。呜呼哀哉！近识悲悼，远闻伤情。终温且惠，呜呼淑真⑩！贤母之行，孝子之诚。不有作述，奚表平生。乃为诔。曰：

---

① 鹑结其衣，雀鷇其食：见"鹑衣鷇食"，指衣不蔽体，食不果腹。形容生活极端贫困。鹑：鹑鸟，尾巴短秃不全；鷇：待母哺食的幼鸟。

② 澣（huàn）：同"浣"。

③ 娣姒：指妯娌。也指同夫诸妾互称。

④ 邑呼癸庚：见"呼庚呼癸"，原是军中乞粮的隐语。此处指家乡遭灾，灾民乞粮。

⑤ 悬磬：悬挂着的磬。形容空无所有，极贫。

⑥ 嬍（měi）：古同"美"。

⑦ 徽音：德音；佳音。多用于形容女子美德。

⑧ 龙门：此处指代韩城。

⑨ 权厝：临时置棺待葬。

⑩ 呜呼淑真：美善真实之意，诔文常用感叹词。

竹慈①而陨，萱晚而彫②。逝矣牖下③，远哉遥遥。女生为姓④，台光玉镜⑤。归于卯金⑥，大礼斯正。式观炜管⑦，载映玉华⑧。福迓⑨金母⑩，祥曰宜家，三朝⑪作羹，七襄⑫裁锦。人服其祛，我敷其衽。谁无姑叔，谁无先后。夫人处之，和而不诟。藁砧何在⑬？童子无知。不弃其孤，而恤其嫠。义葺宗祠，仁周戚里。须眉所难，巾帼乃起。伟哉夫人，大德莫名。胡天不吊，陨兹女贞。辉沉宝婺，驾返瑶泉。一朝驭鹤，三载啼鹃。呜呼哀哉！鲁也则合，卫也则离。胡以同穴，而见无期。凄凄殡宫，寂寂繐⑭帷。怀哉君子，知乎弗知？呜呼哀哉！人之云亡，日月其除。奄忽三祀，魂兮焉居。燕云在望，乡树何如。长荣神诰，永

---

① 竹慈：慈竹，又叫子母竹，高低相倚，如老少相依，常用以喻母爱。
② 彫：同"雕"，此处应为"凋"。
③ 牖下：窗下。此借指寿终正寝。
④ 女生为姓：姓是母系氏族社会的产物。《说文·女部》曰："姓，人所生也"。其字从女从生，表明出生的血缘关系最初以母系计算。
⑤ 台光玉镜：婚娶指聘礼。台光为书面敬语。
⑥ 卯金：指刘姓。
⑦ 炜管：笔的美称。
⑧ 玉华：精美的玉。
⑨ 迓：迎接。
⑩ 金母：指西王母。
⑪ 三朝：婚后第三日。此处应指新婚。
⑫ 七襄：指织女星；精美的织锦；反复推敲写成的诗文。此处应指有美丽花纹的织锦。
⑬ 藁（gǎo）砧（zhēn）何在：喻丈夫已经去世。藁砧，农村常用的铡草工具。藁指稻草，砧指垫在下面的砧板，后以"藁砧"为妇女称丈夫的隐语。
⑭ 繐（suì）：细而稀疏的麻布，古时多用作丧服。

大门间。呜呼哀哉！

代阎迺犹作王太夫人墓志铭

　　太夫人姓王氏，故观察①赵公介臣之元配。今农部郎中霭峰之继母。年十余，归于赵。赵，故渭南巨族，家素封。夫人事舅姑谨，相妇有礼，处先后尤各得其宜。予人周，自奉则约。戚里见者，初不知为富人妇。

　　初，介臣公艰于嗣②，夫人为置侍妾。居数年，犹不育，乃以霭峰为嗣，抚如己出。比长则训，责无少贷。故其子卒以成，立请于朝，封夫人焉。生于嘉庆二十一年十二月六日，同治八年正月十八日寿终。即以其年月日，葬于孝义里祖茔之次。礼也。朝邑阎迺犹为之志墓，而系以铭。曰：

　　樛曲③而下，萱晚而荣。光光贤母，呜呼淑真！其淑维何？在富不盈。人沐其膏，我钗其荆。鸿案既举，鹿车斯迎。夫人兼之，弗笄而缨④。中原有菽，式穀其名。匪教匪诲，安显螟蛉⑤。

---

　　① 观察：古代官署名称。清代作为对道员（又称道台）的尊称。是省（巡抚、总督）与府（知府）之间的地方长官。
　　② 艰于嗣：指难以实现生子的愿望，没有子嗣。
　　③ 樛（jiū）曲：曲折，弯曲。
　　④ 弗笄而缨：不满十五岁就出嫁了。缨：女子许嫁时所系的一种彩色带子。
　　⑤ 螟蛉：养子代称。螺蠃常捕螟蛉喂它的幼虫，古人误认为螺蠃养螟蛉为己子。

燕京山远，渭水云横。母愁玉玦①，儿捧葱珩②。葱珩既曜，翟茀③亦膺。泷冈④有待，泉台忽倾。遥悲荻画，始废莪⑤经。永埋宝婺，长此佳城。

《亦能自强斋诗集》⑥校刊序

自古诗人多穷，唐以下尤指不胜屈。然皆因穷而托于诗，非诗能穷人也。东野⑦贫，昌谷⑧夭，曙后星孤⑨更为穷之尤者，顾尚不至如吾师闫巽三先生之甚。

先生以拔贡生登戊子贤书，屡困春官，晚年司训吾邑。身外止一孀女相依，适人而故。十余年形影相吊，枯坐如僧。惟假吟咏自遣，所谓不得已而托于诗者。著有《亦能自强斋诗》若干

---

① 玉玦：佩玉的一种。形如环而有缺口。玦、决同音，故用"玉玦"表示决断或决绝之意。此处指夫人忧虑阎家没有子嗣要断后。

② 葱珩：青色佩玉。

③ 翟茀：古代贵族妇女所乘的一种车子，此指嗣子给养母带来的荣耀。

④ 泷（shuāng）冈：江西省永丰县南凤凰山。欧阳修葬父母于此，并为文镌于阡表，即世所传诵的《泷冈阡表》。此处借指悼念文章。

⑤ 莪：即莪蒿。又名萝、萝蒿等，俗称抱娘蒿。多年生草本植物，嫩的茎叶可作蔬菜。

⑥ 《亦能自强斋诗集》：王宪曾之师闫巽三诗集。闫巽三，陕西清涧人，以拔贡中举人，晚年在清涧开馆教书，孤苦一人，贫寒一生。诗集已佚。

⑦ 东野：唐朝诗人孟郊。

⑧ 昌谷：唐朝诗人李贺。

⑨ 曙后星孤：旧称仅遗孤女。典出唐朝诗人崔曙之诗《奉试明堂火珠》："夜来双月满，曙后一星孤。"此诗传颂一时，及来年，崔曙卒，遗一女名星星，人始悟其自谶也。

首,钞为二卷。同治癸亥,曾^①将入都散馆,以校刊请先生,谦让弗许。方意再晤时商订刻事,而先生遽^②归道山^③矣。闻其集,凡三稿,其二沦落无存。此本向在安定刘希向处,希向殉难,什物荡然。而此诗先以王艮山广文借观,得不毁。岂非天怜诗人之穷,而留以身后之名乎?

甲戌夏,艮山访予来京,出钞本见示。展诵一过,恍如晤对于十年以前。至篇终,只当先生行述。看之句,不禁涕泗横集也。先生于此事深且久,平生宗仰,多在香山、放翁两家,间亦规仿昌黎。渊源所自,读者当自知之。曾见契于先生者最早,且幸先生之诗尚存也。由燕而蜀而黔,惴惴以坠失为虞。守铜之暇,取原钞略为别择,校付手民^④。

世之观其诗者,当共谅其诗之非能穷其人,而转悲夫穷而托于诗者,先生为尤甚云。

禁烟说

甲客诣乙主,将以扬榷^⑤时事。登其堂,而丙生在焉,揖丙就座,攘臂言曰:

---

① 曾:王宪曾自称。
② 遽:急速;仓促;匆忙。
③ 道山:指文人集聚研讨经籍的地方;也指神话传说中的仙山。此指去世。
④ 手民:原指木工,后指雕版排字工人。
⑤ 扬榷:略举大要,扼要论述。

"二君亦闻近日有美政①乎？"

主人曰："非谓种烟禁耶？闻诸丙矣，于子云何？"

客曰："夫古今之美政，莫大乎兴利除弊。然昔人又云：兴一利不若除一弊。如今日烟草之害，尤其亟应除者，而卒不能除，以其但禁吸未禁种故也。幸有仁人出焉，栽者使之铲，植者使之拔，不待禁吸而吸者，将日以少，谓非知本之治耶。"

主人频蹙而叹曰："客所谓耳食目论，妇孺之见。知一不知二者，乌足论天下事哉！夫治罪者，分首从；治病者，分本标。本标首从之不明，不可得而治也。然有似从而首，似标而本者，岂可执一而论哉？古人有言曰：天下本无事，庸人扰之为烦。今将语子，以自然之化，随时之宜。恐吾子闇②不解此，姑以浅言譬喻焉。其可乎？子不见捉生放生者乎？羽毛鳞介之类，纷然捕而置诸市，以待好事者之买而放焉。既已售讫，举欣欣然，得计以去。而明日又将罗诸山，又将网诸渊矣。以常人论之，捉生者，其首罪矣。然使无好事者之买而放、放而买，又安有多事者之捉而卖、卖而捉乎？是捉生之由于放生焉。明甚！昔者邯郸民献鸠于赵简子，简子厚赏之。客曰：'民知君欲放之，故竞捕以献，死者众矣。君欲生之，不如禁民勿捕。'然则欲禁烟之勿种，必先禁其勿吸。不禁其吸而但禁其种，是何智出？邯郸客下也。且吾闻之烟之榷税③，什倍于他物。今于种烟则恶其多，于抽税则又患其少，所令反所好，非尤自相矛盾者欤？夫种烟之人，大半

---

① 美政：指德政，好的政治措施。
② 闇：不明了；不了解。
③ 榷税：指征税。

图利耳，非必皆属吸烟之徒。吸者不罪而罪种者，是不为除弊而为除利矣。不但此也，中国之烟，特效西人为之。中国可禁，能禁外国乎？且中国果禁，势必驱天下吸烟、贩烟之人，相率而购诸西。则是害留于中，利归于西，又失策之甚者矣。然揆①主禁之意，殆谓少一亩烟，自必多一亩谷。及今不禁，后必尽变为烟田。殷殷救世之心，良可云苦。然殊不知务本者之不屑逐末，亦犹逐末者之不肯务本。种者虽禁之未必止，不种者虽劝之亦不从。彼何尝有所顾忌而不为哉？杞人忧天，甚无谓也。总之，欲毋种，必先使毋吸，此标本首从之说也。反乎此，而利弊有在矣。"

主人之语未终，丙生胡庐②而笑曰：

"以禁为是者，非也。以禁为非者，亦非也。令之难行，令者固自知之。然无救于世，而以此得名。为治虽拙，自谋不甚巧乎？二子何其愚且迂也。"

于是甲乙憬然③大悟，爽然若失。相与错愕而顾，不复言云。

畏垒山人④号说

庄子称庚桑楚⑤得老聃之道："居畏垒之山，其臣之画然

---

① 揆：估量，揣度。
② 胡庐：喉间的笑声。捂着嘴笑，指暗笑，窃笑。
③ 憬然：觉悟的样子。
④ 畏垒山人：王宪曾自号。
⑤ 庚桑楚：原名亢桑子，一名庚桑子，春秋时期哲学家、教育家。据《庄子·杂篇·庚桑》载，老聃有弟子名庚桑楚，独得老聃真传。亢古音读作gēng，因以讹字为"庚"。

知者①去之，其妾之絜然仁者②远之。臃肿③之与居，而鞅掌④之为使。三年，畏垒大熟。畏垒之人尸而祝之⑤，社而稷之⑥。"云云。

畏垒山，今不可考，注之者或云在鲁，或云在梁州，皆不能实其地，或者其寓言乎？

予以非才来守铜仁。铜于夜郎为支属，四面皆山，环以大小二江。就江岸垒石为城，极高下参差之致。其人半皆川楚流寓，苗夷杂处，夙称难治。老书生⑦年属艾耆⑧，踽踽从事。一如所谓臃肿之与居，而鞅掌之为使者。僚友咸代为畏之，从事者懵如⑨也。然二三年来，厮役之画然者，稍稍引去，室中仅一老妻，年且相埒⑩，亦时思远之⑪以归，因道远不果。且喜年谷颇熟，公余，命僮沽白酿数升，且斟且饮。饮少辄醉，醉则朗吟唐人小游

---

① 画然知者：炫耀才智的人。
② 絜然仁者：标榜仁义的人。
③ 臃肿：此指敦厚朴实。
④ 鞅掌：此指任性自然的人。
⑤ 尸而祝之：像供奉神灵一样供奉他。
⑥ 社而稷之：像对待君主一样敬重他。
⑦ 老书生：作者自称。
⑧ 艾耆：五六十岁。
⑨ 懵如：不明。
⑩ 相埒（liè）：相等。
⑪ 远之：（老妻也经常想）离开我（回到家乡）。

仙①数章。自适其适，若不识华胥南柯之为梦境也者。以是郡人有"醉翁"之称。或曰是讥也，非称也。其尚有尸而祝、社而稷者乎？即有之，亦非予意也。

盖予之在铜，亦如庚桑之在畏垒居焉而已，何官之有？昔归震川②名其读书亭曰"畏垒"，事颇不类。予非好名者，特以郡守之不异山居，而且行将与庚桑为徒也。爰自号曰"畏垒山人"。

祭火神文

维光绪七年岁次辛巳③，二月癸巳朔，越四日丙申，铜仁府知府某，敢昭告于火帝星君之位前，曰：

伏以离象文明，位列五行之次；火维④奠定，功昭六合之中。况熟食利乎民生，抑爨居资乎日用。为利大矣，厥绩伟哉！然而

---

① 唐人小游仙：指游仙诗。游仙诗是中国诗歌史上的一种特殊现象，以遨游仙境为主题，表现出超越世俗局限的强烈思想和天马行空的自由理想。唐代游仙诗内容和形式都有大的发展，代表作品有李白的《梦游天姥吟留别》等。

② 归震川（1507—1571）：归有光，字熙甫，别号震川，苏州府昆山宣化里（今江苏昆山）人，明朝中期散文家、官员。曾任南京太仆寺丞等职，故称"归太仆"，世称"震川先生"。参与编修《世宗实录》，作品有《畏垒亭记》等，著有《震川先生集》等。

③ 光绪七年岁次辛巳：1881年。

④ 火维：南方。

烈山虽肇①，其能焚屋，或延为祸，岂神灵之或爽②，实守土之多愆③。

本年四月二十五日，北街延烧民房六十余间。五月初一日晚，又烧刘姓房一处。某两次亲查，情形甚惨，颠沛堪怜。颓垣破瓦，既一炬之可伤；烂额焦头，问群黎其何罪？民之尤④欤！官之咎欤！礼之阙欤！仪之褒欤！

是用，为民请命，伏望息雷霆之怒，钦橐籥⑤之威。恕颛愚⑥之罪，免燔灼⑦之灾。俾我民各安其堵斯，下吏永感不忘。人其受福，神亦居歆⑧。不胜惶悚，祷切之至。伏惟鉴格！

重修关帝庙记

伏以关圣帝君，威震华夏，功著熙朝⑨，盖二百余年矣。同治六年，回逆北窜，吾邑仰赖帝君默佑，力保危城，邑人同深感

---

① 烈山虽肇：意思是炎帝开始使用人工取火。烈山：烈山氏，即炎帝；肇：开始，创始。

② 爽：此指差失，违背。

③ 愆：罪过。

④ 尤：过失；罪愆。

⑤ 橐（tuó）籥（yuè）：亦作橐龠，指古代冶炼时用以鼓风吹火的装置。喻肺主气、司呼吸。因以喻指造化，大自然。

⑥ 颛（zhuān）愚：意为愚昧、笨拙或愚昧笨拙的见解。

⑦ 燔（fán）灼：烧灼。

⑧ 居歆：安然享用。

⑨ 熙朝：指兴盛的朝代。

戴。而兵燹后，庙貌失修，日形倾圮，非所以昭妥侑①也。某因不揣冒昧，爰即其原址而修葺之。凡废者举之，缺者补之，陈旧者推陈出新，仍旧而采色之。阅两月而告竣云。

再覆负梧冈首府书

昨专呈覆函，并附公牍三分。谅邀②电览③，饬令分投矣。维彼时匆匆奉答，尚有未尽下怀，敢为执事再陈之。

潘中丞欲以八字中伤，或无心偏听，或有意周内，均不可知。但谓束装④求见，即可涣然⑤，此则似可不必也。何者？慢误与否，自当以事为凭，非可皮相。如果一见冰释，则是所拟爰书⑥，不起于考察政治，而起于责备应酬矣。且无论非公趋谒，有干例禁。即使无人非议，而不召自来，遽效阙前之奔走，想亦非大将军⑦重揖客之道⑧也。某耳未聋，目未盲，步履如常，风寒能耐，

---

① 妥侑：合适的回报。
② 谅邀：同"恕邀"，指本应亲自登门邀请，但因某种原因，改用柬帖，请求受帖人谅解。
③ 电览：迅速阅读。
④ 束装：整理行装，准备出发。
⑤ 涣然：光明、明显貌。
⑥ 爰书：中国古代的一种司法文书。广义的爰书，包括检举笔录、试问笔录、现场勘验笔录、查封报告、追捕报告等。
⑦ 大将军：指卫青。
⑧ 揖客：与主人行平等礼，长揖不拜之客。借指足以与主人分庭抗礼的宾客。典出《史记·汲郑列传》，卫青位高权重，但汲黯只对他行揖礼。

有何不可见？渠者但以恐喝之故，而即趋承①弗遑②，则名节扫地。士之下者，尚不甘出此。况我辈读圣贤书，竟厚颜而为之，可乎？

夫董宣③强项，据地不俯，亦非有意傲上，特以自信无罪，故宁死不屈耳。将来卸事后，不惟投刺④进谒而已。请罪请教。事复多端，一官早置度外，何惜何惧哉。走笔书此，草草不工。蚍蜉有何知识，幸高明鉴原焉。

留别铜仁绅衿⑤书

郡邑诸绅耆⑥先生左右：八年承乏⑦，一善全无。言念旧游，时廑⑧惭负。追维任中一切，难免取怨多端。只以赋性太刚，出言过直，平生府过，职此之由。然严厉则有，刻薄则无。词虽太激，心则无他。或者事过境迁，尚有一二相谅者乎。

去腊以事赴垣⑨，本无他意。清平道中，忽接调署遵义之檄，

---

① 趋承：指就教，接受教益。引申为迎合，趋附奉承。

② 弗遑：无暇，没有空闲。一指慌张，手足无措。

③ 董宣强项：形容官吏不畏权贵，刚正不阿。典出《后汉书·酷吏列传》。董宣，字少平，陈留郡圉县（今河南杞县）人，东汉光武帝时任洛阳令。因不向权势低头，有"卧虎""强项令"之称。

④ 投刺：通报姓名以求拜见。刺：名帖。

⑤ 绅衿：泛指地方上体面的人。绅：有官职而退居在乡者；衿：青衿，指生员。

⑥ 绅耆：地方上的绅士和年老有声望的人。

⑦ 承乏：暂任某职的谦称（职位一时无合适人选，暂由自己充数）。

⑧ 廑：此通"勤"。

⑨ 垣：指省垣。

殊堪诧异。自信素非厌故喜新之辈，何能听彼风移，又弹别调。所以决然辞却也。现在离任过班①，均系不得已之举。满拟秋闱会晤时，话旧论文，藉消鄙吝。讵意②事与愿违，多方误我。致有此行，尤出意外。骊唱③匆匆，欲驻不能。未免有情，想同斯意。夫人之相与，贵相知心，朱邑桐乡④，始终恋恋，亦以相知故耳。况古人明月照梁，疑见颜色⑤；望衡对宇，遥接欢情⑥。奚必千里命驾，始慰相思哉。

所望诸先生，及时励志，力争上流。经明行修，养成伟材。不但珂乡⑦矜式⑧，且令栗里⑨分荣，是则天末故人心期目盼者耳。

黔路长辞，素书一纸。江声云彩，永鉴我情。临池不胜，驰系之至。

---

① 过班：清代官吏因保举或捐纳而升迁官阶。
② 讵意：岂料。
③ 骊唱：指《骊驹》，先秦逸诗，为古代离别时所唱的歌。后泛指有关离别的诗歌或歌曲。
④ 朱邑桐乡：见"桐乡归葬"。朱邑（？—前61），字仲卿，庐江舒县（今安徽庐江）人，西汉官员。朱邑曾任桐乡啬夫，深受吏民的爱戴和尊敬。病重时嘱咐儿子，"我故为桐乡吏，其民爱我，必葬我桐乡。"桐乡百姓果然为他立墓修祠。后以赞扬官吏任职外地廉平爱民，深受百姓敬爱。
⑤ 明月照梁，疑见颜色：比喻对朋友的怀念。典出杜甫《梦李白》诗："落月满屋梁，犹疑照颜色。"
⑥ 望衡对宇，遥接欢情：形容即使相距很远，也可以互相望见。典出《水经注·沔水》："司马德操宅洲之阳，望衡对宇，欢情自接。"
⑦ 珂乡：代称别人的家乡。
⑧ 矜式：示范、楷模。
⑨ 栗里：此处借指作者辞官后的居住之地。

《铜仁府志》序

铜仁府之有志,权舆①已无可考。道光初年,郡绅徐春帆通政②纂刻者,今亦不可概见③。夫郡不可无志,志不可不修。况近岁县移江口硐乡,互更④沿革系焉,尤可可⑤不续。特是修志者,率好更张。若续,则踵而书之,较易为之,特莫为之,前何从而续?此余莅任六七年来,所时歉于中者也。

丁亥秋,明经胡鹤龄持徐志⑥见示。浏览之余,遂锐意思续。盖凡事创难而因⑦易,著作家何独不然。不揣固陋,拟凡例八则,商诸郡绅,佥曰:"可。"于是设局分司,若者为协纂,若者采访,若者校对。越数月而告厥成。

或曰:毋乃太略乎?则应之曰:诚有之。然不犹愈于贪多务博。或曰:或辍者⑧乎?或又曰:不太质⑨乎?则应之曰:诚有之。然亦思,志者记也,实之不存,虽华何益?自来地志之卓然

---

① 权舆:起始,开始。
② 通政:官名,明朝通政使司副长官,左、右各一人,正四品。
③ 概见:指窥见其概貌。
④ 互更:交替、轮流。
⑤ 可可:些微、隐约、少许貌。
⑥ 徐志:指前文所提徐春帆撰本。
⑦ 因:因循、继承之意。
⑧ 辍者:停止,放弃。
⑨ 质:朴实,此处指文字朴素。

名世者，莫如康对山①之《武功》，韩五泉②之《朝邑》。两书具在，数篇而已。今兹续志，岂敢忘摹前辈？贻羞效颦，特以乘书③自有体裁，在简明不在繁缛，是用本前志以补近事，务期志不失旧事不遗新，使人一览而得今昔异同之故。则名为"续志"也可，即名为"校刻前志"亦何不可也。不但此也，吏治两汉为最，班范所传，类皆清静宁壹④。以黄老之术，行周召之化，儒吏有不及焉。

余忝守⑤此土，亦有年矣。所愧绥柔之术，未能使郡人各安，无事之天，政教之谓，何遑论文献哉！虽然文献者，政教之资也。继自今有敷政优优⑥，正乎行见⑦，出余技⑧以匡不逮⑨。略而详之，质而文之，不朽盛业于是乎存，续志其犹嚆矢⑩也夫！

---

① 康对山（1475—1540）：康海，字德涵，号对山，陕西武功人，明代文学家。著有诗文集《对山集》、杂剧《中山狼》等。所撰《武功县志》是明代方志中的名作。

② 韩五泉（1488—1523）：韩邦靖，字汝度，号五泉，朝邑（今陕西大荔）人，明代官员、方志编纂家。所撰《朝邑县志》是明代方志中的名作。与《武功县志》均以七篇文字成书，被视作明代志书中"尚简派"的代表。

③ 乘：春秋时晋国的史书。后用以称一般史书。

④ 宁壹：即宁一，指安定统一。

⑤ 忝守：辱没职守，谦辞。

⑥ 敷政优优：指施政理念始终从容平和。敷：施；优优：宽松平和的样子。

⑦ 行见：同"见行"。现在施行的；现在有效的。

⑧ 余技：指无须耗用主要精力的技艺技能。

⑨ 不逮：不足；过错。

⑩ 嚆（hāo）矢：响箭。因发射时声先于箭而到，故常用以比喻事物的开端。犹言先声。

关防①示

　　为剀切晓谕②事：照得③词讼衙门，关防最为要紧。但人心叵测，鬼蜮难知。官虽自信无私，而不能保人之不为影射④，此有司⑤官之所以难作也。

　　本府承乏是郡，四年于兹。一切词讼，毋论审理之当否，要皆自为主张，非家人门丁等所得左右于其间。即寻常催提催送之案，亦多自行稽查，非缘门丁关白⑥而后行。此不独书吏所共见，想绅民亦当有传闻矣。乃顷⑦访得"福兴盛"控追"华万顺"欠钱一案，原差竟敢借门丁名色，诈索得钱，殊堪诧异。此固本府防范未严，而该役大胆妄为，当经提集严究，实系借词影射，除将该役从重杖责，当堂追钱还主，并将给钱之人薄责示惩外，合行牌示晓谕。为此仰各项讼诉人等知悉：

　　本府署内并无官亲，亦无乡友，一应公案，均系自己作主。从来不听旁言，而旁人亦无敢以公事进言者。嗣后，尔等听信邪说，妄生希翼，以自己之赀财，供他人之播弄，倘再有犯，则是尔等不肯信本府之言，本府即不能宽尔等之罪。其不法之徒，发

---

① 关防：守关防边。明以后也指经官的讼事。
② 剀切晓谕：晓之以理，规过劝善。地方官府告示行文常用语。
③ 照得：查察而得。下行公文和布告中常用语。
④ 影射：蒙混，假冒。
⑤ 有司：主管某部门的官吏，泛指官吏。
⑥ 关白：陈述；禀告。
⑦ 乃顷：近来。

觉时定即严加惩办。各宜猛省，勿谓法网可倖逃也。懔之慎之。特示。

禁役勒索钱文示

为剀切晓谕事：照得本府自到任以来，五年于兹。所有下乡、查勘、相验一切等事，夫、马、盘费均系自备，从不用事主及地方人等供应。此不独鬼神所鉴，即尔绅民当亦共知矣。

乃风闻前月鸭子坡相验一案，竟有借备夫价名目，需索犯属钱文者，殊堪痛恨。除密札①严究外，合行出示晓谕。嗣后，如有此等情事，许被诈人主立即喊禀，以凭讯究②。倘敢听从给付，即当予受同科③。懔之慎之。毋违。特示。

禁诬控诱拐妇女示

为禁谕事：照得和诱拐④妇女，罪应遣戍⑤。诬告反坐，律有明条。

近来接阅呈词，据控诱拐之案往往十居六七。及至对簿，半

---

① 密札：指秘密下达公文。
② 讯究：审讯查究。
③ 予受同科：与受同科。此处指行贿和受贿的人受到同等的处罚。
④ 和诱拐：指以各种诱惑方法使未满二十岁之男女或有配偶的人，脱离监护人或家庭。和：古代法律用语，指双方自愿。
⑤ 遣戍：放逐罪犯至边地、军台戍守。

属子虚。非为贪利卖休,因图诈而捏控,即是逃走无踪,指怨仇而报复。蔑耻丧心,莫此为甚。即如现审黄金科具控杨松林诱其妻一案,庭讯之下,的据毫无。仅凭风影之词,肆其诪张之幻①。此等刁风,殊堪痛恨。若不严禁,诈害安穷除。黄金科一案,俟提到其妻,审明虚实,再行分别办理外,合行谕禁。为此仰门郡军民人等知悉:

嗣后,尔等如有年青妇女真正被拐,方许据实控究。倘系无耻妇女密约私奔,其父母及本夫不能管教逃后,控词俨以拐风日炽等情挟制控迫,一经实实②,定即从重治罪。三尺具在,断不为尔等稍宽贷也。其各宜凛遵,毋自贻戚③。切切④,湏⑤牌⑥。

续修府志示

为晓谕事,照得本府现时续修纂府志,所有道光年以后之科名、官爵、忠义、节孝等事,均应纂入,续编以光绪册。惟乡曲僻隅,见闻难偏,而派人探访,不惟旷日误时,且恐夫马扰累,弊端丛生。莫若自行递呈,庶免弊端而易蒇事⑦。合行牌示晓谕。

---

① 诪(zhōu)张之幻:欺诳诈惑。诪张:惊惧貌;欺诈、诳骗。
② 实实:核实事实。
③ 贻戚:指留下烦恼。
④ 切切:告诫、叮咛的语辞。多用在公文末尾。
⑤ 湏:明晓,明示。
⑥ 牌:行牌,古代一种下行公文的名称。
⑦ 蒇(chǎn)事:指事情办理完成。蒇:完成,解决。

为此，示仰城乡合邑人等知悉：

尔等如有前项应纂事迹，准其就近确查，开具实事，亲赴府衙志书局投递，听攸①汇核酌纂。统限三月内交齐，至明年正月底截止。逾期不收，毋得观望自误。倘有受贿徇情、捏词饰报等弊，定行究惩不贷。切切！特示。

---

① 攸：相当于"所"。

第五卷

妙香吟馆词钞

王宪曾　撰

桂枝香　秋思

三秋一鹗。正客路独征，云中隐约。顾盼鹏程碧远，雁峰青阁。雄心再厉残阳里，趁西风、凤楼斜掠。晚来何处，星稀月朗，华峰高托。

念夙昔，胸怀更廓。每月夕风晨，摩翮思作①。无翼难飞，可叹徒塺挥霍挥霍。寻当一举冲天外，更蟾宫香桂衔萼。此心才觉，飞鸣志满，不殊云鹤。

金菊对芙蓉　用本体意

色老梧桐，烟寒橘柚，溪山几处清幽。正金风籁爽，玉露珠稠。芙蓉萼发西江上，爱对面、金菊勾留。重阳时节，年年佳兴，吟客扁舟。

惆怅景物悠悠。叹年少胸襟，空负千秋。抚黄英红萼，此品无俦②。除非头戴金花帽，醉眠到、红粉妆楼。那时才是，神仙富贵，诗酒风流。

如梦令

今日春迎东首，正好东郊闲走。就地有风寒，天使媆阳③难负。知否，知否，应是劝人提酒。

---

① 摩翮思作：摩擦羽翅想要振翅高飞。
② 无俦：没有什么能够与之相比。
③ 媆（ruǎn）阳：此处指阳光柔和。

法驾导引

桃花纸，芭蕉纸，红绿灿缤纷。书就两行门面语，门阑喜气逐年新。鲜色可宜春。

迎春乐

离情别绪知多少。偏有个、莺儿扰。早春时节先来了。露一双、身材小。

早是被、梦魂颠倒。更窗外、繁声啼晓。暗里猜他何意。怕是相思鸟。

捣练子　游仙

风飒飒，月娟娟，一朵祥云隐列仙。白日红尘都不管，夜深人戏大罗天[①]。

倦寻芳　励志

寒消腊尾，暖迓正头，小院闲画。甲坼[②]庭阶，生意者番[③]初逗。望遥山，瞻近圃，柳条待雨春光漏。算光阴，又虚空过了。

---

① 大罗天：见220页注②。
② 甲坼（chè）：草木发芽时种子外皮裂开。
③ 者番：这番，这次。

早春时候。

趁今日，韶华鼎盛。黄卷青灯，谁替研究。漫恃丁年①，顷刻二毛②长斗③。记得老苏过此后，读书发愤都非旧。叹功名，舍青春，几时成就。

系裙腰　题太极图

循环不辨后先天④。分明一个圆圈。却包无数圈圈子，万化生焉。岂惟是，五行全。

从古纷纷谈易老，摹不出、这重关。若非自我为图说，几作疑团。果何处起，那时完。

意难忘　咏泪

珠涌双眸，怪初流作点，又串成行。英雄惊气短，儿女感情长。碑堕岘⑤，竹斑湘⑥。出没岂寻常。把古今、悲离感慨，尽付

---

① 丁年：成丁，即刚刚成年。
② 二毛：头发斑白。借指年岁渐老。
③ 长斗：见"两眉长斗"，形容因愁苦而双眉紧锁的样子。
④ 后先天：后天、先天。"先天"指先于天时而行事，"后天"指后于天时而行事。
⑤ 碑堕岘：指岘山碑。晋羊祜曾驻襄阳，有政声。后人以其常游岘山而立碑纪念，称"岘山碑"。襄阳百姓望碑落泪，因又名堕泪碑。
⑥ 竹斑湘：湘妃竹的传说。舜帝之湘妃听闻舜帝去世，眼泪落在竹子上形成斑点，故名"湘妃竹"或"斑竹"。

凄怆。

知他底事汪汪，岂无凭泛滥，没个端详。情波偏易溢，愁海故难量。才出睫、早催肠。并黯远山光。任世人、沾衿湿袖，染恨茫茫。

双红豆　书所见

酒作场，花作场。红粉歌弹各侑觞①，温柔此是乡。
燕离堂，客离堂。曾几何时月转廊，如何乐未央。

减字木兰花

朱门碧户，昔日繁华歌与舞。酒队花场，座列金钗十二行。
星移物换，曾几何时歌舞散。旧径新苔，人去堂空燕不来。

朝玉阶　花迟

眠柳僵桃暖未匀。年年三二月，负良辰。偏教风景让他人，江南花信早，几番风。
拟将芳讯问花神。花神都不解，且销魂。一般天地两般春。不平多少恨，恼东君。

---

① 侑觞：劝酒，佐助饮兴。

桃源忆故人　闺思

东风最易教人恼,一夜落花飞了。窗外杜鹃啼晓,香梦都惊扰。

海棠颜色休夸好,红雨不堪重扫。屈指算来春老,愁闷知多少。

虞美人　题桃花扇传奇

南朝天子①都情种,琼树朝朝拥。春灯燕子度云鬟,故国不堪回首望燕山。

沧桑历劫勾栏院,只剩桃花扇②。六朝胭粉大江流,说甚佳人才子媚香楼。

春光好

春光好,柳风摇,梦迢迢。睡起不知春老,暗魂销。
门外马嘶芳草,窗前鹊报花朝。疑是人归归也未,可怜宵。

---

① 南朝天子:泛指在南京建都的几个皇帝。
② 桃花扇:指孔尚任的传奇剧本《桃花扇》。

茶瓶儿

酒肠朝朝伤酪酊，却时想、武夷龙井。才得些儿茗。一杯仙露，早把诗魔醒。

诗味何如茶味永，问此际几人心领。消息从容省。诗筒茶鼎，谁入清凉境。

定风波

堪笑风姨①号令差，暮春时节走尘沙。明系石尤②先吃醋，酸妒，打头风落海棠花。

惊说春归留不住。无措，却教少女送繁华。明日落红休去扫，芳草，可怜飞絮又谁家。

贺圣朝

日丽风和春富贵。又逢元旦。至尊临位，卿云③五色，向蓬莱绕。人都道是家国祥瑞。

---

① 风姨：风伯，神话传说中的司风之神。
② 石尤：石尤风，指打头逆风。传说古代有商人尤某娶石氏女，感情甚笃。尤远行不归，石思念成疾，临死叹曰："吾恨不能阻其行，以至于此。今凡有商旅远行，吾当作大风为天下妇人阻之。"后因称逆风、顶头风为"石尤风"。见元伊世珍《琅嬛记》引《江湖纪闻》。
③ 卿云：庆云，一种彩云，古人视为祥瑞。

小臣稽首遥瞻魏①。圣德难名。敬祝万千岁，愿臣民安泰，天地人同把太平醉。

玉堂春　试笔

丙辰元旦。丽日初辉芸案。净几明窗，乍启文房。彩笔新拈，两字光龙虎，胜似云笺捧吉祥。

漫说毛锥②无用，羡江郎李郎③。五色花生④、赖此龙须友⑤，扶我春风步玉堂。

黄钟乐　三十初度

咸丰六载丙辰元⑥。屈指春秋虚度，佳日万余天。虽则二毛潘鬓⑦短，几曾消瘦耸诗肩。

诗酒消磨损少年。况复诗余自作，丝茧缚蚕眠。堪笑称觞无个客，寿词还是自家填。

---

① 遥瞻魏：亦作"心瞻魏阙"。指臣民不论身在何处，仍心在朝廷，关心国事。魏阙：古代天子和诸侯宫外的楼观，其下悬布法令，因以代称朝廷。

② 毛锥：毛锥子，泛称笔。

③ 江郎李郎：指江淹和李白。

④ 五色花生："江郎才尽"（江淹冶亭梦笔）和"梦笔生花"（李白梦笔头生花）之故事。

⑤ 龙须友：笔的别称。

⑥ 咸丰六载丙辰元：1856年。

⑦ 二毛潘鬓：指华发初生。晋潘岳《秋兴赋》序："余春秋三十有二，始见二毛。"后因以"潘鬓"谓中年鬓发初白。

醉春风　三十自忏

日月忙乌兔①。春秋三十度。皮毛未改齿频加，误。误。误。香采芹池②，尘对芸案，错由谁铸。

偶学邯郸步。从头翻竹素。好凭修绠③系双丸④，驻。驻。驻。明允先生⑤，鲁斋学士⑥，几曾迟暮。

临江仙　代友送穷

浊酒安排甘露味，黄钱买断老饕⑦踪，是神是鬼请归空。爆声三响罢，何处薜萝丛⑧。

休为诗魔重吃醋，莫随花贼又回风，从今别觅主人翁。旧家门户密，只许孔方通。

---

① 乌兔：指日月，比喻时间。中国神话传说日中有乌，月中有兔，故合称日月为乌兔。
② 香采芹池：指采芹。指入学或考中秀才成了县学生员。
③ 修绠（gěng）：汲水用的长绳。
④ 双丸：指日月。
⑤ 明允先生：苏洵。
⑥ 鲁斋学士（1209—1281）：许衡，字仲平，号鲁斋，怀州河内（今河南沁阳）人，金末元初理学家、教育家、政治家。世称"鲁斋先生"。
⑦ 老饕：饕餮，贪吃、好吃之意。
⑧ 薜萝丛：薜荔和女萝，常攀援于山林和屋壁之上。借指隐士或高士的住所。

渔家傲　送穷

韩子送穷名有五①，我今有四何须数，智短交疏文学沮。堪信处，心田造命天无主。

天若有情怜我腐，早教丹篆吞愈②，山斗文章③淮蔡武④。追吏部⑤，五穷应叫声声苦。

双调望江南　题画

幽居境，一副剡溪⑥中。山带古容平亦好，水涵秋色淡逾工。三径竹迎风。

云林意，读罢费参详。桥上客归鸥鹭渡，亭中人坐芰荷香。如见态炎凉。

---

① 韩子送穷名有五：韩愈《送穷文》写道"凡此五鬼，为我五患。"五鬼指：智穷、学穷、文穷、命穷、交穷。

② 丹篆吞愈：见"梦吞丹篆"。丹篆，道教咒符之文，常以丹砂书之，笔画呈云迥篆书。韩愈自述少年时有一梦，梦中有一人和一卷丹篆，自己被迫强行吞下丹篆，醒后只觉胃中犹如噎住一般，自此"笔势非人间"。

③ 山斗文章：山斗，泰山北斗，指文章为人宗仰。

④ 淮蔡武：见"淮蔡成功"。唐宪宗时期，任裴度为相，平定了淮西节度使吴元济叛乱，韩愈奉诏撰平淮西碑，内有"凡此蔡功，维断乃成"句。

⑤ 吏部：韩愈晚年任吏部侍郎，又称"韩吏部"。

⑥ 剡（shàn）溪：水名，曹娥江的上游，为嵊州境内主要河流，由南来的澄潭江和西来的长乐江会流而成。剡溪有"刘阮遇仙""雪夜访戴"等典故，是王羲之等慕名隐居之地。此处借指幽雅、隐居之地。

玉蝴蝶　古墓

萧索谁家遗塚，一丛晚草，几树垂杨。隐约丰碑，断碣蚀尽斜阳。唱秋坟、鲍家诗句①，谀鬼墓②、韩子文章。更堪伤。狐丛兔窟，半入泉乡。

荒凉。生前华屋，钟鸣鼎食，裘马轩昂。曾何时，忽然大梦逝黄粱。归山邱、英雄气尽，哭时节、儿女情长。纸灰扬。年年寒食，空奠壶浆。

满江红　钟馗图

怒发冲冠，是到处、神愁鬼咽。想古来、押衙③之辈，无斯雄杰。三尺龙泉魑魅泣，一腔髥戟④模糊血。甚丹青、写此莽灵官⑤，真奇绝。

---

① 鲍家诗句：指南朝鲍照乐府诗《代蒿里行》。语出李贺《秋来》："秋坟鬼唱鲍家诗，恨血千年土中碧。"

② 谀鬼墓：韩愈为人作墓志，多溢美之词。后人指为人作墓志而称誉不实为"谀墓"。

③ 押衙：指古押衙。唐人小说《无双传》中的人物。肯舍生救人，成人之美，后多用作"侠义之士"的代称。

④ 髥戟：指须髯张开如戟。

⑤ 灵官：道教最崇奉的护法尊神，其中最著名的是王灵官。

除不了，环妃①孽。吞不得，猪龙②羯。问猪龙谁擘，环妃谁亵。留得人间新鬼大，只除梦里跳梁窃。笑终南、进士浪传名，荒唐说。

金缕曲　病齿

镇日萦愁绪。况连朝、困人天气，麦风梅雨。携酒花间拼一醉，谁料薰蒸肺腑。早有多般龃龉。不是唇亡寒到齿，漫猜疑、无病妆成龋。颦眉处，徒酸楚。

平生自信壶觞主。润诗肠，渊明菊酒，正平椒醑。仗着清风明月兴，那怕肠儿竟腐。却有个、虫儿先蠹。则为偷人牙后慧，谅难逃、几日呻吟苦。聊一笑，解嘲语。

行香子

这等清闲，不像居官。像村乡蒙馆③一般。阮囊屡涩④，冯铗

---

① 环妃：指杨玉环。
② 猪龙：龙首的猪，指安禄山。典出宋传奇《杨太真外传》："禄山醉卧，化为一猪而龙首。左右遽告帝。帝曰：'此猪龙，无能为。'终不杀，卒乱中国。"
③ 蒙馆：启蒙的私塾。
④ 阮囊屡涩：同"阮囊羞涩"。比喻手头拮据，钱财无多。典出《韵府群玉·一钱囊》，"阮孚持一皂囊，游会稽，客问：'囊中何物？'阮曰：'但有一钱看囊，恐其羞涩。'"

空弹①。有二分咸，三分苦，七分酸。

春秋两祭，岁科两试，尽先生得意高眠。无衙可放②，有贽忙传③。任学书茶，门斗饺④，秀才烟⑤。

减字木兰花

去年重九，人在廊坊⑥赊菊酒。今岁鄜州，独自重阳客里秋。
鸿南燕北，两处迢迢无信息。风雨荒扉，牢锁愁云不放归。

如梦令

有约一朝释褐，无计沿门托钵。不信数花枝，还是向阳先活。休说，休说，赢得海天空阔。

---

① 冯铗空弹：见"冯驩弹铗"。《战国策·齐策四》载，齐人冯谖三弹其铗："长铗归来乎，食无鱼""长铗归来乎，出无车""长铗归来乎，无以为家"。《史记·孟尝君列传》作冯驩。

② 无衙可放：古代衙门属吏早晚要参谒主司听候差遣，谓衙参；退衙谓放衙。此处指作者为官清简，不需要属下听差，也就不存在放衙一说。

③ 有贽忙传：指属下见到有访客赶忙来报，喻访客稀见。贽：本义指初次见面所持的见面礼。

④ 门斗饺：门斗，指官学中的仆役。此处应指仆役包的饺子。

⑤ 秀才烟：指秀才递的烟。喻来客多是一般士子，生活悠闲质朴。

⑥ 廊坊：鄜州的街市里巷。鄜州，今陕西富县一带。

鹧鸪天

去岁长安别我昆。冲风冒雨出青门①。今年梓里辞兄后，又忆鸰原②两个人。

人两个，地三分。灞烟鄜月塞边云。何时姜被③同眠处，两地人归一室春。

望远行

蟠桃会是，何年起、起自西池王母。有钟离子，有洞宾翁，更有那曹元舅。果老仙姑，携带着湘童走，歌踏踏蓝仙友。拐仙迟、堪笑年年落后。

称寿。闻说神仙自在，却也是、多情奔走。免俗未能，矫情岂敢，图一醉琼筵酒。休笑吾侪④颜渿⑤，依人篱下，只合随班稽首。为问瑶池客，斯言然否。

菩萨蛮　回文　丙戌四月十八日

断肠人去春愁惯，惯愁春去人肠断。春暮阻归人，人归阻暮春。

---

① 青门：指长安城东南门。青门外有灞桥，是折柳赠别之处。
② 鸰原：指兄弟友爱。
③ 姜被：见298页注⑤。
④ 吾侪：我辈，我们这类人。
⑤ 颜渿：即腆颜，厚颜。

短长亭望远，远望亭长短。风雨怯床空，空床怯风雨。

虞美人

黄梅雨过红榴雨，佳节刚端午。熏风不起起狂风，又是乍寒乍暖过天中。

山塘燕子来何暮，不怕春归去。小楼相对语喃喃，恰似唤人早起为开帘。

太常引

早春天气峭寒多。无计可消磨。欲待且蹉跎。又道是、流光掷梭。

重煨宝鸭，新开酿瓮，准备捉愁魔。只恐睡东坡[1]，翻要笑、人春梦婆。

应天长

困人天气风光暖。无计消春春意懒。翠衾长，鸳枕短。酒病愁魔齐一绻。

破痴情，舒倦眼。徐把梦魂收转。才向绿窗消遣。又是天将晚。

---

[1] 睡东坡：苏东坡对睡觉有研究，总结出"寝寐三昧"。

声声令

抽红对绿,俪白妃青。一腔心血滴零星。回头自问,有何不朽前程。工到头、终没正经。

壁画旗亭。情易荡,酒难醒。断肠佳句损天灵。今朝猛省,谢歌伶。且消停。更不须、绮语娉婷。

右[①]为先资政公[②]遗稿。计《心乡录》一卷,《思过阁笔记》三卷,《兼山草堂诗集》一卷,皆公手缮。其《文集》一卷,及《妙香吟馆词钞》,则琛恭录者也。其中间有改删,皆公亲笔。谨将原本付之石印,以存手泽。时光绪甲辰岁十二月朔越有二日[③]也。

男翰琛敬识

[①] 右:古人由右及左,竖排书写。此指本书上述所有文字。
[②] 资政公:王宪曾。
[③] 光绪甲辰岁十二月朔越有二日:1904年农历十二月初三。

第六卷 心乡录

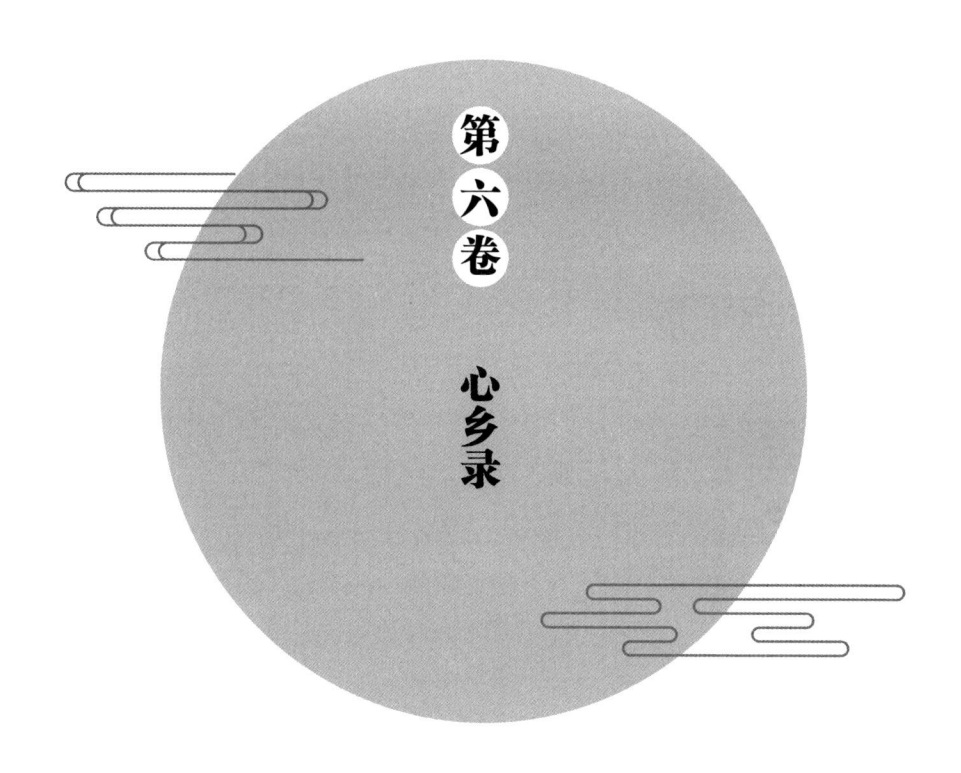

光绪壬午春　思过轩　订

叙

王立生①观察典郡铜仁之三年，政通人和，不愧良二千石②。壬午冬，以所辑《心乡编》一卷邮示，且请叙于余。余读之，叹曰：观察之所取法而乡往者如此，宜其学问、经济卓然有所表见，而不同乎俗吏也。其为治简静，制行渊穆③。偶谈时务，即愀然不怿之色。盖亦蕲至于古④，而竟至于古者矣。编中自作论叙，有德之言，足以见志，余不必更为之序。

顾余尝浏览元史君佐⑤编《景行录》一卷，所录格言类剽缀

---

① 王立生：王宪曾。
② 良二千石：郡守（太守）的通称。汉代郡守的俸禄为二千石，故称。
③ 渊穆：极其美好；犹沉默、深沉。
④ 蕲至于古：指期望（立言）达到古人的境界。蕲：此处为祈求之意。语出韩愈《答李翊书》："将蕲至于古之立言者，则无望其速成。"
⑤ 史君佐（1233—1318）：史弼，字君佐，蒙古名塔剌浑，自号紫微人，蠡州博野（今河北博野）人，元朝名将。著《景行录》。

《省心录》①中语。或以为伪本。明王达撰《景仰撮书》一卷，亦前列旧文浚系以语，率多肤浅。即国朝谭文光撰《心镜编》里辑前言往行可为法戒者，分十类，为十卷，又失之太繁。观察是编②，分品为三，取贤为四十，要皆第一流人物，足以轨范臣极，羽翼圣教，激荡颓风，无愧于全德者。取法乎上，择焉必精。主善为师，夫何间然③？置之案头数月，谨跋数语归之。我思古人，高山仰止，亦不禁掩卷三叹焉。

光绪九年癸未夏六月既望④，愚弟林肇元⑤谨跋

---

① 《省心录》：北宋隐逸诗人林逋所撰关于为人处世、涉政归隐等诸多看法的格言小品文集。林逋（967—1028），字君复，人称和靖先生。典称"梅妻鹤子"。

② 是编：指《心乡录》。

③ 夫何间然：还有什么异议呢？间然：亦作闲然；非议，异议。语出《庄子·徐无鬼》："惠子知我，夫何间然？"

④ 光绪九年癸未夏六月既望：1883年农历六月十六。

⑤ 林肇元（1828—1886）：字贞伯，清代官吏，官至贵州巡抚。

叙

梁元帝撰《全德志》，其序至今传诵，志则未之见也。宋朱子以范文正为第一流人物。夫第一流者，殆即全德者乎？窃意古来称全德者，约可以三品概之：曰名臣，曰大儒，曰高士。处为大儒，出为名臣，二而一者也。若高士，则既无事功之表现，又无著述之流传，何称之有？不知其所志者大，所见者远。使之从政为名臣，可也；以之著书为大儒，可也。特以生不逢辰，而各行其是，乾初①蛊上②，尤属全德之难者，鼎足何愧焉。

宪曾周岁而孤，过庭之训，概未及闻。三十以前，溺志名

---

① 乾初：指乾卦初九"潜龙勿用"。大意指因生不逢时而潜隐，是不得已才难以做到完美的人。

② 蛊上：指蛊卦上九："上九，不事王侯，高尚其事。"指身在仕途却不为所累。

场①，中年供职春明②者二十载，顷又出守黔中。自愧毫无进益，且于少时涉猎之途荒芜太甚，耻孰如之。封篆后重理故箧，取萧氏《氏姓谱》③逐加披览，得四十人焉。手钞其略，区以三品，用为景仰之资。夫爱博不专，学失其主矣。得少已足，见拘于墟④矣。非敢谓全德之遂尽于兹。要之，兹所钞者，皆粹然有当于全德之目，而不愧为第一流者，苟能心存而目⑤，想师资正，不在多也。太史公曰："虽不能至，心乡往之。"谨采其语，以名之曰《心乡录》。

光绪壬午上元日⑥，上郡王宪曾敬识，时年五十有六

---

① 名场：指科举考场。以其为士子求功名的场所，故称。
② 春明：原指长安春明门。后指代京都；仕宦。
③ 《氏姓谱》：指清代萧智汉所撰《历代名贤列女氏姓谱》。
④ 见拘于墟：同"拘墟之见"。指短浅狭隘的见识。墟通"虚"。语出《庄子·秋水》："井蛙不可以语于海者，拘于虚也。"
⑤ 心存而目：即心存以目、心存目识。指对某种事物心中已有深刻的印象。
⑥ 光绪壬午上元日：1882年农历正月十五。

名　臣

五伦之大，首曰"君臣"。臣忠其主，道在致身。上奠宗社，下育民人，不有君子规范。奚遵录名臣十八公。

后学王宪曾敬谨编次

诸葛武侯

汉丞相忠武侯诸葛亮，琅琊阳都人也。早孤，依从父元①。元卒，躬耕陇亩，好为《梁父吟》②。身长八尺，每自比管仲、乐毅。

徐庶谓先主曰："诸葛孔明者，卧龙也。将军岂愿见之乎？"先主曰："君与俱来。"庶曰："此人可就见，不可屈

---

① 元：诸葛玄（？—197），诸葛亮的从父（伯父或叔父），官至豫章太守。清代因避康熙（玄烨）名讳，以"元"代"玄"。

② 《梁父吟》：《梁甫吟》，是诸葛亮（存疑）创作的一首乐府诗，收入《乐府诗集》。

致。宜枉顾之。"由是先主遂诣亮，凡三往乃见。先主与亮情好日密。成都平，以为军师将军。先主即帝位，策为丞相。章武三年，先主病笃，属以后事，亮涕泣受命。建兴元年，封武乡侯，领益州牧。政无巨细，决于亮。三年，平南蛮，乃治戎讲武，以俟大举。六年，出斜谷，攻祁山，斩魏将王双、张郃。十二年，与司马懿相持百余日。八月，薨于军。年五十四。懿按其营所，曰："天下奇才也。"诏策曰：

"惟君体资文武，明睿笃诚，受遗托孤，匡辅朕躬，继绝兴微，志存靖乱，爰整六师，无岁不征，神武赫然，威震八荒，将建殊功于季汉①，参伊吕②之巨勋。如何不吊，事临垂克，遘疾陨丧！朕用伤悼，肝心若裂。夫崇德序功，纪行命谥，所以光昭将来，刊载不朽。今赠君丞相武乡侯印绶，谥忠武侯。"

初，亮自表曰："成都有桑八百株，薄田十五顷，子弟衣食，自有余饶。至于臣在外任，无别调度，随身衣食，悉仰于官，不别治生，以长尺寸。若臣死之日，不使内有余帛，外有赢财，以负陛下。"及薨，如其所言。

谨案：本传叙侯事太略，盖《志》③为晋讳也。萧氏《氏姓谱》又加删减，兹录本之姓谱，而更简焉。聊志景仰之意，故只录其大要，非敢率意删减也，录中所钞皆略。谨识于此。

---

① 季汉：指蜀汉。
② 伊吕：商朝的伊尹和西周的吕尚合称，二人都是辅佐帝王的大臣。
③ 《志》：指《三国志》。

宋广平

唐太尉文贞公宋璟，邢州南和人也。耿介有大节，好学工文辞。举进士中第，调上党尉，为监察御史，迁凤阁舍人。居官鲠直。张易之诬魏元忠有不臣语，引张说为验。璟谓说曰："名义至重，不可陷正人以求苟免。缘此受谪，芬香多矣。若不测者，吾且叩阁救，将与子偕死。"说感其言，以实对，元忠免死。

迁御史中丞、黄门侍郎。武三思怙①烝②宠，数有请于璟。璟厉声答曰："今复子明辟，王宜以侯就第，安得尚干朝政，独不见产、禄事乎？"开元中，拜刑部尚书，兼侍中，累封广平郡公。

广人为璟立遗爱碑颂，璟上言："颂所以传德载功也。臣之治不足纪，广人以臣当国，故为溢辞，徒成谄谀者。欲釐正之，请自臣始。"有诏许停。

十七年，为尚书右丞相。二十一年，致仕。二十五年卒。年七十五。赠太尉，谥文贞。

璟风度凝远，人莫测其量。始，自广州入朝，帝遣内侍杨思勖驿迓之。未尝交一言。思勖自以将军贵幸，诉之帝，帝亦嗟重。璟之为宰相，务清政刑，使官人皆任职。张嘉贞后为相，阅堂案，见其危言切议，未尝不失声叹息。

---

① 怙：凭借。

② 烝：众多。

颜鲁公

唐太师文忠颜真卿，京兆万年人也。少孤，母殷躬加训导。博学，工辞章，事亲孝。

开元中，举进士，又擢制科。调礼泉尉。迁监察御史，使河、陇。五原有冤狱久不决，天且旱，真卿辨狱而雨。郡人呼"御史雨"。出为平原太守。禄山反，河朔尽陷，独平原城守具备。元宗喜谓左右曰："朕不识真卿何如人，所为乃若此！"肃宗即位，数遣使以蜡书陈事。拜工部尚书，兼御史大夫，复为河北招讨使。代宗立，改尚书右丞。忤元载①，贬抚、湖等二州刺史。载诛，杨绾②荐，擢刑部尚书，进吏部。

杨炎当国，以直不容，换太子少师，然犹领使。及卢杞③，益不喜，改太子太师，并使罢之。

李希烈④陷汝州，杞乃建遣真卿往谕之。既见希烈，宣诏旨。希烈养子千余，拔刃争进，真卿色不变。希烈遣李元平说之，真卿叱曰："尔受国委任，不能致命，顾吾无兵戮汝，尚说我耶？"希烈将坑之。真卿曰："死生分矣，何多为！"乃作遗表、墓志、祭文，指寝室西壁下曰："此吾殡所也。"希烈僭称

---

① 元载：字公辅，唐代宰相。颜真卿因奏元载阻塞言路，遭贬谪。
② 杨绾（718—777）：字公权，唐朝中期名相。
③ 卢杞：唐代奸相。
④ 李希烈：唐藩镇将领。李反叛称王，囚颜真卿并害之，后被部将毒死，余部归顺唐朝。

帝，使阉奴等害之。年七十六。淮蔡平，子颛、硕①护丧还。赠司徒，谥文忠。

真卿立朝正色，刚而有礼，非公言直道，不萌于心。天下不以姓名称，而独曰鲁公。善正、草书，笔力遒健，世宝传之。

谨案：公四朝元老，以死报君，毫无遗憾。乃世之议者，惜其不早致仕，不惟不足知公，而亦岂处世臣之道哉。他书传公尸解仙去，窃以公之不朽，何藉于仙？虽谓万古长存，可也。

陆宣公

唐中书侍郎同平章事宣公陆贽，苏州嘉兴人也。早孤，勤攻学业，特立不群。弱冠登进士、宏辞两科，调郑县尉，主渭南县薄。天才富赡，动千百言，沛然有余。尝说黜陟使②庚何③，以五术省风俗，八计听吏治，三科登俊义，四赋经财实，六德保疲疗，五要简官事。时皆韪其言。迁监察御史，召为翰林学士。从狩奉天，机务填委，征发指踪。奏报区画，日不暇给。洒翰④即就，若不经思，逮成而奏，皆周尽事情，曲中机会。旁吏承写不及，同列拱手推服。帝呼为"陆九"而不名。小心精洁，未尝有过。帝益亲倚，号为"内相"。

---

① 颛、硕：颜真卿有三子，长子颜泉明，此指次子颜颛、三子颜硕。

② 黜陟使：唐代官职名，巡察考察地方官吏政绩之职。

③ 庚何：唐代官吏，曾任彭州刺史等职。唐德宗继位，以庚何等十一人为黜陟使，巡行天下。

④ 洒翰：挥笔书写。

李怀光夺二军，帝幸梁州，从官前后相失。帝夜次山馆，召之不至，流涕使购①，顷乃上谒，帝喜见颜色。俄迁谏议大夫，仍为学士。贞元七年，罢学士正，授侍郎。明年，拜中书侍郎，同平章事。久为邪党所挤，意在不负恩奖，悉心报国，以天下为己任，事有不便，多所条奏。帝自用裴延龄，贽言其辟戾躁妄，不可用。帝不怿，罢为太子宾客。复以吴通元谗，欲加诛，赖阳城等章辨②，贬忠州别驾。顺宗立，召还，诏未至，卒。年五十二。赠兵部尚书，谥曰宣。

生平摧古扬今，雄文藻思，敷之为文诰③，伸之为典谟④。俾狡猾向风，懦夫争气，则有《制诰集》一十卷。论思献纳，兴利除害，吏事巨细，酌量精绝。则有《奏草》七卷。其在相位，推贤与能，举直错枉，将斡璿衡⑤而揭日月，清氛沴⑥而平泰阶。又有《中书奏议》七卷，尤善感动人心，痛自咎悔，不吝改过。凡诏书所下，虽武人悍卒，闻之无不流涕。

---

① 使购：悬赏找人。

② 章辨：也作辩章，意思是使皎然显明，明白清楚。此处指阳城与王仲舒等上疏论裴延龄奸佞之罪，力辩陆贽无罪。

③ 文诰：诰令。

④ 典谟：原指《尚书》，或《尚书》中的《尧典》《舜典》《大禹谟》《皋陶谟》等篇的并称。此指经典、法言。

⑤ 璿衡：也作璇衡，璇玑玉衡的省称，指观测天象的仪器。借指朝政大权。

⑥ 氛沴（lì）：毒气，喻寇乱。

裴晋公[1]

唐太傅文忠公裴度，河东闻喜人也。贞元初，擢进士第，以宏辞补校书郎，举贤良方正异等，迁监察御史，论权嬖梗切，出为河南功曹参军。元丰六年，知制诰，宣谕田宏正，布扬天子德泽，魏人叹服。还，进御史中丞。

王师讨蔡，以度视行营。还，奏攻取策，与帝意合。进兼刑部侍郎。王承宗、李师道谋缓蔡兵，伏盗刺宰相元衡。又击度，伤首。议者欲罢度，安二镇，帝怒曰："若罢之，是贼计适行。吾倚度，足破三贼。"由是讨益急。度请身督战，帝曰："果为朕行乎？"度俯伏流涕曰："臣誓不与贼偕存。"即拜门下侍郎、平章事，彰义军节度、淮西宣谕招讨处置使。度劳诸军，宣朝廷厚意，士奋勇气倍。未几，李愬夜入悬瓠城[2]，缚吴元济。度抚定其人，全宥甚众。策勋进上柱国、晋国公，已而为程异、皇甫镈所构，出为河东节度使。

穆宗即位，擢元稹宰相，以度东都留守，谏官言不可罢度兵。未之省。会中人使幽、镇还，言："军中谓度在朝，而两河诸侯忠者怀，强者畏。今居东，人人失望。"帝悟，召度朝京师。议者交口请相度，乃以本官兼中书侍郎、平章事。居位再阅月，为李逢吉所间，罢为左仆射。

---

[1] 裴晋公（765—839）：裴度，字中立，唐中期政治家、文学家。

[2] 悬瓠（hù）城：在今河南汝南县。《水经注》载："汝水东迳悬瓠城北，形若垂瓠，故取其名。"悬瓠地处古豫州之中，既能北进汴洛，又可南下荆楚，历来是兵家必争之地。

牛僧孺、李宗闵媢①度勋业久居上，出为山南东道节度使。时阉竖②擅威，天子拥虚器，缙绅道丧，度不复有经济意，乃治第东都集贤里，作别墅，自河东镇，以病匄③还，薨年七十六。赠太傅，谥文忠，加太师。

度神观迈爽，操守坚正，名震四夷，威誉德业比郭汾阳④，而用不用常为天下重轻。事四朝，以全德始终。及殁，天下莫不思其风烈。

吕文穆公⑤

宋中书令文穆公吕蒙正，河南人也。登进士第一，历左拾遗补阙、知制诰，迁都官郎中，入为翰林学士，擢左谏议大夫，参知政事。质厚，有重望，以正道自持，遇事敢言。

初入朝堂，有朝士指之曰："此子亦参政耶？"蒙正阳⑥为不闻。同列不能平，命诘姓名，遽止之曰："若知其名，则终身不能忘，不若不知之为愈也。"人服其量。

拜中书侍郎兼户部、同平章事。每论时政，有未当者，必固称不可，上嘉其无隐。有献古镜者，自言能照百里，笑曰："吾

---

① 媢：嫉妒。
② 阉竖：对宦官的蔑称。
③ 匄：同"丐"，乞求。
④ 郭汾阳：指郭子仪，曾受封汾阳郡王，故名。
⑤ 吕文穆公（944—1011）：吕蒙正，字圣功，北宋初年宰相。
⑥ 阳：假装。

面不盈咫，虽照百里，安施哉？"闻者钦服。张绅知蔡州，坐赃免。或言："绅非真犯，特蒙正贫时勾索①不如意，今报之。"上遽命复绅官，蒙正不辩。后考课院得实状，复命黜绅，亦不谢。

淳化中，遣使朔方，谕中书选才，蒙正退以名上，不许。他日，三问，三以其人对。上曰："卿何执也？"对曰："臣不欲用媚道妄随人主意，以害国事。"同列悚息②。既而用所荐，果称职。凡三入相。

咸平六年，辞疾，罢为太子太师，封莱国公。后改随、许二国。景德二年，请归洛。陛辞，言："远人求和，弭兵③省事，愿自今以百姓为念。"至洛，子孙环列，迭奉寿觞，怡然自得。薨年六十八。赠中书令，谥文穆。

李文靖公④

宋太尉中书令文靖公李沆，洺州肥乡人也。少好学，器度宏远。登甲科，为将作监丞，迁右赞善大夫，转著作郎。召试约束边将诏书，太宗悦，升上等，语宰相称为"嘉士"。除右补阙，知制诰。雍熙中，召为翰林学士。淳化三年，拜给事中、参知政事。咸平初，拜同平章事兼中书侍郎。四年，加门下侍郎、尚书右仆射。真宗问治道所先，对曰："不用浮薄新进喜事之人，此

---

① 勾索：此处指索贿。
② 悚息：因惶惧而屏息。
③ 弭兵：指平息战争；平息战乱；求和。
④ 李文靖公（947—1004）：李沆（hàng），字太初，北宋时期名相，诗人。

最为先。"尝谓"佞言似忠，奸言似信。唐德宗受卢杞欺蔽，千古恨之。"

王旦①初忧西北用兵，及契丹和亲、西夏纳款，喜以问沆。沆曰："恐人主渐生侈心耳。"沆日取四方水旱盗贼奏之，旦以细事不足烦上听。沆曰："人主少年，当使知四方艰难。不然，血气方刚，不留意声色犬马，则土木、甲兵、祷祠之事作矣。吾老不及见，此参政他日之忧也。"沆殁，后真宗遂封岱祠汾②，大营宫观。旦叹曰："李文靖真圣人也。"

寇准荐丁谓，才可大任。沆曰："其人难使之在上。"准曰："相公终能使之在下乎？"沆笑曰："他日后悔，当思吾言。"及后，为所倾，亦大服之。

沆言："无他能，惟不改朝廷法制，中外所陈利害，一切报罢之，少以报国耳。""祖宗防制，纤悉具备。或徇所陈请，施于一时，即所伤实多。此辈苟利一时之进，岂念万民耶。"士大夫初闻沆言，以为不切于事。其后，制度纷更，公私困敝，始信其言简而要云。

景德元年薨，年五十八。赠太尉中书令，谥文靖。

生平内行修谨，言无枝叶，皆切中兴衰治乱。居位慎密，动遵条制，人莫能干以私③。公退，终日危坐，未尝跛倚④。听事前仅容

---

① 王旦（957—1017）：字子明，北宋名臣。
② 封岱祠汾：封泰山，祭汾阴。
③ 干以私：不能用私情去冒犯。
④ 跛倚：站立歪斜不正，倚靠于物。指不端正的样子。

旋马①。尝曰："巢林一枝②，聊自适耳。"至今人称达者。

王沂公

宋侍中文正公王曾，青州益都人也。少孤，学于里人张震，文辞优赡③，中三元④。除将作监丞，特试政事，堂授著作郎，迁左正言、知制诰，兼翰林学士。帝尝晚坐承明殿，召对⑤，不及朝服。退使内侍谕意："向思卿甚，勿以为慢。"其见尊礼如此。

以右谏议大夫参知政事。时宫观皆辅臣领使，曾当使会灵⑥，以推钦若⑦。帝不悦曰："大臣宜傅会国事，岂容自异⑧。"曾曰："臣知义而已，不知异也。"真宗崩，两宫垂帘，内外汹汹。曾正色独立，朝廷倚以为重。拜中书侍郎、同平章事、集贤殿大学士。太后受册，将御大安殿，曾执为不可。及长宁节上寿，止令供张便殿⑨，又稍通左右姻家请谒，多裁抑⑩之，后⑪滋不

---

① 旋马：掉转马身，指空间有限。
② 巢林一枝：指鹪鹩筑巢，只不过占用一根树枝。后以之比喻安本分，不贪多。
③ 优赡：渊博丰富；优美而充实。
④ 三元：解元（乡试第一）、会元（会试第一）、状元（殿试第一）。
⑤ 召对：君主召见臣下令其回答有关政事、经义等方面的问题。
⑥ 会灵：指会灵观使，宫观官职。
⑦ 钦若（962—1025）：王钦若，字定国，北宋宰相。
⑧ 自异：自找矛盾，上下不和。
⑨ 便殿：别殿（正殿之外）。
⑩ 裁抑：制止，制裁。
⑪ 后：指太后。

悦。罢知兖州，复知天雄军。

契丹使往还，敛车徒而过，无敢哗者。人乐其政，为画像生祠之。迁枢密使，拜右仆射、同平章事，封沂国公。进退①士人，不肯沾恩，故人莫有知者。

宝元元年十月，有大星辰坠其寝，左右惊告，语"以后一月当知。"如期而薨，年六十一。赠侍中，谥文正。

为人丰姿端厚，出入进止皆有常处，不失尺寸。性复周密沉静，在上前开陈辩博有余，平居寡言笑，莫敢干以私。务大体若丙吉②，清净如曹参③，领职如魏相④。进贤不植私，不立党，退不肖，不奸怨。亲族可任，言之上；不可任，厚分之财。时被其化，察察⑤者敦，沾沾⑥者愧焉。

韩魏公

宋尚书令忠献公韩琦，相州安阳人也。自幼风骨秀异，方唱第⑦，太史奏：日下有五色云见。释褐，将作监丞、通判淄州，入

---

① 进退：录取与黜退。
② 丙吉（？—前55）：邴吉，字少卿，西汉名臣。
③ 曹参（？—前189）：字敬伯，西汉开国功臣、军事家、政治家。
④ 魏相（？—前59）：字弱翁，西汉政治家，官至丞相。
⑤ 察察：对事物体察入微。
⑥ 沾沾：自得自满。
⑦ 唱第：科举考试后宣唱及第进士的名次。

直集贤院、历右司谏。请停内降①，抑侥幸②。事有不便，恳切言之，务以明得失、正纪纲、亲忠直、远邪佞为急，前后凡七十余奏。王曾谓之曰："如君言可谓切而不迂矣。"曾罕所奖誉，琦闻益自信。

元昊反，论西师形势甚悉，进枢密直学士、陕西经略、安抚招讨副使。庆历元年，与范仲淹同开府③，二人在兵间久，名重一时。朝廷倚以为重，琦益自以天下为己任，知无不言。群小不便，乃请外。

嘉祐初，拜同中书门下平章事。英宗嗣，立加门下侍郎。既定大策，门人亲故或从容④语及，正色答曰："此先帝睿断，太后内助，臣子何与焉？"帝得疾，太后垂帘听政，左右馋间两宫，几至嫌隙。琦奏事帘前，太后具道所以，对曰："此疾病故尔，后已，必不然。"后见上，复道："太后待朕少恩。"琦曰："但恐陛下事之未至耳。"帝大感悟。神宗登祚⑤，加司空兼侍中。王陶劾"跋扈"，坚辞去位，判相州。熙宁六年，还相州。八年薨，年六十八。前一夕有大星陨于洛，枥马皆惊⑥。赠尚书令，谥忠献。

琦蚤有盛名，自临边陲，年甫三十，天下已称韩公。晚年称重

---

① 内降：指不按常规经中书省等议定，而由宫内直接发出诏令。
② 抑侥幸：限制侥幸做官和升官的途径，即控制恩荫任官。
③ 开府：古代指高级官员（如三公、大将军、将军等）建立府署并自选僚属。
④ 从容：此指私下。
⑤ 登祚：同登阼。即位；登上皇位。
⑥ 枥马皆惊：拴在马槽上的马都惊恐嘶鸣。

外国，论者以琦重厚比周勃①，政事比姚崇②云。

范文正公

宋资政殿学士文正公范仲淹，苏州吴县人也。少有志操，稍长，依戚同文③学。昼夜不息，惫甚，以水沃面。食不给，继之以糜，不以为苦。登第，调广德司理参军，晏殊荐为秘阁校理。其学泛通六经，尤长于《易》。四方从游者众。推其俸食之，诸子至易衣以出④，晏如⑤也。每感激论天下事，奋不顾身，一时士大夫矫尚风节，自仲淹倡之。

天圣七年，太后将受朝，仁宗率百官献寿。上疏极言不可为法。又请还政，不报。改通判河中府，召为右司谏。岁蝗旱，安抚江淮，条上救弊十事。会郭后废，率谏官御史争之，不能得。除知睦州，转天章阁，还，权知开封⑥。吕夷简执政，出知饶州，放逐数年，士大夫论荐不已。

---

① 周勃（？—前169）：西汉时期开国将领、宰相。

② 姚崇（650—721）：本名元崇，字元之，唐朝名相、政治家。曾任武后、睿宗、玄宗三朝宰相兼兵部尚书。

③ 戚同文（903—976）：五代至北宋初年教育家。因办学睢阳学舍，人称"睢阳先生"。范仲淹于1011年到应天书院学习，此时戚同文早已去世，但应天书院的院风和学风受戚同文影响深远。此指范仲淹以戚同文为楷模。

④ 易衣以出：同"易衣而出"。因为没有足够遮羞的衣物，只能轮流穿同一件衣服才能出门。语出《礼记·儒行》："易衣而出，并日而食。"

⑤ 晏如：安然自若的样子。

⑥ 权知开封：官名，即权知开封府事。

元昊反，帝以士望召还拔用，充环庆[①]、缘边[②]经略、安抚招讨等，使诸羌受命为汉用。守边数年，人咸爱之，呼为"龙图老子"[③]。葛怀敏败，关中震怒。帝按图示左右曰："若仲淹出，吾无忧矣。"果以兵六千驱贼出境。帝喜曰："吾固知可大用。"进枢密直学士、右谏议大夫。元昊请和，召拜疏密副使。欧阳修等复言："有宰相才。"改参知政事。固辞，曰："执政可由谏官得乎？"俟帝亲，除然后拜[④]，中外[⑤]想望功业。乃上十事，上悉采用之。在位以天下为己任，裁倖滥[⑥]，考官吏，日夜谋致太平。规模阔大，论者皆以为难，寻以资政殿学士、知邠州，封汝南郡公。皇佑四年薨，年六十四。四方闻者皆为叹息。

性至孝，以母在时方贫，后虽贵，非待客不重肉。妻子衣食，仅能自充。而好施予，置义庄以赡族人。为政尚忠厚，所至有恩。邠、庆二州与属羌，皆立祠画像，事之如生，哭之如丧父母。

---

① 环庆：指环庆路经略安抚。

② 缘边：指缘边招讨使。

③ 龙图老子：范仲淹以"龙图阁直学士"身份帅邠、延、泾、庆四郡，羌人尊称他为"龙图老子"。

④ 除然后拜：亦作"除拜"。指免去旧职，任命新职。除：任命，一般指免去旧职授予新职；拜：授予官职。

⑤ 中外：朝廷内外，中央和地方。

⑥ 倖滥：幸滥，指依靠权幸而被滥授官职的人。

文潞公①

宋太师忠烈公文彦博，汾州介休人也。少从颖昌史照②学，照母异之，曰："贵人也。"待之甚厚。及进士第，知翼城县，通判绛州，为监察御史，转殿中侍御史。

西方用兵，彦博言："偏校③临阵不用命者，大将请得以军法从事。"仁宗是之。黄德和④诬刘平降敌，诏彦博鞫治⑤得实。德和谋翻狱，遣他御史来。彦博拒不纳，曰："案具矣，宜亟还。"德和就诛。以直史馆为河东转运副使，进枢密直学士，知泰州，改益州、贝州。

王则⑥反，命为宣抚使。贼溃，槛送京师。拜同中书门下平章事。唐介⑦劾"在蜀日以奇锦结宫掖，因之登用"。罢为观文殿大学士、知永兴军。至和二年，召复相位。因言："顷者⑧唐介言事多中臣病，其间虽有风闻之误，治之太深。"时人莫不称其

---

① 文潞公（1006—1097）：文彦博，字宽夫，号伊叟，北宋政治家、书法家。

② 史照：底本为"照"，据《宋史·文彦博传》，应为史炤。

③ 偏校：地位不高的武官。

④ 黄德和：北宋将领，官至延州鄜延都监。

⑤ 鞫治：审理处治。

⑥ 王则：涿郡农民，曾是宣毅军小校，北宋仁宗年间，发动士兵和农民起义，被文彦博平。

⑦ 唐介（1010—1069）：字子方，北宋谏臣，陆游的曾外祖父。以"直声动天下"，朝臣皆称"真御史必曰唐子方"。

⑧ 顷者：此同"往昔"。

厚德。

帝暴疾作，呼内侍史志聪问状，志聪不言。彦博叱曰："尔曹不令宰相知天子起居，欲何为耶？自今疾势增损必以告。不尔，当行军法。"嘉祐三年，罢政①，封潞国公②。内艰去位③。英宗即位，诏起复，不就。服阕④入觐，谕曰："朕之立，皆卿功也。"竦然谢曰："乃先帝圣意，太后协赞。臣方在外，何与焉？"授司徒兼中书令。在枢府九年，安石诋之，遂力引去，判大名。元丰七年，入朝，王同老⑤复言至和中议储事⑥。神宗又问彦博，如前对。帝曰："卿深厚不伐，真社稷臣也。"以太师致仕，居洛阳，绍圣初薨，年九十二。追谥忠烈。

为人凝简庄重，顾盼有威，逮事四朝，洊⑦更二府⑧，遍历公孤⑨，七换节钺⑩。五十余年，虽穷贵极，富而平居。接物谦下，尊德乐善，如恐不及。

---

① 罢政：指免除宰相职位。
② 潞国公：中国古代第一等公爵，历朝可考者十人。
③ 内艰去位：指官员因母亲去世而卸任守孝。
④ 服阕：丧服制度。即为父母服丧三年，期满释服。
⑤ 王同老：神宗时期官员。
⑥ 至和中议储事：指至和年间仁宗曾讨论立皇太子之事。
⑦ 洊：再；屡次；一次又一次。
⑧ 二府：宰相府和御史府并称二府。
⑨ 公孤：三公，泛指重臣。
⑩ 节钺：符节及斧钺。古代出兵征讨时，天子授给大将的信物。

富韩公

宋太尉文忠公富弼，河南人也。笃学，有大度。范仲淹见而奇之曰："王佐才也。"举茂材异等、授将作监丞、签判河阳。郭后废，贬言官。弼上言："是一举而二失①，纵不能复后，宜还仲淹等。"不报。

元昊反，疏陈八事。召为开封推官，知谏院。极论"边事系国家安危，不当专委枢密。宜令宰相兼领。"诏可。擢知制诰，吕夷简不悦。会契丹求关南地，因荐往报聘，朝臣皆谓其情叵测，弼毅然请行。始受命，一女卒；再受命，子生，皆不顾。擢为翰林学士，又恳辞，言："增币非臣本志，特以方讨元昊，未暇与角，敢受赏乎？"

三年，拜枢密副使。至和二年，召拜同中书门下平章事、集贤殿大学士。宣制之日，士大夫相庆于朝。帝弗豫②，大臣不得见，中外忧慄。弼与彦博因托禳③事宿内连夕，每事必关白乃行，中外肃然。

其为相，守典则，行故事，而傅以公议，无容心与其间。百官任职，天下无事。时有言灾异皆天数，非关人事，弼曰："此必奸人欲进邪说，以摇惑上心。"即上书数千言，成论之。手诏④

---

① 一举而二失：范仲淹等人因争后事被贬。郭后被废后，富弼上书希望召还范仲淹，否则损失更大。天子不准。

② 弗豫：不安乐。

③ 禳：祭名，指祈祷消除灾殃、去邪除恶之祭。

④ 手诏：帝王亲手写的诏书。

褒答弼。雅①不与王安石合，称疾求退。治平六年薨，年八十。赠太尉，谥文忠。

性至孝，恭俭好修，与人言必尽敬，虽微官及布衣谒见，皆与之亢礼，气色穆然，不见喜怒。其好善嫉恶，出于天资。

欧阳文忠公

宋太子太师文忠公欧阳修，永丰人也。四岁而孤，母郑氏守节，亲诲之学②。家贫，至以荻画地学书。幼敏悟，及冠，嶷然③有声。得韩愈遗稿，读而慕焉，必欲追并之④。试南宫⑤第一，登进士甲科。调西京推官，召入为馆阁校勘，擢知谏院。以言责自任，风裁凛然。小人不便，朋党之论渐起，修恐善人不胜，数为帝分别言之。人以其论事切直，嫉视如仇。帝独奖其敢言，顾侍臣曰："如欧阳修者，何处得来？"越次⑥除同修起居注⑦，知制诰⑧。

奉使河东，罢重敛民所不堪者十数事。还，擢龙图阁直学士、河北都转运使。区处官吏，使能者尽力。杜衍、韩琦、范仲

---

① 雅：素常；向来。
② 亲诲之学：母亲决定守节，亲自教诲儿子读书。
③ 嶷然：形容端庄貌。
④ 并之：和他并驾齐驱。
⑤ 南宫：指礼部会试，即进士考试。
⑥ 越次：越级、破格；越序位列次。
⑦ 同修起居注：官职名。
⑧ 知制诰：官职名。

淹等相继罢，修慨然上疏，忌之者益众。左迁①知滁州。

滞外凡十二年，复官学士，留守南京，母忧。除服，召判流内铨、迁翰林学士、加龙图阁学士、知开封。继包拯之后，简易循理，不求赫赫名，京师亦治。拜礼部侍郎、封安乐郡开国侯，仍兼侍读学士。居翰林八年，知无不言。自居执政，士大夫有所干请，辄面谕可否，台谏论事，必诘其是非，以是怨诽者众。濮议②起，吕诲等诋修，修力求退，罢为刑部尚书，迁兵部，知青州。素以风节自持，既被污蔑，坚乞谢事。及守青③，以散青苗钱，为安石所诋，求归愈切。以太子少师致仕。卒年六十六。赠太子太师，谥文忠。

生平天资刚劲，见义勇为。与人言尽心无隐，学者求见惟谈吏事。谓文章止于润身，政事可以及物。凡历数郡，多务宽简，故所至民便之。尤笃于友谊，生则振之，死为调护其家。奖引后进，如恐不及。经赏识，率为闻人。

司马温公

宋太师文正公司马光，陕州夏县人也。生七岁，宛如成人。

---

① 左迁：降职(古人以右为上)，降到下一个等级。

② 濮议：指宋英宗时代对英宗生父濮安懿王尊礼的讨论，引起的一系列政治事件。宋仁宗无嗣，死后以濮安懿王赵允让之子赵曙继位。即位次年，诏议崇奉生父濮王典礼。侍御史吕诲等力主称仁宗为皇考，濮王为皇伯，而中书韩琦、欧阳修等则主张称濮王为皇考。英宗因立濮王园陵，贬吕诲等人出外。旧史称之为"濮议"。

③ 守青：任青州知府。

与群儿戏，一儿没入瓮中，众惊走。光持石击破之，儿得活。闻讲《左氏春秋》，即了其大义，自是手不释卷。既长，不喜华侈，及第时赐宴，独不戴花。

除奉礼郎，求便养①，通判苏州。俄②执内外丧③，毁瘠如礼④。服除，为馆阁校理、擢同知谏院。面请建储，退。复疏言："臣向者披沥血诚⑤，意谓即行。今久而未决，必小人欲仓卒之际，遂其私谋耳。前代'定策国老⑥''门生天子⑦'之祸，可不鉴哉？"帝大感动，令往中书⑧，见琦等曰："诸公不及今定议，异日禁中夜半出片纸，某人为嗣，则天下莫敢违。"琦等拱手曰："敢不尽力。"未几，立英宗为皇子。擢翰林学士、进御史中丞兼侍读学士。

初撰《通志》八卷，英宗命续其书。神宗名之曰《资治通鉴》。日进讲读，然议论寖⑨不合矣。拜疏密副使，因试馆职策题⑩以"三不足畏"为言，帝与安石问是何意，遂求去，知永兴

---

① 便养：便于赡养。司马光被任命为奉礼郎时，父亲司马池正在杭州，为了便于侍奉父亲，请求改任苏州通判一职。

② 俄：不久，很快。

③ 内外丧：父母亲相继去世。

④ 毁瘠如礼：因长期服丧礼而伤毁了身体。

⑤ 披沥血诚：赤诚相见，尽所欲言。

⑥ 定策国老：指（因拥立新帝）执掌朝廷大权的顾命大臣之类。

⑦ 门生天子：指历史上被重臣拥立上位的傀儡皇帝。

⑧ 中书：（让把陈疏送到）中书省。

⑨ 寖（qīn）：渐渐；逐渐增多。

⑩ 试馆职策题：指考录馆职的试题。馆职指昭文馆、史馆、集贤院等处担任修撰、编校等工作的官职。

军，绝口不言天下事矣。居洛十五年，田夫野老号为司马相公，妇人孺子亦知其为君实也。

神宗崩，赴阙哭临，卫士望见，以手加额曰："此司马相公也。"还日所至，民遮道聚观，马不得进。相与言："公无归洛，留相天子，活百姓。"起知陈州，留为门下侍郎。苏轼自登州召还，缘道人相呼曰："寄谢司马相公，毋去朝廷，厚自爱以活我。"元祐元年，拜尚书左仆射兼门下侍郎。辽、夏使至，必问其起居，敕边吏曰："中国相司马矣，毋轻生事。"

九月薨，年六十八。赠太师温国公，谥文正。京师人罢市往吊，四方画像以祀。

为人孝友忠信，恭俭正直，居处有法，动作有礼。其于物澹然无所好，于学无所不通。

李忠定公

宋少师忠定公李纲，邵武人也。登政和进士，积官监察御史、殿中侍御史，忤权贵，改比部①员外，迁起居郎。宣和初，京师大水，疏言："当以外患为忧。"谪监沙县税。

七年，起为太常少卿。金人渝盟，朝议避敌，上御戎五策。钦宗即位，奏以"祖宗疆土不当以尺寸与人"。上嘉纳，除兵部侍郎。白时中谓："都城不可守。"纲曰："宗社皆在，舍此欲何之？惟当坚守以待勤王之师。"上问："谁可将者？"宰相因

---

① 比部：官署名。明清时对刑部及其司官的习称。

推纲，即除尚书右丞。上顾曰："治兵御敌专责之卿。"皇恐受命。未几，复南狩①，纲入沮之。上感悟，辍行。乃治战守之具，数日而毕。敌攻城，纲身督战，募壮士缒城下，斩敌将十余人，众数千级。贼知有备，乃退。上遣李梲议和，纲恐怯懦误事，请自行，不听。宰执议不合，求去。上慰谕。

姚平仲斫营②不克，纲率诸将出，以神臂弓射，却金师。平仲亡去，宰相归罪于纲，遂罢纲。太学生陈东等伏阙③请留，军民集者数十万，呼声动地。复其右丞。金退，除知枢密院事、除河东北宣抚使，寻除④知扬州，俄责授⑤保靖军节度副使。

康王⑥即位，拜尚书右仆射兼中书侍郎。黄潜善主幸东南避贼，纲上疏抗言⑦留中不出⑧。张浚劾，罢之。绍兴中，论和议⑨，不合，复知潭州，力辞。薨年五十八。赠少师，谥忠定。

生平负天下之望，以一身用舍为社稷安危。其忠义动乎远

---

① 南狩：亦作"南守"，指南巡。

② 斫（zhuó）营：砍杀攻击敌人的营垒。

③ 伏阙：拜伏于宫阙下，多指直接向皇帝上书奏事。

④ 寻除：不久又任命。

⑤ 责授：指降级授予官职。

⑥ 康王：宋高宗赵构（1107—1187）。曾被封康王，代表北宋朝廷出使金营，金兵攻陷汴京后，康王在南京应天府即位，改年号为"建炎"。

⑦ 抗言：直言。

⑧ 留中不出：皇帝将臣子的奏章留在宫中，不批示亦不交给相关部门执行。

⑨ 和议：指绍兴和议。南宋与金在1141年订立绍兴和议，确定了宋金之间政治上的不平等关系，结束了长达10余年的战争状态，形成了南北对峙的局面。

迩。每宋使至燕山，必问李纲安否？其为远人所畏服如此。

谨按：公之生平，朱子于奏议后序推服①至矣。史传尚不能备，况此录乎？钞其大概，以志景仰。至于良模硕画②，自有奏议全集在，学者宜全读焉。

宗忠简公③

宋观文殿学士忠简公宗泽，婺州义乌人也。幼豪爽，有大志。登元祐进士，调馆陶尉擢④知龙游。为民建学，讲经，风俗一变。

通判登州，会结女真，谋攻契丹，叹曰："天下自此多事矣。"靖康初，知磁州，两河失守⑤之官者率托故不行。泽即日单骑就道，缮城，募勇，为固守计。康王再使金，行至磁，泽谏曰："肃王⑥去不返，今又诡辞致王，愿勿行。"王遂回相州。诏泽为副元帅，康王开大元帅府，泽履冰渡河，言不可因和议沮师。汪伯彦等难之，王遣泽先行，自是不得预府中谋议矣。

---

① 推服：赞许佩服。
② 硕画：远大的谋划。
③ 宗忠简公（1060—1128）：宗泽，字汝霖，宋朝名将、政治家、军事家。
④ 擢：选拔；提升。
⑤ 两河失守：指河东河北数州失守。靖康元年，河东的恒、代、太原、泽、潞、汾、晋等州和河北的真定、怀、卫、浚四州均失守。
⑥ 肃王：赵枢（1103—1130），宋徽宗第五子，封肃王。靖康初，金军围汴京，逼宋帝子弟为人质，并求割两河地。赵枢被送到金营，为金军所扣留，后挟以北行，成为第一个被掳到金朝的北宋宗室，后死于金。

二年正月，自大名至开德，十三战皆捷，以孤军转战而东，士卒无不一当百。敌退，亟徙军。金人夜至，得空营，大惊，自是惮泽，不敢出。泽闻二帝北行，欲径渡河邀还，而勤王兵无一至者。

高宗即位，入对，慷慨论国事，李纲奇之，黄潜善等沮之。除知襄阳。开封尹阙①，纲言非泽不可。徙知府事。泽威望素著，抚循修治，民赖以安。前后请上还京二十余奏，辄为潜善等所抑。在中原威声日著，北方闻其名，常尊惮之，称"宗爷爷"。汪、黄辈谮②泽心怀异图，忧愤。疽发于背，诸将入问疾，矍然曰："吾以二帝蒙尘，积愤至此。汝等能歼敌，我死无恨。"因诵"出师未捷身先死，长使英雄泪满襟"之句，但呼"过河"者三，薨年七十。遗表犹力赞上还京。赠观文殿学士，谥忠简。

泽质直好义，常以侧身尝胆自励，招集豪杰，克复可指日计。有志弗就，识者恨之。

赵忠简公③

宋太傅忠简公赵鼎，解州闻喜人也。幼孤，母樊氏教之，通经史。登进士第，对策斥章惇误国，官洛阳令。

高宗初，擢司勋郎中、迁殿中侍御史。陈战守、避三策，

---

① 阙：同"缺"。
② 谮（zèn）：诬陷，中伤。
③ 赵忠简公（1085—1147）：赵鼎，字元镇，号得全居士，南宋初年宰相、政治家、文学家。

拜御史中丞。言经营中原之略，与李纲、张浚所见同。吕颐浩恶其异己，上罢颐浩，复为中丞。绍兴中，拜参知政事。朱胜非忌，鼎除都督川、陕诸军事。会边报沓至，遂留为相，朝士相庆。

张浚久废，鼎言浚可大任，召往江。上视师。敌谋北归，鼎命诸将邀诸淮，连败之。帝语浚曰："鼎真宰相，宗社之幸也。"寻以议，回跸。及罢光世①军，与浚不合，力疏求去，出知绍兴。郦琼叛，浚引咎去位。复拜同平章事兼枢密使。常辟和议，与桧忤，因疾乞免，再知绍兴。王次翁言其治郡废弛，罢，提举洞霄宫。桧讽②次翁，又论其干没③督府钱十七万缗④，谪兴化军⑤，安置潮州。杜门谢客，时事不挂口，有问者，但引咎而已。詹大方诬其受贿，移吉阳军⑥，谢表⑦有曰："白首何归，怅余生之无几；丹心未泯，誓九死以不移。"桧见之怒曰："此老倔强犹昔。"

居又三年，得疾，自书铭旌云："身骑箕尾归天上，气作山河壮本朝。"遂不食而卒，年六十三。孝宗即位，诏还爵位，赠太傅，谥忠简。

---

① 光世（1089—1142）：刘光世，字平叔，南宋抗金名将。
② 讽：用委婉含蓄的话暗示或规劝。
③ 干没：暗中吞没他人的财物。
④ 缗（mín）：穿铜钱用的绳子。以此用为计量单位，一缗即一串铜钱（一千文）。
⑤ 兴化军：宋朝福建路下辖行政区名。
⑥ 吉阳军：宋朝广南西路下辖行政区名。
⑦ 谢表：旧时臣子感谢君主的奏章。

其为相，知无不言，尝荐刘大本等数十人，分在朝列，时称得人。惟桧机阱深险，恶鼎异己，故陷之。

文信公

宋少保右丞相文天祥，吉水人也。体貌丰伟，举进士，对策第一。除宁海军节度判官。

董宋臣欲迁都避元，天祥上书乞斩之，不报。出知瑞州，入为刑部左司郎，官权直学士院。贾似道使台臣①劾罢之。援例②致仕。咸淳中，起为湖南提刑，改知赣州。

德祐元年，诏天下勤王。天祥捧诏大恸。将入卫，其友止之，天祥曰："吾欲以身徇，庶天下忠臣义士闻风而起者耳。"天祥性豪华③，至是，痛自贬损④，尽以家赀充军费。提兵至临安，除浙西江东制置使，上疏乞分天下为四镇，不报，擢知临安。未几，宋降。天祥与其客十二人，夜亡至温州，上表益王⑤劝

---

① 台臣：此指谏官，古代御史台的官员。
② 援例：引用成例。
③ 豪华：铺张奢侈。
④ 贬损：贬低损毁。也指消瘦憔悴。
⑤ 益王（1269—1278）：宋端宗赵昰，宋度宗的庶长子，宋末三帝之一，曾被封为建国公、吉王、益王等。景炎三年（1278年）在碙洲去世，年仅九岁。

进，召至福州，拜右丞相。卫王①立，加少保、封信国公。进屯潮阳。张宏范②兵突至，仓皇出走，执之。见宏范，不拜。使为书招张世杰。辞曰："吾不能捍父母，乃教人叛父母乎？"固索之，乃书所《过零丁洋诗》与之。云："人生自古谁无死，留取丹心照汗青。"临刑语吏卒曰："吾事毕矣。"南向再拜而死，年四十七。

其衣带中有赞③曰："孔曰成仁，孟曰取义，惟其义尽，所以仁至。读圣贤书，所学何事，而今而后，庶几无愧。"

谨按：元赠公为"庐陵郡公，谥忠武"，命王积翁书神主设坛祀之，丞相博啰④初行奠礼⑤，忽狂飙旋地起，卷主入云中。因改书前宋"少保右丞相、信国公"，天始霁。嘻！公不受元人爵谥，此其所以为正气也。至左右丞相之名，本传及《陆秀夫传》皆有之意，宋末始立此官欤。

---

① 卫王（1272—1279）：宋末帝赵昺（bǐng），宋度宗第三子，曾被封为信国公、广王、卫王等。崖山战败，左丞相陆秀夫背负赵昺投海而亡，十万军民也相继投海殉国，宋朝至此灭亡。

② 张宏范：张弘范。底本讳作宏。

③ 赞：古代称颂人物的一种文体，多用韵文写成。

④ 博啰（？—1313）：也作孛罗，人称孛罗丞相，元朝大臣。曾在文天祥被囚之后，与文天祥辩忠奸之事，劝降不成。帮助拉施特编辑《史集》。

⑤ 奠礼：犹奠仪。祭祀活动中的仪式。

大 儒

异端凭悟，吾道尚疑。疑义胡析，经师人师。以阐往古，以训来兹。哲人不远，舍此何之。录大儒十五家。

后学王宪曾敬识

董 子

江都相董仲舒，广川人也。少治《春秋》，下帷讲诵，三年不窥园①，其精如此。

举贤良对策②，为江都易王③相。王素骄，仲舒以礼义匡正，

---

① 三年不窥园：见"董生下帷"之典。董仲舒讲授诵读时放下帷幕，专心学问，三年没有看过住所的园子。借指专心致志。

② 举贤良对策：前141年10月，汉武帝诏举贤良对策。连发三策提问古今治世之道。董仲舒在三次对策中脱颖而出，后世称之为"天人三策"。

③ 江都易王：指刘非。董仲舒曾为刘非之相。

王敬重焉。王问以粤①有三仁，对曰："粤本无一仁。"夫仁人者，正其谊，不谋其利；明其道，不计其功。仲舒治国，以《春秋》灾异之变推阴阳所以错行②，故求雨，闭诸阳，纵诸阴，其止雨反是。行之一国，未尝不得所欲。公孙宏③嫉之，言于上，使相胶西王④。

凡相两骄王⑤，正身以率下。及去位归居，终不问家产业，以修身著书为事。朝廷大议，使就问之，其对皆有明法。推孔氏，黜百家，自仲舒发之。以寿终于家。所著《玉杯》《蕃露》《清明》《竹林》之属十余万言，皆传于后世。

谨案：大儒中经济可传者，正自不少，但既重在儒，自当以学行为主，而宦迹次之。亦如名臣之不暇详其著述，非敢意为删减。亦曰：录其大概云尔。

又案：名臣高士皆著其朝代者，志节攸关，不可不书。如文丞相、陶征士，皆是大儒不书朝代者，百世之师，不当以时世限。各有微意，非敢妄事增删也。

---

① 粤：古民族名。居于江、浙、闽、粤一带，总称百粤。

② 以《春秋》灾异之变推阴阳所以错行：（董仲舒）依据《春秋》记载的自然灾害和特异现象的变化，来推求阴阳之道交替运行的原因。后著《灾异之记》。错行：交替运行。

③ 公孙宏（前200—前121）：公孙弘，字季，一字次卿，西汉名臣。底本因讳作宏。

④ 胶西王：此处指刘端。为西汉时同姓诸侯王，封国为胶西国。公孙弘嫉妒董仲舒，上书皇帝"独董仲舒可使相胶西王"，因此被任命为胶西相。

⑤ 两骄王：指骄纵的易王刘非和胶西王刘端。

郑　公[①]

　　大司农郑元，北海高密人也。少为乡啬夫[②]，休归[③]，不乐为吏，遂造太学受业，师京兆第五元先[④]，始通《京氏易》[⑤]《公羊春秋》[⑥]《三统历》[⑦]《九章算术》。又从东郡张恭祖[⑧]受《周官》《礼记》《左氏春秋》《韩诗》[⑨]《古文尚书》。事扶风马融，在门下三年，不得见。闻元善算，乃召见，因质诸疑义，毕辞归。融曰："郑生今去，吾道东矣。"

　　任城何休[⑩]著《公羊墨守》《左氏膏肓》《穀梁废疾》。元乃发《墨守》，针《膏肓》，起《废疾》。休曰："康成入吾室，操吾戈，以伐我乎！"年六十，弟子自远方至者数千人，公车征为大司农，以病乞还。卒年七十四。自郡守以下，尝受业者，衰

---

①　郑公：郑玄。因避康熙帝名讳，清代刊印的书籍，郑玄皆作"郑元"。
②　乡啬夫：古代乡官之一，主役赋等。
③　休归：辞官回家。
④　第五元先：第五为复姓。一说是第五先生，曾任兖州刺史。
⑤　《京氏易》：亦称《京氏易传》，西汉京房撰。
⑥　《公羊春秋》：《公羊传》，又名《春秋公羊传》，儒家经典之一，公羊高撰。
⑦　《三统历》：古代汉族历法之一，西汉学者刘歆整理，是中国史书上第一部记载完整的历法。
⑧　张恭祖：东汉末年经学家。郑玄曾向张恭祖学习古文经学。
⑨　韩诗：今文学派之一。指汉初燕人韩婴所传授的《诗经》，与当时的鲁诗、齐诗并称三家诗。
⑩　何休（129—182）：何子，字邵公，东汉时期今文经学家，儒学大师。

经①赴会千余人。

门生撰元答诸弟子问《五经》，依《论语》作《郑志》八篇。所注《易》《书》《诗》《礼》《论语》《孝经》《尚书大传》《中候》《乾象历》《天文七政论》《鲁礼禘祫议》《六艺论》《毛诗谱》《驳许慎〈五经异议〉》《答临孝存〈周礼难〉》，凡百余万言。

谨按：后世引笺注，佥称郑氏，释经之体固然。录以尊崇，氏之不可也。考本传，孔融告高密县"郑君乡"，宜曰"郑公乡"，录题本此。

王 子

文中子王通，河汾人，父隆。通始生，父筮②之，遇坤之师③，献兆乃祖："上德而居下位，恨非其时，素王之卦也，是子，必能通天下之志。"因名通。江东平，隆喟然而叹，通方十岁，曰："夫子何叹？盖伤王政不纲，天下将乱乎？"隆异之，曰："其然乎！"遂告以《元经》，再拜受之。通于是有四方之志。受《书》于东海李育，学《诗》于会稽夏琠，问《礼》于河东关朗，正《乐》于北平霍汲，考易于族父仲华。不解衣者六岁，其精志如此。

仁寿三年，冠，慨然有济苍生之心。西游长安，隋帝诏见，

---

① 衰（cuī）绖（dié）：丧服，也指穿丧服，居丧。
② 筮（shì）：狭义指用草木类预测。广义指使用某种手段起卦占算。
③ 师：此指师卦，《周易》"六十四卦"之一。

奏《太平十二策》。遵王道，黜霸略，稽今验古，恢恢乎运天下于指掌。公卿咸不悦。通知谋不用，且将有萧墙之衅，乃作《东征之歌》，浩然以归。再征，不至。谓所亲曰："兹土之人，忧深思远，有陶唐氏之遗风，矧①先君敝庐在，可以避风雨，有田可以具饘粥。道之不行，欲将安之，退修其道而已。"乃续《诗》《书》，正《礼》《乐》，修《元经》，赞《易》道，九年而六经大就。门人自远而至，李靖、房元龄、魏徵等数十人，咸北面受业焉。江都难作，踰年，寝疾七日而终，年三十四。

门弟子数百人会议，取《易》"黄裳元吉，文在中"之义，私谥曰：文中子。以书还王氏②。《礼》论二十五篇，《乐》论二十篇，续《书》一百五十篇，续《诗》三百六十篇，《元经》五十篇，赞《易》七十篇。

谨按：《中说》皆门人所记，标榜失实，宋人已辨之矣。且文取陆机，史取陈寿，岂文中子之言耶。朱子曰：强引唐初名臣为弟子，皆福郊、福畤③所为，非仲淹之雅意。然推原其始，乃其平日好高自大之心有以启之。朱子之言是也。然究不害其为大儒。

韩　子

文公韩愈，邓州南阳人也。生三岁而孤，自知读书，日记数千百言，比长，尽通六经、百家学。擢进士第，历迁监察御史，

---

① 矧（shěn）：文言连词。况；况且。
② 王氏：指王通家族。此句指弟子们把王通的著作全部归还王家。
③ 福郊、福畤：王通之子。

贬阳山令。有爱在民，民生子多以其姓字之。裴度宣慰淮西，奏愈行军司马。元济平，迁刑部侍郎。

宪宗迎佛骨，愈上表，贬潮州刺史。问民疾苦，溪有鳄鱼，祝之①，水尽涸，自是无鳄患。

镇州乱②，立王庭凑③，诏愈宣抚。愈至，大声责庭凑，出牛元翼。归，转吏部。长庆四年卒，年五十七。谥曰文。

性明锐，不诡随。与人交，始终不少变。成就后进，往往知名。文章卓然成一家言。其《原道》《原性》《师说》等数十篇，奥衍宏深，与孟子、扬雄相表里④而佐佑⑤《六经》云。

胡安定先生⑥

安定先生胡瑗，海陵人也。专精经术，教授吴中。景祐初，

---

① 祝之：以猪羊等献祭来祭祀祷告。

② 镇州乱：韩愈镇州平叛事。据《新唐书·韩愈传》载，镇州动乱，皇上下诏让韩愈前去招抚，大家都认为此去凶多吉少。穆宗亦悔，让韩愈便宜行事，不要进军营。但韩愈入军营并说服叛军，救出了牛元翼。

③ 王庭凑（？—834）：回鹘阿布思部人，唐朝时期藩镇将领，发镇州之乱，袭杀魏博节度使田弘正，自称节度留后。

④ 相表里：相为表里。指内外互相配合，共为一体。

⑤ 佐佑：辅助，支持。

⑥ 胡安定先生（993—1059）：胡瑗，字翼之，北宋时期学者、理学先驱、思想家和教育家。因祖居陕西路安定堡（今陕西子长），世称安定先生。和孙复、石介并称"宋初三先生"。著有《尚书全解》《春秋要义》等。

更定雅乐①，范仲淹荐以白衣②授校书郎，较钟律③。丁度④等以为非古制，罢之。改湖州教授。

教人有法，以身先之。虽盛暑，必公服坐堂上，严师弟子之礼。视诸生如其子弟，诸生亦信爱如其父兄。从游者尝数百人。

时方尚辞赋，独湖学⑤以经义及时务，有经义斋、治事斋。经义斋择疏通有器局者居之；治事斋，人各治一事，又兼一事，如边防、水利之类，科条悉备⑥。故天下谓湖学多秀彦。其出仕为政，多适于世用。

庆历中，朝议下湖州取其教法⑦，著为令。授国子直讲，居太学。其徒益众，黉舍⑧至不能容。弟子衣服容止往往相类，人遇之不问，皆知所从游也。

谨案：论宋儒者，首推周子，然安定时代较先，三录皆以时编次，不敢妄为轩轾也。

---

① 更定雅乐：胡瑗精通音律，曾进京为朝廷修正雅乐。更定：修正。

② 白衣：古代平民服。代指平民，亦指无功名的人或既无功名也无官职的人。

③ 较钟律：编制音律。

④ 丁度（990—1053）：字公雅，北宋大臣、训诂学家。

⑤ 湖学：胡瑗执教湖州，分经义和时务两科，其弟子多达数千人，时称"湖学"。

⑥ 科条悉备：科目齐全。

⑦ 教法：胡瑗开创的"苏湖教学法"（又名"分斋教学法"），提倡经世济用的实学，主张"明体达用"，创立了世界教育史上最早的分科教学和学科必修选修制度。范仲淹当政主张"庆历兴学"时，曾在太学中运用推广其教法。

⑧ 黉舍：学校。

周　子①

　　元公周敦颐，道州营道人也。天资英睿，闻道甚早。胸怀洒落，如光风霁月。尝曰：士希贤，贤希圣，圣希天②。志伊尹③之所至，学颜子之所学。作《太极图》《易通》，妙契④千百年不传之旨，上接道统，下启来学。河南程颢、程颐往受学焉。河东侯师圣⑤学于二程，未悟，令访敦颐，对榻三日还，自谓有得，曰："如见天之广大。"其善开发人类如此。

　　补⑥分宁簿⑦，滞讼一讯立辨。邑人惊曰："老吏不如也。"徙知南昌，人皆曰："是能辨分宁狱者，吾属得所愬矣。"富家大族，黠吏恶少，惴惴焉恒以污秽善政为耻。提点刑狱，以洗冤泽物为己任。行部不惮烦劳，虽瘴远必至。寻有疾，知南康军。

　　学者称为濂溪先生。卒年五十七，谥元公。

---

① 周子（1017—1073）：周敦颐，原名周敦实，字茂叔，号濂溪，宋朝理学思想的开山鼻祖，文学家、哲学家。世称濂溪先生，谥元公。

② 士希贤，贤希圣，圣希天：即"三希"，分别代表着希望成为贤人、圣人和知天之人。

③ 伊尹（？—前1550）：名挚，尹为官职名，商朝名师贤相、开国元勋，政治家、军事家、思想家。

④ 妙契：神妙的契合。

⑤ 侯师圣：侯仲良，字师圣，宋理学学者。受教于周敦颐和二程，后人尊称为"侯子"。遗有著述《论语说》《雅言》。

⑥ 补：官有缺位，选员补充。

⑦ 簿：主簿。古代官名，是各级主官属下掌管文书的佐吏。

邵　子①

康节邵雍，河南人也。幼从父徙共城，布裘蔬食，躬爨②以养。年十三始至洛，父丧，哀毁尽礼，葬父伊水上，遂家河南。英资天挺，慷慨有大志。始学于苏门山百源之上，坚苦刻厉，寒不炉、暑不扇、夜不就席者数年。已而踰河、汾，涉淮、汉，周流齐、鲁、宋、郑之墟，久之，幡然来归，曰："道在是矣。"遂不复出。得北海李之才③之传，探赜索隐④，妙悟神契，尝著论以自况，其言凡十余万，世鲜有能知其道者。

居尝蓬华环堵，不庇风雨，而怡然有所甚乐，外人莫能窥也。名其居曰"安乐窝"，自号"安乐先生"。旦则焚香静坐，晡时酌酒三四瓯，微醺即止，兴至哦诗自娱。遇春秋出游城中，一人挽小车，惟意所适。士大夫家争相迎候，下至童孺厮仆，皆欢相语曰："吾家先生至矣。"或留信宿乃去。仕宦道洛⑤者，或不之⑥公府，必之雍。一时贤者悦其德，不贤者服其化。

新法行，州县吏多投劾⑦去，门生故友皆贻书访雍，雍曰："此贤者所当尽力之时，新法固严，能宽一分，则民受一分赐

---

① 邵子：邵雍。
② 爨（cuàn）：炉灶；也指烧火做饭。
③ 李之才（980—1045）：字挺之，师从穆修，曾任共城令。
④ 探赜（zé）索隐：指探究深奥的道理，搜索隐秘的事情。
⑤ 道洛：取道洛阳。
⑥ 之：往，到某地去。
⑦ 投劾：呈递弹劾自己的状文。古代弃官的一种方式。

矣。投劾何益耶？"卒年六十七，谥康节。

生平清而不激，和而不流。与人交久益尊信。程颢叹曰："内圣外王[①]之学也。"知虑绝人，事能前知。卧病时，司马光、张载、二程晨夕候之。颢为铭墓，称其道"纯一不杂""就其所至，可谓安且成矣"。著《皇极经世》《观物内外篇》《渔樵问对》《击壤集》。

谨按：邵子之道，世几无能测者。著书特其迹耳，乃当时目为玩世，后儒病其言数，是何异于坐井观天乎？

程 子

纯公程颢，河南人也。资禀纯粹，浑然天成，加以充养有道。年十五六，即厌科举之习，慨然有求道之志。反求诸身而自得之，以兴起斯文为己任，著论累数百言，辟二氏之学[②]。又与张载论《定性书》[③]。神宗素知其名，数召见，前后进说甚多，大要以正心窒欲，求贤育材为本，务以诚意感悟人主。

王安石执政，方怒言者，颢徐进曰："天下事非一家私议，愿平气以听。"安石愧屈。尝言新法之害，吾党不能以至诚感上适，以激成之耳。为政，治恶以宽，处烦而裕。当法令繁密之

---

① 内圣外王：古代修身为政的最高境界。内备圣人之德，施之于外，则为王者之政。

② 二氏之学：指佛道两家。

③ 《定性书》：程颢作《答横渠先生定性书》。是程颢与张载讨论"定性"的一封回信，也是程颢遗留的唯一自己写的讨论哲学问题的文章，为明道哲学最为重要的代表作之一。

际，未尝从众为应文逃责之事。卒年五十四。文彦博采众论，题其墓曰"明道先生"。谥纯公。

程　子

正公程颐，纯公之弟也。天性严毅，由践履①中入。年十四五，便锐然欲学圣人。十八，上书阙下，愿天子黜世俗之论，以王道为心。召为崇政殿说书。每进讲②，容色甚庄，继以讽谏。见上折柳，戒曰："方春发生，不当损其生意。"闻帝在宫中盥而避蚁，进曰："推此心以及四海，帝王之要道也。"会冬至，上未除丧，颐言乞改贺为慰。既除丧，有司请张宴开乐，颐言："特设乐，是喜之也。"诏皆从之。绍圣中致仕，卒年七十五。天下皆称伊川先生。谥正公。

其学本于至诚，以《大学》《中庸》《语》《孟》为标准，而达于《六经》。动止语默，一以圣人为师，其言若布帛菽粟③，知德者尤尊崇之。

张　子

明公张载，凤翔眉县人也。自幼志节不群，无所不学，兼喜谈兵。范仲淹一见知其远器，欲成就之警曰："名教中自有乐，何

---

① 践履：中国古代的哲学概念，引申为行动、实行、实践。
② 进讲：指为帝王讲解诗书文史。
③ 布帛菽粟：指生活必需品。比喻极平常而又不可缺少的东西。

事于兵。"因劝读《中庸》。载以为未足，又访诸释、老，累年无所得，乃反而求之《六经》。尝坐虎皮讲《易》[①]，二程至，与论《易》，有得，语人曰："二程，吾弗及，汝辈可往师之。"日益与二程论道学之要，油然自信曰："吾道自足，何事旁求。"

登进士，调云岩令，以敦本善俗为政。神宗问治道，对曰："政必法三代，不然终小道也。"引疾归。居南山下，布衣蔬食。坐室，左图右书，俯读仰思，有得则识之，或中夜起，取烛以记。讲学先以礼，每告以知礼成性、变化气质之道，必求如圣人而后已。卒年五十八。

生平尊礼贵德，乐天安命，以《易》为宗，以《中庸》为体，以孔孟为师法。黜怪妄，辨鬼神，婚丧葬祭，率用先王之意，而传以今礼，世称为横渠先生，所著《正蒙》《西铭》，至今尊之。谥明公。

杨龟山先生[②]

龟山先生杨时，将乐人也。天资夷旷，不为崖异夸绝[③]之行以求世俗名誉。与人交始终如一。性至孝，幼丧母，哀毁如成人。

[①] 坐虎皮讲《易》：见"虎皮付伊川"之典。张载在汴京时坐在虎皮上讲解《周易》，极为自信之意。他在见过二程之后，就撤掉了虎皮。后用作勇于服善之典。

[②] 杨龟山先生（1053—1135）：杨时，字中立，号龟山，北宋哲学家、文学家、政治家。程门四大弟子之一，后世尊为"闽学鼻祖"。

[③] 崖异夸绝：人品高尚，超越众人。崖异：性情、言行不合常理。

事继母尤谨。

登进士，调汀州司户不赴，往师程颢。及归，颢目送之曰："吾道南矣。"颢卒，又师颐，时年已四十。颐偶瞑坐①，时与游酢②侍立不去，颐既觉，门外雪深一尺矣。时尝疑张载《西铭》近于兼爱，与二程往复辩论，卒闻理一分殊之说③。杜门力学者十年，不求闻达，而德望日重，四方士从之游，号曰龟山先生。以龙图阁直学士致仕，卒年八十三，谥文靖。

时德器早成，渊源有自，推本④孟子性善之说，发明《中庸》《大学》之道，推为程氏正宗。居谏省⑤仅九十日，辟王氏⑥，排和议⑦，其功甚大。

朱　子

文公朱熹，婺源人也。幼颖悟，甫能言，父指天示之曰："天也。"熹问："天之上有何物？"父异之。授以《孝经》，题其端曰："不如是，不可为人也。"尝从群儿戏沙上，画为八

---

① 颐偶瞑坐：指"程门立雪"之典。

② 游酢（1053—1123）：游定夫，字定夫，人称广平先生，北宋理学家、书法家。

③ 理一分殊之说："理一分殊"是宋明理学里讲"一理"与"万物"关系的重要命题。最早由程颐在回答杨时对《西铭》的疑问时正式提出。

④ 推本：探究，寻究根源。

⑤ 谏省：御史台。

⑥ 辟王氏：分析王氏（王安石）经学。

⑦ 排和议：力排讲和之议论。

卦，慨然有求道之志。登进士，调同安簿，选秀民充弟子员，日与讲说圣贤修己治人之道。

孝宗即位，三上书。乾道中，为密院编修。知南康军。兴利除害，讲求荒政①，多所全活②。奏复白鹿洞书院，创立学规，人皆遵守。陈贾③诋程氏之学，遂奉祠④，周必大⑤相，除提点江西刑狱。初，熹赴召，或劝以"正心诚意"之论上所厌闻，愿勿为言。答曰："吾生平所学，惟此，岂可隐默以欺君乎？"庆元六年三月卒，年七十一。

家故贫，非其道义一介不取，箪瓢屡空，晏如也。党禁锢⑥，犹日与诸生讲学不休，或劝其谢遣，笑而不答。其为学，穷理以致其知，反躬以践其实，而以居敬为主。所著《易本义》《启蒙》《蓍卦考误》《诗集传》《学庸章句》《或问》《〈语〉〈孟〉集注》、《太极图》《通书》《西铭解》《楚辞集注辩证》《韩文考异》。所编次《论孟集议》《孟子指要》《中庸辑略》《孝经刊误》《小学书》《通鉴纲目》《宋名臣言行录》

---

① 荒政：中国古代政府对应灾荒而采取的救灾政策。
② 多所全活：很多百姓得以保全性命。
③ 陈贾：南宋学者，监察御史。
④ 奉祠：请求祠观的职务（当时朱熹以脚病为由，请奉祠）。
⑤ 周必大（1126—1204）：字子充，自号平园老叟，南宋政治家、文学家。从政四十五年，以宰相之尊主盟文坛。
⑥ 党禁锢：庆元党禁，也称伪学逆党之禁。指宋宁宗庆元年间韩侂胄打击政敌的政治事件。韩侂胄当政，定四书六经为禁书，道学为"伪学"，魁首为朱熹，凡与名列党籍者有关系的人，都不许担任官职或参加科举考试。从庆元元年开始的禁伪学前后历时六年之久。

《家礼》《近思录》《程氏遗书》《伊洛渊源》及《仪礼经传通解》未脱稿，皆行于世。谥曰文。有文集百卷，生徒问答八十卷，别录十卷。

谨按：朱子集大成，后儒多有此评。窃以集大成者，兼采众说而折衷其是非，所以象山之学①，朱子亦有取焉。世之仇视陆王者，考亭有知，果许之耶？

蔡西山先生②

西山先生蔡元定，建州建阳人也。八岁能诗，日记数千言。父以程氏《语录》、邵氏《经世》、张氏《正蒙》授元定，曰："此孔、孟正脉也。"元定深涵其义。登西山顶，忍饥啖荠③读书。闻朱熹名，往师之。熹叩其学，惊曰："此吾老友，不当在弟子列。"伪学之禁捕，元定甚急，闻命就道，不异平时。至舂陵④，来学者日众，贻书训诸子曰："独行不愧影，独寝不愧衾，勿以吾得罪故，遂懈一日。"谓子沈曰："可谢客，吾欲安静，以还造化旧物。"阅三日卒。谥文节。

元定于书无不读，于事无不究。至图书、礼乐、制度，无

---

① 象山之学：又称"陆学""心学"，南宋陆九渊创建的理学学派。
② 蔡西山先生（1135—1198）：蔡元定，字季通，南宋理学家、律吕学家、堪舆学家。朱熹理学的主要创建者之一，被誉为"朱门领袖""闽学干城"，人称西山先生。
③ 荠：一种切细的咸菜。
④ 舂陵：古之道州，治所在今宁远县柏家坪镇。蔡元定被贬舂陵，作《舂陵别诸友》诗。

不精妙。熹释《四书》及《易》《诗传》《通鉴纲目》，皆与参订。《启蒙》则专独元定起稿。尝曰："造化微妙，惟深于理者能识之，吾与季通言而不厌也。"及葬，以文诔之。学者尊之曰"西山先生"。所著有《大衍详说》《律吕新书》《燕乐原辨》《皇极经世》《太元潜虚指要》《洪范解》《八阵图说》。熹为之序。

真西山先生

西山先生真德秀，浦城人也。十五而孤，母吴氏力贫教之。登进士，中博学宏词科。累官礼部太常少卿。史弥远以爵禄縻①天下士，德秀语刘爚曰："吾徒当急引去，使庙堂亦知世有轻富贵之人。"遂力求外。朱瑞常②劾，落职。既归，修《读书记》，语门人曰："此人君为治之门，如有用我，执此以往。"进资政殿学士，兼侍读。卒，谥文忠。

德秀长身广额，见者以公辅望之。立朝不满十年，奏疏数十万言，皆切当时要务。学禁方严，挺然以斯文自任。正学不绝，多其力也。所著书最多，惟《大学衍义》《经筵进讲》盛行于时，余《西山甲乙稿》《对越甲乙集》《经筵讲义》《端平庙议》《翰林词草四六》《献忠集》《江东救荒录》《清源杂志》《星沙集志》。世称为西山先生。

---

① 縻：拴，捆。
② 朱瑞常：字正父，曾任左谏议大夫。

王厚斋先生

厚斋先生王应麟,庆元府人也。九岁通六经,登进士。调西安簿①,中博学宏词科。帝御殿策士,召应麟覆考②,得第七卷。读之,乃顿首曰:"是卷古谊若龟镜,忠肝如铁石,敢为得士贺。"及唱名,乃文天祥也。疏陈十事,备豫十策,皆不及用。寻转尚书,召授翰林学士,力辞家居,后二十年卒。所著有《深宁集》《通鉴地理考》《玉海》《掖垣类稿》《诗考》《诗地理考》《汉艺文志考证》《通鉴答问》《困学纪闻》《蒙训》《集解》《践阼③篇》《补注急就篇》《王会篇》《小学绀珠》《词学指南》《题苑》《笔海》《姓氏急就篇》《汉制考》《六经天文》,编《小学讽詠》,凡六百九十余卷,行于世。

谨按:《四库全书·提要》"应麟博洽多闻,宋代罕其伦比。虽渊源亦出朱子,然辨正朱子语误、考证是非,不相阿附,不肯如胡炳文诸人坚持门户,亦不至如杨慎、毛奇龄诸人肆相攻击。盖学问既深,意气自平。能如汉、唐诸儒本本原原,具有根柢,未可妄诋以空言;又如洛、闽诸儒,亦非全无心得,未可概视为弇陋④。故能兼收并取,绝无党同伐异之私"云云。读此可知先生之学矣。

---

① 西安簿:西安主簿。
② 覆考:复试;审察。宋朝旧制,御试举人,设初考官先定等第,密封后送覆考官再定。
③ 践阼:走上阼阶主位,指即帝位。阼:主人阶。
④ 弇(yǎn)陋:见识浅薄。

高 士

商皓①安储，严陵②立懦③。孤竹④首阳⑤，原非志饿。为草则小，为木斯大。彼美云遥⑥，北窗高卧⑦。录高士七人。

后学王宪曾敬识

---

① 商皓：商山四皓。

② 严陵：见78页注⑥。

③ 立懦：使怯弱的人能够自立，形容感化力量之大。

④ 孤竹：商周时期北方诸侯国，此借指伯夷、叔齐。《吕氏春秋》载："昔周之兴，有士二人，处于孤竹，曰伯夷、叔齐。"

⑤ 首阳：山名。一称雷首山，相传为伯夷、叔齐采薇隐居处。

⑥ 彼美云遥：那些美好的先贤，像白云一样飘摇自在。

⑦ 北窗高卧：比喻悠闲自得。见陶渊明《与子俨等书》："常言五六月中，北窗下卧，遇凉风暂至，自谓是羲皇上人。"

黄征君

汉征君黄宪，汝南人也。世贫贱，父为牛医。颍川荀淑遇宪，时年十四，淑竦然异之，曰："子吾之师表也。"既而至袁阆①所，未及劳问，逆曰："子国有颜子，宁识之乎？"阆曰："见吾叔度耶？"同郡戴良②才高倨傲，而见宪未尝不正容，及归，罔然若有失。其母曰："汝复从牛医儿来耶？"对曰："良不见叔度，不自以为不及；既睹其人，则瞻之在前，忽焉在后，固难得而测也。"陈蕃③、周举④尝相谓曰："时月之间不见黄生，则鄙吝之萌复存乎心。"太守王龚礼进贤达，卒不能屈宪。郭林宗⑤往从宪，累日方还。曰："叔度汪汪若千顷陂，澄之不清，淆之不浊，不可量也。"

初举孝廉，又辟公府，竟无所就。年四十八终，天下号曰"征君"。

---

① 袁阆：字奉高，东汉末士人。"友黄叔度于童齿"。据文义与《后汉书·黄宪传》文，此处底本"闳"应为"阆"。

② 戴良：字叔鸾，东汉隐士。

③ 陈蕃（？—168）：字仲举，东汉名臣。

④ 周举（105—149）：字宣光，东汉官吏。"八俊"之一，有"五经纵横周宣光"之誉。

⑤ 郭林宗（128—169）：郭泰，字林宗，东汉名士。与许劭并称"许郭"，与介子推、文彦博合称"介休三贤"。

申屠处士

汉处士申屠蟠，外黄人也。九岁丧父，哀毁过礼，服除，不进酒肉十余年。每忌日，辄三日不食。同郡缑氏女玉为父报仇，杀夫党①。令欲论杀玉②。蟠年十五，为诸生③，进曰："玉之节义，足以感无耻之孙，激忍辱之子。不遭明时，尚当表旌，况在清听④，而不加哀矜。"乃得减死。

家贫，佣为漆工。郭林宗见而奇之。蔡邕⑤深重蟠，及被州辟，乃辞让之，曰："申屠蟠秉气元妙⑥，性敏心通，丧亲尽礼，几于毁灭。至行美义，人所鲜能。安贫乐潜，味道守真。不为燥湿轻重，不为穷达易节。"

后郡召为主簿，不行。遂隐居精学，博贯《五经》，兼明图纬。始与济阴王子居⑦同在太学，子居临没，以身托蟠，乃躬推辇车，送丧归里。

范滂⑧等非讦朝政，公卿折节下之。蟠叹曰："战国处士横

---

① 夫党：丈夫亲族。
② 欲论杀玉：打算依律斩缑玉。
③ 诸生：生员。
④ 清听：谓耳聪善听，请人听取的敬辞。
⑤ 蔡邕（133—192）：字伯喈，东汉名臣，文学家、书法家。
⑥ 元妙：玄妙（因讳改字）。
⑦ 王子居：太学生，疑因申屠蟠留名。
⑧ 范滂（137—169）：字孟博，东汉大臣、名士。

议，卒有坑儒烧书之祸，今之谓矣。"乃绝迹于梁砀之间①，因树为屋，自同佣人。何进、董卓并征，不至。年七十四，终于家。

王征士

汉征士王烈，太原人也。以义行称。乡里有盗牛者，主得之，盗请罪曰："刑戮是甘，乞不使王彦方知。"烈闻而使人遗布一端。或问故，烈曰："盗惧吾闻其过，是有耻恶之心。必能改善，故以此激之。"后有老父遗剑于路，行道人见而守之，老父还寻，得剑，以告烈。使推求，乃先盗牛者也。诸有争讼曲直，质之于烈，或至途而返，或望庐而还。其以德感人若此。

察孝廉，三府并辟，皆不就。董卓之乱，避地辽东，公孙度欲以为长史，乃为商贾自秽②，得免。曹操遣征不至。建安二十四年，终于辽东，年七十有八。

管征士③

汉征士管宁，北海人也。年十六丧父，中表④愍⑤其孤贫，咸

---

① 梁砀（dàng）之间：借指儒林。汉代梁砀地区经学研究闻名天下，是全国经学交流、研究和传播的中心地区。

② 为商贾自秽：（王烈为了不做官）专门去做商人来自贬身份。

③ 管征士（158—241）：管宁，字幼安，汉末三国时期隐士。与华歆、邴原并称为"一龙"，管宁又名"龙尾"。著有《氏姓论》。

④ 中表：族人和亲戚。古代称父系血统的亲戚为"内"，父系血统之外的亲戚为"外"。外为表，内为中，合称为中表。

⑤ 愍（mǐn）：本意指忧患、痛心的事，引申为爱抚，抚养。

共赠赗①，悉不受，称财以送终。天下大乱，闻公孙度令行海外，遂至辽东。庐于山谷。曹操为司空，辟宁，不至。

后浮海还郡。自黄初②至青龙③，征命相仍④。诏问青州刺史程喜⑤："宁为守节高乎，审⑥老疾耶？"喜上言："宁族人管贡说，宁常著皂帽、布襦袴裙⑦，能自任杖，不须扶持。自以生长潜逸，耆艾智衰，是其栖迟，志行所欲必全。"孟观⑧、王基⑨并荐，安车⑩聘之，会宁卒，年四十八。

庞隐士

汉隐士庞德公，襄阳人也。居岘山之南，未尝入城府。夫妻相敬如宾。刘表数延请，不能屈，乃就⑪候之，曰："保全一身，孰若保全天下乎？"德公笑曰："鸿鹄巢于高林之上，暮而得所栖；鼋鼍⑫穴于深渊之下，夕而得所宿。夫趣舍行止，亦人之巢

---

① 赗（fèng）：用财物帮助人家办丧事。
② 黄初：魏文帝（曹丕）年号。
③ 青龙：魏明帝（曹叡）年号。
④ 相仍：相继；连续不断。
⑤ 程喜：字申伯，三国时期曹魏青州刺史。
⑥ 审：副词。真实；确实。
⑦ 布襦袴裙：布衣布裙。
⑧ 孟观：永宁卫尉。
⑨ 王基（190—261）：字伯舆，三国魏将，大破吴军。
⑩ 安车：可以坐乘的小车（古代普通车都是立乘）。
⑪ 就：迁就。
⑫ 鼋（yuán）鼍（tuó）：传说中的巨鳖和猪婆龙（扬子鳄）。

穴也。得其栖宿而已，天下非所保也。"因释耕于陇上，而妻子耘于前。表指而问曰："先生不肯官禄。何以遗子孙？"公曰："世人皆遗之以危，今独遗之以安。虽所遗不同，未为无所遗也。"表叹息而去。后携妻子登鹿门山，因采药不返。

谨案：顾修远注杜集白鹰诗：黄石识子房于圯桥，而退老穀城；德公拜孔明于床下，而长隐鹿门。殆所谓"一生自猎知无敌，百中争能耻下鞲"①者乎。

陶征士

晋征士陶潜，浔阳人也。少怀高尚，博学善属文，颖脱不羁，任真自得，尝著《五柳先生传》以自况，时人谓之实录。

以亲老家贫，为州祭酒，不堪吏职，少日自解归。州召主簿，不就，躬耕自资，遂抱羸疾。为彭泽令，不私事上官。解印去，赋《归去来辞》，以遂其志。

征著作郎，不就。刺史王宏②造③焉，称疾不见。宏令人候之，知当往庐山，邀酌野亭，宏乃出见，遂欢饮穷日。

潜不营生产，家务悉委之儿仆。尝言夏月虚闲，高卧北窗之下，自谓羲皇上人。卒年六十三，世号靖节先生。

谨按：桃源诗，悲晋也。而昌黎以为荒唐，则痴人说梦矣。

---

① 一生自猎知无敌，百中争能耻下鞲（gōu）：以杜甫诗中白鹰喻庞德公，指不愿被人豢养，落在养鹰人的鞲上。鞲：古代射箭时戴的皮制袖套。

② 王宏：王弘。底本讳作宏。

③ 造：拜访。

责子诗,重家声也,而少陵曰"何足伤怀抱"①。岂旷达过于陶耶?应须饱经术又何以《示宗武》②焉。

孙征君

唐征君孙思邈,华原人也。通百家说,善言老、庄周,独孤信见之曰:"圣童也,顾器大难为用耳!"及长,居太白山。以博士召,不拜。密语人曰:"后五十年有圣人出,吾且助之。"唐太宗初,召诣京师,年已老,而听视聪瞭。帝叹曰:"有道者。"官之,不受。

思邈于阴阳、推步、医药无不善。卢照邻问:"高医愈疾,其道如何?"答曰:"天有四时五行,寒暑迭居。其转运也,和为雨,怒为风,凝为霜雪,张为虹霓,天之常数也。人有四支五藏,一觉一寐,呵吸吐纳,徇为往来,流为荣卫③,章为气色,发为音声,人之常数也。阳用其形,阴用其精,天人之所同也。及其失也,蒸生熟,否生寒,结为瘤赘,陷为痈疽,奔为喘乏,竭为焦枯。发乎面,动乎行,天地亦然。五纬盈缩,星辰失度,日月错行。彗孛④流飞,是其危疹;寒暑不时,是其蒸否;石立土

---

① 何足伤怀抱:语出杜甫诗《遣兴五首·陶潜避俗翁》:"陶潜避俗翁,未必能达道。观其着诗集,颇亦恨枯槁。达生岂是足,默识盖不早。有子贤与愚,何其挂怀抱。"

② 《示宗武》:杜甫诗《元日示宗武》。

③ 荣卫:即营卫,营通荣。指营气与卫气,中医学名词,泛指气血。

④ 彗孛:彗星和孛星。孛:古人指光芒四射的一种彗星。旧谓彗孛出现是灾祸或战争的预兆。

踊，是其瘤赘；山崩地陷，是其痈疽；奔风暴雨，是其喘乏；川渎①竭渴，是其焦枯。高医导以药石，救以针剂，圣人和以至德，辅以人事。故体有可愈之疾，天有可消之灾。"

照邻曰："人事奈何？"曰："心为君，君尚恭，故欲小。如临深渊，如履薄冰，小之谓也。胆为之将，以果决为务，故欲大。赳赳武夫，公侯干城，大之谓也。仁者静，地之象，故欲方。不为利回，不为义疚，行之方也。智者动，天之象，故欲圆。见几而作，不俟终日，智之圆也。"

复问养性之要，答曰："天有盈虚，人有屯危，不自慎，不能济也。故养性必先知自慎也。慎以畏为本。士无畏则简仁义，农无畏则堕稼穑，工无畏则慢规矩，商无畏则货不殖，子无畏则忘孝，父无畏则废慈，臣无畏则勋不立，君无畏则乱不治。是以太上畏道，其次畏天，其次畏物，其次畏人，其次畏身。忧于身者不拘于人，畏于己不制于彼，慎于小者不惧于大，戒于近者不侮于远。知此则人事毕矣。"

初，魏征等修齐、梁、周、隋、陈五代史，恐有遗漏，访于思邈，口以传授，有如目睹。永淳初，卒，年百余岁。东台侍郎孙处约②，尝将其五子谒问③思邈曰："俊当先达，佑晚成，佺最名重，祸在执兵后。"皆验。詹事卢齐卿之少也，思邈曰："后五十年位方伯，吾孙为属吏，愿自爱。"时其孙溥尚未生也，及

---

① 川渎：泛指河流。
② 孙处约：字道茂，东台侍郎。
③ 尝将其五子谒问：孙处约曾让孙思邈预测其五子侹、儆、俊、侑、佺的前程，后来果然都应验了。

431

溥为萧丞，而齐卿为徐州刺史。

谨按：征君道行高深，天人养性之论，直合秦和①郑侨②为一人，盖隋唐间隐逸君子也。范文正云："不为良相，必为良医。"征君有焉。后世目为方伎，不其谬欤？

---

① 秦和：古代名医扁鹊与和的并称。秦：指秦越人，即战国时名医扁鹊；和：春秋时秦国名医。亦泛指医道高明的人。

② 郑侨（？—前522）：字子产，又字子美，春秋时期政治家、思想家。谥号成，人称公孙成子、国侨等。

附录

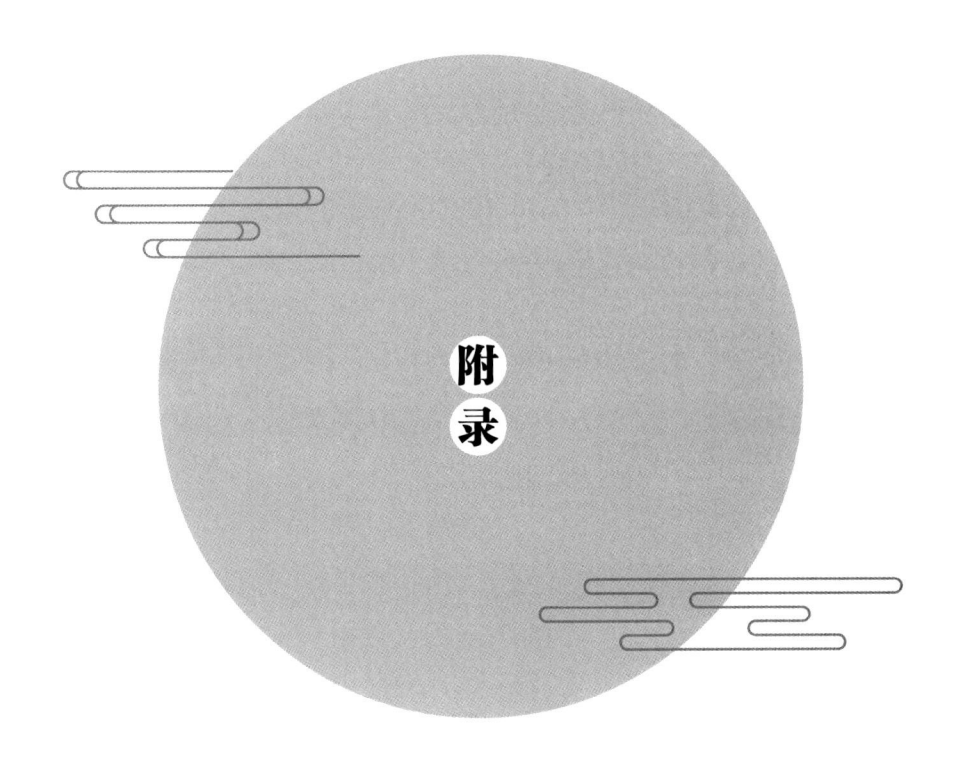

王汝翼诗文

重修北门楼碑记

　　魁星楼曷昉乎？乃前邑侯震泽吴公创而建之者也。公既祀文昌于城南楼矣，乃复建北城门楼，而像祀魁星焉。殆以壮伟观、振文运云，岁久而圮，文昌楼既经河水冲没，此楼虽幸获免，然瓦石剥落，墙宇倾欹，神亦凄然露处裸，献无地。

　　余尝经过其旁而叹，我邑文运之盛衰，人事之得失，即此楼亦可概见焉。迩际县尊余父师莅清，重建书院，时勤考课，邑之文运一新，乃邑之顾而兴者，金曰书院固造士之区，而魁星实司桂籍，此楼又俯临涧水，仰对笔山，有文风踵而新之，独非县尊志乎？时余堂兄吉也。暨绅士郝屏藩、王同仁等，遂邀余合请于公，公即慨然捐俸以助，是役余亦各出己资及募化所入，计四百八十余金。鸠工庀材，因前址而稍□之高，闬闳新丹雘。北祀魁星，仍其旧也；南祀文昌，补其阙也。经始于乙亥春仲，越丙子夏季，工乃竣。

诸绅士属余为记。余惟古者，三载宾兴，首重德行，间书孝友睦姻，族书敬敏任恤，举于乡老大夫，登之天府内史。当时之士不言神，而神自鉴焉。迨后世，科目取士，士之希心捷获者，往往以科名，予夺惟神是司，而祷祀之事以起，吾甚惑焉。然福不可徼幸，不可觊，惟此好善乐施之念，决不可怠人，果破悭囊，抒积贯，使天下事之废者与无者，有岂非士大夫德行之一端耶！

今兹之役，若司出纳，若督工役，若经丐施，余喜诸绅士，能志县尊之志，而合邑士庶以及四方乐善君子，更能志诸绅士之志也。倘自今以往，岁稔年丰，家给人足，并南门楼之没于冯夷者，亦缉而修之，不愈足以壮伟观而振文运也哉！

是为记。

重建景庾楼记

景庾楼建于南城旧已，盖前明邑侯汝元陈公创而起之者也。公以南门谯楼"朱雀斜飞，有忤青乌"之说，故补建斯楼于正中。睥睨间，时邑中人文鹊起，科第蝉联，蔚然称文物区。

二百年来，故址湮没，非复旧观，而科名亦寥寥无几。邑人士，或致憾于斯楼之废，拟于正中旧地，再起重楼，以象离照，奈道谋弗成，殊可慨焉。

乙酉冬，我邑侯霁庭钟老父台莅清，振兴文教，首以书院为务，捐给膏火，月试诸生，以课其勤惰，亲加指示，如塾师之训弟子，然顾犹以景庾楼未修为憾，适因县尉郭君之请，进绅士而谕以修楼之意,诸绅士慨然乐从,若司捐输,若司经营,翼亦滥竽其旁,共勷厥事,下建石窑,牌列宋四将军于其中,上起重楼,像祀文昌帝君于其上。经始于七月初旬,越十月工竣。飞凌霄汉,俯翼郊原,非独壮伟观,亦以振文运云,或以文运之发,关乎人事,似不仅系楼之修与否。余谓不然。

今夫父母于子之有疾也,既为之延医诊治,又为之祷神默佑,岂祷之而佑,不祷遂弗佑乎?然不如是,不足以尽慈父母之心。

今邑侯书院之设,训课造就,亦可谓不遗余力矣。犹拳拳于斯楼之修者,前事之阙失不补,则坠绪难寻;人心之痼疾不除,则惫气日甚。际此凋敝之秋,起衰振靡,使无者有而废者兴,是亦爱子之心之无所不至也。都人士应运而起,争相发愤,我知掇巍科,膺显爵,今不必异于古,所云或且驾而上之也。若仅以斯楼为科目券,而置人事于弗问,恐反为青乌所窃笑,亦岂我邑侯重修斯楼之意哉?窃愿与吾邑人共勉之。

重建景庾楼纪事(二首)

山环水抱古宽州,记得当初景庾楼。
未必青乌无巨眼,应知朱雀贵当头。
宏规早创三千界,故址空遗二百秋。
补救惟人须卜筑,肯教胜迹去难留。

巨制初成异道谋,凭栏注目四围收。
东南日照红光射,西北云齐黛色浮。

位祀文星开后进，功稽将略话前猷。

重新结构垂型远，漫拟胡床快胜游。

笔山新柏

举目森森树影重，多因翠柏霭云峰。

名材得地参差起，弱质乘天次第钟。

莫道风霜经未久，须知雨露润方浓。

山名笔架添新管，预兆文房试及锋。

王宪曾年谱

1827年（道光七年）

陕西凤翔县出生（时父亲王汝梅任凤翔训导职）。

1828年（道光八年）

两岁（皆以虚岁计）。父亲王汝梅去世。此后回到清涧县城，跟从叔父和堂兄读书。

1843年（道光二十三年）

十七岁。入县学。

1846年（道光二十六年）

二十岁。考取廪生。之后，参加六次乡试不中。一边读书备考，一边在清涧开馆授学。

1851年（咸丰二年）

二十五岁。老师伊训先生去世，伊训先生的弟子呼鸣盛、呼鸣清（清涧人），来王宪曾的学馆，拜他为师学习数年，后鸣盛中进士，在蜀中任职。鸣清以拔贡生朝考得官，在楚南任职。

1856年（咸丰六年）

三十岁。作《黄钟乐·三十初度》《醉春风·三十自忏》。

1858年（咸丰八年）

三十二岁。请父亲王汝梅的学生郑士范为《游思泛言》作跋。

1861年（咸丰十一年）

三十五岁。参加辛酉科乡试，中举人。

1862年（同治元年）

三十六岁。赴京赶考，参加壬戌科会试，中进士，钦点翰林院庶吉士。

1863年（同治二年）

三十七岁。散馆，授浙江秀水知县（未赴），改官内阁中书。入都散馆前，请示老师闫巽三先生（清涧人氏，在清涧开馆授徒），希望自己能校刊老师的作品《亦能自强斋诗集》，闫巽三先生谦让不许。

1865年（同治四年）

三十九岁。作《刘西山先生六旬晋六寿序》《四十感怀》等诗。

1870年（同治九年）

四十四岁。庚午乡试开考，任河南省副主考（主考阿鲁特·崇绮，同治三年状元）。

1875年（光绪元年）

四十九岁。为清涧高柳树村人白翰臣作《白翰臣封翁六旬双庆祝词并序》。

1877年（光绪三年）

五十一岁。补侍读。作《丁丑补侍读》《刘禹庭先生六旬双寿文》。

1879年（光绪五年）

五十三岁。执笔"大统遗疏"（《会议吴可读奏》），请求光绪帝之子须嗣同治为宗，由礼亲王（世铎）呈两宫皇太后。同年考取御史。奉命补授贵阳遗缺府，赴任前光绪帝诏见，并嘱"尽心竭力"。同年回乡修墓，在家乡作短暂逗留。作《修墓》《乙卯冬月奉命补授贵阳遗缺府，召对时勉以尽心竭力为诗恭纪》等诗。

1880年（光绪六年）

五十四岁。因详校《穆宗实录》，升二品，加盐运司。七月，赴任贵州铜仁知府。途经三原、汉南、四川，皆有诗作。出川东，与学生呼鸣盛会于白沙舟次。到达贵州后有《黔中怀古》《抵铜仁》等诗作。

1881年（光绪七年）

五十五岁。学生呼鸣清到湖南慈利任县令，写信请老师为他的母亲七十大寿写赋。同年大暑后二日，王宪曾将自己过去三十年的读书为官心得体会整理为《思过阁笔记》。为客居铜仁的湖南人梁立夫作《梁母万太宜人八十寿序》。

1882年（光绪八年）

五十六岁。正月十五，《心乡录》成书。有《壬午宾兴》诗。

1883年（光绪九年）

五十七岁。六月十六，时任贵州巡抚林肇元为《心乡录》作跋。有《癸未元旦》诗。因病告假，李公再三登门敦请，又带病上任。

1886年（光绪十年）

六十岁。作《乙酉元旦》《六十自寿》等诗。

1888年秋（光绪十四年）

六十二岁。奉命赴湖南迎取铁厂设备，病逝于途中（湖南常德）。

王宪曾去世后，《王氏仁荫堂全集》被收录状况：

1893年秋（光绪十九年）

逝后第六年。崇绮为《思过阁笔记》写叙。

1904年（光绪三十年）

逝后第十七年。王宪曾之子王翰琛，将其祖父王汝梅的《游思泛言》和其父的《思过阁笔记》《兼山草堂文集》《兼山草堂诗集》《妙香吟馆词抄》《心乡录》合编为《王氏仁荫堂全集》，刻印行世（共八册）。

1919-1936年

第一卷《游思泛言》被《晚清四部丛刊》（商务印书馆1919—1936年出版，民国时期重要丛书）收入，书名改为《王氏家训》。

2010年

《王氏仁荫堂全集》被《清代诗文集汇编》（国家清史编纂委员会选编，上海古籍出版社出版，收入了清代260年间约3000位重要人物的诗文集）全书收录。

2015年

《王氏仁荫堂全集》被《清代家集丛刊》（国家图书馆出版社出版，中国首部系统整理的古代家集文献。该书从近千种清代家族文集中精选出150多部汇编而成。全书共201册，《王氏仁荫堂全集》为其中第25、26册，采用北京大学图书馆藏本）全书收录。

2017年

第一卷《游思泛言》被《中国历代家训集成》（浙江古籍出版社出版）收入。

地方志书中有关清涧县城寨山王家部分成员的文字记载

（因时间精力和能力所限，资料收集恐不全）

王耀祖

"太学生，疏财重教。"（道光《清涧县志》）"王耀祖，字富兴，邑监生。少孤，事母克尽孝道。训诸子侄，首以诗书为念，尝相诫曰：'功名不由汝辈得，书岂不由汝辈读耶？'生平尤尚信义，不苟然诺。有乡民陈某，以百余金寄其家，妻子未之知也，忽暴病卒，耀祖召其子，告以故，给还之。启椟出金，封识宛然，子视之，故其父手迹，泣谢不已，人以是义之。又数济人于厄，终不言报。以长子汝梅训兰州，貤赠修职佐郎；仲子汝和就州同职；季子汝翼登贤书。诸孙亦次第游黉序，人以为积善之报云。"（道光《清涧县志·笃行》）

王汝梅

字调若，号树三，一任甘肃兰州府、陕西凤翔县训导，升任泾阳县教谕。"王汝梅，字调若，清涧人，以廪贡生为兰州训导，监散靖远账粮，按名清给，不假丁胥手，遇孤贫残废者，捐俸，恤之，活人无算，历任凤翔训导，泾阳教谕，敦品励学，本平生阅历心得者，著《游思泛言》以训家。又乐称人，善栽培寒士，所至皆有声。弟汝翼，字辅臣，嘉庆癸酉举人，六上公车未售，遂淡视名场。事亲至孝，父疾，昼夜扶持三年，无稍倦。设教槐荫书屋，循循善诱，诸生膏火不足者，赀助之。值大疫，广施药饵，活人甚多。兄弟俱祀乡贤。汝梅子宪曾自有传。"（《陕西通志稿·卷八十三·人物十》）"王汝梅，字调若，号树三，一号味堂。廪贡生。王耀祖长子。历任甘肃兰州府、陕西凤翔县训导，升任泾阳县教谕。著《游思泛言》一卷、诗古文稿二卷，崇祀乡贤祠。勅授修职郎，覃恩晋赠儒林郎，例赠文林郎，晋赠资政大夫。妻惠氏，同邑武生寅皓公女，处士自拔公胞妹，覃恩勅赠安人，例赠孺人，晋赠二品夫人。妻何氏，例赠七品孺人，诰赠二品夫人。"（摘自王宪曾硃卷简历）

王汝和

太学生，候选直隶州州同，貤赠奉政大夫。"王汝和，州同衔。"（道光《清涧县志·文职》）

注：王汝和，王耀祖次子。

王汝翼

嘉庆癸酉科举人，捡选知县，例授文林郎，晋赠奉政大夫。著《四书讲义》《荫槐堂文稿》，藏于家。崇祀乡贤祠。有《乡贤事宝册》待梓，是《清涧县志》道光本参订人。王汝翼三部书稿均散佚。"王汝翼，字辅臣，清涧人，由廪生登嘉庆癸酉贤书（举人），事亲至孝，父疾，昼夜侍三年无倦。兄汝梅卒，痛哭如失怙。然，设教授徒，循循善诱。膏火不足者，资助之。值大疫，施药活人无算。乡里感其德，后祀乡贤祠。"（《续陕西通志稿·卷九十二·人物十九》）"汝翼，字辅臣，嘉庆癸酉举人，六上公车未售，遂淡视名场。事亲至孝，父疾，昼夜扶持三年，无稍倦。设教槐荫书屋，循循善诱，诸生膏火不足者，赀助之。值大疫，广施药饵，活人甚多。兄弟俱祀乡贤。"（《陕西通志稿·卷八十三·人物十》）"（第三十四名）王汝翼，清涧县学生。"（《嘉庆癸酉陕西乡试题名碑》碑拓　国家图书馆藏）"嘉庆十八年癸酉科：王汝翼。"（道光《清涧县志》卷六《选举志·举人》）"弟汝翼，字辅臣。嘉庆癸酉举人。六上公车未售，遂淡视名场，事亲至孝。父疾，昼夜扶持，三年无稍倦。设教槐荫书屋，循循善诱。诸生膏火不足者赀助之。值大疫，广施药饵，活人甚多。兄弟俱祀乡贤。"（民国《续修陕西通志稿》卷八十三《王汝梅传》）

注：王汝翼，王耀祖三子。

王念劬

乾隆己酉拔贡，江西试用州判，历署上高、吉水县丞。"王念劬，字瞻我，号性庵。立品端悫，读书沉潜。父富亨，临终嘱其弟耀祖曰："此子勿令废学。"耀祖爱逾己子，延师训课，念劬亦恪遵父命，事叔如父，下帷发愤，无间寒暑。乾隆己酉，由

优廪生拔隽以州判，试用江西，历署上高、吉水县丞，所至皆有政声，人谓其克成父士云。"（道光《清涧县志·贤达》）

注：王念劭，王耀祖胞兄王富亨之子，由王耀祖抚养读书成人。

王宪曾

原名允谦，字冲甫，号益轩，一号荔生。同治元年进士，钦点翰林院庶吉士，曾任内阁中书、玉牒方略馆、实录馆校对和文渊博检阅、侍读、御史、铜仁知府等职。"王宪曾（一八二七—一八八八）原名允谦，字冲甫，号益轩，一号荔生。宪曾幼年丧母，勤于学习，咸丰十一年（一八六一）中举，翌年中进士，钦点翰林院庶吉士，授秀水（今浙江嘉兴）知县，后改内阁中书，继任玉牒方略馆、实录馆校对和文渊博检阅等职。同治九年（一八七〇）为河南副主考；光绪三年（一八七七）任侍读，转御史，后升任铜仁（治今贵州铜仁）知府，加衔盐运司。《武宗实录》告成，曾予详校。铜仁地处边陲，耕地花插，苗民强悍好讼，时有逋逃，前任知府'率尚严峻'，重在压服，而宪曾则'务在德化，敝俗以革'。一度，情况严峻，官方棘手，一筹莫展。省城就医的宪曾奉调回府，设法治理，不逾两月，事态趋缓，朝廷称誉，遂加二品衔。十四年（一八八八）秋，赴湖南提取铁厂设备，病逝于常德。宪曾手不释卷，知识渊博，操政之余，赋诗为文，著有《思过阁笔记》（四卷）《心乡录》《兼山草堂诗文集》。"（道光《清涧县志》）"王宪曾，原名允谦，字笠生。清涧人，乡贤汝梅子。幼孤，事母孝，性严正，好学，至老不倦。咸丰辛酉举于乡，明年成进士，选庶吉士，散馆授县，改官内阁中书，同治庚午典试河南。光绪三年升侍读，转御史，寻授贵州铜仁知府。《武宗实录》告成，以宪曾详校，勤劳，保道员。加盐运司衔。铜多苗民仁强悍好讼，号难治，前任率尚严峻。宪曾务在德化，敝俗以革。铜郡地多花插地，即汉之瓯脱也，此疆花插彼界，远近多少不同，莠民每恃为逋逃薮，大吏欲厘正之，属吏无应者，时宪曾养疴省垣，乃令回任，不两月而蒇事竟化，盗薮为乐土，以治行第一人告加二品衔。戊子秋，奉派赴湘迎提铁厂机器，卒于常德旅次。著有《思过阁》《心乡录》《兼山草堂诗文集》。子瀚琛，字静夫，山东候补通判，夏津知县，所至皆有政声。"（续《陕西通志稿》八十三·人物十）"（第二十四名）王允谦，清涧县廪贡生，试用训导。"（《咸丰辛酉科陕甘乡试题名碑》碑拓　国家图书馆藏）"咸丰十一年辛酉科：王允谦，清涧。"（民国《续修陕西通志稿》卷四十三《选举表四·举人》）

王允保

廪贡生，咸宁训导。"王允保，字定甫，清涧人，廪贡生，父早亡，事母至孝，母病，躬侍汤药，衣不解带，及殁，庐墓三年，后官咸宁训导，勤于课士，居乡周济贫乏，资助婚丧，尝捐三百金为笔峰书院膏火。咸丰五年，瘟疫流行，允保不惜重资，广施药饵，活人甚多，卒，祀乡贤祠。"（《陕西通志稿》）

注：王允保，王宪曾堂兄，宪曾在硃卷简历中称"己亥荐卷同科荐卷谦在署观摩最久。"

王勋华

增贡生，已西荐卷戊午北闱备卷，试用训导，世袭云骑尉，勅祀绥郡昭忠祠，貤赠修职佐郎。"王勋华，字静堂，清涧人，由廪贡生就教职，同治丁卯十月二十七日，回匪攻绥德城，勋华守御，殉难，祀昭忠祠，予云骑尉世职。"（《陕西通志稿》）

注：王勋华，王宪曾胞侄。

王翰墀

字丹如，一字仲玉，光绪丁丑（一八七七）年十二月二十二日生，优廪生，已西科选拔第二名，会考壹等第四十七名（宣统元年，即一九〇九年），曾任民国时期陕西省参议员。父亲王宪椿（原名王允晖），候选知县，五品衔，诰授奉政大夫，貤封资政大夫。胞兄王翰衔，附贡生，候选府经历。（参见王翰墀选拔贡卷）

注：王翰墀，王宪曾胞侄，称王宪曾之子王瀚琛为业师。

王景隆

康熙乙卯副榜，康熙乙酉科举人，亚魁。"康熙四十四年乙酉科：王景隆，清涧人。"（雍正《陕西通志》卷三十二《选举三·举人》）"康熙四十四年乙酉科：王景隆。"（道光《清涧县志》卷六《选举志·举人》）

注：王景隆，王耀祖族叔。

王甸青

雍正十年（1732）壬子科副榜举人，曾任蓝田教谕。"雍

正十年壬子科：王甸青，孙荄子，蓝田教谕。"（道光《清涧县志》卷六《选举志·举人》）

注：王甸青，王耀祖族叔。

王之羲

清涧人。任中卫教谕。"雍正四年丙午科：王之羲，清涧人。"（雍正《陕西通志》卷三十二《选举三·举人》）。"雍正四年丙午科：王之羲，之导兄。中卫教谕。"（道光《清涧县志》卷六《选举志·举人》）

注：王之羲，王耀祖叔伯兄弟。

王之导

雍正庚戌科进士，曾任直隶青县、永年县知县。"王之导，字式晋。甫毁齿即能背诵诸经，弱冠以府试第一入邑庠。文宗奇其文，许以远到，之导下帷发愤，益自濯磨。雍正己酉登贤书，明年联捷南宫，铨授直隶清苑知县，调任永年，饶有惠政。后以亲老乞假归，永年人立德政碑于道左。之导家居授徒，不复作仕进，想四方学者，争蹑屩以从。性坦直，待人以诚，宗族乡党艳称之。卒年七十有三。"（道光《清涧县志》卷七《人物志·贤达》）"王之导（1688—？），字式晋，陕西绥德州清涧县人。雍正七年己酉科举人，雍正八年庚戌科进士。雍正十三年任直隶青县知县，乾隆四年改直隶永年县知县。"（民国《青县志》卷五，乾隆《永年县志》卷二十）。"雍正庚戌科：王之导，陕西绥德府清涧人。"（《明清历科进士题名碑录》第三册，台北：

华文书局股份有限公司，1969年，1850页）"王之导，陕西绥德府清涧人。雍正八年庚戌科三甲二百四十二名。"（《清朝进士题名录》上册，北京：中华书局，2007年，392页）"雍正庚戌科：王之导，式晋。清涧人。己酉五十一名，会试一百十三名，殿试三甲二百四十二名。"（《皇清陕西历科进士录》卷三）"王之导，陕西清涧人，进士。乾隆四年任知县。性慈爱和易，亲履田间劝农桑，询疾苦，煦煦若家人。邑中有豪棍，通权势，于鏒村等处私挖煤窑。之导请立石禁止，邑人德之。"（乾隆《永年县志》卷二十五）"雍正八年庚戌周澍榜，王之导，清涧人。"（乾隆《清涧县续志》卷六）"雍正七年己酉科（乡试）：王之导，庚戌进士。直隶广平府永年县知县。"（雍正《陕西通志》卷三十）"雍正八年庚戌周澍榜，王之导，三甲二百四十二名。直隶永年知县，见《人物志》。"（道光《清涧县志》卷六《选举志·进士》）

注：王之导，王耀祖叔伯兄弟。

王　思

乙酉拔贡，丙辰举人。"乾隆元年丙辰恩科：王思，顺天中式。"（民国《续修陕西通志稿》卷四十《选举表一·举人》）"乾隆元年丙辰科：王思，之导侄。"（道光《清涧县志》卷六《选举志·举人》）

王　旭

字汉第。雍正癸卯举人，丁未明通，授静宁州学正，升宁夏府教授。"（第三名）王旭，清涧县人。"（《雍正元年癸卯科陕西乡试题名碑》碑拓　国家图书馆藏）。"雍正元年癸卯科：王旭，清涧人。"（雍正《陕西通志》卷三十二《选举三·举人》）"雍正元年癸卯科：王旭，景隆子，宁夏教授，见《人物志》。"（道光《清涧县志》卷六《选举志·举人》）"王旭，字汉第。性颖悟，能文章。雍正癸卯魁于乡，丁未试南宫不第。搜落卷以明通授静宁州学正，训迪有方。时西陲用兵，军务旁午。旭以贤劳五奉差，委解办军糈，均无遗误。上游深赏之，将保题会推，升宁夏教授。赴新任不果，乾隆四年卒于官。旭朴诚，好奖拔寒士，以故所在学校咸美誉云。（以上《吴志·仕宦传》）"（道光《清涧县志》卷七《人物志·贤达》）

注：王旭，王耀祖叔伯兄弟，王景隆之子。

王　昊

康熙己卯举人，曾任榆林教授、山西襄阳县知县。"康熙三十八年己卯科：王昊，清涧人。"（雍正《陕西通志》卷三十二《选举三·举人》）"康熙三十八年己卯科：王昊，景隆子。榆林教授，历山西襄阳知县。"（道光《清涧县志》卷六《选举志·举人》）

注：王昊，王耀祖叔伯兄弟，王景隆之子。

王鹏九

岁进士。"王鹏九，字奋翮，宁夏教授王旭子。性恬淡，嗜读书。弱冠补弟子员，试辄高等，顾屡绩秋闱，竟以明经老，尝慨然曰：'士之遇、不遇，时也，而学不可废。'苦志钻研，终身不倦。主讲山右永和书院，成就甚多。生平待人，恕而有礼；遇贫乏，解推无吝。时有司行乡饮礼，重其品，延为大宾。次子寅，登贤书；孙毓秀，拔贡，毓桂亦列黉宫。"（道光《清涧县志·笃行》）

注：王鹏九，王旭之子，王汝梅的叔伯兄弟。

王峤嶷

雍正丙午举人，天津卫盐大使。"雍正四年丙午科：王峤嶷，清涧人。"（雍正《陕西通志》卷三十二《选举三·举人》）"雍正四年丙午科：王峤嶷，昊子。天津卫盐大使。"（道光《清涧县志》卷六《选举志·举人》）

注：王峤嶷，王昊之子。

王岱嶷

雍正甲辰科亚魁，任秦州学正。"（第九名）王岱嶷，清涧县人。"（《雍正甲辰科陕西乡试题名碑》碑拓　国家图书馆藏）"雍正二年甲辰科：王岱嶷，清涧人。"（雍正《陕西通志》卷三十二《选举三·举人》）"雍正二年甲辰补行癸卯正科：王岱嶷，昊子。吴《志》误作教谕，秦州学正。"（道光《清涧县志》卷六《选举志·举人》）

注：王岱嶷，王昊之子。

王　寅

乾隆丁酉科举人。"王寅，字文元。性聪颖，博闻强记。年十六补弟子员，乾隆丁酉登贤书。高自期许，竟以苦读丧明。有以诗文，就质者朗诵，一过即能熟记，或询以故典，道本末累累如贯。后截取到班，不克赴选，人皆惜之。"（道光《清涧县志·文学》）

注：王寅，王鹏九之子。

王　誌

字宅中，号心斋。任山阳县、泾阳县训导。"（第十六名）王誌，字宅中，号心斋。行一，嘉庆丙寅六月初二日吉时生。陕西绥德直隶州清涧县副贡生。民籍。大挑山阳、泾阳县训导。曾祖富正。曾祖母氏高。祖观佑，监生。祖母氏惠。父允泰，候选直隶州州同。母氏鲍、杨。妻白氏、白氏。子鸿绪；鸿纶；鸿绋。"（《道光甲辰恩科直省同年录》哈佛大学图书馆藏）"道光二十四年甲辰恩科：王鋕，清涧。"（民国《续修陕西通志稿》卷四十二《选举表三·举人》）

注：王誌，王耀祖胞兄王富正曾孙。

王宗沂

字镜蓉，号鲁川。"拔贡王宗瀛胞兄王宗沂，丁酉科拔贡，己亥科举人。"（《道光己酉科明经通谱》哈佛大学图书馆藏）。"王宗沂，字镜蓉，号鲁川。行一，嘉庆十九年八月初一日吉时生。绥德州清涧县优廪生。民籍。曾祖富亨，例赠儒林郎。曾祖妣氏陈、师，例赠安人。本生曾祖耀祖，太学生，勅赠修职郎，晋赠儒林郎。本生曾祖妣氏加、师、呼，敕封孺人，晋赠安人。祖汝和，例授儒林郎，候铨直隶州州同。祖妣氏高，邑武庠生讳廷秀公女。继祖母氏康，处士讳怀江公女。父允文，廪生，例封征仕郎。母氏杨，安定县武生讳云凌公女。氏张，戊申科举人、直隶沙河县知县、讳源公孙女，增广生名熙曾公女。重庆下。胞叔：允章，业儒；允绥，太学生。胞弟：宗淇；宗瀛；宗鍪，俱业儒。经魁；锡光；团圆，俱幼。妻杨氏，安定县武庠生名邦桢公女。继娶。子梦庚，幼。"（参见《道光丁酉科明经通谱》）"道光十九年己亥恩科：王宗沂，清涧。"（民国《续修陕西通志稿》卷四十二《选举表三·举人》）

注：王宗沂，王耀祖曾孙，王汝梅侄孙。

陝西鄉試硃卷
咸豐辛酉科

履歷

曾祖姓氏曹安人例贈

曾祖耀祖諱八十三歲恩賜肉帛邑志列篤行傳貤贈修職佐郎字林之太學生亨晉贈修職佐郎

祖姓氏加貤贈孺人貤贈安人

祖姓氏師處士元善公女澤遠公胞妹晉贈安人

繼祖姓氏呼貤贈孺人曾貝安人

父汝梅號味堂廩貢生歷任甘肅蘭州府陝西鳳翔縣訓導陞任涇陽縣教諭游思泛言一卷詩古文稿二卷藏於家

堂叔伯曾祖福榮 福成

從堂叔伯曾祖偉同州學正佐生价生廩生

族曾祖景隆康熙己卯亞魁甸青原任藍田教諭貤贈修職佐郎

胞伯祖富世徵仕郎富正貤贈修職佐郎

富有

嫡堂叔伯祖元魁繩祖

從堂叔伯祖珍彩盛之元之

再從堂叔伯祖若溪生庠應溪太學繼溪增大金之羲雍正庚戌進士直之叢雍正丙午舉人中衛教諭

族叔伯祖之導毅青苑縣知縣雍正癸卯舉人甯夏教授晰士慶

教諭吳山西襄陽知縣康熙己卯亞魁旭人

王允謙

字沖甫號益軒一號荔生行三道光丁亥相五月初九日亥時生陝西綏德直隸州清澗縣廩貢生民籍

十世祖欽
九世祖廷珩
八世祖作生庠
七世祖日進生庠
六世祖東河
六世祖妣氏盧
高祖維顯
高祖妣氏師
曾祖福寶 儒林郎例贈

履歷

十世伯祖政生庠
九世伯祖世英 世雄
八世叔祖偉
七世叔祖日義
六世叔祖永祐 原任江西副將理元生庠 志昌生
堂高祖維景 維秀 維昇
從堂高祖心公生庠 心正 康熙壬子舉人朝邑教諭塾任甯夏教授
心大生庠 心睿生庠
胞叔伯曾祖福貴 福增

一

履歷

傅晴溪夫子　恩煦　順天宛平人　丁酉科舉人前署清澗縣知縣現任咸寧縣知縣　補分府

族叔思　雍正丙辰順天舉人　念嶠　雍正甲辰亞魁秦州學正　凝　天津衛鹽大使　岱　己酉丁

貢生　克家　澧陽教諭　登雲　庫生　鵬翼　庫生　鵬萬　庠生　鵬九　士　佑

崔硯功夫子　定南　湖北鶴峯人　乙亥科舉人前任欽加鹽運使銜現陞漢中府知府

胞兄允讓　附貢生　附州府同州府教授例授職郎繼三胞　允協　太學生候銓教諭應加二級署定邊縣訓導奉直大夫　允暉　司經歷浙江布政使司經歷應加二級晉封奉直大夫

武芝田夫子　訪疇　山西崞縣人　壬辰進士前任清澗縣知縣陞延榆綏兵備道

嫡堂兄允協　已見上

嫡堂兄允文　隸州州判恩進士直隸州州判　允章　太學生銓臨知事　允綏

課師　余仙圃夫子　炳燾　浙江山陰人　辛巳舉人前任清澗知縣陞任河南按察使

堂兄允修　太學州判直隸州州判　允升　庠生　允中　允武生

履歷

崇祀鄉賢祠有鄉賢事實冊待梓勅授修職郎覃恩晉贈儒林郎例贈文林郎

陽湖邑歲進士夢粥生嘉慶庠之霖廩鳴鶴庠生朋崔生

母張氏例贈孺人覃恩勅贈安人例贈孺人處士自拔公胞妹女同邑武生寅皓公

胞叔父汝和太儒林郎候銓直隸州州同例贈文林郎嗣三胞伯祖例授

生母氏何品孺人七

汞感下

業師

薛毓齋夫子 文秀進士

師伊訓夫子 壽邑廩

閭巽三夫子 秉庚長安入戊

子科舉人以教諭銜任清澗縣訓導截取知縣

汝冀義蔭槐堂西科舉人揀選知縣著四書講藏於家崇祀鄉賢祠有

鄉賢事實冊贈修職郎例授

文林郎

嫡堂叔觀祥太儒林郎贈

觀佐 觀佑 汝和已見上係胞叔本太學

堂伯觀鹿生太學觀賢太學

念勿乾隆已酉例貢江西試用州判吉水上高縣丞署增生作寶 作棟 作弼

作人 生

堂伯肇興 作屏 作濤

閭昌 賓也 觀揚 康也

從堂叔伯道昌

再從堂叔伯烱生玉芳 芝芳 玉川

二

履歷

八前筆峯書院山長前筆峯書院山長前筆峯書院山長 葭州學正堂

岳輔宸夫子 象庚 癸酉拔貢
嫡堂姪景純 優廩貢 景棠生 景棣庠生
嫡堂姪宗沂 丁酉拔貢 己亥科揀選知縣 宗溥生 宗淵 宗淇 議敘八品 宗泗 宗融 宗瀛

熊价八夫子 屏藩 湖南前筆峯書院山長
嫡姪鈁 己酉拔貢 直隸州州判業儒坊 德坊生 廬士坊儒坊 鎬生 武鉦生 武鉞 銘庠生 鋕甲辰科舉人 山陽縣 俊坊幼俱

受知師

金可亭夫子 國均 湖北黃陂人戊戌榜眼前陝甘學政
訓導鈴 太學九從 錦 銳 鋒選訓導 進士候選山西候補分州縣丞 鎧從九 鋮 鍾生 鐮生 濂庠生 尊五 愃五庠生 鈺銀錫銓鐫鐵庠生

王篠珊夫子 祖培 順天寶坻人庚子翰林前陝甘學政
從堂姪黍兒 會元 光裕儲秀

吳竹畦夫子 福年 浙江錢塘人辛酉拔貢嘉鶴生 太學近仁庠生 同實生

族姪毓秀

三

履歷

曹艮泉夫子 士鶴 江南上元人 庚子進士 前任清澗知縣 現任渭南知縣
　允懷 太學 允恭 廩貢生 歷署臨潼宜川縣訓導 允元 廩生 允迪
　允泰 太學生 直隸州州判 納職耶 允諧 銓布政司
　同馳贈修職耶
　長春 允治 允殖 允亮 允毅
余暄之夫子 照元 人筆 江南上
　峯書院山長
程麗泉夫子 炳然 江西
　允剛 允膽 允翁
曾卓如夫子 望顏 香山人 科舉人 前署清澗知縣 現任廣東
　從堂兄允濟 允肅 允桂 太學生 允德 廩生 允福
　再從堂兄允鳳鳴 嘉端 天培 緒生 綏生 肇修 廩生 壽淦
李梅夫子 嘉端 進士 前陝西巡撫
　族兄心定 咸進士 三水訓導 繼維 錫普 太學生 鑑坡 乙酉拔貢
李鐵梅夫子 嘉端 進士 前陝西巡撫 中書院山長
　家仁 世俊 甲寅舉人 丁酉繼維
　胞姪勳華 戊午北闈備卷 已酉薦卷 勳建 廩增生 勳鼎 廩增生
李琴亭夫子 畹 延川人 乙未舉
　勳臣 廩生 勳功 儒業 官成 幼

履歷

奎光 聯奎 德蔭

堂姪曾孫樹本 務本 正本 似續 繼續

琴書 庚申 庚林 鴻禧 疊雙 雙福

如猛 辛生

妻汪氏 安定縣議敘八品維城公女原任長安縣教諭金城公胞姪女丁酉科拔貢署孝義廳訓導陞公胞妹廩貢生試用訓導時恒公胞姊

子桂芳 桂馨 桂蕤 幼俱

女一 幼

鄉試中式第二十四名

會試中式第 名 族繁不及備載

殿試第 甲第 名 世居城內鳳凰山

欽點

四

沈經笙夫子　桂芬　宛平人　順天 丁未翰林前任陝甘學政現任內閣學士	王子鷹卷房師 辛亥王子	王蓴生夫子　義樟　閩縣人 福建 乙未進士前任孝義廳同知	陳式甫夫子　模　山陰人 浙江 丙申進士前任宜君知縣		履歷

人乙巳探花前陝甘學政

胞姪孫彭年　廣年　耆年 俱業熙年　豐年
嫡堂姪孫貽穀 幼俱遂穀　明哲　臨奎
嫡堂姪孫夢庚　乃穀 庫生 璠璵　豐玉　瑋琦
夢珠　騰蛟　克昌　啟疑　天祿　聯芳
佩莪　潤芳
堂姪孫伊濯　登高　鶴鳴　駮兒　駓兒
官枚　金池　玉池　普泠　伊漸　伊濬
伊浴　鳳巘　應洛　伊清 儒業 天祐
延緒　蔭池　德澤 武生 鴻綬 庠生 鴻綸 庠生 鴻絟
候銓從九 慶嵩 儒業 咸熙　篤慶　重慶　恩光

四

官銜

本房總批

積學以儲寶酌理以富材故能

關意象而運斤尋聲律而定墨

八韻標新三唐嗣響說經抉註

疏之奧對策兼賈董之長揭曉

來謁知生科第名家寬州望族

祀礬宗而輝俎豆詒溯燕謀遍

仕籍而振鼓鐘祥徵繡兆此日

探香桂窟嗣世業於弓裘來年

班筆

蓬山作羣英之領袖余存奢望生

其勉旃

陝西鄉試硃卷 咸豐辛酉科

中式第二十四名舉人王允謙陝西綏德州清澗縣廩貢生試用訓導民籍

同考試官陝西候補知縣方　　閱

大主考禮科掌印給事中稽查六平倉事務唐　　薦

批　　理圓法密機暢神流

大主考禮科掌印給事中稽查六平倉事務唐　　取

批　　理圓法密機暢神流

大主考詹事府右春坊右允翰林院國史館總纂何　　中

批

又　　中

批

又　　批　　思沈力厚筆健詞雄

官銜　　五

陝西鄉試硃卷　咸豐辛酉科

兩面互翻
而以夫子
爲主全題
在握團結
甚緊

出落處左
縈右拂一
片靈機

提空發議
於無字句
處着筆超
以象外得

者每多德色使其志泯驕矜何難渾物我而並忘推解而無如性
眞難昧子路之不能爲顏淵亦猶顏淵之不能爲夫子也而光明
磊落已足挽流俗偷薄之風渾厚者不尚精明使其志存施濟何
難輕服御而並免怨尤而特以克復功深顏淵之進於子路亦猶
夫子之進於顏淵也而純粹沈潛已足平豪傑任俠之氣一則曰
與共無憾一則曰無伐無施其願也卽其志也未知吾子聞之以
爲何如而顏淵自默然也而子路竟瞿然也夫人有中情專注之
○一端自謂問心無愧及旁參一說而始知意境無窮當更有引人
入勝者遂不覺精神倍振而傾想殊殷抑人有生平得意之一境

提筆老鍊

大氣盤旋
題中層折
都到一講
已足冠軍

子路曰願車馬衣輕裘與朋友共敝之而無憾顏淵曰願無
伐善無施勞子路曰願聞子之志

王允謙

兩賢之願有淺深因進求夫聖志焉夫與共無憾視無伐無施
淺矣而子之志更有深焉者子路能勿進求哉且儒者抱願學之
志而自明所願片其願之近乎仁者皆其志之法乎聖者也夫願
亦何常有所公而其願進有所志而其願愈進且由希賢以希聖
而其願乃更進斯所願者見所志者見而願學之深衷亦無不俱
見不然吾夫子大道為公詎不欲學吾學者皆志吾志哉而功候
不容相強斯淺深必待自明則子路顏淵之所願有足徵焉慨

陝西鄉試硃卷　咸豐辛酉科

賣夫吾黨聖惟自喻淺學原未易窺耳況乎及門之志已共明則
前席殷情尤貴得折衷於至善試揭中藏以展抱負知不同於由
之志僅能忘物囘之志僅能忘己也聖教無或隱不且得聞爲貴
也哉迫子自述其志是又二子所未之前聞者矣

本房加批

筆意英挺詞致圓勻中二空際著筆三願字神理躍躍紙上尤
爲融洽分明

閩巽三夫子加批

於鍊名貴出落處停頓有度交之取臺閣體者此其近之

顧上注下
筆意空靈

其環中

舉止方家
停頓有度
與往情求
遙吟俯唱
幽思豔語
芳氣襲人

自信可對人言及更進一詣而始知志量無盡當愈有動人遠想者遂不覺識解頓開而諮詢彌切願聞子之路殆因顏淵之志而求進歟且夫子之志恆難副故半生之虛願無慼而子之志尤難窺故吾黨以得聞為幸既不獲求志於耕莘釣渭儕伊呂於伯仲之間復不欲溺志於洗耳潛踪追巢許於頴箕之藪時與願違此衷良不易副耳然而大道之志雖未遂而至情所結要不容湮沒於此生則舉偉抱以示來茲諒不僅如由之志在自豪同之志在自謙也洙泗有傳心庶幾夙願頓慰也哉雖夢公不復志豪於遲暮而用我共念夫東周即浮海與懷志託於沈淪而取材尚

陝西鄉試硃卷　咸豐辛酉科
二

陝西鄉試硃卷 咸豐辛酉科

授據易書天然註腳

以經註經一空理障

語有根柢知其潛心於性理諸書者深矣

立則其體宜致我觀虞書詳執中之訓而溯精一者必本危微從可知大中至正非挾危微之精神以與為終始將偏頗已兆於無形也而君子之植其本者無不端然而和有所以曲而達者焉○不虛行待人而行則其用宜致我觀贊易繫太和之辭而占保合者必由變化可知祥和昭著非極變化之妙用以與為周流則隔閡卽形於方寸也而君子之行其道者無不利然而君子非別有致中之方焉靜存而已夫謂清淨無為庶可保其靈明之府此異端之臆說其失更甚於朋從中不在存理君子持敬以惺其神中不在課寂而在思誠君子主一以貞其守蓋有形之

致中和

王允謙

中和必極其量致之者有全功焉夫中和不致則大本達道或幾

於息矣然非戒懼謹獨豈易言致哉且吾言未發爲中已發爲和

此第舉夫渾全之量而未究其推極之功也使因其未發而安於

渾然一念之中非所以尊德性因其已發而安於適然一事之和

非所以順人情其道分乎體用其功兼乎動靜異宜也不

可以兼營而並鶩其體用一源也又不可不循序以造其極大本

達道何以極之天下哉則意者本爲固有而無待擴充道亦固然

而無勞推闡也乎然而中有所以成其大者焉本不自立特人以

陝西鄉試硃卷 咸豐辛酉科

哉抑中與和有遞進之序焉致之者則一而神涵養在閒睹之餘○○○○○○○○○○○○○○○○

方智挾圓神而出密察在須與之際全體與大用兼該中與和遞○○○○○○○○○○○○○○○○

盡其致致中者本中而著為和致和者卽和而愈驗其中也君子○○○○○○○○○○○○○○○○

所由存發咸宜也哉試進而言其效

本房加批

精理為文秀氣成朵

冒異三夫子加批

會萃語錄精粹語而出以清醇顯豁之筆分疏串講頭頭是道

洵為理題上乘文字

分疏互發
照應起講
氣足神完

四

清言霏玉
妙筆盡沙
理境中有
掉臂游行
之樂

互發處詞
意圓足

致字意醒
極

中君子廣之無形之中君子涵之也夫亦以戒懼者為致而已然
而君子非別有致和之術焉動察而已夫謂依違兩可而卽能臻
乎大順之休此曲學之阿私其弊終至於扞格和不在挾私而在
布公君子不乖以已見和不在飾貌而在養氣君子不遑以躁心
蓋衆著之和君子祗防其蕩獨具之和君子必厚其基也夫亦以
謹獨者爲致而已且中與和有各盡之功焉致之者則兩而化斂
精神於無隙可乘自不暇以泛應者分吾內美統因應而無微不
察自不致以疑神者坐失機宜中與和各盡其致致中者不如其
量而不止致和者不極其宜而亦不止也君子所由毫髮無憾也

眉批：
音外有神
反抉更醒
眼前卷軸
一經錯鑄
便有寶光
故知有書
尤須有筆

陝西鄉試硃卷　咸豐辛酉科

堯舜有不盡出於性之者而吾謂堯舜乃誠者也其稟賦應星日之精其氣質擅神靈之首其為列侯也帝摯不能掩厥性其為有鰥也頑嚚不能汨厥性假令終老藩封長居側陋亦不失其聖神交武之真而況與性俱必無久而不發之光所以創草昧未之局禪讓非私格苗頑弗率之民干羽亦武後之人遠稽二典近考三謨而贊勳華者幾莫究非有益於性功象功德者謂盡善究未易窺夫性量自非得天獨厚吾恐上廟號而宗不必神紀升間而德不必元也吾故得而定之曰堯舜性之也今夫湯曰大德武曰大烈誰不知其追美五帝者乃吾觀釋憝作誥以來尹躬一

五

○○堯舜性之也湯武身之也　　　　　　王允謙

○○
誠字對下
假字

起處筆意
疎落入古

性之身之帝王固自有眞哉且論道統者唐虞尚已繼此則商周
論帝王盡道之實不外一誠而已夫堯舜誠者也湯武誠之者也

結處激射
下交有官
止神行之
樂論劈空
奇論劈空
而來石破
天驚溜秋
雨

之祖可稱也而今之學者往往不暇稱述豈知前聖人明道開天
既見其得天有獨厚後聖人體天立極亦惟恃盡人以合夫一倘
論焉而知帝王自有眞道德非襲取也若是者吾於堯舜湯武見
之今夫堯之言舜之言僎誰不知其道冠百王者乃吾觀洪水
疇咨之日天特爲堯多降夫殷憂則性之磨厲者殊苦厯山耕稼
之年天特爲舜蠱生其變故則性之困阨者尤多似乎堯舜之爲

湯武身之也而奈何假之者之紛紛也。

本房加批

誠字立骨恰與假之句鍼對相題旣確至其行文議論縱橫與高朶烈想見燭爐三條餘勇可賈之樂　是作三場一律經藝尤勝爲闈中得意之卷薦亦最早而見售與否久未得知爲懸念者二十餘日及閱草榜竟居前列始喜有目共賞余亦以此自多矣

閱巽三夫子加批

覷定下文假字立論英思壯采卓然名作

對仗工力
悉敵周由
材富亦係
思深

兩比中具
層巒疊嶂
之觀燭盡
三條筆爛
五色能不
振起闕者
精神

驅策經史
貫以精思
所謂以我
用書非同
獺祭

德道之成於輔相者居多訪範拜書而後敬勝一言道之出於師
炎者不少似湯武之為湯武亦不盡由於身之者而吾謂湯武誠
之者也其智勇亦原於天錫其聰明亦出於天賚其憂勤惕厲也
常為顧諟明命之身蹈厲發揚也且為遵養時晦之身假合世
驥北卷義守西岐仍不失為仁義道德之宗而況誠以身致必無
勉而不安之理所以嗚條雖屬創舉而我后無私牧野亦起非常
而會孫有道後之人上引商書旁參周史而篇逸鳩方見反身者
非盡資賢佐瑞屏魚躍見省身者之不尚珍符倘非盡人合天吾
恐望其蘇者或由要結著戎衣者或失顯名也吾故得而定之曰

詩　咸豐辛酉科

閩粵三夫子加批

和平莊雅館閣體裁

板存咸甯學署

七

賦得華頂之雲得詩字五言八韻　　王允謙

本是凌雲手來探太華奇盪胸舒逸興絕頂品新詩天淨羅
紋捲峯高絮帽披崚嶒竄落雁縹緲悟探驪出岫吟陶句驚
人憶謝辭每當搖嶽候想見作臺時碑倩燕公撰霖需傳相
爲嵩呼逢

〇彤墀

〇聖世葩采煥

〇本房加批

吐屬清新於詩品妙有關會

一起超脫

雙管齊下自在流行

陝西選拔貢卷 宣統己酉科

陝西選拔貢卷 履歷

高祖姚氏曹 品封夫人貤贈二

堂伯叔高祖福榮 福成
歲進士原任佐 生庠价 儐生太學
從堂伯叔高祖倬 同州學正

曾祖耀祖 太學生 贈修職郎 勅貤贈儒

胞伯叔曾祖富世
徵仕貤贈 儒林郎 佐郎 贈 富正 例贈 林郎 富有 富

曾祖姚氏 加師呼人 勅晉贈儒人 二品夫人

依生庠之臣

亨 晉貤贈修職 贈儒林郎佐郎

胞伯叔曾祖富世

嬌堂伯叔曾祖元 吏員 魁 繩祖

從堂伯叔曾祖珍彩 盛之 元之

祖汝梅 慶州府貢生原任鳳翔縣訓蘭

導任涇陽縣教諭 勅授修職郎 贈資政大夫 崇祀鄉賢祠

再從堂伯叔曾祖若溪 生庠應溪 繼溪生增大金
雍正庚戌苑縣進士原任 直隷清 知縣 之義 丙午雍正

祖姚氏惠 勅贈孺人 晉贈二品夫人

族叔伯曾祖之導
雍正己卯舉人原任山西襄陽縣知縣 旭 雍正癸未舉人任 丁未

中衛敎諭昊 康熙己卯 進士 晉陽訓導任歲 暹 進士夢粥

生祖姚氏何 品夫誥贈二人
明通榜授寧夏府敎授晛慶 陸陽

京師京華印書局刷印

王翰埠

陝西選拔貢卷 履歷

字丹如一字仲玉行二大行十一光緒丁丑相

十二月二十二日吉時生陝西綏德直隸州清

澗縣優廩生民籍

十世伯祖世英　世雄

九世叔祖偉

堂八世祖日義 歲進士西安府教授

堂七世祖永祐 原任江西副將

胞六世祖維景　維秀　維昇

從堂六世祖心公 生庠

胞叔 心大 生庠　心睿 生庠
甯夏敎授

胞叔 高祖福貴　福增

十世祖琎玠

九世祖作 生庠

八世祖日進 生庠

七世祖東河

七世祖妣氏盧

六世祖維顯

六世祖妣氏師

高祖福寶 贈政大夫貢

京師京華印書局刷印

陝西選拔貢卷　履歷

白　夫子　印　守樸　廩邑
　生
嶷任雍正甲辰亞魁　鵬翼　鵬萬　生俱廩岸　鵬九　進歲
士佑陽丁酉縣覆拔貢敕設諭玗　克家　登雲　生廩岸　東昌通判

白鵬程夫子　印　凌漢　歲邑
　貢生候銓
　按經歷銓敘
胞伯允讓　原進士譚允謙點翰林院庶吉士散館授浙戊
訓導敕論同州府署定邊
鈴敕論歷
胞伯允綬　生太學　長春　允修　直隸州州判選

師莪笙夫子　印　道立　增邑
　生
胞叔憲曾　進士欽點翰林院辛酉舉人同治壬
江水方縣署知縣改對內閣奉旨歷充三級玉牒管
國史秀館校對官寶錄館庚午河南副主考京
閣誥勅房派充記名御史詳在撫潘保畢循補
淵並一奉旨簡放加貴州運銅仁府知府
道察等蔭賞鹽司銜

蕭霨堂夫子　印　生瑞　附邑
　生
著有仁蔭堂賞加文集二集行世
吏奉科恩薦卷直隸州文林郎戊
堂伯允文　子進士贈州判允章　生太學候

史虎臣夫子　印　桓　定安

史龍門夫子　印　鳳飛　定安
候入歲選貢生
選知鹽運事　允綏　生太學　長春　允修　直隸州州判選

二

京師京華印書局刷印

履歷

父憲椿 原諱允暉候選知縣五品銜
誥授奉政大夫
貤封資政大夫

生庫 嘉霖 生庫 之霖 生庫 鵬鶴 生庫
胞叔祖汝和 同太學 生庫 貤贈奉政大夫直隸州州判 晉 贈奉政大夫崇祀鄉賢文林郎 汝翼 嘉慶癸酉科舉人揀選知縣例授文林郎

嫡堂叔伯祖念劬 乾隆己酉科拔貢直隸州州判 觀祥 生太學
姒氏 白康宜人誥授
例仕郎贈徵 觀麟 生太學 觀賢 生太學 觀佑

生母氏馮 儒人勑授
儒生林郎例贈 作新 作人 生增修職佐郎例 作寶 作棟 作

生慈侍下
殉 生太學

庭訓
堂祖肇興 作屏 作藩

業師謹以先課後恭註
從堂祖道昌 盈昌 寶也 觀揚 康也

白揚五夫子 印 五朵 附邑生
再從堂祖烟 生庫 玉芳 芝芳 玉川

劉懋之夫子 印 嘉績 廩邑生
族祖思 丙乙酉拔貢丙辰舉人 念生貢生 嶠 嶷 天津衛鹽大使 岱 雍正丙子舉人

陝西選拔貢卷　履歷

張海珊夫子 印瑚樹 入邑
始與河源同知銜縣
甲午解元揀銓知邑縣
主講雕山書院現
堂高等教員小學

嫡堂兄勳華 增貢生試用訓導世襲雲騎尉佐
郎 勳建 贈庫修生職郎晉 勳鼎 生附 勳臣 訓歲導貢係生業候選師
勳功 候選恩敎進諭士 翰彬 壬午庫生科堂備贈家中憲大夫克成師
閤象泰欽加分四品府銜夏津知縣賞戴花翎保升知府署 桂馨 桂蕊 翰琛 候附補貢分生府山東歷
家痛不惜壽

呼鶴皋夫子 印鳴盛 入邑
辛酉拔貢歷任四川
丙子進士庚午舉人
長甯加樂同知至知縣
欽

堂兄景醇 生廩 景棠 生例貢議 景棣 用廩訓貢導生試 景沂 丁酉
拔貢己亥選知縣舉 宗淇 宗瀛 隸州拔貢直判 宗

談錫丞夫子 印廷瑞 緒光
己酉畢人庚寅進陝士
前署清澗縣知縣
肅皋候蘭補府甘人

溥 生廩 宗淵 宗泗 宗瀜 德坊
生廩 儒坊 生廩 俊坊 生廩 宗陶 署山西治長縣丞分
堂講備筆五峰書院卷兩次
士坊 甯試陝用白訓河導石署漢泉定邊陰
安訓敎授延

喻夫子 印兆圭 南湖

從堂兄鈖 從候選九
鎬 生武鎭 生武鈺 銘 生庫鋕 人甲辰歷任舉

三

京師京華印書局刷印

呼鳳笙夫子 印鳴清 邑人	胡味笙夫子 印鼎彝 邑人	郝樹禎夫子 印念隆 邑歲	張德菴夫子 印問崇 邑人
貢生歲	癸酉拔貢朝考知縣署湖南慈利縣知縣同知銜加	壬辰進士翰林院編修前湖北學政特用河南提學使代理道	貢生候選訓導	乙亥舉人癸未進士歷任廣東揭陽澄海
允升 庫生 允元 庫生 允恭 廩生歷署鹽屋宜川訓導 允迪 廩貢生臨潼	太學生 允泰 候選直隷州同 允治 允武 允中 允諧 候選司理問布政 允懷 太學生 允殖 允毅 允	再從堂伯鳳鳴 嘉瑞 天培 允德 允喜 從堂伯允濟 允肅 允桂 亮 允錫 允瞻 生兒 戊辰	族叔心定 水縣歲進士任三 縉 綬 肇修 俱庫生 壽 潗 學俱太生庫 甲寅 丁酉舉人揀選知縣 繼維 錫普 學太生 鑑 乙酉拔貢家仁 世俊 胞兄翰銜 附貢生候選府經歷

從九品

陝西選拔貢卷　履歷

朱艾卿夫子 印益藩 江西
蓮花廳人庚辰翰林宗人府府丞前陝學政補廡一等取蒙習知縣人辛卯舉人卽知縣前高等學堂敎用

昌延緒 附生
城固縣現舉孝廉方正五品銜頂戴訓導 恩賞加五品銜 賞進士直隸州州同特授韓貢生 經緯 廬貢生 經綸 文林郞贈 經訓 增生 經佐 廩生 經濟 附生 經蘊 監生 經庭 生 經畧 中書科中書衛

張蓮舫夫子 印沖霄 直隸
范縣人壬戌進士現任淸澗縣知縣

乃貞 振紀 振綱 軍功五品振衢

孫賡臣夫子 印奉先 奉天
海澄人壬午優貢癸未考充鑲黃旗官學敎習現署淸澗縣知縣

從堂姪伊濯 登高 鶴鳴 駬兒 駬振
官枚 金池 玉池 普洽 伊漸 伊濬
伊浴 鳳翽 應洛 鳳藻 生附 伊清 廩生 伊
澄 貢例 蔭池 德澤 生武 化成 鴻綏 生庠 鴻綸 生庠
鴻綽 九從 慶嵩 選訓 慶岐 生附 慶林 九從 慶恩

余子厚夫子 印堃 四川
潤縣知縣署淸敍習知縣現

生附 恩光 奎光 聯奎 德蔭 賴虫 長
年 安國 定國 治國 含英

四

京師京華印書局刷印

陝西選拔貢卷　履歷

趙芝珊夫子 印維熙 江西
人前綏德直隸州知州
南豐人庚寅進士翰林院編修前陝西學政
甘肅寧夏府知府現任蒙取入泮
山陽涇陽訓導
綸 錦 鋭 鋒 從九選貢訓導候
鏡 銓
庫生太學鋼 錠 錙 鍍 鉞 庫生從九歲貢導主講雕山書院
附貢訓導試 鎛 鍾 尊五 愼五 庫生歲貢生候選訓

庫門光裕 葆荃

俞月如夫子 印恒齡 江蘇
丹徒人前清潤縣知縣現任甯陝廳同知

魏鯉庭夫子 印立 甘肅
伏羌人前清進士前任清潤縣知縣

胞姪毓周 毓槐 儒業 毓清
嬌堂姪毓岱 儒業 彭年 廩貢生尉特授鄜州訓導廣年 丙子
同鄉知縣改選賞戴花翎欽加課師熙年 賞戴藍翎豐
鄭敏齋論推考二等特授陸林府敎授訓導陝部分發甘南陽

石鼎三夫子 印寅恭 甲午
進士前署山西孟縣知縣

杜斗垣夫子 印艮奎 陝米脂

年 附生廩生業師延壽 延慶
堂姪壽葯 廩貢生特授長安敎諭商州訓壽萱 附貢生中書科中書壽臻 太學生壽
衘 壽貞 生附貢 壽祺 廩貢生臨童縣訓導特授壽

四

京師京華印書局刷印

陝西選拔貢卷　履歷

執友

岳笠山先生 印峻 邑人
丁酉拔貢 丁庚未辛丑併科舉人考職 度支部田賦司主事員外郎銜
　繼統　瑞珍 生附 瑞斌
　　　　瑞常 生附 瑞麟 生附 應科
堂姪曾孫連陞　同陞　榮陞　錄陞　增恒
兌兒　塘湖
梅榮　如猛　雙福　拴兒　拴定

王子端先生 印崇本 延川
入歲貢生候選府經歷
從堂姪曾孫俊傑　謀兒　拴兒　如兒　付
成成兒　鴻兒　五兒　道生　潤生
澤生　玉兒　蠻兒 生附 會圖　應堂
書生　福生　丙申　丙恒　增祿

王鼎臣先生 印建功 吳堡
入本科拔貢
從堂姪元孫吉兒　廣生　文印
胞姊三
長 適白邑守經印志道 五品銜

五

京師京華印書局刷印

調科提	尹仲錫夫子 印昌齡 四川 華陽人壬辰翰林現 陝西西安府知府本	調	黨魯泉夫子 印達生 山東 滕縣人甲午畢科 西候補知府本科提 陝	提學 使	張迹先夫子 印紹言 四川 保寧府人內閣中書 陝西學務公所課長

堂姪孫彥昭 歲貢生廣東
候補府經歷 炳炘 附生 炳煜

獅兒 炳燮 世襲雲
騎尉 炳卓 炳麟 儒珍 席珍

守拙 炳蔚 爵仁 監生 培元 監生 承厚 增生 調

元 爵義 監生 啟元 印元 爵禮 爵智

州兒 爵藩 衛藩 鎮藩 守藩 大鵬

九歲熟讀六經現
年十一住學堂 萬鵬 天鵬 守業 守

誠 守信 守禮 恩兒 三兒 四兒

咨疇 附生 禹疇 從九 萬齡 億齡

從堂姪孫建愷 樹愷 秋官 成績 附生 正統

紅兒 國均 國英 國禎 國樞 拴

兒 包佑 繼還 安民 安福 士杰

己酉科選拔第二名

會考壹等第四十七名

朝考 等第 名

欽用

陝西選拔貢卷　履歷

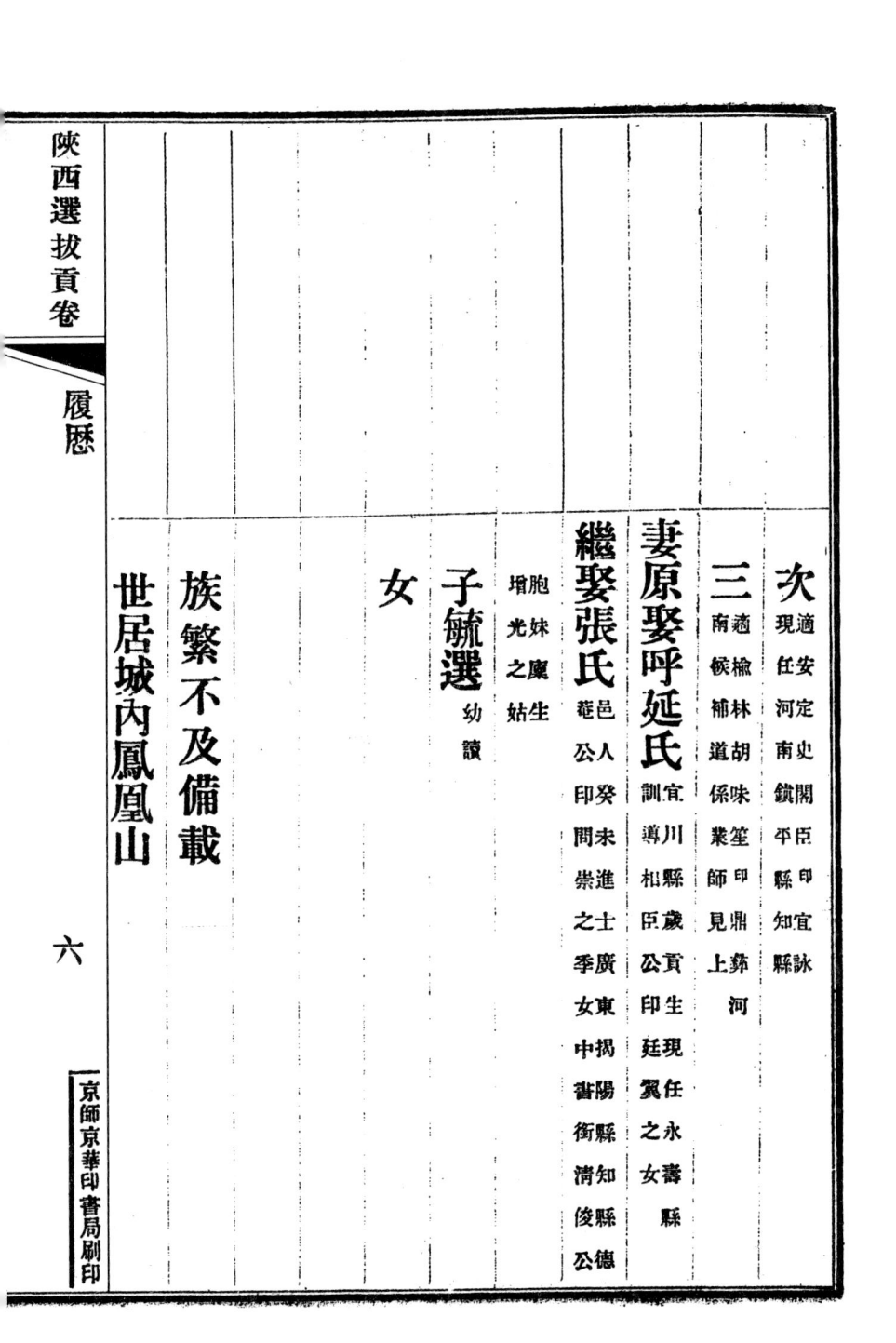

次現任河南鎮平縣知縣詠
適安定史開臣印宜

三南候補道胡味笙印鼎上蓺河
適榆林胡係業師見印翼之女永壽縣

妻原娶呼延氏宜川縣歲貢生現任
訓導相臣公印廷翼之女
中揭陽縣知縣公德

繼娶張氏邑人
蒞公印問崇之季女
癸未進士廣東
中揭陽縣知縣清俊公

子毓選 幼讀
胞妹廩增光之姑生

女

族繁不及備載

世居城內鳳凰山

六

京師京華印書局刷印

陝西選拔貢卷

官銜

頭場原批

首兩藝根柢六經包羅廿史可與論古可與諷今足徵伏案功深學識兼到次熟悉歐洲商務情形見得到亦說得透關科舉既停得作者以殿其後洵稱傑才

二場原批

措詞典雅持論純正有關於大義微言之作

陝西選拔貢卷 宣統己酉科

新選第二名拔貢生王翰墀陝西綏德道隸州清澗縣學優廩生民籍

閱卷官內閣中書張薦　批　風格峻整識力堅凝

欽命二品銜賞戴花翎陝西等處提學使司提學使統轄全省學務加七級紀錄十一次余　取　批　義精詞湛力厚思沈

欽命頭品頂戴陸軍部尚書銜兼都察院副都御史巡撫陝西等處地方提督軍務兼理糧餉恩　取　批　才大心細論崇議閎

陝西選拔貢卷 宣統己酉科

以薦士人材之興廢咸轉移於大臣之能不能自不得不以勸懲之方為策勵之用此董子所以競競於取士之人也歟西漢之世去古未遠雖不逮成周之盛而自武帝表章六籍後窮經之儒所在多有元光五載徵吏民之賢者以樹風聲孝廉茂才接踵而起董子之言其效可賭也自時厥後榮路旣廣矯飾漸生取士之人以名鈞學所取之士以學鈞名舉世奔走於名之中金章紫綬之倫相望於道矣名器以藝而不珍則必例以限之按例以求視為常事而玩生又復藉例以為利此皆法令不行大臣不能責實之過也豈貢士之策未善耶嗚呼士風隨世運為升降君子懼焉始也求士於學校一變而求士於鄉里再變而求士於科目迨戰藝角勝候蟲文鳥為世所譏矯之者仍倡為學校養士之說以施其因時挽救之術綜核所得究與後世之所謂貢士者無殊則又何也吾不能不望於今之大臣也

漢董仲舒請使列侯郡守二千石貢士以觀大臣之能論

天下不患無士亦不患士不為吾用其所患者無取士之人也取士之人有能不能於是乎所取之士有眞才有偽學三代盛時風俗純厚上以道德求下以道德應故獲士為多道德不足則騖名騖名不已則循列循列不協則繩之以法至繩之以法而古意微矣然必欲取士而又必欲得取士之人則非課取士者之能不能恐無以拔眞才卽無以杜偽學蓋法也者所以濟名與例之不及者也取士於三代以下而以法隨其後是亦責實之一道也董子請使列侯郡守二千石貢士以觀大臣之能由是州郡得擇吏民之賢歲貢於上所貢賢者有賞不肖者有罰其議自董子發之夫於取士從之人從其嚴豈不以賞不肖者相雜行之既久必有虛應故事而不能責實者董子之所見遠矣天下無無弊之利以資格進利在守分其弊也庸以選舉進利在拔其弊也濫取士既無善策因時挽救在避其害之重者而已積久以致官累日以取貴茆蘆之士雖才如伊呂將無去莘野辭渭濱之日惟有變資格而為選舉使天下之耳目一新榾柮忽升草木皆振固其勢也雖然非伯樂無以知馬非薛燭無以相劍非求賢若渴之大臣無

陝西選拔貢卷 宣統己酉科

為強似仁非仁似明非明似武非武辨之不早辨粉飾舖張之弊習焉弗察必中於虛偽而浸以成風豈國家之福耶是以君實憂之且事必有其漸寰宇清謐朝野相安心不與佟泰期而佟泰生矣此由盛而衰之漸也出一言而廷稱聖發一令而四境謳歌日聞諛言遂無復不敢自是之意夫人君至於自是久之而覺其無過則所謂保業惜時遠謀謹微務實諸大端皆未嘗預籌熟計以究其始終諫臣或知之而不敢言或言之而不見聽自是之根不拔過此以往雖殫力維挽亦無及矣易曰履霜堅冰至不可不防其漸也是以君實更憂之譬諸醫者治病標本緩急各有所宜古方流傳聽人損益攻之補之鍼灸而藥石之皆其法也然治之於既病之後與治之於未病之先固有間矣君實之於仁宗殆治之於未病之先者乎三德五規殆損益古方而妙於用者乎當是時元氣未彫忠厚之心惻怛之政洋溢流布其收效亦大矣奈何子孫盡反其所為以至於醫者束手也豈君實之所能逆睹也哉

宋司馬光知諫院上三德五規論

諫臣以言爲職者也將言其小者乎則事非一時之急利在百年之遙雖閱識壯猷或以高而不切目之然又未可結舌以退也世治恆思亂其旦夕世利其子孫國家又安自謂體斥之將言其大者遠者乎則撿拾細故涉於委瑣雖不失實或以不識國主德無虧萬世永固必有誤於不覺者辨其似防其漸以圖弭患於無形誠爲至要忠蓋之臣於此三致意焉司馬君實知諫院論君德有三曰仁曰明曰武又進五規曰保業惜時遠謀謹微務實旨哉君實之言也其猶有古大臣風歟昔伊作訓以諷太甲諸誥於布昭聖武代虐以寬又申之以居上克明懿矩昭垂炯若龜鑑爰及傅說闡明學古有獲德修罔覺之義君臣以道相勖有由來矣至若諸葛武侯之出師表魏文貞之十漸疏因事效忠周詳懇篤是皆以生平之所得爲朝夕獻納之資君實仰睎前賢以求不負君不負國不負己蓋積誠既久發於自然者也雖然學術亦不可不審矣仁足以撫衆而姑息主德無虧則養奸也明足以析疑而苛察則擾物也武足以定亂而暴戾則殘民也得其一偏毫釐千里貽禍無窮豈不可惜夫美名之所在往往竊而有之於是以懦爲慈以刻爲精以悍